Le bébé
en garderie

Jocelyne Martin
Céline Poulin
Isabelle Falardeau

Le bébé en garderie

Ouvrage réalisé sous la responsabilité
du collège du Vieux Montréal

Prix de la Ministre 1992

1995
Presses de l'Université du Québec
2875, boul. Laurier, Sainte-Foy (Québec)   G1V 2M3

Données de catalogage avant publication (Canada)

Martin, Jocelyne, 1952-

Le bébé en garderie

Comprend des réf. bibliogr. et un index.

ISBN 2-7605-0706-8

1. Garderies. 2. Nourrissons – Développement.
3. Nourrissons – Soins. I. Poulin, Céline, 1954-   .
II. Falardeau, Isabelle, 1957-   . III. Collège du Vieux
Montréal. IV. Titre.

HV851M38 1993   362.7'12   C92-096936-4

La Direction générale de l'enseignement collégial du ministère de l'Enseignement supérieur et de la Science a apporté un soutien pédagogique et financier à la réalisation de cet ouvrage.

Responsabilité du projet pour la DGEC : Raynald Trottier
Coordination du projet pour le Collège : Marie-Claude Bertrand
Révision linguistique : Geneviève Gagné et Gislaine Barrette
Photographies : Isabelle Falardeau et Claude Levac
Dessins : Caroline Soucy
Illustration de la couverture : Alain Roberge
Conception du design de la couverture : Alain Gingras

Réimpressions : décembre 1993, février 1995

ISBN 2-7605-0706-8

Dépôt légal – 3ᵉ trimestre 1992
Bibliothèque nationale du Québec
Bibliothèque nationale du Canada
Imprimé au Canada

Nous dédions ce livre
à une grande dame,
Magda Gerber,
Directrice du *Resource
for Infants and Educarers*
de Los Angeles,
ainsi qu'à nos enfants,
Louis-Joseph
Étienne
Géraldine
et Marianne.

Remerciements

Nous tenons à remercier M. Raynald Trottier, responsable du projet à la Direction générale de l'enseignement collégial, pour ses conseils judicieux et son appui constant aux différentes étapes de la réalisation de cet ouvrage, ainsi que Mme Marie-Claude Bertrand, conseillère pédagogique au cégep du Vieux Montréal, pour son rôle de coordinatrice.

Mme Geneviève Gagné a travaillé à la révision linguistique de l'ouvrage : son souci du détail et sa belle sensibilité ont substantiellement contribué à améliorer notre manuscrit au fil de ses nombreuses relectures. Nous lui en sommes très reconnaissantes.

Mme Anna Pinelli, sage-femme et directrice de la *Crèche Pierrot et Colombine* en France, et Mme Magda Gerber, directrice du *Resource for Infants and Educarers* de Los Angeles, ont procédé à la révision scientifique de certains chapitres; leurs commentaires sont venus enrichir notre réflexion.

Mmes Lucie Colomb et Solange Nadeau ont, elles, mené à bien, souvent dans des délais très courts, la lourde tâche de la saisie des textes. Nous les remercions sincèrement pour leur patience et pour leur disponibilité.

Notre reconnaissance s'adresse également aux éducatrices, aux enfants et aux parents des garderies où nous nous sommes introduites avec un appareil-photo. Sans leur consentement, ce livre serait sans doute beaucoup moins attrayant. Merci donc aux garderies *La Grimace, Crocus, La Gribouille, L'Enfanfreluche* et à la *Garderie de Pointe Saint-Charles*.

Nous tenons à souligner l'apport essentiel des étudiantes en Techniques d'éducation en services de garde, des éducatrices en pouponnière et des parents; leurs réflexions et leurs témoignages nous encouragent à travailler toujours à l'amélioration des services de garde pour les jeunes enfants.

Enfin, nous adressons nos remerciements à tous ces bébés que nous avons connus et qui nous ont appris à les découvrir, particulièrement à nos enfants, Louis-Joseph, Étienne, Géraldine et Marianne, qui nous ont donné la chance d'être les témoins choyés de leur évolution.

Jocelyne Martin
Céline Poulin
Isabelle Falardeau

Préface

« *Fréquenter la garderie, est-ce que c'est bon pour l'enfant?* » *Dès 1970, cette interrogation figurait en tête de liste des préoccupations de la recherche sur les services de garde. Aujourd'hui, après des milliers d'études, cette question se fait encore entendre et ce, particulièrement en ce qui a trait aux jeunes enfants. Cela ne veut pas dire que les connaissances sur le sujet ou les mentalités n'aient pas bougé. Cela témoigne plutôt de la complexité de l'enjeu. La meilleure réponse à cette question (c'est-à-dire « Fréquenter la garderie, est-ce bon pour l'enfant? ») c'est encore « cela dépend... ».*

Cela dépend de l'enfant, cela dépend de sa famille et cela dépend du service de garde. En effet, c'est une erreur de considérer que tous les enfants sont pareils. C'est aussi une erreur de s'imaginer que les effets de la garderie n'impliquent pas la famille, c'est-à-dire de penser que si les enfants qui fréquentent la garderie évoluent d'une certaine façon, c'est grâce à la garderie et que leur famille n'est pas en cause. Enfin, c'est aussi une erreur de parler de « la garderie » puisque chaque milieu de garde est unique.

Un bébé qui a des besoins spéciaux en raison d'un handicap ou d'une santé fragile requiert des soins de garde particuliers et le milieu qui l'accueillera devra être équipé en conséquence tant sur le plan matériel qu'humain. L'ignorer c'est certainement augmenter la probabilité que surviennent des difficultés pour l'enfant et sa famille. Tous les enfants n'ont pas un handicap, heureusement, mais chacun a ses particularités qui influencent ses rapports avec son milieu de garde; chaque enfant a sa manière à lui de s'adapter.

En outre, la famille de l'enfant représente une médiatrice puissante des effets potentiels du milieu de garde. Selon certaines recherches, comparativement aux enfants gardés par leur mère à la maison, les enfants (les garçons surtout) issus de familles défavorisées qui fréquentent à temps complet une pouponnière au cours de leur première année de vie, affichent plus souvent par la suite un type d'attachement insécurisant et ont plus souvent que les autres des difficultés de comportement (impulsivité, agressivité). Cependant, ces quelques études ne peuvent attribuer cette vulnérabilité à la pouponnière seulement : il ne fait pas de doute que la famille demeure le milieu d'influence prépondérant pour l'enfant et que c'est en interaction avec elle que la garderie peut avoir une influence sur lui. Dans la recherche des effets de la garde en bas âge, on ne peut faire abstraction de l'interaction avec le profil familial, c'est-à-dire ce que vit l'enfant dans sa famille aux plans des relations, du stress, de la structure parentale, de la fratrie, de la qualité de l'environnement physique et social, etc.

Quant au milieu de garde lui-même, la qualité de ce que l'enfant y vit est certainement significative. Cette qualité est couramment associée aux grands critères suivants : la formation des éducatrices intervenant auprès de l'enfant (les ressources humaines), la qualité de l'environnement physique (les ressources matérielles : air, son, éclairage, espace, matériel de soin et de jeu, etc.), la qualité de la programmation offerte à l'enfant et à sa famille (les ressources éducatives). La formation des éducatrices revêt une importance particulière. En effet, on s'est rendu compte que des éducatrices bien formées sont les premières à améliorer et à préserver la qualité de ce qui est offert dans l'ensemble du service de garde : elles savent distinguer ce qui est bon pour l'enfant de ce qui l'est moins, elles sont en mesure de dénoncer les manques et d'établir les objectifs à promouvoir. Au contraire, des éducatrices qui n'ont pas une formation adéquate n'ont pas la même confiance en elles-mêmes pour influencer l'organisation du service de garde et peuvent plus facilement accepter les compromis, les improvisations dans ce qui est offert aux petits, etc.

Même s'il peut intéresser les parents et les décideurs, cet ouvrage s'adresse avant tout aux éducatrices de pouponnière en formation. Le lire, c'est prendre conscience que la garde des jeunes enfants exige des compétences considérables impliquant des attitudes et des valeurs, mais aussi des savoir-faire bien précis en même temps que des connaissances psychologiques et éducatives variées. L'ouvrage permet de mieux nommer, de mieux cerner cet ensemble de compétences; en cela il a le mérite de contribuer de façon tangible à sa reconnaissance.

Par rapport à la question du début (« Fréquenter la garderie, est-ce que c'est bon pour l'enfant? ») les auteures Martin, Poulin et Falardeau vont plus loin que de répondre « Cela dépend »; elles prennent position tout en apportant des nuances. Elles affichent un certain parti pris favorable aux pouponnières, sans pour autant prétendre que toutes les recherches leur donnent raison, ni laisser croire que ce type de garde pour les enfants en bas âge ne présente que des avantages.

Au-delà des positions qu'on y décèle, l'ensemble du livre laisse transparaître un souci de considérer toutes les facettes positives et négatives des services de garde à la petite enfance. De cette façon, le livre permet au lecteur ou à la lectrice de construire sa propre perspective en apprenant constamment à partir d'un texte qui tente vraiment de clarifier les choses. À l'instar des éducatrices bien formées, Le bébé en garderie respecte l'univers des tout-petits.

Richard Cloutier, Ph. D.
Psychologue
Université Laval

Avant-propos

Le plus jeune était fort délicat et ne disait mot... ce qui fit qu'on l'appela le Petit Poucet. [...] Cependant, il était le plus fin et le plus avisé de tous et, s'il parlait peu, il écoutait beaucoup. [...] Le Petit Poucet en marchant avait laissé tomber des petits cailloux blancs qu'il avait dans ses poches. [...] Le Petit Poucet s'étant approché de l'Ogre lui tira doucement ses bottes et les mit aussitôt. Elles avaient le don de s'agrandir et de s'apetisser selon la jambe de celui qui les chaussait.

Extrait du Petit Poucet,
de Charles PERREAULT.

Le Petit Poucet est un être ingénieux qui a de grandes forces malgré sa délicatesse. Il en est ainsi du bébé, il est fragile mais son potentiel est extraordinaire. Si le rôle de l'adulte auprès du bébé consiste à le protéger et à assurer sa survie, nous croyons cependant qu'il faut éviter de tout faire pour lui et qu'il faut plutôt le laisser faire ses découvertes, exercer ses habiletés à sa façon et à son rythme, car dès le plus jeune âge, il peut repérer les expériences enrichissantes pour lui, les défis qui lui conviennent et, comme le Petit Poucet, trouver des solutions à bien des problèmes.

L'adulte doit permettre au bébé de s'exprimer et il doit apprendre à décoder ses indices de développement afin de moduler son comportement en fonction des désirs et des besoins du bébé. Comme la paire de bottes magiques, il doit s'adapter à chaque enfant qu'il côtoie. Ainsi, son rôle en milieu de garde ne consistera pas principalement à faire de l'animation ou à proposer des activités dirigées au bébé. L'adulte verra plutôt à aménager l'espace de façon à ce que chaque enfant puisse y trouver des défis à sa mesure et choisir les activités qui l'intéressent au gré de ses possibilités et de ses envies.

Comme le Petit Poucet, l'enfant parle peu mais écoute beaucoup et est attentif à tout ce qui se passe autour de lui; l'adulte fera donc en sorte de lui offrir un milieu de vie sain et stimulant où règne le calme, afin qu'il ne soit pas envahi par de trop nombreuses stimulations. Sa présence se fera discrète, réconfortante à certains moments; il parlera au bébé, lui expliquera le monde à apprivoiser et sera un exemple pour lui.

Chaque Petit Poucet d'un groupe de pouponnière poursuit son chemin à son propre rythme et ce n'est pas à l'adulte de lui imposer une route rassurante de parent ou d'éducatrice. Au contraire, c'est en respectant la voie de chacun que nous augmenterons les chances des enfants d'être bien dans leur peau. Suivre un Petit Poucet, c'est l'accompagner en développant une complicité, une harmonie entre deux êtres qui font route ensemble. C'est dans cet esprit qu'est né *Le bébé en garderie*. Nous avons voulu offrir aux étudiantes* en Techniques d'éducation en services de garde ainsi qu'à tout autre adulte en relation avec de jeunes bébés, que ce soit en garderie ou en milieu familial, un ouvrage basé sur une philosophie dont le fondement est le respect du bébé dans son individualité. L'ouvrage traite particulièrement des bébés âgés de 3 à 30 mois, qui sont de plus en plus nombreux à fréquenter les garderies et qui exigent une approche différente de celle à adopter avec des enfants plus vieux.

Le lecteur et la lectrice trouveront dans ce livre non seulement de nombreuses informations et pistes de réflexion ayant trait aux besoins de l'enfant, à son développement intellectuel et affectif, mais également des idées concrètes d'aménagement de l'espace et du temps avec un groupe de bébés, une analyse des différents besoins des enfants en matière de bien-être et de jeu, des suggestions d'interventions dans les moments difficiles et des informations sur la prévention et le dépistage en milieu de garde. L'ouvrage présente des pistes, des débuts de réponses que chaque personne pourra adapter en fonction de ce qu'elle est et des possibilités que lui offre son milieu de travail.

On ne saurait trop insister sur la nécessité d'offrir aux tout-petits des services de garde de qualité. Cet ouvrage constitue un apport en ce sens puisqu'il permettra aux éducatrices d'accéder au professionnalisme exigé d'elles pour le bien-être des enfants. Par ailleurs, il présente l'immense avantage d'avoir été conçu à partir de la réalité québécoise en matière de service de garde. Nous pouvons donc espérer qu'il saura rejoindre toutes les personnes qui ont à cœur l'épanouissement des enfants.

---

* Le féminin a été retenu comme générique tout au long de l'ouvrage dans le but d'alléger le texte.

Table des matières

CHAPITRE 1

La garde des bébés

Isabelle Falardeau
Jocelyne Martin
Céline Poulin

SOMMAIRE

Quand on aborde le sujet de la garde des enfants de 0 à 30 mois, les gens ne sont pas unanimes : certains dénoncent les effets négatifs de la vie de groupe en garderie, d'autres sont contre l'isolement de l'enfant qui se fait garder à domicile. Les deux façons ont sans doute de bons et de mauvais côtés. Cependant, pour ne pas se laisser guider uniquement par ses préjugés, il importe de bien connaître les diverses possibilités de garde ainsi que les besoins réels des enfants et de leur famille. C'est ce dont il sera question dans ce premier chapitre.

Nous tracerons d'abord un portrait de l'évolution de la famille québécoise, de ses besoins et de ses choix en ce qui concerne la garde des enfants. Puis, les différents milieux de garde offerts actuellement aux familles seront présentés. L'impact des garderies sur le développement du bébé sera ensuite analysé à la lumière des dernières études sur le sujet; il sera question de l'importance de la qualité des services de garde pour le bien-être des bébés et de leurs parents. Finalement, nous présenterons les grandes approches qui influencent les éducatrices œuvrant en pouponnière, ici et ailleurs, ainsi que les particularités du travail auprès des tout-petits.

1.1. Les besoins de la famille

Les besoins de la famille en matière de garde changent suivant les structures familiales qui, elles, varient en fonction des contextes socio-économique, culturel et politique. La famille québécoise, à l'instar de la société québécoise, a beaucoup évolué au cours des dernières décennies et prend aujourd'hui des formes qui, comme dans un kaléidoscope, n'en finissent plus de se multiplier et, conséquemment, les services de garde eux aussi changent afin de s'adapter aux différents besoins des familles.

1.1.1. L'évolution de la famille québécoise

La famille québécoise du début du siècle était loin de ressembler à celle des années 50 et encore moins à celle des années 90. Vers 1900, elle était surtout rurale et se composait d'un père, d'une mère et de 10, 15 ou même 20 enfants. Avoir un enfant à chaque année était le lot de bien des femmes. Il n'existait alors aucun besoin de service de garde puisque les filles aînées épaulaient leur mère dans la surveillance et les soins à donner aux plus petits et que, parfois, une tante ou une grand-mère vivait à la maison et donnait un coup de main. De plus, la femme ne travaillait pas à l'extérieur.

Le père était le principal pourvoyeur et il était très souvent absent du foyer, occupé à bûcher, chasser, pêcher ou « trimer dur » dans les champs.

À cette époque, les enfants étaient parfois si nombreux qu'il n'était pas rare de voir un couple donner un de leurs enfants à une communauté religieuse, une sœur, une cousine ou une voisine qui avait plus les moyens qu'eux de l'élever. De plus, on sait qu'à la fin du xviiie siècle un enfant sur quatre mourait avant d'atteindre l'âge de un an, en France[1]. La situation était probablement la même au Québec, donc « mieux valait ne pas s'attacher pour ne pas souffrir par la suite[2] ». Puis, les maladies infantiles devinrent peu à peu moins meurtrières grâce aux progrès de la médecine et au fur et à mesure que les chances de survie des bébés augmentaient, le lien affectif entre la mère et ses enfants s'accroissait.

Au cours du xixe siècle, bon nombre de familles quittèrent les campagnes pour venir s'installer en ville afin de trouver du travail dans les usines de transformation de matières premières ou dans les entreprises de services. Les pères devinrent alors un peu plus présents à la maison et purent participer davantage à l'éducation et aux loisirs de leurs enfants.

La famille du milieu du xxe siècle prit ensuite un visage fort différent puisque le père et la mère mettaient généralement au monde 4 ou 5 enfants seulement. Cependant, la stabilité du mariage et les principes d'éducation religieuse demeuraient les valeurs incontestées, les femmes continuaient de rester à la maison pour s'occuper de leurs enfants et les pères étaient encore les principaux pourvoyeurs de la famille.

Les mères des années 50 se retrouvaient seules à la maison avec quelques enfants et pouvaient ainsi investir beaucoup de temps, d'énergie et d'affection dans l'éducation de leurs enfants. La mentalité de l'époque les a d'ailleurs poussées à se préoccuper grandement de leur rôle maternel : être une bonne mère et vivre pour ses enfants devenaient leur but ultime pour réussir leur vie. L'idée, soutenue par les médecins, les psychiatres et les chercheurs d'alors, que seule la mère peut s'occuper adéquatement de ses propres enfants s'est bien enracinée dans la tête des femmes et des hommes à partir de cette époque. Il était donc hors de question de confier la garde des bébés à d'autres qu'à leur mère.

À partir des années 60, la famille a connu de nombreuses transformations. « Tout bien considéré, le dernier quart de siècle semble avoir constitué une période de changement inhabituel des tendances à l'égard

---

1. Elisabeth BADINTER. *L'Amour en plus : Histoire de l'amour maternel-xviie xxe* siècle, Paris, Flammarion, 1980, p. 129.
2. *Ibid.*, p. 73.

de la famille, non seulement au Canada, mais dans l'ensemble des pays industrialisés. Pour illustrer ce point, il suffit de mentionner : a) l'augmentation en flèche du nombre de ménages d'une seule personne; b) le déclin des taux de fécondité [...]; c) l'émergence de la vie en union libre comme solution de rechange au mariage légitime; enfin d) la banalisation du divorce, lequel a constitué le dénouement de jusqu'à un tiers des mariages canadiens récents[3]. » On fait moins d'enfants, un ou deux suffisent. Les mariages ne sont plus aussi nombreux; on choisit souvent de vivre en union libre. Le divorce n'est plus une honte, mais devient une étape dans l'évolution de la structure familiale : après une séparation ou un divorce, on reforme une autre famille avec un nouveau partenaire qui a parfois lui-même des enfants.

Les rôles familiaux ont aussi beaucoup évolué grâce aux revendications des femmes : le père prend une part plus active dans l'éducation des enfants et la mère participe au soutien financier de la famille. Si la femme devient chef de famille monoparentale, elle assume souvent seule la responsabilité financière de sa famille. Depuis les années 70, les femmes sont de plus bien décidées à occuper un emploi, elles étudient aussi plus longtemps et retournent parfois aux études pour améliorer leur sort lorsqu'elles le jugent nécessaire. En raison de tous ces changements, les besoins de service de garde se font sentir.

1.1.2. Portrait de la famille à l'aube du xxie siècle

La fin de ce siècle est caractérisée par l'existence de diverses formes de familles : 1) la **famille nucléaire**, ou **famille intacte**, où le père et la mère vivent sous le même toit avec leurs propres enfants; 2) la **famille monoparentale**, où l'un des deux parents assume seul la garde des enfants; 3) la **famille recomposée**, ou **famille reconstituée**, où un parent vit avec un conjoint qui n'est pas le parent de ses enfants. Il existe plusieurs variantes de ce dernier type de familles : celle où les deux conjoints ont chacun leurs enfants, celle où l'un des deux conjoints n'a pas d'enfant et celle où les deux conjoints d'une famille recomposée ont ensemble un ou plusieurs autres enfants.

En 1986, environ 13 % des familles étaient de type monoparental[4]. Cela représente plus d'une famille sur dix et ce pourcentage doit avoir

---

3. STATISTIQUE CANADA. *Recensement 1986. Le Canada à l'étude. Les familles au Canada*, février 1990, pp. 9-10.
4. *Ibid.*, p. 21.

augmenté au cours des dernières années puisque les séparations et les divorces sont en hausse. Lors d'un divorce ou d'une séparation, la mère obtient habituellement la garde des enfants; les femmes forment donc la majorité des chefs de famille monoparentale. Dans plus de 80 % des cas, ce sont d'ailleurs elles qui assument seules la responsabilité de la famille monoparentale[5]. Au Canada, c'est au Québec qu'il y a le pourcentage le plus élevé de familles monoparentales dont le parent est de sexe féminin[6]. La garde partagée devient cependant de plus en plus répandue. L'enfant vit alors une partie du temps chez sa mère et l'autre chez son père : il passe, par exemple, une semaine chez l'un et une semaine chez l'autre. Cette formule « permet à l'adulte de profiter de la relation parent-enfant tout en éliminant le surmenage que pourrait vivre le parent qui aurait la garde exclusive de ses enfants[7] ».

Le nombre de familles recomposées est aussi appelé à augmenter : « certains auteurs prévoient que d'ici quelques années, il y aura plus de familles recomposées après divorce que de familles en première union[8] ». La diversité d'origine parentale des enfants vient alors se superposer à celle de la fréquence des périodes de garde de chaque parent : l'un a la garde de ses enfants deux fins de semaine par mois, l'autre une semaine sur deux, l'autre une année sur deux, etc. Les enfants québécois seront donc amenés de plus en plus à vivre dans des familles recomposées sous le régime de la garde partagée.

1.1.3. Les besoins actuels de garde

Les nouvelles familles ont besoin de services de garde puisque les femmes travaillent, que le nombre de familles monoparentales augmente et que les hommes partagent de plus en plus la garde des enfants après un divorce. Outre ces raisons liées à la structure familiale, un nombre grandissant de parents reconnaissent le besoin de socialisation de leurs jeunes enfants qui, bien souvent, n'ont pas de frère et de sœur, et voit dans le milieu de garde une occasion privilégiée de satisfaire ce besoin.

---

5. *Ibid.*

6. *Ibid.*, p. 23.

7. Richard CLOUTIER et coll. *Les familles réorganisées. Sommaire d'une étude sur les arrangements familiaux adoptés après la séparation parentale : La perspective des enfants et celle des parents*, Sainte-Foy, Université Laval, École de psychologie, avril 1990, p. 6.

8. Christian CÔTÉ et coll. « Les familles recomposées : pour le meilleur ou pour le pire, une réalité », *Familles recomposées après divorce, Revue Service Social*, École de service social, Université Laval, Québec, 1990, vol. 39, n° 3, p. 3.

Les femmes sont de plus en plus nombreuses à travailler : de 1970 à 1988, leur taux d'activité est passé de 38 % à 57 %[9]. Un des phénomènes nouveaux importants est l'entrée massive sur le marché du travail des femmes ayant de jeunes enfants : en 1976, seulement 31,7 % des mères ayant des enfants de moins de 3 ans occupaient un emploi et, en 1988, elles étaient alors 58,3 % à travailler hors du foyer (voir tableau 1.1). Ce pourcentage est légèrement supérieur au taux d'activité de l'ensemble des femmes qui est de 57,4 %[10]. Il y a donc environ 6 femmes sur 10 ayant un enfant de moins de 3 ans, qui travaillent aujourd'hui à l'extérieur du domicile familial.

TABLEAU 1.1
**Taux d'activité des femmes ayant des enfants de moins de 3 ans,
en 1976, et de 1981 à 1988 (en pourcentage)**

1976	1981	1982	1983	1984	1985	1986	1987	1988
31,7	44,4	45,6	48,9	51,9	54,2	56,3	57,5	58,3

Source : STATISTIQUE CANADA. *Portrait des femmes au Canada*, 2ᵉ édition, février 1990, p. 81.

Il n'y a pas seulement que le travail des femmes qui crée des besoins croissants en service de garde. L'augmentation du nombre de familles monoparentales contribue aussi à accroître la demande de ce service. En effet, lorsqu'une personne élève seule ses enfants, elle a besoin de les faire garder pour pouvoir travailler ou simplement pour avoir un répit, car élever des enfants seul représente une lourde responsabilité. Les services de garde donnent aussi aux parents seuls l'occasion d'échanger à propos de leurs enfants avec d'autres adultes.

Aux deux premiers motifs expliquant l'augmentation des besoins en service de garde s'ajoute l'accroissement du nombre de familles qui choisissent la garde partagée. De plus en plus de pères obtiennent la garde partagée et cela les oblige à trouver un milieu de garde pour leurs enfants

---

9. STATISTIQUE CANADA. *Portrait des femmes au Canada*, 2ᵉ édition, février, 1990, p. 90.
10. *Ibid.*, p. 81.

lorsqu'ils sont au travail. Ceux-ci ressentent donc au même titre que les mères qui travaillent ou qui élèvent seules leurs enfants un grand besoin de services de garde.

Enfin, le besoin des jeunes enfants de se retrouver en compagnie de leurs pairs est de plus en plus reconnu par les parents. Ceux-ci veulent donc que leurs enfants aient des relations avec d'autres enfants afin de se socialiser. Ils considèrent de plus en plus que la fréquentation d'un milieu de garde aide les enfants à se développer harmonieusement à une époque comme la nôtre où les frères et les sœurs sont rares.

Les personnes travaillant dans le domaine de la garde d'enfants deviennent ainsi des collaboratrices importantes pour les familles. Cette collaboration peut prendre plusieurs formes. D'abord, elles répondent à un besoin évident en gardant les enfants pendant les périodes où les parents ne sont pas disponibles pour le faire. Puis, elles deviennent souvent des personnes ressources pour les parents parfois inquiets face à leur rôle. Enfin, pendant le divorce de ses parents, les déménagements, ou tout autre changement dans ses habitudes, l'enfant trouvera la stabilité dont il a besoin dans son milieu de garde.

De ce portrait que nous avons tracé, il ressort clairement qu'il existe aujourd'hui un grand besoin de services de garde qui favorisent le développement harmonieux des enfants et rassurent les parents qui les élèvent en occupant un emploi.

1.2. Les différents modes de garde

Quand vient le temps de choisir un mode de garde, plusieurs facteurs sont à considérer. On remarque que les parents, pour qui ce choix est parfois difficile, sont d'abord influencés par des raisons pratiques et économiques et qu'ils ne se livrent pas à une véritable évaluation des diverses possibilités. Ainsi, la distance à parcourir matin et soir de même que le coût de la garde deviennent des priorités pour plusieurs. Des parents qui seraient intéressés par l'approche en garderie laissent tomber si celle-ci est située trop loin de leur demeure ou si la liste d'attente est trop longue, ce qui est malheureusement fréquent. Il y a des parents avertis qui inscrivent leur enfant à la garderie avant même sa naissance afin d'avoir une place au moment opportun.

Le bien-être de l'enfant doit pourtant être le principal critère qui influencera le choix des parents. Ceux-ci devraient veiller à ce qu'il se retrouve dans un milieu sain et stimulant et que le mode de garde réponde à ses besoins individuels[11]. Ainsi, ils devraient éviter de choisir la garde en collectivité si leur enfant a une santé fragile.

L'état actuel des recherches concernant les effets de la garde sur le développement du très jeune enfant place tous les modes de garde sur un même pied lorsqu'ils sont de qualité, chacun présentant des avantages et des inconvénients que nous verrons en détail dans les pages suivantes. Ce qui peut être néfaste pour l'enfant, c'est d'essayer successivement diverses possibilités. Celui-ci risque alors de vivre une insécurité qui pourrait nuire à son développement. S'en tenir à un choix, qu'il s'agisse de la garde à domicile, en milieu familial ou en garderie, est aussi beaucoup plus sécurisant pour les parents. Voyons maintenant ce qu'il en est de chacune de ces trois possibilités.

1.2.1. La garde à domicile

La garde de l'enfant à domicile est considérée par plusieurs parents comme la meilleure solution. Elle comporte des avantages certains pour les parents et pour les enfants.

D'abord, la personne qui vient prendre soin de l'enfant s'adapte facilement à l'horaire de travail des parents. Ensuite, le bébé gardé à domicile court moins de risques d'attraper des maladies que celui qui est en contact avec l'extérieur, sans compter que lorsqu'il est malade, il peut être gardé comme d'habitude, ce qui représente un avantage réel pour les parents qui n'ont pas à utiliser leurs congés annuels ou leurs congés de maladie pour rester avec leur enfant comme c'est le cas actuellement quand un enfant se fait garder ailleurs que chez lui. Il n'y a donc pas de perte de salaire ou de changement d'habitude lorsque l'enfant gardé à domicile est malade.

Cet enfant vit dans un milieu connu et sécurisant. Par exemple, il connaît bien les pièces de la maison et leur mobilier. De plus, il trouve chez lui un milieu assez riche en stimulation et varié pour soutenir son développement. Il peut y explorer les textures du plancher (prélart, tapis, tuiles, bois, etc.), se familiariser avec la préparation d'un repas, voir l'adulte balayer, laver, etc., s'habituer aussi à certains objets usuels comme l'aspirateur, le batteur à main, le fer à repasser, la tondeuse, le marteau, etc. qui font partie du quotidien. Enfin, il peut y avoir à la maison un animal domestique auprès de qui l'enfant découvrira tout un monde de sensations.

---

11. Malheureusement, on ne tient pas suffisamment compte des besoins particuliers de l'enfant. Voir l'article « Infants in Day Care : Reflexions, Expectations and Relationships » de Jeree H. PAWL, dans *Zero to Three*, février 1990, pp. 1 à 6.

L'enfant gardé à domicile a aussi l'occasion d'explorer le monde extérieur quand sa gardienne ou ses parents l'emmènent jouer dehors ou faire des promenades en poussette ou en voiture. Enfin, comme la plupart du temps l'enfant est gardé seul, la personne qui s'en occupe a tout le temps de le prendre, de le bercer, de lui donner son biberon. Il peut donc jouir de toute l'attention désirée (figure 1.1).

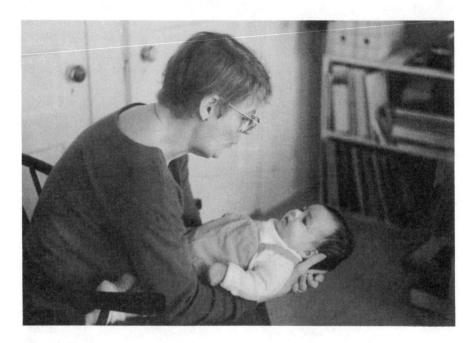

FIGURE 1.1
L'adulte prend le temps de communiquer avec le bébé.

La garde à domicile présente par ailleurs certains désavantages. Il peut arriver qu'une relation de dépendance se développe entre le bébé et la personne qui le garde et que celui-ci devienne désemparé avec d'autres adultes. De plus, cet enfant n'apprend pas à partager l'attention de l'adulte, ni l'espace, ni ses jouets et comme il n'entretient que peu de contacts avec d'autres enfants de son âge, il risque de se retrouver isolé sur le plan social.

De plus, la personne qui veut garder à domicile ne possède pas toujours l'expertise pour savoir quoi faire avec un bébé. Par conséquent, celui-ci peut être abandonné à des activités qui sont plus ou moins adaptées à ses besoins. Par exemple, il peut passer des heures devant la télévision, dans son parc, sa marchette ou sa sauteuse, etc. La gardienne peut aussi avoir de la difficulté à établir des contacts avec l'enfant; elle peut se sentir désemparée, maladroite et seule dans certaines circonstances. Les parents devront donc se montrer très vigilants quand viendra le temps de choisir une gardienne. Certaines personnes éprouvent plus de frustration et d'insatisfaction à garder un enfant que de gratification et le font dans le simple but de gagner de l'argent. En outre, il n'existe présentement ni normes, ni surveillance pour prévenir les mauvais traitements ou les abus et il n'y a aucun moyen pour venir en aide aux enfants.

1.2.2. La garde en milieu familial

La garde en milieu familial est offerte par des femmes qui désirent garder un certain nombre d'enfants chez elles. Il s'agit le plus souvent de mères qui ont de jeunes enfants et décident d'arrêter de travailler à l'extérieur pour un certain temps mais qui veulent rester actives. Lorsque ces femmes font partie d'une agence, celle-ci s'occupe de l'administration financière, assure le respect des normes en plus de leur donner une formation. Toutefois, la majorité de ces femmes préfèrent ne pas adhérer à une agence et demeurer libres et clandestines. La qualité du milieu de garde varie donc énormément d'un endroit à l'autre. Même dans le meilleur des cas, cette formule présente des avantages et des inconvénients tout comme les autres formes de garde.

D'abord, il y a une similitude entre ce milieu et l'environnement naturel de l'enfant puisque celui-ci se retrouve dans une maison. Le genre de décor, de meubles, d'objets et d'organisation de l'espace lui sont familiers. Cela sera certainement sécurisant pour le petit enfant. Les explorations de l'enfant seront, par contre, limitées puisque la responsable va souvent permettre aux enfants d'accéder à quelques pièces de la maison seulement, afin de mieux les surveiller.

Le service de garde en milieu familial permet de plus au poupon d'avoir une vie en petite collectivité qui ressemble à une vie de famille, car il se retrouve avec des enfants de tous les âges. Les enfants plus vieux apprennent à aider les plus petits, les plus jeunes imitent les grands, etc. Il s'agit de plus d'un mode de garde souple. Ce genre de service est donc utile pour les parents qui ne travaillent pas à des heures régulières puisque la personne responsable peut souvent garder l'enfant le jour, le soir et la fin de semaine et ce, pour des périodes pouvant excéder 24 heures.

Par contre, la femme qui garde chez elle plusieurs enfants se trouve dans une situation comparable à celle d'une mère de famille nombreuse laissée à elle-même. Elle s'occupe des enfants sans nécessairement prendre en considération les différences d'âge, les activités appropriées au développement de chacun, les horaires et les besoins individuels de chaque enfant. La diversité des jeux exige une surveillance qui la décourage parfois; elle est alors portée à ne pas tenter l'expérience. De plus, le coût des jouets étant élevé, elle ne peut pas toujours offrir ce qu'il y a de mieux.

En plus de surveiller les enfants, d'en prendre soin et d'animer, cette personne travaille aussi souvent à d'autres tâches reliées à l'entretien de sa maison et à la préparation des repas. Isolée, elle peut de plus manquer de stimulation et d'idées, car il est peu probable qu'elle détienne une formation en petite enfance. Enfin, la garde en milieu familial ne permet pas la garde d'un enfant malade. Cela pose un problème réel aux parents qui doivent s'absenter de leur travail ou trouver une gardienne temporaire qui viendra à leur domicile, quand leur bébé est malade.

Avant de choisir ce type de garde, il faut s'assurer que la responsable accueille un nombre raisonnable d'enfants. Elle ne devrait pas garder plus de quatre poupons le même jour. Il faudrait aussi, dans la mesure du possible, s'enquérir si les lieux sont sûrs et les activités proposées aux enfants adaptées.

La clientèle des services en milieu familial

L'Office des services de garde à l'enfance (OSGE) a publié une analyse où l'on retrouve des indications concernant les groupes d'âge, les modalités de fréquentation de la clientèle et le taux d'occupation selon les responsables de famille de garde. Cette étude permet de constater que l'ensemble des agences consacrent 18,5 % de leurs places aux moins de 18 mois, 64,8 % étant occupées par des enfants de 18 mois à 6 ans et le reste par des enfants d'âge scolaire. Seulement 2,8 % des agences ne gardent aucun poupon[12].

1.2.3. La garde en garderie

Les établissements ou les locaux réservés à la garde des enfants de moins de 18 mois portent le nom de pouponnière. Hormis quelques endroits où l'on offre exclusivement un service de pouponnière, les poupons fréquen-

---

12. Voir le rapport intitulé *Situation des agences au Québec en 1990*, publié par l'OSGE, p. 43.

tent habituellement la même garderie que les plus vieux, mais leurs locaux sont séparés de ceux des autres groupes d'âge. Le ratio recommandé pour les poupons est de 5 par adulte alors qu'il est de 8 pour les autres groupes. L'éducatrice peut travailler seule avec son groupe de bébés ou en équipe selon le nombre d'enfants gardés. Il peut aussi arriver que des sous-groupes de poupons soient formés en fonction de leur âge quand le nombre des enfants est élevé. Il doit être mentionné sur le permis de l'établissement si les moins de 18 mois y sont acceptés, car ceux-ci requièrent un aménagement des lieux différent de celui exigé pour garder des enfants plus vieux[13].

Les pouponnières de qualité emploient des travailleuses diplômées. On sait en effet que la formation des éducatrices contribue de manière significative à la qualité des soins dispensés. Comme l'éducatrice diplômée connaît bien le développement des bébés, elle peut offrir un programme d'activités adapté à l'évolution de leurs besoins. Les tout-petits trouvent ainsi à l'intérieur comme à l'extérieur de la pouponnière des objets pouvant satisfaire leurs besoins sensoriels, intellectuels, sociaux et affectifs. La mère et la gardienne à domicile ou en milieu familial ne peuvent habituellement en offrir autant, car elles n'ont pas les connaissances nécessaires ni les moyens d'acheter tout le matériel requis.

La garderie est, par ailleurs, le mode de garde le plus sûr étant donné le nombre de personnes qui y travaillent; cela facilite, entre autres, la surveillance relative aux abus physiques ou sexuels. Le travail en équipe offre aussi l'avantage d'éviter que l'éducatrice ne se retrouve dans une situation d'isolement; ce milieu est ainsi beaucoup plus stimulant pour elle que la maison.

En pouponnière, l'éducatrice veille de plus à ne pas devenir le substitut affectif de la mère, qui reste la personne la plus importante pour l'enfant. Elle doit, en effet, démontrer une neutralité affective afin d'offrir à chaque enfant la même attention, les mêmes soins de qualité et éviter de développer des préférences. Cette attitude est plus difficile à adopter pour la gardienne à domicile ou en milieu familial et elle représente un avantage réel pour le parent qui redoute le développement de relations trop étroites entre son bébé et la personne qui le garde.

En outre, lorsque l'enfant fait partie d'un groupe, il apprend à se socialiser et à négocier, car il doit partager les jouets et l'attention de l'adulte

---

13. Selon le règlement de l'OSGE, les groupes d'enfants âgés de moins de 18 mois doivent avoir un dortoir séparé du local principal et exclusivement réservé au repos. Ces pièces doivent être contiguës et séparées par un mur vitré pour faciliter la surveillance. Voir aussi à ce sujet l'aménagement du dortoir au chapitre 3.

avec d'autres enfants (figure 1.2). Les jeux lui permettent entre autres de s'initier aux contacts interpersonnels avec des enfants de son âge. Il apprend aussi à s'adapter à plusieurs adultes. Cela est particulièrement profitable pour l'enfant unique.

FIGURE 1.2
L'enfant en garderie apprend à se socialiser.

L'éducatrice joue par ailleurs le rôle de personne ressource auprès des parents. Elle fait aussi de la prévention, du dépistage et intervient auprès de l'enfant ayant des besoins spéciaux (voir chapitre 7). Elle doit suivre un cours de premiers soins à tous les trois ans. De plus, la garderie est régulièrement en contact avec d'autres services dont les Centres locaux de services communautaires (CLSC), l'hygiéniste dentaire, etc., ce qui permet une certaine surveillance de la santé de l'enfant.

L'inconvénient majeur de la garde en pouponnière est probablement la maladie. En effet, à l'heure actuelle les risques pour l'enfant de contracter une maladie sont plus élevés en pouponnière qu'à la maison ou en milieu familial. On relie même certaines maladies d'enfance à la fréquentation des garderies, et on remarque que les moins de 18 mois sont plus souvent malades que les enfants plus vieux. Cela n'a rien d'étonnant surtout si l'on tient compte de l'habitude qu'a le poupon de tout porter à sa bouche et du fait que plusieurs maladies sont transmises par les matières fécales. À ces deux motifs s'ajoute aussi le fait que le jeune bébé se retrouve en contact avec beaucoup plus de microbes qu'à la maison et qu'il doit développer des anticorps qu'il n'a pas quand il commence à fréquenter la garderie. L'amélioration des mesures d'hygiène est un bon moyen de prévenir les maladies infantiles et il y a beaucoup d'efforts qui sont faits en ce sens actuellement.

Le deuxième inconvénient des services de pouponnière est leur coût élevé. Mais peut-on garantir la qualité sans cela ? Ce coût difficilement compressible est occasionné d'une part, par le salaire du personnel diplômé et d'autre part, par l'aménagement des lieux, qui est conçu en fonction des besoins spécifiques des bébés. Dans une garderie l'équipement est adapté (table à langer, interphone, couchette sécuritaire, etc.), et la bâtisse elle-même doit être pourvue des installations de base nécessaires : le dortoir doit être insonorisé, bien chauffé, conserver un bon taux d'humidité, être facile à aérer et on doit pouvoir le plonger dans la pénombre ; les planchers doivent être chauffés et, enfin, on doit pouvoir accéder facilement de la pouponnière à une terrasse ou à une cour adaptée aux poupons. Toutes ces exigences entraînent des coûts assez élevés.

Somme toute, la garde en pouponnière présente beaucoup plus d'avantages que d'inconvénients. Actuellement, ce mode répond cependant uniquement aux besoins des parents travaillant à des heures régulières et de jour, mais les pouponnières sont appelées à étendre leurs heures d'ouverture pour pallier cette lacune. De plus, leur nombre devrait aller en augmentant puisque les besoins se manifestent par de très longues listes d'attente.

Garderie en milieu de travail

Il y a de plus en plus de garderies en milieu de travail[14]. Cette formule est intéressante pour plusieurs raisons. Elle permet d'abord aux parents d'effectuer des visites durant la journée et rend possible l'allaitement maternel au-delà du congé de la mère. Même ceux et celles qui effectuent un long trajet avec leurs enfants pour s'y rendre apprécient le service, car ce voyagement devient un moment de présence auprès de leurs enfants qu'ils n'auraient pas autrement. Pour leur part, les responsables des entreprises s'entendent pour dire que la proximité des enfants a un impact positif sur la productivité des parents, l'assiduité au travail, la fidélité à l'entreprise et sur l'image que cette dernière projette.

---

14. Dans *La Gazette des femmes*, janvier-février 1991, p. 29, on rapporte qu'il en existe 131 au Québec, dont 118 dans les secteurs public et parapublic ainsi que dans les sociétés d'État. Les autres se retrouvent dans des entreprises privées.

1.2.4. Les services autorisés et les services clandestins

Les services autorisés par l'OSGE doivent répondre à des normes établies en ce qui concerne la santé, la sécurité, la scolarité du personnel, etc.[15]. Les représentantes de l'OSGE veillent à l'application de ces normes. Lorsqu'elles ne sont pas respectées, ou si des corrections nécessaires ne sont pas apportées lorsqu'il y a lieu, le service de garde peut perdre son autorisation.

Un permis ne constitue donc pas une garantie de qualité et la responsabilité de vérifier si la qualité des soins est maintenue revient aussi aux parents utilisateurs qui sont les mieux placés pour en juger.

L'Office publie chaque année un répertoire intitulé : *Où faire garder nos enfants?* où tous les services autorisés sont inscrits ainsi que leur nom, adresse et numéro de téléphone. Le statut juridique du service, le nombre total de places et le nombre de places réservées aux poupons y sont aussi mentionnés.

Cependant, l'Office ne peut intervenir lorsque la garde des enfants est assurée à domicile par un parent, une bonne ou une gardienne, peu importe si cette garde est effectuée contre rémunération ou gratuitement. Une personne peut aussi garder six enfants ou moins sans devoir être assujettie à des règles.

Si une femme garde plus de six enfants, elle doit adhérer à l'Office, être reconnue par une agence en milieu familial et se soumettre à certaines normes. Il arrive par contre que des personnes décident de travailler sans permis et souvent le nombre d'enfants gardés est alors supérieur à la limite fixée par le gouvernement. Même si ces services sont clandestins, n'émettent pas de reçus pour les crédits d'impôt et ne sont assujettis à aucune norme, des parents y ont recours pour plusieurs raisons, entre autres parce qu'ils sont parfois plus accessibles ou offrent un horaire plus flexible qui correspond mieux à leurs besoins. Ces parents doivent alors être conscients qu'ils ne peuvent jouir d'aucune protection.

---

15. Pour plus de détails, consulter *Énoncé de principe national sur la qualité dans les services de garde*, ouvrage publié par la Fédération canadienne des services de garde à l'enfance, Ottawa, 1991.

TABLEAU 1.2
Comparaison entre les milieux de garde

Garde à domicile	Garde en milieu familial	Garde à la garderie
Pas réglementé	Adhère à une agence ou non	Permis obligatoire
Aucune surveillance par des organismes officiels	Surveillance de l'agence ou aucune surveillance	Surveillance de l'Office
Personne seule	1 ou 2 personnes	Équipe de travail
1 ou 2 enfants	Vie de groupe multi-âge	Vie de groupe, avec enfants du même âge
Heures très flexibles	Heures flexibles	Heures peu flexibles
Le plus coûteux	Moins cher qu'à domicile plus cher qu'à la garderie	Subventionné mais coûteux
Pas de déplacements	Déplacements	Déplacements
Pas de formation en éducation	Peu de formation en éducation	Formation spécialisée en éducation
Autres tâches	Plusieurs autres tâches	Peu d'autres tâches
Peu de maladies	Maladies	Risque de contagion très élevé
L'enfant malade y reste	Pas d'enfants malades	Pas d'enfants malades
Objets usuels	Objets usuels	Peu d'objets usuels
Peu de choix d'objets de jeux	Peu de choix d'objets de jeux	Beaucoup de choix d'objets de jeux adaptés
Équipement de base	Équipement de base	Équipement spécialisé
Plusieurs pièces utilisées	Quelques pièces utilisées	Deux pièces utilisées
Espace peu sécuritaire	Espace sécuritaire	Espace très sécuritaire
Pas d'espace de jeux	Peu d'espace de jeux	Espaces de jeux adaptés

Tableau 1.2 (suite)
Comparaison entre les milieux de garde

Garde à domicile	Garde en milieu familial	Garde à la garderie
Peu de terrain extérieur	Peu de terrain extérieur	Terrain extérieur adapté
Facile de sortir à l'extérieur	Difficile de sortir à l'extérieur	Relativement difficile de sortir à l'extérieur

1.2.5. Les préférences des parents en matière de garde

Un sondage effectué en 1989[16] auprès de 2443 adultes ayant en tout 3895 enfants de moins de 12 ans, dont 550 âgés de moins de 18 mois au moment du sondage, révélait que les préférences des parents en matière de service de garde varient beaucoup en fonction de l'âge des enfants.

Plus des deux tiers des parents préfèrent que les enfants de moins de 18 mois soient gardés à leur domicile alors que seulement 23 % auraient recours à ce mode de garde lorsque les enfants atteignent l'âge scolaire. En contrepartie, les préférences pour la garderie augmentent avec l'âge des enfants, en passant de 8 % pour les moins de 18 mois à plus de 50 % pour les enfants de 3 ans et plus. Le taux de préférence pour la garde en milieu familial demeure, lui, constant pour tous les âges, il est de près de 20 %. Le Centre de sondage de l'Université de Montréal[17] avait obtenu des résultats semblables en 1982 en interrogeant par téléphone 2051 Québécois de 18 ans et plus. Ces statistiques démontrent clairement que la garde collective n'attire pas les parents d'enfants de moins de 18 mois et qu'ils se méfient encore plus de la garderie que de la garde en milieu familial lorsque leurs enfants sont très jeunes.

Les préférences des parents se manifestent clairement dans leurs choix en matière de garde. Au Québec, plus du tiers des enfants de moins de 30 mois se font maintenant garder de façon régulière. De ce nombre, un tiers sont gardés à domicile et plus de la moitié le sont en milieu familial.

---

16. Ces données sont consignées dans un rapport interne de l'OSGE intitulé *La garde des poupons au Québec : modes de garde utilisés et préférences des parents*, de Lyse Frenette, 1990, p. 2.

17. Les résultats de ce sondage ont été publiés dans la revue *Petit à Petit*, juillet 1983, p. 8.

Le nombre d'enfants de moins de 30 mois en garderie est donc très faible, le sixième d'entre eux seulement fréquentent actuellement la garderie. En 1991, ces enfants n'occupent au pays que 11,4 % des places disponibles en garderie alors qu'ils représentent 41,7 % du nombre des enfants gardés en milieu familial[18].

Pour attirer ces enfants dans les garderies, il faut d'abord augmenter le nombre de places. On ne dénombre en 1991 que 308 garderies pouvant accueillir les moins de 18 mois au Québec. Cela représente 2966 places[19], ce qui est insuffisant pour répondre à tous les besoins. Cependant, le travail le plus important à faire est de lutter contre les préjugés négatifs de la population à l'endroit de la garde collective des bébés. Cette lutte se fera d'abord en offrant des services de qualité et en informant les parents.

1.3. Les effets de la vie en pouponnière sur le développement de l'enfant

La garde collective des très jeunes enfants suscite beaucoup de craintes tant chez les familles que chez les décideurs publics qui hésitent à développer des services de garde pour les tout-petits. Certaines personnes vont même jusqu'à prétendre que les enfants qui sont placés en milieu de garde durant leurs premières années de vie sont à risque[20].

Le poids du courant de pensée clamant depuis les années 50 que seule la mère peut combler tous les besoins du poupon et que le développement psychique de l'enfant est affecté par la séparation d'avec sa mère, ainsi que certaines recherches menées en institution ont largement contribué à nourrir cette croyance. Les études psychanalytiques ont de leur côté mis au jour l'importance des premières années de la vie de l'enfant sur la qualité de son développement futur en insistant sur l'importance du rôle de la relation mère-enfant.

Pourtant, la garde en collectivité des très jeunes enfants ne constitue pas un phénomène récent. Dans le passé, des parents de la haute société comme de la classe des travailleurs ont fait garder leurs bébés sans que

---

18. Tel qu'il est indiqué dans le *Rapport annuel 1990-1991* de l'OSGE, Les Publications du ministère des Communications du Québec, p. 42.
19. Voir *Situation de la garde de jour au Canada 1990*, Santé et Bien-être social, Ottawa, 1991, p. 3.
20. L'Américain Jay BELSKY n'est pas en faveur de la garde en pouponnière pour l'enfant de moins de un an. Voir l'article « Infant Day Care : A Cause for Concern » dans la revue *Zero to Three*, septembre 1986, pp. 1 à 7.

cela ne produise d'effets dommageables sur leur développement. Nous
essayerons donc ici de comprendre ce qui motive ceux qui s'opposent à la
garde en pouponnière et de voir ce qu'il en est réellement de l'impact de
la garde en collectivité sur le développement du poupon. Nous nous attarderons enfin au rôle primordial de la qualité du service de garde pour
répondre aux besoins de chacun[21].

1.3.1. Le développement du lien d'attachement

Quand on soulève la question de la garde des très jeunes enfants, les gens
s'inquiètent beaucoup de ses conséquences possibles sur le développement
d'un lien d'attachement de qualité entre la mère et son enfant[22]. Ces inquiétudes proviennent de certaines théories qui postulent qu'une longue
séparation d'avec la mère peut affaiblir le lien entre la mère et l'enfant et
ainsi être néfaste puisque la mère serait la seule personne pouvant procurer
à l'enfant une sécurité affective fondamentale qu'il ne peut lui-même se
donner. Cependant, il faut comprendre et nuancer de telles assertions trop
généralisatrices[23], qui sont très culpabilisantes pour les mères qui veulent
faire garder leur bébé.

Cette façon de penser fait appel à la notion de monotropisme qui veut
que l'enfant ait tendance à s'attacher d'abord à une seule personne. Pourtant, on sait aujourd'hui que l'enfant est prédisposé à nouer des liens avec
plusieurs personnes quand il est en contact avec des gens attentifs à ses
besoins, qu'il est sélectif, mais non pas exclusif dans ses rapports humains.

De plus, les chercheurs s'entendent aujourd'hui pour dire que l'enfant
a besoin d'une relation stable avec un adulte qui sera sa mère dans la très
grande majorité des cas, mais insistent sur le fait qu'une personne capable
d'offrir une sécurité émotionnelle adéquate dans un contexte où les interactions intellectuelles et sociales favorisent la croissance de l'enfant pourra

---

21. Peter Barglow, entre autres, a réagi aux propos de Belsky dans l'article « Some Further
    Comments About Infant Day Care Research ». Il y souligne plusieurs variables dont on
    devrait tenir compte lorsqu'on parle de risque.
22. Voir *Psychologie génétique* de Robert E. Schell et Élizabeth Hall, Éd. du Renouveau
    Pédagogique, Montréal, 1980, p. 169, afin de connaître les grandes lignes de quelques
    théories sur la genèse de l'attachement.
23. Dans l'article « Attachment Theory and Day Care Research » paru dans *Zero to Three*,
    décembre 1987, pp. 19-20, Ross A. Thompson fait le point sur la façon dont l'échelle
    d'Ainsworth, utilisée dans la plupart des recherches, mesure l'anxiété dans des situations
    de séparation. Il démontre en quoi cette échelle n'est pas nécessairement un bon indicateur
    d'attachement.

très bien combler ses besoins pendant l'absence de cet adulte sans que le lien d'attachement entre l'enfant et l'adulte privilégié (la mère) n'en soit affecté. Les bébés qui fréquentent un bon service de garde s'habituent habituellement très tôt au cycle de séparation et de retrouvaille, s'adaptent plus facilement à des situations non familières et ont moins de difficultés à supporter les absences de leurs parents que ceux qui ne se sont jamais fait garder. Ces différentes réactions démontrent bien que ces enfants développent un lien d'attachement de qualité avec un adulte, ou même avec plusieurs, puisqu'ils sont en confiance et autonomes.

1.3.2. Le danger de l'institutionnalisation

Le mouvement contre la garde en collectivité des très jeunes enfants s'est aussi développé à la suite de la constatation dans les années 60 des effets négatifs de la vie en orphelinat. Des recherches révélèrent alors que les enfants qui avaient grandi en institution souffraient de retards intellectuels et comportementaux et on attribua ces résultats au fait que des enfants étaient privés de leur mère[24]. Mais on sait aujourd'hui que les retards de ces bébés étaient dus à une absence totale de stimulation et non à l'absence de leur mère. Le problème essentiel résidait dans l'absence de soins affectifs et non dans la carence maternelle proprement dite[25]. Des recherches subséquentes révélèrent d'ailleurs que dans de bons orphelinats où l'on offre à l'enfant un maternage adéquat, l'enfant peut se développer harmonieusement dans la confiance[26].

Il est clair, de toute façon, qu'on ne peut comparer les institutions du passé aux garderies actuelles. D'une part, les longues séparations que vivaient ces enfants ne se comparent pas aux courtes séparations de l'enfant qui retrouve ses parents quotidiennement. D'autre part, dans les garderies l'enfant peut établir un lien affectif de qualité avec son éducatrice attitrée et trouver les stimulations nécessaires pour se développer harmonieusement.

---

24. En 1962, Sally PROVENCE auteure du livre *Infants in Institutions*, New York, International University Press, disait que l'enfant doit être gardé dans sa famille et que plus il s'en éloigne, plus les conséquences sont marquantes pour lui.

25. En février 1989, Sally PROVENCE a révisé sa position dans l'article « Infants in Institutions Revisited » publié dans *Zero to Three*, pp. 1 à 4.

26. Geneviève APPEL et Myriam DAVID ont décrit des lignes directrices et l'expérience positive faite en institution dans *Loczy, ou le maternage insolite*, Paris, Éd. Scarabée, 1973.

1.3.3. L'importance de la qualité des soins

Un survol des recherches récentes portant sur les effets de la garde en pouponnière laisse une impression de malaise puisque certaines écoles de pensées se contredisent, que les données divergent et que la rigueur méthodologique laisse parfois à désirer[27].

En outre, un des grands problèmes actuels réside dans le fait que trop peu de recherches sont menées avec des instruments de mesure sensibles à tous les facteurs à évaluer[28]. On pense entre autres à l'attitude de l'éducatrice, à l'influence de la famille et au type de service de garde. On peut considérer, par exemple, que la manière dont les parents ou l'éducatrice vivent la situation de garde influera sur le comportement de l'enfant, et pourtant ces facteurs sont habituellement peu considérés. Le type de milieu de garde devrait aussi être évalué dans ces études. Les diverses formes de services plus ou moins clandestins qui existent parallèlement au système officiel sont souvent négligés par les chercheurs qui veulent évaluer les services de garde. Il faudrait pourtant tenir compte des différents contextes avant de parler des effets du service de garde sur le développement des enfants. De plus, il est encore trop tôt pour espérer obtenir des réponses définitives à plusieurs questions car les recherches, pour être valables, doivent se dérouler sur de longues périodes.

Enfin, les chercheurs qui visent à déterminer quel serait le milieu idéal pour favoriser la croissance des jeunes enfants ne sont pas suffisamment concluantes pour que l'on puisse prendre position. Elles n'apportent en effet que des fragments de réponse puisqu'il est très difficile de comparer entre elles les différentes garderies, les familles, les enfants et les éducatrices. Il reste donc beaucoup à faire dans le domaine de la recherche sur la petite enfance avant de pouvoir tirer des conclusions quant à l'impact de la garde en collectivité sur le développement de l'enfant.

Un point semble cependant généralement admis : la qualité du service de garde permettrait de prévenir les conséquences néfastes possibles de la

---

27. Pour en savoir davantage sur l'impact possible de la garde en collectivité sur les enfants de moins de trois ans, se référer à l'ouvrage du comité de la santé mentale intitulé *Impact des garderies sur les jeunes enfants : où va le Québec?*, Les Publications du gouvernement du Québec, 1983, pp. 11 à 20. On pourra aussi lire l'article d'Alison CLARKE-STEWART « Infant Day Care : Malignent or Malignent? » dans *American Psychologist*, février 1989, pp. 266 à 273.

28. Deborah PHILLIPS, Kathleen McCARTNET, Sandra SCARR et Carollee HOWES ont donné des perspectives nouvelles dans leur article intitulé « Selective Review of Infant Day Care Research : A Cause for Concern », publié dans la revue *Zero to Three*, février 1987, pp. 18 à 21. Elles concluent que la question de danger est trop complexe pour y répondre globalement.

garde en collectivité. Il apparaît donc réaliste et pertinent de veiller à ce que les services de garde actuellement offerts soient de qualité, car de toute façon les mères ne peuvent attendre les résultats des recherches puisqu'elles ont besoin de faire garder leurs jeunes enfants dès maintenant[29].

La garde des très jeunes enfants pose des problèmes particuliers reliés au fait qu'ils dépendent énormément de l'adulte et requièrent des soins qui nécessitent beaucoup de temps et d'énergie; les personnes qui s'occupent de ces poupons doivent être capables de combler non seulement leurs besoins physiologiques mais aussi leurs besoins affectifs. La qualité des soins prodigués ira donc de pair avec la disponibilité et l'état d'esprit des intervenants; le nombre d'enfants par adulte devient évidemment un critère de qualité extrêmement important. En outre, le personnel doit être qualifié et les lieux aménagés de façon à favoriser le développement optimal des enfants. C'est en réunissant toutes ces conditions que l'on pourra offrir aux enfants une stimulation satisfaisante et la possibilité de nouer des liens d'attachement de qualité avec leur éducatrice. Bref, un milieu approprié pour qu'ils se développent harmonieusement.

Dans des cas exceptionnels, une pouponnière de qualité pourrait même représenter un milieu plus favorable à l'épanouissement de l'enfant que son milieu familial. Pour répondre à des critères de qualité, les milieux de garde doivent être adaptés aux enfants et non seulement offrir une solution aux problèmes des adultes. Pour ce faire, il est impératif que les services de garde jouissent d'une aide financière. Cependant, puisque les spécialistes ne peuvent s'entendre quant à l'effet à long terme de la garde en collectivité sur le développement des enfants, il ne faut pas s'étonner que les décideurs politiques fassent preuve de prudence lorsqu'il s'agit de proposer une intervention gouvernementale dans le domaine. Pourtant, le gouvernement devrait agir, car la preuve n'est plus à faire que l'établissement d'un réseau de services de garde de qualité correspond à un besoin réel de la population. Au Québec comme ailleurs, on est confronté à des demandes sans cesse grandissantes de services accessibles, diversifiés et de haute qualité. En ce moment, le nombre des pouponnières augmente, mais la demande dépasse encore largement le nombre de places disponibles.

Le gouvernement a le pouvoir et les moyens de mettre en place un service approprié et d'offrir du soutien aux parents. En divulguant les résultats de multiples études, il mettrait en lumière les facteurs qui influen-

---

29. Pour plus de renseignements voir les remarques de Louise B. SILVERSTEIN dans *American Psychologist*, octobre 1991, pp. 1023 à 1032, « Transforming the Debate About Child Care and Maternal Employment ».

cent de façon positive le développement des enfants séjournant dans les services de garde et cela contribuerait à éliminer certains préjugés négatifs; il devrait agir.

De plus, on n'insistera jamais assez sur l'importance d'offrir aux éducatrices travaillant en pouponnière une formation adaptée aux besoins particuliers de ces enfants. La garde des poupons en garderie est une réalité récente au Québec, ce qui fait que des personnes de formations diverses se retrouvent actuellement auprès des groupes de bébés. Il peut s'agir d'éducatrices formées pour l'éducation préscolaire, de puéricultrices, d'infirmières ou encore de mères de famille. De plus en plus fréquemment, on retrouve aussi des éducatrices formées pour intervenir auprès des enfants de deux à cinq ans. Il faut donc récupérer les forces caractéristiques de chacune de ces personnes et compléter leur formation en plus d'offrir une formation complète aux débutantes afin que l'éducatrice en pouponnière puisse se définir comme une professionnelle spécialisée dans l'accompagnement global du bébé.

1.4. Le travail en pouponnière : influences et particularités

Plusieurs théories sur le développement de l'enfant et modèles d'intervention auprès des jeunes enfants gardés en pouponnière ont été créés et utilisés. Nous allons les décrire dans un premier temps, puis, dans un deuxième temps, voir comment l'approche de l'éducatrice doit être différente selon qu'elle interagit avec des bébés de 30 mois et moins ou des bébés plus âgés.

1.4.1. Les grandes théories du développement

Les recherches sur le développement du bébé sont relativement récentes. En effet, les premières ébauches de réflexion sur le sujet ne remontent qu'au début du siècle. Depuis, différentes écoles ont présenté leur théorie et leurs explications se révèlent, dans certains cas, diamétralement opposées. Cependant, toutes sont porteuses d'indications nous permettant de mieux comprendre le bébé. Voici donc six de ces approches parmi celles qui ont le plus influencé la conception actuelle de la petite enfance.

Le courant maturationniste postule que le bébé évolue en fonction d'informations innées, c'est-à-dire que toute croissance est génétiquement programmée et déterminée biologiquement qu'il s'agisse de développement physique ou psychologique. Gesell (1880-1961), l'un des maîtres à penser de cette théorie, accorde ainsi peu d'importance au milieu puisque ce qui influence de façon prépondérante le développement, selon lui, c'est la maturation psychologique. L'éducatrice ou l'environnement du bébé n'ont donc que peu d'effets sur le développement.

L'approche éthologique s'inspire de la biologie. Elle s'intéresse entre autres à la communication préverbale chez l'enfant. L'éthologue John Bowlby a pour sa part étudié le comportement d'attachement du bébé humain tandis que Hubert Montagner a relevé des types de comportements d'enfants en groupe et a établi des corrélations entre ces comportements et la relation de la mère avec son enfant. Au Québec, Marc Provost, Fred F. Strayer *et al.* ont travaillé dans le même sens.

Les béhavioristes avec Pavlov (1849-1936), Watson (1878-1958) et Skinner (1904-...) croient que le comportement humain est le résultat d'un ensemble de réactions acquises en réponse à des stimulations. Ainsi le bébé serait un peu comme une machine réagissant à des mécanismes physico-chimiques et pour le faire évoluer, il faudrait le conditionner à réagir positivement aux stimulations. Par exemple, en donnant du jus au bébé seulement s'il s'assoit, le jus devient une récompense et l'enfant acquiert ainsi l'habitude de s'asseoir.

Les constructivistes présentent le développement psychique comme une construction progressive qui s'édifie par étapes selon des stades chronologiques. Jean Piaget (1896-1980) et Henri Wallon (1879-1962) sont les pères de cette approche développée plus en profondeur au chapitre 5 de cet ouvrage. Elle permet de comprendre la perception du monde qu'a l'enfant à divers âges. Les constructivistes considèrent également que le développement mental est influencé non seulement par la maturation du corps, mais aussi par la maturation sociale qui, elle aussi, se construit par étapes progressives et prévisibles.

Les études basées sur les théories de Sigmund Freud (1856-1939) ont démontré l'importance de se préoccuper des demandes affectives des enfants pour améliorer leur quotidien grâce à des soins appropriés. Les stades oral et anal sont des particularités du développement de l'enfant relevés par les freudiens et qui seront vus au chapitre 4.

Anna Freud et Mahler ont poursuivi les travaux de Freud en approfondissant l'analyse psychologique auprès des enfants. Leurs recherches ont permis entre autres de distinguer le rôle de l'éducatrice de celui de la mère, de satisfaire plus que les besoins de base des enfants et de prévenir certaines maladies psychologiques infantiles.

Les post-freudiens, dont Mélanie Klein (1882-1960), Donald Winnicott (1896-1971), René Spitz (1887-1974), Bruno Bettelheim (1903-...) et Françoise

Dolto (1908-1988), ont permis d'outiller l'intervention éducative, que ce soit autour du concept d'attachement, de la dépendance, de l'objet de transition, du *holding* (maintien), du *handling* (maniement), de l'apprentissage à la propreté, de l'angoisse de la séparation, de l'hospitalisme ou de la verbalisation.

Ce livre s'inspire davantage des courants constructiviste, éthologiste et post-freudien. Notre approche prend en considération la connaissance et le respect des diverses étapes du développement du bébé et l'accompagnement psychologique. Nous croyons qu'en assurant au bébé un bien-être physique et psychologique, sa curiosité est libérée et ses forces sont décuplées pour les apprentissages ultérieurs.

1.4.2. Les divers modèles d'intervention

Les différentes théories décrites précédemment ont influencé l'intervention auprès des jeunes bébés. Ces diverses approches proviennent autant d'Europe que des États-Unis et se fondent sur l'idée qu'il faut favoriser le développement global du bébé et lui offrir, par conséquent, plus que les simples soins visant à assurer sa survie. Les différents modèles suggèrent des moyens très diversifiés. Dans cet ouvrage, nous avons tenu compte de plusieurs de ces modèles qui peuvent chacun à leur façon nourrir l'intervention quotidienne de l'éducatrice.

Certaines écoles d'intervention aux États-Unis travaillent à partir d'une liste des besoins des tout-petits pour faire en sorte que les lieux, l'horaire et l'intervention soient bien adaptés. Le travail des éducatrices est concentré sur les besoins de base des bébés. Elles doivent donner des soins de qualité. Elles respectent les différences individuelles et proposent de répondre à la curiosité des bébés et à leurs besoins d'explorer par des expériences sensori-motrices et des explorations libres.

Toujours aux États-Unis, mais dans une autre école, on met l'accent sur la formation de l'adulte. On forme l'éducatrice de façon à ce qu'elle permette au bébé d'acquérir le langage, qu'elle soit expressive (sourires, caresses affectueuses, contact des yeux) et qu'elle travaille en respectant les stades piagétiens du développement du bébé. Les objectifs de formation sont multiples puisque la qualité de l'intervention passe d'abord par le développement approfondi d'une philosophie d'intervention chez l'adulte qui apporte des soins au bébé.

Avec l'approche du *play learning*, on considère le jeu comme moyen privilégié d'apprentissage pour le bébé; l'adulte devient alors le maître de jeu. Les routines sont également considérées comme des moments d'apprentissage. C'est sur cette approche que sont basés les programmes préscolaires québécois. L'enfant joue pour acquérir le goût d'apprendre qui lui servira plus tard dans sa vie scolaire.

Avec la *setting approach*, c'est principalement sur l'environnement physique qu'aura à intervenir l'éducatrice. On soutient que la qualité de vie des bébés comme des éducatrices dépend de la qualité des lieux où ils se trouvent. La base de l'intervention consiste donc à prévoir un aménagement bien pensé, avec un local séparé en coins distincts pour les soins et pour les jeux. C'est Maria Montessori d'Italie qui a le plus influencé cette démarche.

À partir d'une autre approche, on considère que les différentes étapes du développement apparaissent selon un ordre chronologique prévisible et qu'elles sont reliées à des âges spécifiques. Chaque activité a alors pour but de pousser l'enfant à bien profiter de chaque étape et à amorcer l'étape suivante. C'est une approche systématique qui vise à maximiser le progrès de chaque enfant.

Certaines écoles d'intervention comme celles d'Emmi Pickler en Hongrie, d'Anna Pinelli en France et de Magda Gerber en Californie adhèrent au principe qu'il faut avant tout bien soigner le bébé tout en le respectant et en tenant compte de tous les aspects de son développement. C'est l'école d'intervention appelée *good care approach*. En intervenant selon ces principes, cette école respecte la dignité de l'enfant en veillant à lui assurer des moments de qualité avec l'adulte, en prônant l'idée du mouvement non entravé[30] et en considérant l'enfant comme acteur et partenaire dans les routines comme dans le jeu. Ici, l'éducation est synonyme de soins de qualité et de bien-être du bébé.

Ce survol rapide de différentes écoles d'intervention permet de constater que tout le monde s'entend sur l'importance de prodiguer à l'enfant des soins de base et de l'affection. Il semble que si le bien-être physique et affectif du bébé est assuré, les autres apprentissages vont aller de soi (figure 1.3). Dans cet ouvrage, nous nous sommes inspirées de façon plus marquée de la *good care approach* sans négliger cependant l'influence des autres écoles d'intervention pour ce qui a trait à l'aménagement du local, à l'importance du jeu, aux respects des différentes étapes de développement ou à la formation de l'éducatrice comme personnage clé de l'intervention.

---

30. Le mouvement non entravé est une théorie du développement psychomoteur où l'on postule que l'enfant va apprendre à s'asseoir et à marcher par lui-même si on lui permet de bouger librement.

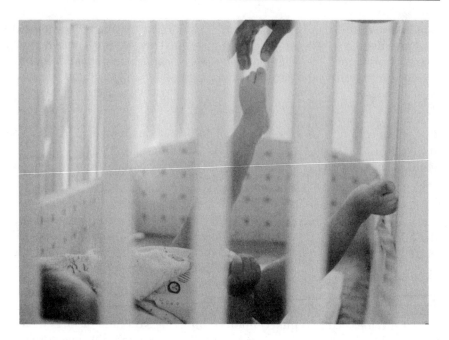

FIGURE 1.3
En harmonie avec le bébé.

1.4.3. Les particularités du travail en pouponnière

La garde de très jeunes enfants demande des aptitudes et une formation différentes de ce qui est exigé pour la garde des enfants plus vieux. On peut comparer une éducatrice travaillant en pouponnière à l'institutrice d'une ancienne école de rang. Celle-ci avait alors dans sa classe des enfants d'âges divers ayant des capacités d'apprentissage variées et devait donc planifier son enseignement de façon à accompagner chaque enfant de façon individuelle. Même si les enfants d'une pouponnière n'ont que quelques mois de différence, il y a, dans une même groupe, des bébés qui sont à des années-lumières les uns des autres. On peut retrouver un bébé qui tient à peine sa tête dans le même groupe qu'un bébé qui se tient debout et fait coucou. De plus, ces bébés évoluent à un rythme effarant, à chaque minute ils font un nouvel apprentissage. L'éducatrice devra donc bien connaître les étapes du développement de l'enfant et soutenir chacun de façon individuelle.

L'intervention auprès de ce groupe d'enfants se distingue aussi par le fait qu'il faut consacrer beaucoup de temps et d'énergie aux soins de base et que ces enfants sont très dépendants de l'adulte. Quiconque a vécu quelques heures avec un petit bébé sait aussi qu'il a des besoins physiques et émotifs intenses qui demandent des réponses immédiates et adaptées, que chaque bébé a, de plus, un rythme biologique qui lui est propre : il a besoin qu'on le nourrisse quand il a faim, de dormir quand il a sommeil, d'être libre d'explorer quand ses besoins physiologiques sont comblés.

Dans les autres groupes, les besoins des enfants sont ressentis avec moins d'urgence; il est possible de les laisser attendre un peu quand ils ont faim, par exemple. L'éducatrice peut aussi les grouper pour les routines. Pour eux, il s'agit de simples moments de transition entre les jeux. Chez les poupons, les soins doivent être prodigués immédiatement et dans une relation individualisée puisque l'enfant très jeune apprend beaucoup en tête à tête avec un adulte disponible et qu'il supporte difficilement l'attente. Avec les plus vieux, l'éducatrice peut aussi se permettre une certaine exubérance sans déranger leur évolution. Avec les petits, le calme, la chaleur, la stabilité émotive sont essentiels puisque leur système nerveux est encore très fragile à toute surexcitation. En effet, s'ils sont surstimulés, ils risquent de se retrouver en état de détresse.

Afin d'être attentive au rythme biologique du bébé, l'éducatrice doit plus qu'avec les autres groupes d'enfants développer un excellent sens de l'observation, car les bébés communiquent sans parler. Si elle est assez sensible pour détecter les besoins, son rôle sera ensuite d'offrir les soins et d'organiser les occasions d'explorer. Il s'agira alors pour elle de procurer au bébé le matériel qui convient à ses besoins individuels et d'aménager l'espace pour qu'il puisse répéter, exercer et expérimenter toute nouvelle habileté. L'intervention de l'éducatrice aura pour but de permettre aux bébés de vivre des expériences sensorielles à leur rythme, dans un cadre où sécurité et stabilité émotionnelle seront assurées.

Entre 3 et 18 mois, les enfants vont de l'attachement à l'adulte au détachement, à l'autonomie et à l'indépendance. L'éducatrice doit donc être maternelle sans remplacer la figure maternelle et permettre aux bébés d'être proches d'elle ou indépendants selon leurs besoins. Cette adaptation aux variations d'humeur des bébés demande aussi une sensibilité différente de celle nécessaire avec les plus vieux dont on peut davantage prévoir les réactions.

Enfin, l'éducatrice qui s'occupe des poupons devra établir de bons contacts avec les parents des enfants et avoir avec eux des échanges fréquents. Dans d'autres groupes, la communication quotidienne avec les parents est souvent moins nécessaire, car la sécurité physique et émotionnelle de l'enfant est assurée par le fait que ce dernier s'exprime par le langage. En pouponnière, c'est par le truchement du parent et de l'éducatrice que le bébé transmet au jour le jour ce dont il a besoin pour être bien à la pouponnière et à la maison. Les parents ont de plus avec leur bébé un lien d'attachement très fort qu'il est essentiel de préserver et d'encourager tout en permettant au bébé de vivre un prolongement de ce lien avec l'éducatrice. C'est avec elle que le bébé développe sa confiance au monde, d'où l'importance d'une relation affective stable avec une éducatrice saine et équilibrée qui sait reconnaître l'importance de la force relationnelle qui unit les parents et le bébé.

• Résumé •

Les besoins des familles québécoises en matière de garde d'enfants ont bien changé depuis le siècle dernier : les mères travaillent maintenant à l'extérieur du foyer, les familles monoparentales et réorganisées sont presque aussi courantes que les familles traditionnelles et, après un divorce, les pères obtiennent de plus en plus la garde partagée. La société québécoise a dû s'adapter à cette nouvelle réalité. Ainsi, les différents modes de garde disponibles aujourd'hui répondent aux besoins actuels de garde des familles.

La garde à domicile, la garde en milieu familial et la garde en pouponnière offrent chacune aux parents les avantages et les inconvénients inhérents à leur type d'organisation. Les besoins de la famille, les valeurs éducatives privilégiées ainsi que les particularités de chaque enfant entrent en considération dans le choix du type de garde. La majorité des bébés ne se font cependant pas garder en pouponnière à cause de la préférence des parents pour les autres types de garde et également à cause du nombre restreint de places disponibles en pouponnière au Québec.

Les effets de la vie en pouponnière sur le développement de l'enfant ont été étudiés en considérant son impact sur le développement du lien d'attachement entre l'enfant et ses parents, sa mère en particulier, en analysant les dangers de « l'institutionnalisation » et en comparant les enfants ayant passé les premières années de leur vie avec leur mère à la maison et ceux ayant fréquenté un milieu de garde. Un fait ressort des recherches actuelles : ce sont la qualité des soins et l'attention personnalisée donnés au bébé par les parents et par l'éducatrice qui seront déterminants pour son développement harmonieux. Être gardé par des éducatrices professionnelles et compétentes revêt alors une grande importance pour l'évolution du jeune enfant.

Le travail auprès des bébés exige donc des qualités et des connaissances spécifiques. Plusieurs grandes théories du développement de l'enfant ainsi que divers modèles d'intervention ont influencé, ici et ailleurs, les pratiques professionnelles des éducatrices et celles-ci doivent les connaître. Une approche basée sur la qualité des soins lors des moments de routine, sur la connaissance et l'observation des bébés, sur le développement d'un lien d'attachement sécurisant et sur le respect des particularités de chacun assure à l'intervenante et à l'enfant une relation enrichissante et harmonieuse.

Bibliographie

BADINTER, E. *L'Amour en plus : Histoire de l'amour maternel-XVIIe XXe siècle*, Paris, Flammarion, 1980.

CATALDO, Christine Z. *Infant and Toddler Programs*, New York, Éditions Addison-Wesley Publishing, 1983.

CLOUTIER, Richard et coll. *Les familles réorganisées. Sommaire d'une étude sur les arrangements familiaux adoptés après la séparation parentale : La perspective des enfants et celle des parents*, Sainte-Foy, Université Laval, École de psychologie, avril 1990.

CÔTÉ, Christian et coll. « Les familles recomposées : pour le meilleur ou pour le pire, une réalité », *Familles recomposées après divorce, Revue Service Social*, École de service social, Université Laval, Québec, 1990, vol. 39, n° 3, p. 3-6.

GERBER, Magda. *A Manual for Professionals and Parents*, Los Angeles, R.I.E., 1989.

PICKLER, Emmi. *Se mouvoir en liberté dès le premier âge*, Paris, Éditions PUF, 1979.

PINELLI, Anna. *Des bébés en motricité libre*, Montréal, Regroupement des garderies de la Montérégie, 1991.

PROVOST, M.A. *et al. Éthologie et développement de l'enfant*, Paris, Éditions Stock, 1985.

TOURETTE-TURGIS, C., M.-J. GEORGIN, B. OUARRAK et A.-M. MULLER. *Psychopédagogie de l'enfant*, Paris, Collection Cahiers de puériculture, n° 8, Éditions Masson, 1986.

STATISTIQUE CANADA. *Portrait des femmes au Canada*, 2e édition, février 1990.

STATISTIQUE CANADA. *Portrait des femmes au Canada*, mars 1985.

STATISTIQUE CANADA. *Recensement 1986. Le Canada à l'étude. Les familles au Canada*, février 1990.

CHAPITRE 2

L'approche éducative auprès des bébés : le respect

Céline Poulin

*Que l'humain s'émerveille assez de lui-même
pour aimer vraiment la vie qu'il engendre.*
Exposition — Né(e) pour naître

Qu'est-ce qu'un bébé? Quels sont ses besoins? Comment peut-on l'aider à s'épanouir en pouponnière? En éducation, les questions que l'on pose sont en général aussi fondamentales que ces trois dernières, et bien qu'elles soient courtes et simples, les réponses, elles, le sont rarement. C'est pourquoi dans les prochains chapitres, nous nous attacherons à trouver des pistes de réflexion pour connaître le bébé, déterminer ses besoins et favoriser son développement harmonieux en garderie.

Nous nous baserons sur une philosophie de l'éducation qui encourage le développement global du bébé en mettant l'accent sur une communication respectueuse avec celui-ci. Tout d'abord, nous expliquerons cette approche et nous verrons comment l'appliquer en utilisant diverses techniques d'observation. Nous traiterons ensuite du rôle de l'éducatrice qui adopte cette vision du travail auprès des bébés et de l'importance qu'il faut accorder au jeu libre. Un tableau présentant les pratiques souhaitables et celles à éviter viendra conclure cette deuxième partie.

L'éducatrice trouvera ensuite des repères pour distinguer son rôle de celui du parent, pour analyser les qualités nécessaires à l'accomplissement de son travail en pouponnière ainsi qu'une définition globale des diverses tâches qu'elle doit accomplir tant auprès des enfants et des parents que des autres membres de son équipe de travail. Nous terminerons par la présentation de divers moyens auxquels on peut avoir recours pour prendre soin de soi-même dans ce métier exigeant.

2.1. Une philosophie d'intervention auprès des bébés reposant sur dix principes

La philosophie privilégiée dans cet ouvrage se rapproche de celle du *good care approach* dont il a été question au chapitre 1. Il revient à la pédiatre hongroise Emmi Pickler d'avoir le plus influencé ce courant en s'intéressant très tôt dans sa carrière à une approche où les craintes du bébé, ses désirs, son rythme sont respectés. Elle a fondé l'institut méthodologique de Loczy où l'on s'occupe encore aujourd'hui de la garde de jeunes enfants privés de parents. Le défi qu'elle a alors relevé est de ce fait d'autant plus grand et a intéressé de nombreux chercheurs[1]. L'approche d'Emmi Pickler a maintenant des partisans aussi bien en Europe qu'aux États-Unis. Magda Gerber, par exemple, l'a reprise aux États-Unis auprès d'une clientèle d'enfants ayant leurs parents. Elle a mis sur pied un centre où l'on s'occupe à la fois de la formation des parents et de celle des éducatrices en pouponnière.

L'approche proposée s'inspire des travaux de ces chercheurs et de plusieurs auteurs tout en étant adaptée aux besoins des familles québécoises. Elle est à la fois souple et originale. Bien sûr, sa nouveauté remet parfois en question certaines de nos habitudes avec les bébés, mais chaque éducatrice trouvera parmi les dix principes de base certaines règles fondamentales avec lesquelles elle se sentira plus familière et qui lui permettront de commencer son entraînement avec une certaine facilité. De plus, ce modèle d'intervention peut être appliqué par étapes ou même en partie selon les besoins de l'éducatrice ou du milieu. Voici maintenant les dix principes de base de cette approche suivis de leur description, mais avant de poursuivre votre lecture, nous vous suggérons de lire le rapport d'observation à la crèche de Boulogne présenté à l'annexe 1.

Les dix principes

1. Considérer le bébé comme une personne et un partenaire.
2. Favoriser l'« action autonome ».
3. Assurer au bébé des relations affectives stables.
4. Investir dans des moments privilégiés.
5. Respecter chaque étape du développement du bébé.
6. Placer le bébé dans des situations motrices qu'il maîtrise.
7. Suivre le rythme biologique de chaque bébé.
8. Parler au bébé.
9. Aider le bébé à résoudre ses problèmes lui-même.
10. Accueillir le parent.

---

1. Myriam DAVID et Geneviève APPELL. *Loczy ou le martenage insolite*, Paris, Éditions C.E.M.E.A. Scarabée, 1973.

2.1.1. Considérer le bébé comme une personne et un partenaire

> *Le bébé est important pour moi et non l'inverse.*
>
> Magda GERBER

Le bébé a longtemps été perçu comme un être faible, dépourvu, à qui l'on devait tout apprendre. Les recherches tendent cependant de plus en plus à prouver que même s'il est un être inachevé, il est beaucoup plus intelligent et habile qu'on ne le croyait et mérite d'être traité avec **respect**. Le premier principe consiste donc à considérer le bébé comme une personne à part entière qui a besoin de comprendre ce qui l'entoure, les choses qui le touchent de près en particulier; comme une personne qui a des craintes, des envies, des besoins à respecter; comme un individu qui participe aux événements et non un être passif à la merci des adultes, une vedette de cirque qu'on admire ou qu'on doit amuser. C'est à partir de ce premier principe que la note suivante a été rédigée.

Cher visiteur!

Ici c'est ma maison quand mes parents travaillent. J'ai besoin de m'y sentir en sécurité et entouré. Quand je vois une quantité de pieds et de genoux, je peux devenir effrayé. Alors si vous restez à la pouponnière, baissez-vous et ainsi je pourrai voir votre visage.

Je suis très dérangé quand des adultes parlent de moi comme si je n'étais pas là. Soyez donc assez gentil de m'inclure dans la conversation. Je deviens aussi très effrayé quand un étranger me prend dans ses bras. Laissez-moi jouer en paix dans mon espace.

Je me sens inquiet également quand des adultes bavardent avec mon éducatrice. Je vous en prie, ne distrayez pas les éducatrices de leur travail qui est Moi!

Un enfant de la pouponnière de Ziggurat en Californie

Plusieurs des interventions des éducatrices de la crèche de Boulogne de même que leur attitude générale avec les poupons témoignent aussi du respect de ce premier principe (voir l'annexe 1). Lorsque l'une d'elles présente les visiteurs aux bébés, elle les considère comme des personnes normales à qui tout nouveau visage doit être présenté. Afin de mieux comprendre la nécessité d'agir ainsi avec les enfants, mettez-vous à leur place et imaginez qu'un nouveau venu s'approche de vous sans vous être présenté et vous prend dans ses bras. Votre réaction serait sûrement de résister, de fuir. Vous seriez très mal à l'aise. D'ailleurs, même après que quelqu'un vous ait été présenté, vous n'auriez peut-être pas envie qu'il vous prenne dans ses bras! Il faut réaliser que le bébé se sent aussi mal à l'aise que l'adulte quand un inconnu s'impose trop rapidement à lui, et qu'il importe de respecter son malaise comme on respecte celui des adultes.

Une autre intervention des éducatrices est conforme à ce principe : elles disent aux visiteurs de se faire tout petit et de s'éloigner des enfants. Il faut comprendre qu'elles agissent ainsi parce qu'elles croient que les activités des bébés sont aussi sérieuses et méritent autant de respect que celles d'un scientifique qui travaille à une découverte. Respecter ne veut pas dire ici laisser le bébé à lui-même, mais ne pas le déranger quand il est occupé à moins que ce ne soit son tour d'être nourri, changé de couche ou qu'il soit en danger.

On remarque aussi que les éducatrices prennent le temps qu'il faut pour expliquer aux enfants le pourquoi de leurs gestes. Voilà une autre marque de respect. Quand l'une d'entre elles avertit un bébé qu'elle change son objet de transition de place, elle tient pour acquis qu'il comprend ce qu'elle dit et la réaction du bébé démontre bien qu'effectivement, même s'il ne parle pas encore, il comprend ses paroles. Respecter le bébé veut aussi dire se laisser modeler par lui; partir du principe qu'il a son mot à dire et en tenir compte dans l'aménagement de la pouponnière. L'enfant a-t-il besoin de grimper? Il faut mettre à sa disposition des objets qui lui permettront de satisfaire ce besoin. Les désirs des bébés sont d'ailleurs vus comme le moteur de leur développement et non comme des empêchements aux activités planifiées des adultes.

Dans cette pouponnière, on considère aussi le bébé comme un partenaire. Pendant le changement de couche, l'éducatrice fait équipe avec le bébé. Elle ne le change pas en le regardant seulement du nombril aux orteils comme le font trop d'adultes, mais en dialoguant avec lui et en sollicitant sa participation par le jeu. Elle « danse » avec lui, s'adapte aux mouvements naturels du bébé pour l'habiller : le bébé étire une jambe, elle en profite pour enfiler la jambe de son pantalon. Elle peut aussi prendre l'habitude de passer ses doigts dans les manches des chandails et de les bouger pour que le bébé les remarque et tende son bras vers les doigts. Ce jeu permettra d'enfiler une manche aisément. L'éducatrice peut aussi demander des choses au bébé et attendre sa réponse, et lorsqu'il essaie de lui dire quelque chose, faire des efforts pour comprendre et lui répondre. Il importe aussi que le bébé prenne conscience de sa participation. Cela l'encourage à apprendre et à prendre plaisir à l'habillage.

Brazelton, célèbre pédiatre américain, encourage cette attitude pendant les examens médicaux aussi. Il a développé diverses techniques pour obtenir la collaboration du bébé : il placera d'abord le stéthoscope dans le soulier du bébé ou sur son toutou, il demandera à l'enfant de lui montrer où son ourson a mal. Emmi Pickler encourageait aussi les pédiatres à travailler de cette façon. Il semble maintenant évident que ce genre d'attitudes facilite de beaucoup les opérations et profite aussi bien à l'adulte qu'à l'enfant.

Respecter le bébé veut aussi dire de ne pas prendre toute la place et de ne pas tout faire pour lui. À aucun moment, nous ne voyons une éducatrice de la crèche de Boulogne faire de longs discours, parler avec d'autres adultes de ses achats de la veille ou envahir les bébés. Ces éducatrices ont appris que le bébé a besoin de calme et de paix pour être bien[2] et croient aussi qu'il est capable de concentration s'il n'est pas dérangé. Elles n'animent pas d'activités et lui laissent beaucoup de temps pour explorer. En outre, elles aident le bébé dans le besoin, mais seulement après lui avoir laissé le temps de trouver seul une solution. Par exemple, le bébé qui pleure parce qu'il a peu dormi est d'abord observé pour voir s'il arrivera à retrouver seul sa bonne humeur avant d'être pris dans les bras et réconforté. Un bébé a-t-il l'habitude de s'endormir en suçant ses doigts? Une éducatrice l'aidera à repérer ses doigts quand il veut dormir. A-t-il faim? Elle lui présentera son repas et l'encouragera à manger seul, car respecter un bébé, c'est finalement répondre à ses besoins de façon à améliorer sa capacité à utiliser ses propres ressources.

Mais ne gâte-t-on pas un bébé en le respectant ainsi, en répondant toujours à ses besoins? Magda Gerber[3] nous dit à ce sujet : « On peut gâter la capacité de bien vivre d'un bébé en le surprotégeant (''ne fais pas cela'', ''attention'', ''ne touche pas'') [...] On peut le gâter en le contrôlant, (''fais ceci maintenant'', ''prends ce jouet'') [...] On peut le gâter en l'occupant constamment et de ce fait, en lui volant sa curiosité naturelle et sa capacité d'agir par lui-même [...] On peut gâter un enfant en faisant des choses pour lui quand cela est plus facile et plus rapide ».

Un enfant gâté pourrait se définir comme celui qui n'a plus de plaisir à découvrir et à combattre pour apprendre. Si l'environnement du bébé est aménagé de façon à ce qu'il puisse explorer, si l'on profite des situations de la vie courante pour solliciter sa participation en lui laissant le temps

---

2. Colette SABATIER. « Psychologie du 0-6 ans », *Formation en cours d'emploi*, Montréal, Regroupement des garderies 6C, 1979, p. 9.
3. Magda GERBER. *Resources for Infant and Educarers*, Los Angeles, Resources for Infant Educarers Publishers, 1987, p. 12.

d'agir, d'expérimenter, on l'encourage à faire ce qu'il est capable de faire, à progresser et à avoir le goût des défis. Sourire au bébé, le cajoler quand il en a besoin, lui rendre tolérables les inévitables frustrations, l'encourager dans ses désirs d'exploration, le laisser choisir sont autant d'attitudes qui feront de lui un petit être épanoui et autonome, et non un enfant gâté.

En résumé, respecter un bébé c'est admettre qu'il reconnaît et comprend beaucoup de choses, c'est expliquer au bébé ce qui lui arrive, vivre avec lui une relation de partenaire, c'est également entretenir avec lui une relation intime et chaleureuse. On a souvent dit que le bébé apprend beaucoup en imitant les adultes. Le respect est peut-être l'une des plus belles qualités que l'on puisse lui faire acquérir. Alors, si l'on veut qu'un bébé devienne respectueux, « il faut le respecter en tout temps[4] ».

2.1.2. Favoriser l'« action autonome »

De fausses croyances sont souvent à l'origine de comportements erronés dans la façon de travailler avec le bébé[5]. Par exemple, selon une première croyance, éduquer un bébé consiste à le stimuler. Ainsi, les gens ont tendance à croire qu'il faut à tout prix occuper les bébés pour qu'ils évoluent et, qui plus est, que c'est l'adulte qui doit initier et prendre en charge les activités. L'adulte devient ainsi la seule source de joie et d'apprentissage pour le bébé qui n'apprend plus à s'occuper seul en présence d'adultes et qui développe le besoin d'avoir l'attention constante de ces derniers. Pourtant, il y a à peine une génération, les mères n'étaient pas toujours disponibles pour le jeu du bébé. Les enfants, qui n'allaient pas encore en garderie, apprenaient plutôt en s'amusant seuls. Les adultes alternaient les soins aux bébés avec des périodes où ils vaquaient aux tâches journalières. On peut se demander comment des enfants ainsi éduqués développaient leur autonomie. J.C. Pearce nous dit pour sa part que si l'on encadre constamment le bébé avec des activités dirigées ne lui laissant aucun choix, il y a risque que « l'intelligence opère un repli sur elle-même[6] ». Nous reviendrons sur ce point quand il sera question du jeu (chapitre 6) et du développement intellectuel (chapitre 5).

Une deuxième croyance consiste à penser que les bébés sont incapables de concentration et qu'il faut donc constamment leur offrir des activités, sinon, au bout de cinq minutes, ils s'ennuient. Rien n'est plus

---

4. *Ibid.*, p. 19.
5. *Ibid.*, p. 18.
6. J.C. PEARCE. *L'enfant magique*, Montréal, Éditions France-Amérique, 1982, p. 139.

faux. Chacun de nous a un jour été fasciné par un bébé qui découvre sa main. Les efforts qu'il fait pour la placer dans son champ de vision et le temps qu'il met à contrôler ses mouvements ravissent tout observateur. La petite Aurélie dans l'exemple de l'annexe 1 reste elle-même une heure et demie concentrée et attentive. Aucune activité proposée par un adulte n'aurait d'ailleurs pu être aussi complète que celles qu'elle a imaginées seule pour exercer ses capacités motrices et sa concentration.

On oublie souvent que le rythme d'exploration et d'apprentissage du bébé est beaucoup plus lent que le nôtre et on fait les choses à sa place. Pourtant, si on lui laisse le temps, le bébé se montre très habile. Tous ont sûrement fait l'expérience du au revoir au bébé : on lui fait le geste de la main cinq ou six fois en attendant qu'il le fasse et c'est au pied de l'escalier, alors qu'on ne le regarde plus, qu'il nous fait au revoir de la main. Il faut s'adapter à ce rythme pour encourager le développement de l'enfant. Pourquoi toujours vouloir aller vite avec les bébés quand pour eux toute activité d'habillage ou d'alimentation est apprentissage et découverte? Le rôle de l'éducatrice qui veut favoriser le développement de l'autonomie chez l'enfant consistera donc à organiser le matériel et ses interventions pour que le bébé fasse le plus de choses à son rythme et par lui-même. Dans l'exemple de l'annexe 1, l'éducatrice met ce principe en pratique quand elle amène l'enfant à comprendre le mécanisme de la porte coulissante, quand elle n'intervient pas dans les jeux d'exploration des bébés, quand elle laisse au bébé le temps de trouver seul une solution à son problème.

Favoriser l'activité autonome consiste donc à être attentif aux initiatives du bébé plutôt que de constamment lui proposer des jeux, des façons de faire les choses ou de tout faire avant qu'il ne puisse intervenir. Il faut encourager l'exploration libre, ce qui ne signifie pas laisser aller le bébé, mais plutôt le laisser être en demeurant à l'écoute, afin que l'enfant vive des moments de concentration de plus en plus longs pendant lesquels il apprend à « régler la mesure de ses efforts intérieurs[7] ».

L'autonomie doit être encouragée dès le début de la relation du bébé avec l'éducatrice. Si, lors de la première rencontre, l'adulte lui laisse l'initiative en le prenant seulement quand il est prêt, si elle lui dit qui elle est, elle adopte des attitudes qui vont favoriser l'établissement de la confiance et encourageront l'action autonome. À ce titre, il faut s'interroger sur l'habitude qu'ont certains adultes de prendre le bébé sans attendre un début de collaboration de sa part et surtout sans vérifier s'il est d'accord. C'est par ailleurs en accompagnant graduellement l'enfant dans son autonomie et seulement à cette condition que l'éducatrice pourra aménager des

---

7. Anna TARDOS. « Les activités dirigées », *L'enfant*, nº 4/84, Bruxelles, 1984, pp. 14-19.

moments privilégiés avec chacun des bébés. En effet, c'est pendant qu'un enfant joue de façon autonome, qu'elle sera libre pour nourrir, changer de couche ou endormir un autre bébé qui a besoin d'elle à ce moment précis. La mise en pratique de ce deuxième principe est donc profitable encore une fois tant pour l'enfant que pour l'adulte.

2.1.3. Assurer au bébé des relations affectives stables

> *Le visage de l'être proche est comme le premier miroir où l'enfant apprend à lire les sentiments.*
>
> *Exposition* — Né(e) pour naître

On hésite encore à dire que les facteurs de stress et d'adaptation n'ont pas d'effets négatifs sur le développement de l'enfant[8]. Cependant, une chose est sûre : des relations affectives stables aident beaucoup l'enfant à traverser les périodes difficiles comme elles l'aident à construire sa confiance en lui et au monde. La stabilité lui permet en effet de tisser des liens affectifs solides qui l'aident à s'adapter à toute nouvelle situation, à se connaître et à développer sa confiance.

Le lien d'attachement qui unit le bébé à sa mère devrait donc trouver un relais à la pouponnière, en la personne d'une éducatrice qui lui serait attitrée[9], c'est-à-dire qui l'accompagnerait pendant son adaptation à la pouponnière et qui, par la suite, passerait tous les moments de routine avec lui sauf exceptionnellement. Cette éducatrice habillerait l'enfant, le nourrirait, l'endormirait, le consolerait, etc. C'est aussi elle qui devrait accueillir le bébé tous les matins. D'ailleurs, tous les bébés qui entrent à la garderie quel que soit leur âge devraient, dans la mesure du possible, être accompagnés ainsi pendant au moins deux ans par la même éducatrice. Certains chercheurs proposent même que cette période soit d'une durée de trois ans. Avec cette approche, ce n'est plus le bébé qui change de groupe ou de salle, mais l'éducatrice qui « grandit » avec son groupe de bébés,

---

8. Voir à ce sujet la section 1.3. et l'article de William F. HIGNETT, « Infant Toddler Day Care, Yes : But We'd Better Make It Good », *Young Children*, Washington, novembre 1988, vol. 44, n° 1, p. 32.

9. Le terme « référente » est aussi utilisé pour désigner l'éducatrice attitrée à l'enfant. Voir à ce sujet Geneviève APPELL et Myriam DAVID dans *Loczy ou le maternage insolite*, *op. cit.*, pp. 106-112.

l'aménagement du local étant modifié selon leurs besoins. De plus, ce devrait toujours être la même personne qui remplace l'éducatrice pendant ses pauses et à la fin de la journée afin qu'un nombre minimal d'adultes s'occupent des enfants.

Il s'agit de passer quelques jours avec des enfants de 0-18 mois pour découvrir qu'ils sont des « bouffeurs d'énergie ». Pour cette raison, il est bon de prévoir un ratio d'une éducatrice pour quatre enfants. De plus, l'horaire de quatre jours ne devrait évidemment pas s'appliquer au travail en pouponnière afin que le bébé retrouve la même éducatrice cinq jours sur cinq ou à chaque fois qu'il se fait garder, dans le cas des bébés inscrits à temps partiel.

Assurer au bébé des relations affectives stables repose sur l'intervention d'un minimum d'adultes qui travaillent auprès du bébé : ces adultes sont toujours les mêmes et autant que possible, ont un horaire stable et suivent le bébé durant plusieurs mois.

2.1.4. Investir dans des moments privilégiés

Investir dans des moments privilégiés signifie se soucier de la qualité de notre présence auprès du bébé lors des routines, c'est-à-dire lors du changement de couche, des repas, de l'habillage ou du coucher. Selon Magda Gerber[10], les routines devraient être comme un rayon de soleil dans la journée. L'enfant gardé vit aujourd'hui de plus en plus de moments diffus : il subit de longs moments de transport et vit de longues périodes de temps en groupe dans un environnement parfois très bruyant.

Il se retrouve souvent avec des adultes qui manquent de présence. Pourtant, pour se développer de façon harmonieuse, il a besoin de contacts intimes chaleureux et de qualité[11]. Tout doit donc être mis en œuvre pour qu'il puisse se retrouver le plus souvent possible en tête-à-tête avec un adulte qui est entièrement disponible. Les routines permettent justement d'établir ce genre de relation, car c'est pendant ces activités que l'éducatrice a le plus de chances de communiquer intimement avec l'enfant, comme elle peut se retrouver seule avec lui.

---

10. Magda GERBER. *Op. cit.*, pp. 37-38.
11. J. GONZALEZ-MENA et Dianne WIDMEYER-EYER. *Infancy and Caregiving*, Mountain View, Mayfield Publishing Company, 1980, pp. 16-17.

Dans l'exemple de l'annexe 1, chaque bébé est nourri seul quand il a faim. Le temps du repas s'échelonne donc sur deux heures et demie et chaque bébé est nourri pendant quinze minutes. L'heure du repas de chacun est décidée à la suite d'une longue analyse des feuilles de rythme de croissance[12] qui permettent d'établir les besoins des bébés. La situation est alors clairement expliquée aux bébés et ceux-ci font l'apprentissage du tour de rôle. Bien sûr, si un bébé a particulièrement faim une journée, on lui offrira son repas avant son tour, mais de façon générale, la situation convient à tous les bébés.

Cette façon de travailler va assurer un temps équitable à chaque enfant, ce qui n'est pas toujours le cas lorsque les soins sont donnés en premier à celui qui crie le plus ou au hasard, au détriment alors des autres enfants. Elle demande de refréner une certaine spontanéité d'intervention au profit d'une plus grande observation.

Les conséquences de ce principe sur le travail sont nombreuses. Il en découle moins d'interventions de groupe et une répartition différente du travail. Ainsi, lorsqu'une éducatrice s'occupe d'un bébé, l'autre éducatrice doit être responsable de l'ensemble du groupe. Si une éducatrice est seule avec cinq bébés, elle choisira d'apporter les soins à un bébé quand les autres seront occupés et autonomes. Si chaque bébé est assuré de vivre chaque jour ces moments intimes, il deviendra progressivement moins dépendant, donc plus autonome, ainsi l'éducatrice pourra également vivre des moments privilégiés avec les autres bébés. L'investissement affectif de l'adulte dans les moments privilégiés que sont les routines va de plus permettre au bébé de se construire et de se sentir en sécurité à la garderie.

2.1.5. Respecter chaque étape du développement du bébé

Il semble que l'enfance soit devenue une sorte de marathon. Il n'y a qu'à prêter l'oreille dans un parc pour entendre : « Mon bébé a marché à neuf mois. Elle est propre depuis l'âge de seize mois. Elle fait déjà ses nuits. » Tous semblent penser que plus on fait les apprentissages à un âge précoce, meilleures sont les chances de réussite plus tard. Cependant, l'élément utilisé pour comparer les bébés entre eux est souvent l'activité motrice et le bébé sensible, minutieux est perçu comme lent alors qu'il est souvent plus attentif et fait des liens cognitifs importants. De plus, le syndrome du

---

12. La lectrice pourra trouver une description de cet outil d'observation à la section 2.2.1. portant sur l'observation du bébé.

superbébé qui est exposé très jeune à des stimulations précoces qui ne respectent pas son rythme est souvent décrié[13] et le *burn-out* des enfants au primaire ou avant peut être vu comme une conséquence de cette attitude.

Comme le fait remarquer Brazelton, il est plus important de franchir sûrement chaque étape que de se soucier du temps employé pour y arriver. Il nous fait part à ce sujet de l'exemple extrême d'une petite fille à qui on avait appris à marcher à six mois. Il décrit la tension de cet enfant qui se lisait sur son visage. Tout plaisir avait disparu de sa vie. Elle marchait à six mois, mais son développement psychologique risquait lui d'être perturbé. Ce pédiatre s'inquiète avec justesse des méthodes d'éducation qui tiennent compte seulement du résultat atteint par l'enfant.

Comme adulte, nous voyons souvent ce que l'enfant essaie de faire et au lieu de le laisser faire des efforts pour y arriver seul au bout d'un certain temps, nous l'amenons trop vite au but final. Par exemple, un adulte bien intentionné va accélérer un processus d'acquisition en faisant marcher le bébé qui commence à s'agripper. En agissant ainsi, il oblige l'enfant à solliciter sa musculature pour marcher avant qu'il ne soit véritablement prêt et l'empêche d'apprendre à redescendre après s'être levé, ce qui est fondamental pour ne pas tomber. De plus, le bébé qui n'a pas assez pratiqué certains mouvements avant de marcher risque d'acquérir une démarche raide et inquiète, alors que celui qui s'agrippe, se lève et redescend à l'infini avant de marcher, prépare le grand casse-tête moteur qu'il assemblera au moment opportun où tous les mouvements auront été pratiqués et répétés jusqu'à la perfection. Dans l'exemple de la crèche de Boulogne, on laisse les bébés répéter une manipulation afin de la maîtriser. C'est le cas lorsque la petite fille compare vingt fois ses cheveux à ceux de l'éducatrice, ce moment est calme et intense. On sait que l'enfant a besoin de jouer à répéter les gestes pour les assimiler.

Prenons l'exemple du bébé qui est à l'étape motrice de ramper. L'éducatrice devrait selon les termes de Gonzalez-Mena « célébrer » le ramper en aménageant l'espace de façon à accompagner l'enfant dans cette étape inégalée plutôt que d'essayer de le préparer à une autre étape. Il faut comprendre, comme le disait Anne Tardos que « pour l'enfant, il ne s'agit pas de préparer l'avenir mais d'épuiser ses possibilités présentes[14] ». La question que l'on doit se poser n'est pas à quelle vitesse ou à quel âge un bébé traverse une étape, mais comment il le fait. Si le bébé est souple,

13. D. ELKIND. « Acceleration », *Young Children*, Washington, mai 1988, p. 2.
14. Anna TARDOS. *Op. cit.*

heureux, équilibré, on devine que le rythme de son développement a été respecté. Les conséquences d'une attitude respectueuse sont donc immenses.

Il n'y a pas que les étapes motrices qui devraient d'ailleurs être « célébrées ». Par exemple, l'étape d'affirmation de deux ans qui, paradoxalement, passe par le non! devrait aussi être valorisée. Avant de demander au bébé de dire oui ou de partager, on devrait lui permettre de s'affirmer en disant non! et de posséder, même si cela amène certains conflits. L'étape des conflits pourrait, elle aussi, être exploitée de façon à ce que les enfants en tirent profit. Nous avons à faire face à des conflits toute notre vie, pourquoi ne pas apprendre à les gérer dès qu'ils se présentent? Comme éducatrices, nous avons le choix d'enseigner au bébé, c'est-à-dire de lui apprendre à reproduire nos attitudes de manière automatique, mais non excitante pour lui ou encore, d'attendre qu'il apprenne par lui-même et que l'excitation, le plaisir et de ce fait, la connaissance, en soient décuplés. C'est cela la « célébration »!

2.1.6. Placer le bébé dans des situations motrices qu'il maîtrise

> *Trouver son équilibre est le processus de toute une vie.*
>
> Magda GERBER

On sait qu'il est préférable de ne pas accélérer le rythme d'apprentissage d'un enfant et ceci est particulièrement important quand il s'agit de sa motricité puisque le développement moteur du bébé sert de base à tous les autres apprentissages. Francine Lauzon nous dit en effet que

> L'intelligence se développe par l'activité sensorielle et motrice de l'enfant, au contact des autres, des objets, de l'espace et de l'univers sonore. [...] Le développement socio-affectif s'effectue à travers les activités sensorielles et motrices au contact des autres personnes et l'environnement. Le développement de la confiance en soi ou de l'estime de soi et la conquête de l'autonomie, notamment, s'effectuent à travers l'acquisition des habiletés motrices. En devenant de plus en plus conscient de ses capacités, l'enfant acquiert les bases nécessaires à son esprit d'initiative et de créativité[15].

---

15. Francine LAUZON. *L'éducation psychomotrice, source d'autonomie et de dynamisme*, Québec, Presses de l'Université du Québec, 1990, p. 8.

Ainsi, il est préférable qu'un enfant apprenne à marcher progressivement, en pratiquant des mouvements comme celui de se relever seul en s'agrippant aux meubles. Si l'on empêche le bébé de faire des mouvements à son rythme en le mettant, par exemple, dans une marchette, on ne lui apprend pas à se fier à son propre équilibre. On lui apprend, au contraire, à dépendre de l'adulte ou d'un support technique pour essayer des choses. Non seulement nuit-on au développement de son autonomie, mais dans l'apprentissage de la marche, il est fondamental pour sa sécurité qu'il sache comment tomber et comment se relever après une chute et l'usage de la marchette l'empêche de développer ces capacités.

De la même façon quand on assoit un bébé alors qu'il ne peut s'asseoir par lui-même, on lui impose une position qui peut être dangereuse pour lui puisqu'il ne saura pas comment changer de posture sans tomber. Par contre, un bébé qui a appris à se lever sur ses coudes et à se redresser en appui sur ses bras pour s'asseoir ne tombera pas quand il n'aura plus envie d'être assis et pourra explorer à sa guise. Un bébé qui arrive un jour à se tourner sur le ventre par lui-même quand on le couche sur le dos ne se cognera pas le nez non plus quand il se retrouvera sur le ventre puisque ses bras, son tronc auront assez de forces pour supporter sa tête. En effet, les centaines de mouvements qu'il aura faits seul avant de réussir à se retourner l'auront bien préparé à maîtriser la nouvelle position.

Quand on met un hochet dans la main d'un poupon placé sur le dos, bien souvent on le piège, car il ne sait pas encore comment ouvrir la main pour se dégager du hochet et se fait mal en se donnant un coup sur le front. Par contre, en plaçant les objets autour de la tête de cet enfant pour qu'il puisse, après de nombreux essais et tâtonnements, choisir, au hasard d'abord, puis volontairement celui qu'il aime, il aura appris à tenir et à relâcher les choses sans se faire mal et pourra manipuler un hochet en toute sécurité. Les bébés éduqués selon les principes de la motricité non entravée, c'est-à-dire à leur rythme sont plus prudents et se font moins mal[16].

En voulant aider un bébé, les adultes diminuent souvent sa maîtrise d'une situation. Qui n'a pas déjà aidé un bébé qui marche à descendre un escalier en se plaçant derrière lui et en lui étirant le bras par derrière? Dans une telle position, le bébé se retrouve sur la pointe des pieds, complètement déséquilibré (figure 2.1a). Pour aider un bébé à descendre un escalier, on pourrait au contraire se placer plus bas que lui, lui tendre la main à la hauteur de son centre d'équilibre, c'est-à-dire devant ses hanches et lui

---

16. Emmi PICKLER. *Se mouvoir en liberté dès le premier âge*, Paris, Presses universitaires de France, 1979, p. 136.

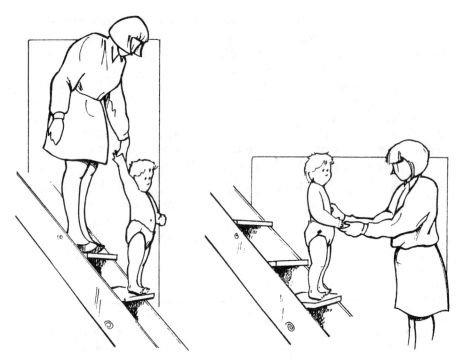

a) Cette technique est à éviter parce
   que l'enfant est dans une position
   de déséquilibre.

b) Ici l'adulte apporte une bonne aide
   à l'enfant en se plaçant face à lui et
   en tenant ses mains à la hauteur de
   son centre d'équilibre.

Figure 2.1
Un adulte aidant un jeune enfant à descendre un escalier.

laisser le choix de s'appuyer sur notre main ou non : il la saisira s'il perd
l'équilibre (figure 2.1b). Permettre au bébé d'avoir du pouvoir sur ses
actions, voilà comment assurer le développement de la confiance en soi,
la conquête de l'autonomie.

En partant de la conviction profonde qu'un enfant normal va apprendre à s'asseoir ou à marcher même si on ne le met pas assis, même si on
ne le mène pas par la main, Emmi Pickler a relevé des étapes du développement moteur basées sur la maîtrise progressive du centre d'équilibre par
le bébé. Dans son livre intitulé *Se mouvoir en liberté dès le premier âge*, elle
illustre différents mouvements et gestes caractéristiques de chacune des
étapes. En accord avec elle et avec de nombreux chercheurs et intervenantes
comme Anna Pinelli, nous croyons qu'il est inutile d'apprendre au bébé
de nouveaux mouvements puisqu'il les découvrira seul le moment venu

avec une plus grande maîtrise. Une éducatrice qui adhère à ce principe, observe d'abord le bébé, puis aménage les lieux de façon à encourager les expériences. Elle place près de l'enfant du matériel sur lequel il peut exercer un certain pouvoir et qui lui pose néanmoins un certain défi. C'est ici qu'intervient la notion de stress. Nous croyons que le stress, ici synonyme d'effort, devient utile à l'apprentissage lorsqu'il est bien dosé. Gonzalez-Mena et Widmeyer-Eyer[17] nous proposent un exemple illustratif : un jardinier bien intentionné arrosait chaque jour son jardin, mais celui-ci se développait peu. Il cessa donc quelques jours les arrosages et vit bientôt son jardin croître et embellir. Le stress du manque d'eau avait forcé les racines à croître afin d'aller puiser de l'eau plus en profondeur et les plantes avaient aussi grandi. Quand les choses sont trop faciles, on fait peu d'efforts et on évolue peu aussi. Ainsi, un bébé à l'étape de ramper trouvera sûrement agréable le défi de petites marches faites avec des matelas de différentes dimensions. Par contre, il faudra veiller à ce que le défi soit à la mesure du bébé, il sera incommodé et pourra se blesser si on lui propose une structure d'exercices psychomoteurs conçue pour ceux qui marchent. Le rôle de l'éducatrice consistera à offrir à l'enfant le défi qui lui convient et de lui laisser le temps et la liberté nécessaires pour faire ses expériences en ayant à l'esprit qu'une position maîtrisée est une position dans laquelle le bébé est libre de ses mouvements et dont il peut se défaire pour explorer à son aise sans se faire mal.

2.1.7. Suivre le rythme biologique de chaque bébé

Chaque individu a son « rythme biologique », c'est-à-dire que son corps manifeste ses besoins de sommeil, d'éveil, de nourriture, etc., de façon cyclique et que ce cycle lui est propre. Il est régi par de fins mécanismes hormonaux propres à chacun. Dès la naissance, le corps est doté d'un rythme bien à lui qui se précise au cours des premiers mois de vie et qu'un adulte attentif peut détecter. Brazelton, Sabatier et Maziade ont d'ailleurs relevé certains traits qui aident à reconnaître le rythme du bébé: certains bébés s'adaptent vite, d'autres pas; certains dorment peu, d'autres beaucoup; certains sont hypersensibles, d'autres imperturbables; certains dorment le matin, d'autres le soir[18].

---

17. J. Gonzalez-Mena et Dianne Widmeyer-Eyer. *Op. cit.*, p. 49.
18. Voir à ce sujet les ouvrages suivants :
   T. Berry Brazelton. *Votre enfant est unique au monde*, Paris, Albin Michel, 1971.
   Colette Sabatier. *Op. cit.*
   Michel Maziade. *Guide pour parents inquiets*, Québec, Éditions La Liberté, 1988.

Il apparaît fondamental que les éducatrices respectent les particularités des bébés et organisent leurs interventions en fonction de chaque enfant. En suivant le cycle individuel, on permet au système hormonal de fonctionner au mieux de ses capacités et on encourage ainsi l'épanouissement global du bébé. Marie Thirion[19] a prouvé, par exemple, que la sécrétion de l'hormone de croissance physique et intellectuelle peut être diminuée si l'on réveille systématiquement un bébé alors qu'il n'est pas allé au bout de son sommeil. Ceci peut donc avoir des conséquences sur sa croissance. Et que dire de la détresse d'un bébé affamé que l'on ne nourrit pas parce que ce n'est pas encore l'heure!...

Le respect de ce principe exige, autant que possible, une approche individualisée où chaque bébé, grâce à un suivi quotidien, est nourri, changé, endormi quand il en a besoin et non quand cela convient aux adultes. De même, l'apprentissage de la propreté se fera quand le bébé est prêt et non quand l'adulte l'a décidé. Quand on opte pour un horaire de groupe, c'est presque toujours le rythme des enfants rapides qui l'emporte et doucement, mais sûrement, l'enfance devient un marathon, l'enfant, un enfant stressé et la pouponnière, un champ de bataille. Voici en ce sens le souhait du psychologue Jacques Salomé :

> [...] que les travailleurs de la petite enfance apprennent à faire des gestes de ballet, des gestes de danse, des gestes emphatiques (*sic*) qui agrandissent la rencontre. Par exemple, pour accueillir un enfant le matin, les adultes ont souvent des gestes trop rapides qui ne respectent pas le temps interne de l'enfant [...] Ce serait vraiment important si nous pouvions ralentir nos gestes. Combien de fois je vois des caresses qui sont des attaques, des attentions qui sont des intrusions, des câlins qui sont des prises de possession. Quand nous prenons un enfant dans nos bras, ne nous précipitons pas. Poser la main sur l'enfant et écouter notre main, c'est un geste merveilleux [...] Accueillir, ralentir les gestes, se mettre à sa hauteur[20].

Selon Françoise Dolto : « L'enfant est tellement adaptable au psychisme de l'adulte maternant qu'il arrive à aliéner ses propres rythmes au désir de robotisation que l'adulte lui impose[21] ». Cela est dommage, car les grands équilibres de vie que sont le sommeil, l'alimentation et la communication s'établiront d'autant plus vite si l'on a répondu tôt aux besoins

---

19. Marie THIRION. *Les compétences du nouveau-né*, Paris, Éditions Ramsay, 1980, p. 292.
20. Jacques SALOMÉ. *Papa, maman, écoutez-moi vraiment*, Paris, Albin Michel, 1989, p. 158.
21. Françoise DOLTO. *La difficulté de vivre*, Paris, Carrère, Éditions Vertiges du Nord, 1986, p. 173.

des bébés en respectant leur rythme[22]. Dormir, jouer, se nourrir doivent être un plaisir. La nourriture, par exemple, est très importante pour le bébé parce que *le bébé est ce qu'il reçoit*, surtout pendant sa phase orale. Si l'on force l'enfant par diverses techniques, on conditionne son organisme à réagir à contre-courant des besoins de son corps, on ne lui apprend pas la liberté et l'autonomie. Dans plusieurs garderies du Québec, il y a des bébés qui dorment pendant que d'autres jouent et chaque bébé est nourri individuellement ou en petits groupes. Cette approche est à encourager fortement. Elle est même essentielle.

2.1.8. Parler au bébé

> *Verbaliser est la voie royale de la prévention.*
> Françoise DOLTO

Certains adultes parlent aux animaux avec une étonnante facilité. Ils diront à leur chien : « As-tu faim? Oui! Viens, je vais te prendre! Je vais te donner ta sorte de viande préférée! » Or, il est surprenant de remarquer que, bien souvent, ils oublient de parler de la sorte à leur bébé. On voit souvent des adultes nourrir des bébés sans leur parler de ce qu'ils mangent. On en voit aussi qui soulèvent les bébés rapidement par derrière, sans se soucier du vertige qu'ils peuvent ressentir. Il faut parler au bébé. Premièrement, il faut avertir le bébé de ce qui va lui arriver dans les minutes qui suivent, nommer et expliquer les gestes que l'on pose à son endroit. Deuxièmement, il faut nommer, décrire ses sensations, découvertes et réalisations et, troisièmement, mettre des mots sur ce qu'il ressent et sur ce que nous ressentons à son endroit.

Aussi est-il important dans un premier temps de prévenir le bébé de ce qui va se passer à la pouponnière. Dans plusieurs garderies, le bébé est toujours averti de ce qui arrive même s'il ne semble pas comprendre. On se dit qu'il va, à force d'entendre certains messages ou le nom de son éducatrice, se construire des repères qui vont l'aider à se sécuriser, à comprendre le monde et à développer son intelligence. Il faut lui demander s'il veut être pris ou cajolé et le respecter quand il refuse, surtout s'il ne nous connaît pas. Si le bébé refuse d'être pris et qu'on doit le prendre, il

---

22. Marie THIRION. *Op. cit.*, pp. 265-281.

faut attendre un début de collaboration de sa part, un regard par exemple, avant de poser nos gestes d'adultes. Lui dire ce qu'il va manger, ce qui va se passer après la sieste, quand sa maman reviendra, lui expliquer les gestes que l'on pose, sont autant de façons d'enrichir le vocabulaire de l'enfant. Comme le dirait Françoise Dolto, on est trop souvent sur la planète « Taire ». Quelquefois, les adultes parlent à l'enfant pour lui enseigner des choses abstraites, alors qu'il est préférable de nommer tout simplement ce qui se passe dans le présent.

Une deuxième façon d'intégrer la parole dans l'intervention consiste à nommer de temps en temps au bébé ce qu'il est en train de découvrir en jouant. Quand un bébé observe les feuilles, on peut lui dire : « Oui, les feuilles bougent ». On peut lui expliquer une sensation, comme le fait l'éducatrice de la crèche de Boulogne quand elle dit à la petite fille qui lui touche les cheveux : « Oui, c'est doux ». On peut expliquer des mécanismes de cause à effet, nommer les objets nouveaux. Quand l'éducatrice explique au bébé le fonctionnement de la porte coulissante, elle l'aide à prendre conscience du phénomène.

Se servir des mots pour féliciter ou blâmer ne devrait pas faire partie du langage d'une éducatrice professionnelle. Si l'on admet aisément dans les garderies que blâmer est destructeur, on félicite par contre plus couramment. En félicitant globalement un bébé, si on avait dit, par exemple, à Nederland : « Tu es bonne! » quand elle se tenait debout, on aurait risqué de développer chez elle une dépendance au jugement de l'adulte. C'est pourquoi il est important d'encourager plutôt que de féliciter le bébé, car au lieu d'être un jugement global, l'encouragement concerne une action spécifique qui amène l'enfant à être fier et à comprendre ce qu'il accomplit, plutôt que de le pousser à vouloir faire plaisir à l'adulte. On dira donc à l'enfant : « Eh! Tu te tiens debout! »

Il est troisièmement très important de mettre des mots sur ce que ressent le bébé tant au niveau physique que psychologique. C'est probablement l'aspect le plus difficile, car on doit préalablement décoder ce que vit l'enfant, ce qui n'est pas toujours simple. Par contre, à force d'observer le bébé, l'éducatrice arrive à deviner pourquoi il pleure et pourra lui nommer la cause de sa frustration. « Tu as faim! » Si elle ne comprend pas, elle peut à tout le moins refléter avec des peut-être : « Peut-être as-tu peur du bruit de la porte? Peut-être es-tu fatigué? » Certains demanderont : « Le bébé comprend-il? » La meilleure preuve que le bébé comprend nous est donnée par des éducatrices travaillant dans une pouponnière qui s'occupent de bébés placés parce qu'ils vivent une situation difficile dans leur famille. Dès que le bébé arrive à cet endroit, l'éducatrice dit : « Tu es en sécurité ici, on va bien s'occuper de toi » et comme par magie les petits poings serrés se détendent et la communication s'enclenche. Françoise

Dolto[23] démontre par une multitude d'autres exemples que le bébé a besoin de la parole pour comprendre et traverser tous les moments de sa vie, en particulier ceux qui sont douloureux. Les mots donnent un sens à ce que l'enfant vit.

Une erreur que l'on fait bien souvent consiste à parler des émotions de l'enfant devant lui comme s'il n'était pas là : « Ah! il s'ennuie de son papa ». On devrait plutôt inclure le bébé à la conversation quand il est là. Lui dire par exemple : « Tu t'ennuies de papa! », attendre sa réponse et dialoguer avec lui. Trop souvent aussi, on piège le bébé en lui mentant, en supposant qu'il ne comprend pas. L'exemple classique est de laisser partir le parent sans qu'il dise au revoir au bébé. Pourtant, il faut être conscient que le bébé est à construire sa confiance dans le monde et que si ses premières expériences sont ainsi faussées, il devient coincé émotivement et a peur. Quand il a peur, il n'a plus d'énergie disponible. Il se retrouve dans un chaos, ce qui est très différent que d'avoir de la peine. Il est important aussi de dire à un bébé qu'il a le droit d'avoir de la peine d'être laissé en pouponnière quand sa maman part le matin, lui dire qu'on va rester près de lui tant qu'il en aura besoin. Lui dire qu'il a le droit de pleurer et d'être fâché, c'est lui permettre de vider une émotion pour ensuite en être dégagé et être disponible pour une autre, telle le plaisir de jouer. Changer de sujet équivaut à dire à l'enfant que ses émotions sont mauvaises et c'est l'empêcher de s'exprimer.

L'éducatrice est pour le bébé un des premiers miroirs de l'émotion humaine. Elle doit donc profiter de sa relation privilégiée avec lui pour lui parler de ce qu'elle vit et ressent avec lui. Elle peut lui dire sa joie d'être avec lui, ce que suscite chez elle les élans de collaboration du bébé, nommer et apprécier ce que fait le bébé pour se faire pardonner quand il a été difficile avec elle, lui dire quand elle est fatiguée ou plus ou moins présente. En se révélant ainsi au bébé, elle installe une communication intime importante pour le bébé et lui apprend à décoder les émotions et sentiments.

Il faut souligner en terminant que le silence est aussi très important quand on travaille avec les bébés. Il n'est pas nécessaire de toujours parler, il faut au contraire choisir les moments judicieux où nos paroles permettront au petit humain de se comprendre mieux et de comprendre mieux les autres qui l'entourent. Dans les autres moments, la bulle de silence autour du bébé encouragera une meilleure concentration et un plaisir de découverte plus grand. Verbaliser oui, mais écouter aussi...

---

23. Françoise DOLTO. *La cause des enfants*, Paris, Éd. Laffont, 1975.

2.1.9. Aider le bébé à résoudre ses problèmes lui-même

Je crois que tu peux t'occuper de toi, si tu ne le peux pas, je suis ici.

Une éducatrice

Les problèmes sont de belles occasions d'apprendre, même quand on est tout petit. L'éducatrice qui veut encourager le développement de l'autonomie chez l'enfant et qui désire qu'il développe ses innombrables capacités n'interviendra donc pas trop rapidement quand elle voit qu'un bébé a des problèmes. Elle se fera un devoir d'observer l'enfant avant d'agir, afin de voir s'il peut arriver seul à se sortir d'une embûche. S'il a de la difficulté, son rôle ne sera pas de faire les choses à la place de l'enfant, mais plutôt de l'encourager et de lui montrer comment faire pour s'en sortir par ses propres moyens. Ainsi, dans l'exemple de l'annexe 1, le petit garçon qui se sentait coincé dans l'escalier d'un pied et demi de haut installé sur un matelas, ne courait aucun risque. Si un adulte était intervenu à ce moment pour le prendre, il lui aurait fait perdre confiance en ses moyens. En ayant réussi seul à redescendre, l'enfant sait maintenant qu'il peut réussir ce mouvement, même s'il est fatigué. Il a appris à développer la prudence, il a aussi réalisé la distance que peut couvrir sa jambe. Cette expérience lui a surtout permis d'acquérir un sentiment de « compétence », sentiment qu'il est très important de développer chez les enfants.

Il faut donner au bébé le coup de pouce qui va lui permettre de se sortir d'une situation problématique au lieu de tout faire pour lui. Pensons, par exemple, au cas classique d'un bébé « pris » sous un meuble, qui n'arrive plus à se baisser la tête pour en sortir. Au lieu d'enlever le meuble ou de le tirer, l'éducatrice se mettra à plat ventre et montrera au bébé comment faire pour en sortir. Elle l'aidera ainsi à faire un geste qui lui sera utile dans plusieurs situations similaires. De la même façon, un bébé qui n'arrive pas à encastrer un morceau de casse-tête sera aidé d'un indice, mais l'adulte ne posera pas le morceau à sa place. L'adulte pourra de même aider un nourrisson à mettre sa suce dans sa bouche en la plaçant dans son champ de vision pour qu'il puisse la saisir, mais ne fera pas le geste pour lui à moins qu'il soit en détresse, bien sûr. Résoudre ses problèmes est une habileté qui donne de la confiance en soi.

Combien de fois a-t-on vu un adulte crier et se précipiter pour prendre un bébé qui vient de tomber sans se faire vraiment mal? Pourtant, il est préférable de laisser le temps à l'enfant de constater ce qui s'est passé, puis de lui demander s'il veut être pris, de lui expliquer pourquoi il est tombé, afin de l'amener à devenir plus prudent mais aussi à constater que les chutes ne sont pas toujours graves et qu'il ne faut pas avoir peur de tomber. L'enfant qui n'aura pas peur se sentira plus à l'aise pour explorer et se fera peut-être aussi moins mal en tombant puisqu'il aura confiance. De plus, cette expérience lui aura appris à se fier sur ses propres ressources pour se relever et constater les blessures, ce qui est un bon point en faveur de l'autonomie.

Souvent, l'adulte se met à la place du bébé qui vient de se faire mal ou se trouve dans une position fâcheuse et cela a pour conséquence d'amplifier les choses. Il faut être conscient que l'adulte ressent les émotions avec une perspective d'adulte, c'est-à-dire qu'il a un passé qui influence sa réaction et qu'il entrevoit les conséquences d'un incident. Le bébé, lui, n'a pas cette expérience : l'émotion le traverse intensément, mais pas aussi longtemps que l'adulte. Il est donc préférable de se garder d'avoir des réactions trop vives concernant certains problèmes vécus par les enfants.

Souvent comme adulte, nous pensons que cela va plus vite quand nous faisons les choses à la place du bébé. Il nous semble plus rapide, par exemple, de régler un conflit au sujet d'un jouet en tranchant comme Salomon. Bien sûr, les bébés impressionnés par le statut des adultes nous obéiront, mais qu'auront-ils appris? Le calme sera revenu, mais ils n'auront pas avancé dans la connaissance d'eux-mêmes et de leur propre capacité à résoudre les conflits. De plus, les enfants apprennent en imitant les adultes. Les réponses agressives des éducatrices amèneront à long terme des comportements agressifs. Par contre, si les éducatrices sont tendres et douces, qu'elles partagent avec leurs collègues, les bébés apprendront à être gentils et plus habiles dans la résolution de conflits, comme dans leurs contacts avec les autres. Il faut aussi leur faire confiance. Dans l'exemple, les échanges ritualisés entre bébés (je te passe le jouet, je te le reprends), n'auraient pu se faire si l'éducatrice avait donné raison à un enfant. L'enfant a alors appris à faire confiance à un autre et à régler seul ses conflits.

Les enfants sont bien plus capables de vie sociale qu'on le croit. L'équipe de Montagner amène d'ailleurs l'hypothèse que si on laisse les bébés se menacer, c'est-à-dire s'avertir avant de s'agresser en criant, par exemple, il y a de fortes chances que les actes d'agression diminuent (voir le film *Les mécanismes de communication non verbale*[24]). Les bébés aiment se confronter et il est possible, souhaitable même, de leur permettre d'exprimer leurs émotions sans que cela ne dégénère en agression constante. Aider l'enfant à résoudre ses problèmes, c'est se faire discret, c'est lui laisser le

---

24. Hubert MONTAGNER. *Les mécanismes de communication non verbale*, film 16 mm, Consulat de France.

temps de comprendre et d'agir. Ce n'est surtout pas de faire les choses à sa place ou d'intervenir trop vite. Le laisser faire, c'est croire en sa capacité de trouver des solutions, c'est l'encourager dans la conquête de son autonomie.

2.1.10. Accueillir le parent

La première marque de respect envers le bébé est d'accueillir ses parents. Comme le bébé fait presque encore partie physiquement de ses parents, quand il sent ses parents bien à la garderie, il se sent en sécurité. Gagner la confiance du parent doit d'ailleurs précéder toute relation avec le bébé. C'est une exigence essentielle à l'établissement du pont de sécurité qui s'établira entre le bébé et l'éducatrice.

Afin de bien accueillir les parents, l'éducatrice a besoin de comprendre qu'être parent est un processus de croissance : avoir un enfant ne veut pas nécessairement dire se sentir parent et le parent d'un jeune bébé est au début de ce processus. Généralement, le nouveau parent, qu'il soit scolarisé ou non, se sent insécure et dépassé face à son propre enfant. Cela est d'autant plus vrai, s'il s'agit du premier. De plus, le parent a quelquefois des valeurs qui sont différentes de celles de la garderie. Il faut d'abord recevoir et accueillir ces valeurs à cause de leur influence déterminante sur l'enfant. Il sera par la suite possible de négocier avec les parents.

L'éducatrice a aussi la responsabilité de comprendre et d'être sensible à la routine quotidienne des parents. Elle se doit d'être attentive à ce qu'ils vivent quand ils arrivent le matin à la garderie et qu'ils sont pressés. Elle doit être consciente de ce que représente la vie d'un parent sur le marché du travail pour comprendre ses réactions en fin de journée. C'est à l'éducatrice de comprendre ce que le parent vit et ressent, de le respecter, de lui faire part d'observations plus que de conseils. Elle se doit également d'expliquer au parent ce qu'elle fait et pourquoi elle le fait. Le parent doit pouvoir se sentir à l'aise d'exprimer ses besoins et de poser des questions. En fait, l'éducatrice doit faire en sorte que la pouponnière soit un lieu accueillant pour le parent et qu'il puisse y venir quand il veut et s'y sentir le bienvenu, comme cela est vécu dans l'exemple de l'annexe 1.

2.2. Application concrète de cette philosophie

Maintenant que nous avons vu en détail les dix principes pouvant aider l'éducatrice à orienter son intervention auprès des bébés, nous nous attarderons à leur application concrète. Nous verrons d'abord diverses techniques d'observation, puis le texte de l'annexe 1 nous aidera à définir le rôle de l'éducatrice tout comme celui du jeu libre dans le développement de l'enfant. Le lecteur trouvera à la fin de cette partie un tableau où sont confrontées les pratiques à valoriser et les pratiques à éviter.

2.2.1. Observer le bébé

> *Nous voyons dans ce monde ce que nous voulons bien et ce qui nous effraie.*
>
> *Magda* GERBER

L'observation est à la base de toute action éducative auprès des bébés. En effet, même avec les meilleurs cours de psychologie, il sera toujours impossible de connaître tous les bébés sans les avoir observés. Chaque bébé est unique et c'est en l'observant que l'éducatrice découvrira ce qui peut l'aider ou lui nuire et décodera les signaux qu'il lui envoie. L'observation apparaît d'ailleurs comme essentielle dans l'application des principes énoncés plus tôt, soit le respect du bébé et l'importance de suivre son rythme; elle permet d'adapter son intervention aux besoins individuels. Comprendre l'évolution rapide de chaque bébé, partager ses joies et ses difficultés, assurer sa sécurité, aménager le matériel sont autant de raisons pour observer les enfants. C'est d'ailleurs par son travail d'observation que se démarque une éducatrice d'une gardienne d'enfants qui, généralement, ne fera que peu d'efforts pour voir à ce que les petits détails de la vie quotidienne soient en harmonie avec les poussées de croissance des bébés, leurs désirs.

On prend trop souvent l'habitude d'un travail routinier et superficiel avec les bébés. Le travail d'observation permet d'éviter la routine, de réinventer la magie d'accompagner un bébé. Il encourage le développement d'une relation intense et intime tout en permettant à l'éducatrice de bien faire son travail. Observer, c'est être humble devant le bébé, le laisser nous apprendre des choses. C'est être disponible à l'enfant et ce, à tout moment de sa vie en garderie. Les observations de l'éducatrice aideront aussi les parents à comprendre ce que vit leur enfant pendant sa période d'adaptation à la pouponnière, leur permettra de suivre son développement au jour le jour et aidera à préserver la relation privilégiée qu'ils ont avec lui. Elles faciliteront enfin l'adaptation des parents au détachement progressif de leur enfant à mesure qu'il grandit.

Le sens de l'observation ne s'acquiert pas facilement. Il requiert un effort de concentration, une discipline du regard qu'il faut cultiver. L'habitude d'associer ce que l'on voit à ce que l'on connaît du développement des bébés vient aussi avec le temps, à force de s'être arrêté pour observer des bébés. Il est donc souhaitable que chaque personne voulant travailler un jour avec des poupons ait exercé son sens de l'observation en passant au moins une journée à suivre un bébé en essayant de remarquer comment il perçoit le monde, son plaisir et sa sérénité quand il joue seul, sa force de concentration, etc., sans intervenir. Observer sans interagir, sans parler à l'enfant est d'ailleurs la première étape d'un travail d'observation de qualité. Elle est essentielle pour se départir de nos préjugés et prendre une distance par rapport à une situation donnée.

L'observation peut ainsi faciliter grandement la compréhension de certaines difficultés passagères du bébé. Avant de conclure que tout a été essayé avec un enfant, il faudra toujours s'assurer que cette étape a été franchie par au moins deux adultes. Il est également possible d'observer à plusieurs un même enfant et d'échanger par la suite ses commentaires ou de se mettre à la hauteur du bébé pour voir, entendre, sentir, toucher comme lui et ainsi comprendre ce qu'il ressent. Les observations importantes doivent être notées. Ces notes facilitent la transmission des informations à tous les adultes qui s'occupent de l'enfant, éducatrices ou parents, et assurent également un bon suivi de l'enfant. Il devient alors très instructif de prendre des notes en se mettant dans la peau du bébé, comme on le fait dans l'exemple de l'annexe 2. Par cette technique, on peut mieux imaginer ce que ressent le bébé et intervenir de façon plus judicieuse.

Le travail d'observation débute avant même que l'enfant ne commence à fréquenter la pouponnière. Il s'agit de réunir des informations sur le bébé en demandant aux parents de remplir un questionnaire ou parfois même, l'éducatrice peut se rendre au domicile du bébé afin de l'observer dans son milieu.

Le questionnaire d'informations

Le questionnaire d'informations doit renseigner sur la santé du bébé, sur ses habitudes et ses comportements. Il peut couvrir cinq grands domaines : l'alimentation, le sommeil, l'hygiène corporelle, les besoins affectifs et le langage.

**Questions pouvant être adressées aux parents
dans un questionnaire d'informations**

- De quoi le bébé a-t-il peur? Comment manifeste-t-il sa peur?
- A-t-il déjà eu peur d'adultes? Précisez.
- Comment réagit-il dans un lieu étranger?
- Comment réagit-il dehors?
- A-t-il vécu des traumatismes? Lesquels?
- Quelle est sa réaction face aux autres enfants?
- Quelle est sa réaction face aux animaux?
- Quelles sont les choses dangereuses qu'il est porté à faire?
- Pleure-t-il souvent? Pourquoi?
- À part ses parents, quel(s) adulte(s) occupent une place privilégiée dans sa vie?
- Qu'est-ce qui est interdit chez vous?
- Quand votre bébé est-il fier?
- A-t-il vécu des expériences de garde négatives?
- Qu'est-ce qui le rend joyeux?
- Qu'est-ce qui l'impatiente?
- Est-il préoccupé si vous portez de l'attention à un autre bébé?
- Remarque-t-il les changements dans son environnement?
- Comment l'apaisez-vous quand il s'est fait mal?
- Comment l'apaisez-vous quand il a peur?
- Qui l'embrasse le plus?
- Lui donnez-vous un surnom?
- Quels sont les jeux ou activités qu'il préfère?
- Quelles sont les chansons que vous lui chantez?
- Quel est son jouet favori?
- Dans quelle position joue-t-il?
- Est-ce qu'il prononce quelques mots? Lesquels?
- Coopère-t-il à l'habillement?
- Comment est-il lors du changement de couches?
- Dans quelle position le portez-vous?

La visite de l'éducatrice à la maison

Un autre moyen de connaître l'enfant, peu utilisé, est celui de la visite au foyer. Quand cette visite est faite, les éducatrices disent toutes que l'adaptation des bébés a été plus facile et plus rapide. Le temps investi en vaut donc la peine. En se rendant sur les lieux de vie de l'enfant, l'éducatrice peut se laisser imprégner par ce qu'elle voit et découvrir comment le parent démontre son amour au bébé, quels gestes ou paroles font l'harmonie de leur relation. Elle peut observer le bébé, le niveau de bruit auquel il est habitué, ses habitudes pour être ensuite à même de reproduire certains gestes et rituels avec le bébé. Ces petits détails feront que celui-ci risquera moins de se sentir délaissé et de se retrouver dans un état de chaos lors de l'adaptation à la pouponnière, cette « rupture équivaut à amputer l'enfant d'une partie de lui-même[25] ».

L'étape de l'adaptation franchie, le travail d'observation permettra ensuite de suivre le bébé au jour le jour. La prudence est alors recommandée, car il faut éviter toute forme de comparaison entre les enfants. En garderie, on remarque souvent que les observations concernant tous les bébés sont notées sur une grande feuille accessible à tous les parents. Cette pratique devrait être abandonnée, car elle encourage la comparaison. Il importe aussi de se méfier des moyennes d'âge de comportement puisque chaque enfant évolue à son propre rythme et que des facteurs sociaux ou culturels peuvent parfois influencer ces moyennes. Par exemple, en Afrique, les bébés font leurs premiers pas plus tôt qu'ici, alors qu'en Hongrie, la moyenne des enfants marchent plus tard qu'ici.

De plus, les observations devraient être compilées sous forme de dossier, afin de permettre et de comprendre le type de caractère et le rythme du bébé. L'observation quotidienne devrait aussi se faire en collaboration avec les parents, afin de connaître ce qui se passe ailleurs qu'à la garderie. Plusieurs méthodes peuvent être utilisées afin de compiler les observations quotidiennes et de les rendre accessibles à tous les adultes qui ont soin de l'enfant : le journal de bord, la feuille de rythme, la synthèse mensuelle et la grille d'observation.

Le journal de bord

Le journal de bord est un instrument d'observation souple et complet. Chaque jour, l'éducatrice y résume ses observations. Elle y note également certaines de ses interventions les plus significatives. Les parents peuvent aussi être appelés à participer à ce journal en y écrivant ce qui se passe le soir ou durant la fin de semaine ainsi que tout autre commentaire destiné à l'éducatrice. On peut s'assurer de la participation d'un parent réticent en lui faisant remarquer que ce cahier constituera un beau souvenir de l'enfance de son bébé. Cet instrument peut prendre des formes variées : on peut séparer les faits objectifs des interprétations, ajouter des références, etc. Dans l'exemple de la figure 2.2, l'éducatrice ajoute au texte des dessins inspirés[26] de ceux d'Emmi Pickler qui illustrent le mouvement que le bébé explore.

25. Bernard FRANJOU et Nicole LAMIRAULT. « Un projet pour la petite enfance », *Cahiers de puéricultrice*, Paris, Éditions Médecine pratique, décembre 87, n° 4, p. 442.
26. Emmi PICKLER. *Op. cit.*

Date : 20 novembre 1988

PARENTS

ÉDUCATRICE

Géraldine a passé une fin de semaine mouvementée: elle a eu la diarrhée et s'est fait mal à un pied. Elle commence à se lever en s'agrippant aux meubles et recommence à l'infini ce jeu.

J'ai ajouté le dessin du mouvement que Géraldine « célèbre ». Elle est un peu fatiguée et s'oriente souvent vers le coin des gros coussins. Elle fait de longs babillages avec le mobile de plumes. Je lui ai expliqué qu'elle était fatiguée à cause de sa diarrhée. Ses fesses sont rouges. Va-t-elle venir demain? Un nouveau comportement de Géraldine : elle regarde ses livres et tourne les pages.

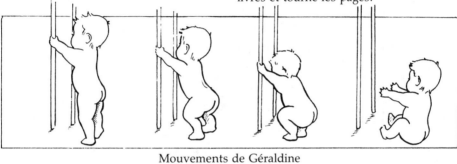

Mouvements de Géraldine

FIGURE 2.2
Un extrait d'un journal de bord

La feuille de rythme

La feuille de rythme nous provient de l'institut de Loczy. Il s'agit d'un tableau où sont notés en abscisse les 24 heures d'une journée et en ordonnée, un nombre variable de jours, ici quatorze. L'éducatrice colore ce tableau à différentes heures de la journée avec une couleur différente pour chaque activité et routine du bébé. Les parents sont aussi appelés à y « dessiner » la nuit du bébé et les heures où il n'est pas en garderie. La feuille de rythme permet de voir clairement apparaître à la fin de la journée les moments de sommeil du bébé, comment il a mangé, ses pleurs, etc., et à plus long terme de découvrir le rythme biologique de chaque bébé (voir la figure 2.3).

Date/heure	24	1	2	3	4	5	6	7	8	9	10	11	12	13	14	15	16	17	18	19	20	21	22	23	Commentaires
6 juillet																									
7 juillet																										
8 juillet																										
9 juillet																										
10 juillet																										
11 juillet																										
12 juillet																										
13 juillet																										
14 juillet																										
15 juillet																										
16 juillet																										
17 juillet																										
18 juillet																										

Code : Ligne bleue : réveil de nuit
Bleu :   sommeil
Orange :   selles
Jaune :   jeux
Vert :   appétit
Noir :   pas d'appétit
Mauve :   repos éveillé
Rose :   pleurs inhabituels
Rouge :   extérieur

FIGURE 2.3
La feuille de rythme

Après une certaine période d'utilisation de la feuille de rythme, il devient facile de prévoir l'heure à laquelle les enfants auront faim et d'établir dans quel ordre ils seront nourris. L'éducatrice pourra aussi prévoir à quelle heure un bébé sera fatigué et organiser l'horaire en ce sens. Un autre avantage de cette formule consiste à voir rapidement les effets des événements sur la vie du bébé. Le tableau permettra de constater, par exemple, que l'absence d'un parent se répercute sur le sommeil ou l'appétit d'un enfant, que le changement de personnel affecte plus ou moins certains enfants, etc. À la limite, les données répertoriées dans de tels tableaux pourraient être compilées à l'aide d'un ordinateur, afin de définir rapidement le rythme d'un bébé pendant une certaine période de sa vie.

Comme les enfants en pouponnière sont très jeunes et communiquent sans parler, il faut trouver tous les moyens possibles pour décoder leurs besoins et les comprendre. Cet outil rassemble tous les avantages en plus d'être facile à remplir. Il vient compléter le journal de bord de chaque bébé. Ainsi, on peut coller la feuille de rythme dans le journal. Ces deux outils d'observation doivent être facilement accessibles afin que les éducatrices puissent les remplir ou les consulter à divers moments de la journée. On peut, par exemple, les insérer dans des pochettes individuelles fixées au mur et placer les crayons tout près dans une autre pochette.

La synthèse mensuelle

L'éducatrice devrait s'astreindre à faire à chaque mois la synthèse des informations consignées grâce au journal de bord et aux feuilles de rythme dans un cahier différent de celui du journal de bord. Cette synthèse consiste à dresser le portrait de l'enfant en six ou huit pages. Pour effectuer le travail, l'éducatrice peut reprendre le questionnaire d'informations ou traiter des thèmes suivants : événements principaux du mois, état émotionnel, relations avec les adultes et avec les enfants, plan moteur, manipulation, jeu, parole, comportement durant les soins, acquisition de l'indépendance et de l'autonomie, sommeil et habitudes personnelles. La rédaction suppose aussi un travail d'équipe afin de confronter les impressions et échanges avec d'autres éducatrices ou parents.

Cette synthèse permet de voir l'évolution du bébé, de prévenir certains problèmes et de préparer l'intervention. Elle demande du temps, mais elle est essentielle à cause de tout le chemin que le bébé parcourt en un mois. Il serait intéressant de sensibiliser les conseils d'administration des garderies à l'utilité de ces synthèses mensuelles afin que le temps nécessaire pour les rédiger soit alloué aux éducatrices, qui verraient leur travail facilité par la rédaction de ces textes et la réflexion qu'ils demandent.

Les grilles d'observation

Une grille d'observation est un outil permettant à l'éducatrice de cocher des comportements de développement déjà compilés sous forme de tableau. Il faut être prudent quand on utilise des grilles d'observation pour les bébés : il en existe peu et souvent elles prennent l'allure de test de performance. Il est d'abord important de consulter des grilles finement détaillées qui permettent de comprendre et de suivre les étapes du développement du bébé. Quand dans une grille chaque comportement annonce un comportement plus complexe, il devient passionnant de s'y référer pour observer un bébé.

Il est ensuite important de se méfier de toute grille où les comportements sont associés à des âges précis. Ainsi, une grille où l'on indiquerait qu'un enfant marche systématiquement vers douze mois serait à éviter. Il est préférable d'en choisir une où les comportements sont associés à de longues périodes de temps; il y a alors plus de chances qu'elle soit respectueuse du cheminement de chaque bébé.

La grille élaborée par Christine Cataldo[27] est à cet égard très intéressante. Elle est divisée en cinq volets : développement psychomoteur, affectif, social, cognitif et langage communication. Elle a aussi l'avantage de démontrer une variété de comportements allant du plus simple au plus complexe, ce qui permet à l'éducatrice de préparer son intervention. La figure 2.4 représente une partie du volet de cette grille consacrée au développement psychomoteur.

On peut remarquer la finesse des observations. Cette minutie est importante, car elle permettra la reconnaissance des étapes du développement à travers les comportements des bébés. Une telle grille aidera aussi les éducatrices à relever les périodes d'apprentissage et à les situer dans le processus de développement du bébé. Elles pourront alors lui offrir le bon matériel au bon moment. Si, par exemple, une éducatrice remarque qu'un enfant manipule des objets en les mordant, elle va lui offrir des objets légers avec prises, sachant grâce à la grille que bientôt, il les transférera d'une main à l'autre.

Dans le livre *Loczy ou le maternage insolite*[28], Myriam David et Geneviève Appell présentent aussi une grille nuancée et graduée. Au lieu de

---

27. Christine CATALDO. *Infant and Toddler Programs : A Guide to Very Early Childhood Education*, Chicago, Addisson Wesley, 1983, pp. 190-200.
28. Myriam DAVID et Geneviève APPELL. *Op. cit.*, pp. 108-112.

Indiquer le degré d'atteinte du comportement par les codes 1 à 3

1. L'enfant a besoin d'aide.
2. L'enfant est en progrès.
3. L'enfant a acquis la compétence.

Date d'observation (1) ——————— (2) ———————

			Résultat	Commentaires

A) Développement psychomoteur

Petite enfance
2-6 mois

1a Montre l'amorce de la motricité globale comme rouler du ventre au dos au ventre et s'asseoir avec support. ——————— ———————

2a Explore les objets placés proches de lui. Explore son corps, regarde ses mains, mâchouille des anneaux de dentition. ——————— ———————

3a Manipule des objets avec ses mains en mordant, tapant, brassant, échappant. ——————— ———————

4a Transfert des hochets d'une main à l'autre, les brasse et les examine. ——————— ———————

7-12 mois

5b Observe les objets en les déplaçant de diverses manières, ouvre des boîtes, met les objets dans les boîtes. ——————— ———————

6b Démontre une motricité globale de pré-marcheur en s'assoyant seul, tirant pour se lever et s'agrippant aux meubles. ——————— ———————

7b Explore son environnement activement en marchant seul, escaladant des marches simples. ——————— ———————

12-18 mois

8c Démontre diverses façons de marcher de côté et à reculons, monte et descend les escaliers en se tenant. ——————— ———————

FIGURE 2.4
Extrait de la grille élaborée par Christine Cataldo

se référer aux développements moteur, affectif, etc., cette grille fait référence à l'habillage, aux repas, au bain, aux mouvements, à la réaction à la parole, au développement de l'intelligence. Elle offre l'avantage de suivre globalement le bébé dans divers moments de la journée. Voici un extrait de cette grille :

Manifestation de l'activité	Âge de l'enfant
Développement des grands mouvements	
1. Se tourne sur le côté	_____
2. Se met à plat ventre	_____
3. Se met à plat ventre et se retourne sur le dos	_____
4. Joue couché à plat ventre	_____
5. Se déplace en roulant	_____
6. Se déplace en grimpant	_____
a) S'assied à moitié	_____
b) Se dresse sur son séant	_____
c) Joue assis	_____
d) S'assied sur une chaise	_____
7. Se déplace à quatre pattes	_____
8. Se dresse sur ses genoux	_____
9. Se dresse sur ses jambes en se cramponnant	_____
10. Fait des pas en se cramponnant	_____
11. Se dresse sur ses jambes	_____
12. Fait quelques pas	_____
13. Marche	_____
14. Monte et descend l'escalier	_____
Repas	
1. Ouvre la bouche au contact de la cuillère	_____
2. Ouvre la bouche à la vue de la cuillère	_____
3. Mange à la cuillère avec un adulte	_____
4. Essaie de manger seul	_____
5. Mange seul avec la cuillère	_____

FIGURE 2.5
Extrait de la grille de Loczy

De telles grilles d'observation peuvent être utilisées après le journal de bord et les feuilles de rythme. Le but de leur utilisation doit toujours être la reconnaissance du bébé au moment présent, afin d'aménager un environnement qui lui permette de vivre, de « célébrer » une étape de son développement qui sert d'assise à toute sa vie future. Toutes les techniques d'observation sont complémentaires et c'est à l'éducatrice de choisir celles avec lesquelles elle se sent à l'aise. Il est toutefois important de retenir comme critères de base la confidentialité, la participation des parents, la rapidité de consultations et de rédaction, et d'éviter les grilles trop rigides.

2.2.2. Être attentive mais discrète

Cette force que met l'enfant à vouloir naître, puissiez-vous ne jamais l'oublier. Tout au long du travail, l'enfant savait. Tout au long de l'éducation, il sait.

Frédérick LEBOYER

Une analyse du texte de l'annexe 2 nous permettra maintenant d'étudier le rôle de l'éducatrice qui adopte les dix principes décrits. Ce texte présente l'avantage de montrer le point de vue de l'enfant face à la réalité et aux interventions de l'éducatrice. C'est à partir de ce point de vue que l'éducatrice devrait orienter sa démarche.

Il ressort d'abord clairement de ce texte que le bébé a une perception fragmentée des choses; qu'il n'entend, ne voit et n'assimile que certaines parties des choses ou des messages, il ne remarque, par exemple, qu'un gros ballon ou le dessous d'une table, ne comprend que le mot « jus ». Ce fait étant admis, l'éducatrice doit adapter ses interventions à sa perception du monde bien particulière, se mettre dans la peau de l'enfant avant de proposer quoi que ce soit. On constate également dans l'exemple que l'éducatrice et la mère font souvent appel à au moins deux sens quand elles communiquent avec l'enfant, soit la parole et le toucher. L'éducatrice en pouponnière devra développer cette habileté, car c'est ainsi qu'elle va amener le bébé à faire des liens, à établir des comparaisons. En effet, l'enfant développe ses habiletés intellectuelles grâce à ses expériences sensorielles.

On remarque enfin que la mère est omniprésente pour le bébé. Quand on garde de jeunes enfants, il faut savoir que la mère représente le centre de la vie du bébé, sa sécurité, que son exploration du monde est faite de retours vers elle, que c'est auprès d'elle qu'il refait son plein d'énergie. Toute éducatrice devra utiliser la force de cette relation pendant la période d'adaptation en permettant, par exemple, au bébé de revenir vers sa mère et entre chaque exploration. Dans l'exemple de l'annexe 2, quand l'enfant retrouve sa mère avec l'aide respectueuse de l'éducatrice, il a réalisé quelque chose de très important : qu'il pouvait se sortir seul de sa détresse. L'intervention de l'éducatrice a aussi permis d'établir une relation de confiance, car il sait maintenant qu'elle lui permettra toujours de retrouver sa mère. Ceci est très important. Il faut aussi parler de la mère ou des parents pendant la journée. Cela permet au bébé de se construire des repères. Il ne faut jamais lui mentir au sujet de ses parents, il doit savoir la vérité, c'est-à-dire qu'ils sont partis pour la journée et qu'ils vont revenir en fin d'après-midi.

L'éducatrice doit être attentive, mais discrète. Dans le texte de l'annexe 2, elle est toujours près du bébé et il sent sa présence, mais que c'est lui qui décide quand il a besoin d'elle : jamais elle ne va faire des choses à sa place ou lui proposer des activités. Elle intervient si le bébé est en détresse comme lorsqu'il ne voit plus sa mère ou quand il tombe ou quand il a le goût d'explorer plus avant et ne trouve pas seul les moyens pour le faire et alors elle lui offre un coussin pour monter sur la plate-forme. Elle protège aussi le bébé contre les coups. Cependant, elle lui laisse beaucoup d'initiative en lui demandant s'il a besoin d'aide après être tombé, comme elle l'aurait fait avec un adulte. Son attitude respecte l'enfant, lui permet d'exprimer ses désirs, et elle encourage l'autonomie.

Une attitude respectueuse consiste enfin à donner des soins de qualité. Le changement de couche, le bain, l'habillage, le boire, etc., ont souvent été dévalorisés par rapport aux activités dites éducatives comme si les routines ne faisaient pas partie de l'éducation des bébés. Pourtant, endormir, nourrir, changer de couche sont à la base du développement de l'enfant puisque celui-ci est ce qu'il reçoit. Magda Gerber nous dit même que : « L'éducation du bébé ce sont les soins attentifs ». Elle parle d'*educarer* pour désigner les éducatrices en pouponnière. Ce terme anglais rend bien compte de cette idée qui consiste à associer l'éducation (*educate*) aux soins (*care*). Donner des soins de qualité signifie s'assurer que les besoins physiologiques de l'enfant sont satisfaits quand il le désire et que les routines deviennent des moments d'échanges intimes et chaleureux, des moments privilégiés.

Il devient essentiel d'offrir au bébé un milieu de vie chaleureux et respectueux de ses besoins. Il faut aussi l'encourager à développer son autonomie. Cela ne veut pas dire laisser le bébé à lui-même pour qu'il apprenne à se débrouiller en toutes circonstances. Il s'agit plutôt de répondre à ses besoins quand il ne peut trouver en lui les ressources pour surmonter un problème, mais de lui faire confiance aussi dans d'autres occasions en le laissant expérimenter et explorer ses forces seul.

Le tableau 2.1 et le texte explicatif qui le suit pourront aider l'éducatrice à distinguer les moments où l'enfant peut être laissé à lui-même de ceux où sa présence sera essentielle. Il est important qu'elle apprenne à rationaliser ainsi les choses afin d'arriver à organiser son intervention de façon à répondre adéquatement aux besoins des enfants sans s'épuiser et surtout en leur laissant beaucoup d'autonomie.

TABLEAU 2.1
Quand intervenir auprès du bébé

Intervenir	Ne pas intervenir
Le bébé pleure.	Le bébé est dans la lune.
Le bébé a un problème et cherche sans trouver de solution.	Le bébé est concentré.
	Le bébé joue.
Le bébé est effrayé.	Le bébé est intrigué et cherche des solutions.
Le bébé a besoin d'être réconforté.	
Le bébé a besoin de soins.	Le bébé essaie un nouveau mouvement.
Le bébé n'est pas en sécurité.	
Le bébé donne des coups ou en reçoit.	

L'éducatrice intervient, ou doit à tout le moins être présente, quand un bébé **pleure**. Dans l'exemple de l'annexe 2, il lui suffit de mettre des mots sur ce que vit le bébé : « Tu es tombé » pour qu'il arrête de pleurer. Par contre, si un bébé continue de pleurer, on doit le prendre et le consoler, car il faut absolument éviter qu'il s'anéantisse en pleurant. Comme l'explique Myriam David[29], un bébé qui s'endort en pleurant, par exemple, n'apprend qu'à se fermer à l'univers. Il lui manque l'aide essentielle pour surmonter le chaos nerveux dans lequel il se trouve et, à long terme, il apprend à se complaire dans cet état.

Quand dans l'exemple de l'annexe 2, le bébé essaie de grimper à la plate-forme et cherche sans trouver de solution, l'éducatrice intervient aussi en lui procurant un coussin. Si elle n'intervient pas dans de telles situations, elle empêche la concrétisation d'un désir de l'enfant. Cela peut alors faire en sorte qu'un bébé ne profite pas pleinement d'une période importante de son développement.

---

29. Myriam DAVID. *0 à 2 ans, vie affective, problèmes familiaux*, Toulouse, Éditions Édouard Privat, 1983.

L'éducatrice doit évidemment intervenir quand **un bébé n'est pas en sécurité**. Un bébé **effrayé** ne doit jamais non plus être laissé à lui-même. Quand une petite main s'agrippe aux cheveux du bébé, l'éducatrice intervient et ne laisse pas se transformer la surprise normale en frayeur. De même, un enfant qui **reçoit des coups** doit être protégé rapidement et on doit aussi l'aider à apprendre à ne pas se laisser faire à l'avenir. Il faut par ailleurs rassurer l'agresseur dans de telles circonstances, car sa violence souvent involontaire peut lui faire peur autant qu'à celui qui est agressé.

Un bébé fatigué ou inquiet qui **démontre un besoin de réconfort** devrait être chaleureusement accueilli. Bercer, prendre, masser le bébé quand cela répond à son besoin et non à celui de l'éducatrice, sont des interventions qui aident à l'élaboration d'une image de soi positive. Les caresses et la tendresse redonneront aussi de l'énergie au bébé. L'éducatrice doit aussi intervenir quand **un bébé a besoin de soins**. Un bébé qui a faim doit être nourri, celui qui a souillé sa couche doit être changé dans les plus brefs délais et celui qui est fatigué doit être endormi. Tous les soins de routine devraient de plus devenir propices à des échanges chaleureux entre le bébé et l'éducatrice. Celle-ci devrait alors être entièrement disponible pour le bébé.

L'éducatrice n'intervient pas directement quand **un bébé est dans la lune**. Le bébé est alors à faire des liens cognitifs importants. Le déranger, c'est lui enlever un pouvoir d'intériorisation. « Les mères et les éducatrices qui croient bien faire en se montrant très participantes […] risquent de faire intrusion dans l'espace fragile où l'enfant absorbé s'échappait à l'intérieur de lui-même. Parfois, il suffit de regarder, de poser son regard, d'être simplement là. La présence ne doit pas être confondue avec le faire […] Nous mettons trop d'énergie dans le ''faire'' et pas assez dans ''l'être''. Et une façon d'être, c'est de ne pas faire[30]. »

De même, un bébé qui apprivoise sans peur excessive une nouvelle situation, qui cherche des solutions, n'a pas besoin qu'on l'aide, si ce n'est que pour nommer ce qu'il est en train de découvrir. Il est **concentré à découvrir**. Quand le bébé joue, il s'agit d'un moment sacré. Si un enfant prend plaisir à un jeu, aucune aide ne lui est nécessaire et il faut laisser les enfants jouer à leur façon. Dans l'exemple de l'annexe 2, par exemple, les enfants jouent de façon inattendue avec le casse-tête, mais le jeu se transforme en expérience sociale positive alors que si l'éducatrice était intervenue, il n'y aurait eu qu'un morceau de casse-tête de placé.

L'intervention devrait également être minimale quand **le bébé essaie un nouveau mouvement**. Si le bébé est dans une position qu'il maîtrise et

---

30. Jacques SALOMÉ. *Papa, maman, écoutez-moi vraiment*, Paris, Albin Michel, 1989, p. 214.

que l'aménagement est pensé en fonction de ses capacités motrices, l'éducatrice n'a alors pas à intervenir. D'ailleurs, si elle est constamment appelée à aider les enfants, c'est que le matériel est trop complexe, l'aménagement non approprié. Dans l'exemple, la rampe est sécuritaire et permet au bébé qui n'est pas à l'aise dans les escaliers de se débrouiller facilement, il s'agit d'un aménagement bien adapté.

Bref, un bébé qui joue, qui bouge, qui manipule des objets, ne devrait pas être habitué de voir l'éducatrice intervenir. Il prendra alors plaisir à composer ses propres succès et, qui plus est, l'éducatrice sera ainsi disponible pour les besoins réels des autres enfants. Il ne faut pas oublier qu'un certain sentiment de frustration aide à apprendre et que cultiver la capacité d'être seul en présence de l'autre est un gain pour la vie.

2.2.3. Laisser le bébé jouer librement

On remarque souvent que les éducatrices offrent aux bébés des activités dites préscolaires, prévues pour les enfants de quatre ans, en réduisant les exigences. On regroupe les enfants, on leur demande d'être attentifs. On refait sensiblement les mêmes activités avec un seuil de difficulté moindre. Pourtant un tout petit de treize mois n'est pas un enfant de quatre ans en miniature. En exigeant de lui qu'il se concentre sur des activités à but spécifique comme apprendre les couleurs ou construire selon un modèle, on n'encourage pas son développement, on limite au contraire l'apprentissage.

Epstein[31] nous explique que les circuits nerveux de l'enfant se construisent comme un arbre si on permet l'exploration libre. En effet, pour que l'enfant apprenne vraiment, il faut que la formation d'un concept dans sa tête ait été précédée par des centaines de manipulations et la répétition d'expériences concrètes qu'il aura faites quand il en aura eu envie. Par exemple, ma fille a fait connaissance depuis sa naissance avec le chat de la maison en se couchant dans son poil et en lui parlant quand cela lui plaisait. À quinze mois, à chaque fois qu'elle voit un chat sur une image, elle fait « miaou » et se couche sur la page. Pour elle, le chat est un ensemble de sensations qu'elle a découvert pendant ses multiples expériences de jeu avec lui. Il représente beaucoup plus qu'une simple image.

À l'inverse, on peut appauvrir ou limiter le développement si on impose des limites inutiles. Le bébé soumis à une activité dirigée apprend surtout à faire plaisir à l'adulte plutôt que de simplement prendre plaisir

---

31. Jean Zaü EPSTEIN. *Le jeu enjeu*, Paris, Armand Colin-Bourrelier, pp. 20-22.

à apprendre en jouant et manipulant les objets à sa guise. Si l'on habitue très jeune l'enfant à s'asseoir, à écouter et à faire comme l'adulte, on lui inculque de plus la notion que le tâtonnement n'est pas bon et que seul l'adulte peut résoudre ses difficultés. On lui apprend aussi qu'il a peu ou pas la permission de se tromper et de faire des erreurs. Pourtant, le monde dans lequel il vivra sera complexe et il aura constamment à faire des choix, à prendre des risques. La multitude d'informations et de services auxquels il aura accès tout au long de sa vie exigera aussi qu'il se connaisse, afin de choisir ce qui correspond le mieux à ses besoins. C'est en jouant librement qu'il développera ses capacités et apprendra à se connaître.

Les bébés se passionnent pour tout et ont besoin de connaître ce qu'ils sont avant d'apprendre des notions telles les couleurs, les formes, etc. Quand ils jouent seuls, ils n'ont pas de but et c'est là tout l'art du jeu. Ils n'ont pas non plus besoin des encouragements des autres, car le jeu en lui-même est leur récompense. Il s'agit de leur offrir du matériel souple et créatif et de leur laisser suffisamment de temps pour jouer. Dans cette optique, l'éducatrice ne suggère ni le but ni le sujet d'un jeu et ne se substitue jamais aux activités choisies par les enfants, à moins qu'ils soient en danger. Elle permet aussi le « jeu parallèle » la plupart du temps, c'est-à-dire qu'elle n'incite pas les enfants à jouer ensemble. Elle donne aux bébés l'occasion d'explorations sensorielles multiples. Elle laisse les bébés choisir leurs activités et ce, même aux tout-petits. Elle leur offre aussi la possibilité de décider de la longueur des activités et ne les interrompt pas quand ils répètent à l'infini les gestes et mouvements auxquels ils prennent plaisir. Elle organise, au contraire, les lieux de façon à ce qu'ils puissent **répéter**.

Au chapitre 6, nous répondrons à plusieurs questions concernant le choix des jeux, dont celles-ci : Qu'est-ce que du matériel adapté ? Quelle est la différence entre un jouet dit éducatif et un objet de jeu ? À quoi correspond le matériel ouvert qui pose un défi adapté au plaisir du bébé et à ses capacités ? Où trouver le matériel passif qui rend les enfants actifs ? Nous verrons plus en détails comment permettre au bébé de se développer dans des conditions idéales grâce au jeu libre.

2.2.4. Résumé des pratiques souhaitables et des pratiques à éviter

Voici un tableau comparatif des pratiques à éviter et des pratiques souhaitables. L'éducatrice y trouvera des exemples concrets d'intervention pour mettre en application les dix principes d'intervention énoncés au début de ce chapitre.

Tableau 2.2
Résumé des pratiques souhaitables et des pratiques à éviter[32]

PREMIER PRINCIPE

Considérer le bébé comme une personne et un partenaire

PRATIQUES À ÉVITER	PRATIQUES À VALORISER
• Imposer au bébé une routine, une activité sans le prévenir, par exemple, le prendre sans l'avertir.	• Prévenir le bébé de ce qu'on va faire. Lui demander avant de le prendre.
• Habiller le bébé, le changer de couche, le nourrir en le faisant tenir tranquille ou en l'occupant à autre chose. Exemples : • Pendant l'habillage : tourner le bébé rapidement, tirer sur ses membres, ne pas le regarder. Tout faire pour lui le plus vite possible en le maintenant immobile.	• Donner au bébé la possibilité de faire équipe avec l'adulte pendant les routines, lui laisser le temps et la chance de participer. Exemples : • Pendant l'habillage : placer notre main dans la manche de son chandail. En voulant saisir nos doigts, il enfilera sa manche; lui enlever seulement le talon de son bas et le laisser retirer seul son bas.
• Pendant le repas: tenir les mains du bébé. Empêcher le bébé de toucher à sa nourriture. Ne pas regarder le visage du bébé et donner des bouchées alors qu'il a la bouche pleine, ou détourne la tête, etc.	• Pendant le repas : amener le bébé à participer aux repas. Tenir son biberon par le fond pour lui laisser la chance de le prendre avec ses deux mains. Permettre à l'enfant de manipuler les aliments, le nourrir avec une deuxième cuillère pendant qu'il essaie de manger avec la sienne. Attendre qu'il fasse signe avant de lui donner une bouchée.
• Pendant le changement de couche : distraire le bébé avec des mobiles, miroirs, tout ce qui empêche la communication.	• Pendant les changements de couche : lui confier sa couche, lui demander sa collaboration.
• Avoir l'habitude de parler constamment à une autre éducatrice pendant qu'on change la couche d'un bébé, qu'on le nourrit, l'habille, etc.	• Faire en sorte que les routines deviennent des moments d'intimité entre le bébé et l'éducatrice. Aménager l'espace pour faciliter cette intimité, par exemple, s'il y a deux tables à langer, les séparer par un rideau ou un paravent.
• Porter plus d'attention à certains bébés qu'à d'autres.	• Aménager l'horaire de façon à ce que chaque bébé jouisse d'un moment d'intimité avec l'éducatrice.

---

32. Ce tableau est inspiré du livre publié par le NAEYC, *Developmentally Appropriate Practice in Early Childhood Programs Serving Children from Birth Through Age 8*, Washington, Editor Sue Bredekamp, 1986, pp. 34-46.

PRATIQUES À ÉVITER	PRATIQUES À VALORISER
• Interrompre sans nécessité ou sans avertissements les jeux des bébés.	• Ne pas déranger les bébés qui jouent. Quand il faut donner des soins à un bébé, l'avertir et essayer d'obtenir sa collaboration. • Respecter le besoin de calme des bébés.
• Chatouiller souvent les bébés et leur faire faire des sauts. • Appeler les bébés par des surnoms ou « mon bébé ». • Faire des observations verbales systématiques en présence des enfants, les comparer entre eux. • Dire ou faire sentir à l'enfant que ses excréments sont dégoûtants pendant son apprentissage de la propreté.	• Appeler chaque enfant par son nom. • Ne pas faire d'observations ou de comparaisons devant les bébés, respecter le rythme individuel de chacun. • Expliquer simplement au bébé le phénomène de l'élimination. Lui faire prendre conscience du confort d'être au sec. Ne pas entourer l'événement d'une charge émotive trop grande.
• Laisser des adultes venir en tout temps à la pouponnière, prendre les bébés, les admirer.	• Contrôler l'accès des visiteurs. Limiter la circulation. Éviter l'atmosphère de cirque. Présenter tout nouvel adulte aux enfants. Veiller à l'hygiène en faisant porter des pantoufles aux adultes.
• Accueillir les bébés en leur proposant des jeux libres. • Changer l'horaire des routines sans avertir les bébés. • Tolérer une musique de fond en permanence.	• Faire l'accueil avec un jeu que le bébé connaît. • Avertir les bébés, leur expliquer tout changement. • Utiliser la musique seulement quand le bébé en a besoin. On évite ainsi d'anéantir son sens de l'écoute.
• Faire attendre les bébés pour leurs repas.	• Préparer tout le matériel avant de nourrir le bébé. S'assurer que la nourriture est à la bonne température.

DEUXIÈME PRINCIPE

Favoriser l'action autonome

• Planifier des activités surstimulantes pour les bébés. • Proposer des activités qui ne requièrent pas la participation du bébé, par exemple, manipuler à sa place. • Placer des jouets dans les mains des bébés.	• Après observation, mettre dans l'environnement du bébé des objets adaptés. • Privilégier les activités de manipulations; le matériel permet à chaque enfant d'y aller à son rythme. • Placer un objet de jeu adapté à l'âge du bébé de façon à ce que le bébé puisse faire un effort à sa mesure pour se l'approprier. En placer plusieurs autour de lui et le laisser choisir.

PRATIQUES À ÉVITER	PRATIQUES À VALORISER
• Choisir et donner les objets de jeu aux bébés.	• Installer des étagères basses. Le matériel est bien placé et peu abondant. Par contre, on y retrouve plusieurs objets identiques pour éviter les conflits.
• Faire souvent des activités dirigées et en groupe. • Faire des bricolages uniformes avec modèle.	• Favoriser des activités de petits groupes ou individuelles. • Valoriser les explorations et manipulations plus que la production. Le plaisir de jouer est à valoriser.
• Intervenir constamment pour corriger la façon de jouer d'un bébé : placer nous-mêmes les morceaux d'une tour de rondelles de plastique de diverses couleurs, empiler des blocs pour lui. • Placer les jouets pêle-mêle et en offrir beaucoup.	• Être proche du bébé et disponible pour agir si il vit une trop grande frustration.
	• Placer le matériel sur des étagères accessibles aux enfants ou sur le plancher de façon à aider le bébé à créer des liens. Les jouets devraient fréquemment être replacés. Minimiser la quantité de jouets (voir le chapitre 6). Aménager les espaces de jeu et matériel sous forme de coins. Offrir le moins de jouets possible avant deux mois et demi.
• Empêcher les bébés de se toucher par peur qu'ils s'agressent.	• Laisser les enfants se toucher tout en les observant et en étant prête à intervenir si des problèmes surviennent.
• Prendre le bébé dans ses bras sans qu'il vous ait fait signe qu'il était prêt.	• Attendre un regard, une tension des bras avant de prendre un bébé.

TROISIÈME PRINCIPE

Assurer au bébé des relations affectives stables

• Ce sont des personnes différentes qui accueillent le bébé chaque jour. Les horaires variables et les semaines de quatre jours sont en vigueur. • Partager la responsabilité de tous les bébés avec une autre éducatrice.	• Favoriser la stabilité des relations avec les bébés par un horaire de cinq jours où la même éducatrice accueille les bébés tous les matins. • Attitrer à chaque éducatrice cinq bébés dont elle s'occupe en priorité. Elle interviendra auprès des autres seulement si l'autre éducatrice est occupée.
• Avoir beaucoup de remplaçantes non stables.	• Donner la priorité à un remplacement stable.

PRATIQUES À ÉVITER	PRATIQUES À VALORISER
• Laisser plusieurs adultes circuler dans la pouponnière sans les présenter aux bébés.	• Limiter la circulation des étrangers dans la pouponnière. Les adultes qui viennent sont présentés aux bébés.
• Oublier de demander aux parents de nommer souvent l'éducatrice à la maison.	• Avertir l'enfant, lui dire le nom de son éducatrice. Demander aux parents de parler d'elle souvent surtout avant son entrée en garderie.

QUATRIÈME PRINCIPE

Investir dans des moments privilégiés

• Imposer à tous les bébés le même horaire.	• Laisser certains bébés dormir pendant que d'autres sont nourris et que d'autres jouent.
• Avoir un espace ouvert sans coins spécifiques.	• Aménager l'espace en coins variés.
• Ne pas donner le boire dans les bras. Le boire a pour but d'endormir le bébé.	• Donner le boire dans les bras. Le boire ne sert pas à dormir.
• Imposer constamment aux bébés d'être en groupe.	• Caresser le bébé, lui réserver des moments en tête-à-tête avec l'adulte.
• Ne pas adapter ses interventions parlées, chantées à chaque bébé.	• Parler au bébé, lui chanter les chansons qu'il aime. Faire avec lui les gestes qu'il aime.
• Nourrir tous les bébés en même temps.	• Nourrir le bébé seul à seul ou en petits groupes.
• Changer la couche du bébé rapidement sans attendre sa participation.	• Faire du changement de couche un moment d'intimité propice aux échanges de sourires et de caresses.

CINQUIÈME PRINCIPE

Respecter chaque étape du développement du bébé

• Faire pratiquer la marche ou autre façon de se déplacer au bébé.	• Organiser un environnement sécuritaire permettant au bébé de ramper. Laisser le bébé répéter lui-même les mouvements précédant la marche.
• Utiliser des marchettes.	• Proposer au bébé des défis moteurs plutôt que de le limiter à des accessoires où il est enfermé.
• Faire des comparaisons entre les bébés.	• Éviter toute forme de comparaison.
• Proposer des activités qui suscitent des pleurs et des frustrations.	• Éviter que les bébés soient constamment frustrés. Choisir du matériel souple et polyvalent.

PRATIQUES À ÉVITER

- Imposer l'apprentissage à la propreté.

- Forcer les enfants à partager leur objet de transition ou autre chose.

- Forcer les bébés à jouer ensemble alors qu'ils sont à l'étape des jeux parallèles.
- Voir la non-coopération du bébé comme un entêtement.

- Toujours faire les jeux à l'intérieur.

- Déranger un enfant lorsqu'il est concentré.

- Empêcher le bébé de faire ce pourquoi il est prêt : l'empêcher de manger seul, l'habiller à sa place quand il veut essayer, etc.
- Exprimer beaucoup d'interdits aux bébés.

PRATIQUES À VALORISER

- Observer les indices pour déterminer si le bébé est prêt à commencer son apprentissage de la propreté (voir le chapitre 3).
- Permettre de sentir le pouvoir de posséder avant de favoriser l'altruisme. Par exemple, protéger l'objet de transition de chaque bébé.
- Respecter le désir des bébés de jouer seuls.

- Voir la non-coopération comme une force de croissance et une étape. Parler aux bébés des conséquences de leur réticence.
- Favoriser les jeux à l'extérieur, car ce contact avec la nature fait appel aux cinq sens.
- Faire en sorte qu'un bébé puisse aller au bout de son exploration sans être dérangé.
- Laisser le bébé faire tout seul quand il le désire à moins que sa sécurité ne soit en danger.
- Réaménager un espace plus sécuritaire quand on est obligé d'interdire des choses aux bébés. Repenser le matériel de jeu s'il pose problème aux enfants.

SIXIÈME PRINCIPE

Placer le bébé dans des situations motrices qu'il maîtrise

- Laisser les bébés qui ne rampent pas longtemps dans les bébés-relax, les balançoires.

- Placer les bébés qui ne rampent pas parmi les trottineurs sans les protéger.

- Soulever systématiquement les enfants en les prenant sous les bras et en plaçant leur visage contre notre poitrine.
- Placer un bébé dans une position qu'il ne prend pas lui-même. Par exemple, le mettre debout s'il ne sait pas marcher, l'asseoir en le soutenant avec des coussins.

- Placer les bébés dans une position de détente, en s'assurant qu'ils aient le contrôle de leur posture. Voir plan du gros beigne de détente (figure 6.4). Éviter tout matériel qui empêche les mouvements spontanés du bébé.
- Placer ces bébés dans des coussins ou des gros beignes de façon à ce qu'ils puissent voir les autres en sécurité. À l'extérieur, ils pourront être placés dans de grands parcs.
- Prendre les enfants au niveau du centre d'équilibre (le bassin) et les porter de façon à ce qu'ils voient autour d'eux, devant eux.
- Toujours placer le bébé dans la position qu'il est capable de prendre par lui-même. Par exemple, le mettre sur le ventre s'il sait se mettre sur le ventre mais ne pas l'asseoir.

| PRATIQUES À ÉVITER | PRATIQUES À VALORISER |

SEPTIÈME PRINCIPE

Suivre le rythme biologique de chaque bébé

PRATIQUES À ÉVITER	PRATIQUES À VALORISER
• Endormir tous les bébés ensemble.	• Endormir les bébés qui sont prêts. Aménager la salle de sommeil de façon à séparer les bébés qui ont des rythmes de sommeil opposés : deux petits espaces de cinq lits.
• Organiser des horaires non flexibles.	• Modifier l'horaire, après analyse des feuilles de rythme.
• Réveiller les bébés.	• Laisser les bébés se réveiller quand ils sont prêts pour favoriser la sécrétion de l'hormone de croissance.
• Laisser pleurer les bébés.	• Toujours répondre aux pleurs du bébé. Plus on lui répondra vite, moins il pleurera. Quand un bébé est inconsolable, rester près de lui. Éviter que les bébés ne s'endorment en pleurant, car ils s'anéantissent dans le sommeil. Les aider à trouver des techniques autocalmantes, favoriser un rituel d'endormissement.
• Essayer d'endormir un bébé pendant plus de vingt minutes.	• Lever le bébé après vingt minutes d'essai d'endormissement. Attendre des signaux plus forts d'endormissement.
• Forcer un bébé à manger.	• Accepter que le bébé se nourrisse selon ses goûts, lui faire confiance.
• S'occuper des bébés qui crient le plus.	• Voir à ce que chaque bébé, même le plus discret, ait sa dose d'attention. Apprendre aux bébés qui crient d'autres modes de communication.

HUITIÈME PRINCIPE

Parler au bébé

PRATIQUES À ÉVITER	PRATIQUES À VALORISER
• Mentir au bébé : dire au bébé que ses parents vont revenir dans cinq minutes, alors que c'est dans trois heures.	• Parler au bébé quand ses parents partent, lui expliquer qu'ils partent, mais qu'ils vont revenir. Accepter ses pleurs. Être proche physiquement du bébé. Dire aux parents que c'est important qu'ils ne se sauvent pas. Expliquer au bébé quand ses parents vont revenir, lui donner des repères dans le temps.

PRATIQUES À ÉVITER

- Toujours expliquer au bébé ce qu'il ne doit pas faire : « Ne tire pas les cheveux de Nicolas. »
- Ne pas parler aux enfants, sauf pour les interdits.

- Parler d'un bébé devant lui sans l'inclure à la conversation.

- Ne pas prendre le temps d'avertir les bébés : prendre un bébé sans l'avoir averti et sans avoir attendu sa collaboration.
- Laisser les enfants jouer sans les observer.

PRATIQUES À VALORISER

- Dire au bébé comment faire les choses : « Oui, ouvre ta main pour flatter ses cheveux. »

- Expliquer aux bébés les différents moments de leur vie, ce qui va arriver, ce qui se passe entre eux, ce que leur action provoque sur le matériel de jeu. Parler avec eux de leur vie.
- Faire participer le bébé à la conversation, lui expliquer ce que l'on dit. Le bébé saisit l'émotion des gens autour de lui.
- Toujours avertir l'enfant de ce qu'on va faire. L'amener à collaborer graduellement.

- Les observer et commenter les résultats, les réussites, les difficultés et les plaisirs.

NEUVIÈME PRINCIPE

Aider le bébé à résoudre ses problèmes lui-même

- Empêcher les actes de menace tels les cris et les coups donnés sur le sol.

- Régler les conflits entre les enfants en décidant qui a raison, à qui revient un jouet, etc.

- Secourir la victime d'une agression tout en humiliant l'agresseur.

- Ne pas reconnaître les possessions du bébé telles les couvertures et les toutous et ne pas l'aider à les protéger.
- Demander aux enfants d'être gentils entre eux en étant brusque avec eux.

- Régler tous les problèmes des bébés.

- Interrompre le jeu d'un bébé pour lui donner la solution qu'il cherche.
- Empêcher les enfants de pleurer ou d'être fâchés.
- Répondre constamment aux pleurs par de la nourriture ou une suce.

- Expliquer aux enfants les situations. Tolérer les actes de menace, car ils servent souvent à empêcher l'agression physique.
- Expliquer ce qui se passe dans une situation de conflit. Aider les bébés à faire des échanges. Les laisser négocier entre eux à moins que des coups ne soient échangés.
- Réconforter la victime mais lui donner des moyens de réagir à l'avenir. Réconforter également l'agresseur.
- Reconnaître les possessions du bébé. L'aider à les protéger. L'accompagner pour qu'il les récupère, s'il le désire.
- Prêcher la douceur en étant douce avec eux et avec les collègues de travail. Les bébés se modèlent sur le comportement des adultes.
- Accompagner le bébé, lui donner un indice qui l'aidera à trouver lui-même une solution quand il a un problème.
- S'il fait un casse-tête, par exemple, le laisser essayer. C'est ainsi qu'il apprend.
- Laisser le bébé exprimer ses émotions. Tenter de mettre des mots sur ce qu'il vit.
- Aider l'enfant à trouver des réponses autres que la nourriture pour régler un problème.

| PRATIQUES À ÉVITER | PRATIQUES À VALORISER |

DIXIÈME PRINCIPE

Accueillir le parent

• Empêcher les parents d'avoir libre accès à la pouponnière.	• Permettre aux parents de fréquenter la garderie quand ils le veulent.
• Ne pas accueillir les parents le matin.	• Individualiser l'accueil, s'informer, parler au bébé, accepter que le bébé préfère être dans les bras du parent.
• Cacher des choses aux parents.	• Expliquer ce qui se passe. Faire appel à leurs ressources, à leurs trucs.
• Nier les valeurs des parents quand on ne les juge pas acceptables.	• Être attentive aux valeurs des parents afin qu'il y ait un suivi à la garderie.
• Se fermer aux besoins des parents en matière d'éducation.	• Informer les parents, les conseiller parfois.

2.3. Qualités et responsabilités de l'éducatrice

Nous nous attarderons maintenant à l'éducatrice, à décrire les qualités qui lui permettront d'appliquer au jour le jour les principes décrits précédemment. Nous verrons comment son rôle se distingue de celui du parent, quelles sont les qualités de base pour travailler avec les bébés et les diverses responsabilités de l'éducatrice envers les bébés, les parents et les autres membres de son équipe de travail. Finalement, nous verrons qu'il est important de prendre soin de soi-même dans ce travail et comment le faire.

2.3.1. L'éducatrice et le rôle de mère

On peut penser que le travail de l'éducatrice auprès des bébés ressemble au rôle de la mère, car travailler avec des tout-petits éveille bien souvent chez l'adulte des élans de protection et de tendresse, d'autant plus que les adultes qui choisissent cette profession ont souvent besoin d'aider les gens. Or, ces élans, s'ils sont trop impulsifs et répondent uniquement aux besoins de l'adulte, peuvent nuire au bébé en faussant la relation étroite qui existe entre la figure maternelle et l'enfant, car la mère et l'enfant peuvent se sentir mal à l'aise. Il importe donc de bien distinguer les deux rôles complémentaires que sont celui de la mère et celui de l'éducatrice.

Être une éducatrice, ce n'est pas être une mère, même si les soins qu'elle donne sont souvent qualifiés de soins maternels. Bien sûr, l'éducatrice doit pouvoir accueillir chaleureusement un bébé, et surtout tous les bébés de son groupe. Aussi doit-elle être en harmonie avec elle-même, sensible aux besoins des bébés, et faire abstraction de ses propres besoins affectifs.

Dans l'exemple qui suit, nous voyons une éducatrice combler un besoin personnel. Celle-ci entre dans le local où tous les enfants sont occupés avec une pile de débarbouillettes. Elle crie : « Bonjour mes chéris, mes petits amours, mon bébé. » Elle en prend un, l'embrasse sur le ventre, lui mord les oreilles. Les autres enfants ont tous interrompu leurs jeux et regardent avidement. Celui qui est pris sursaute, puis rit aux éclats. Elle le repose ensuite par terre, mais il en veut encore et pleure. Elle ne peut répondre à son besoin, car elle doit préparer le repas. D'autres bébés s'approchent, la touchent, elle n'est pas disponible pour eux non plus. Aucun bébé ne voulait être pris et chatouillé quand elle est entrée. Elle a créé ce besoin, puis s'est retrouvée dans l'impossibilité d'y répondre.

Une éducatrice qui appelle un enfant « mon bébé » fausse aussi la relation qu'elle devrait entretenir avec lui et entre en compétition avec la mère tout comme une éducatrice qui envahit physiquement un bébé par des baisers, des tendresses sensuelles démesurées, car cette spontanéité appartient à la mère. L'éducatrice qui agit ainsi fait une erreur étant donné qu'elle ne pourra pas développer des relations aussi intimes avec tous les bébés et qu'elle risque de manifester des préférences trop visibles et c'est à éviter, bien sûr.

L'éducatrice doit être consciente que les parents sont responsables du bébé vingt-quatre heures sur vingt-quatre et que leur attachement affectif est très profond. Un bon lien d'attachement entre le parent et l'enfant se manifeste par diverses réactions. Quand l'enfant a peur, c'est chez ses parents qu'il trouve la sécurité. Chez les parents, la force de l'attachement se voit par une série de réactions affectives qui peuvent paraître démesurées : les sentiments de fierté excessive, de peur, de joie, d'amour fou et même les grandes colères. Les parents penchent aussi en faveur de leur bébé, se font les défenseurs de leurs besoins et exagèrent ses qualités et ses dons. Ils demanderont aussi toujours plus pour leur enfant. L'éducatrice doit comprendre ces réactions et savoir que leur manque de réalisme est sain pour le développement du bébé, même s'il est parfois frustrant pour elle. Elle doit recevoir ces demandes avec sérieux et humour. Par contre, elle doit vivre un autre type d'attachement avec les enfants; elle doit être préoccupée par le bébé, tout en demeurant détachée. Si elle n'y arrive pas, l'épuisement viendra vite et sa relation si précieuse avec les parents se détériorera. Le détachement de l'éducatrice va aussi permettre d'éviter le favoritisme auquel les bébés sont très sensibles.

De plus, le parent peut se permettre des coups de cœur avec son enfant, car leur relation est intime et permanente. De son côté, l'éducatrice doit s'obliger à une rationalité optimale. Ainsi, elle ne devrait intervenir qu'après avoir bien observé et analysé un comportement à la lumière de ses connaissances du développement de l'enfant. Surtout, elle doit être impartiale. Une façon de détecter une éducatrice professionnelle est sûrement de la voir intervenir de façon efficace et chaleureuse auprès de tous les enfants même avec ceux qui séduisent moins de prime abord.

En résumé, l'éducatrice doit établir une relation affective privilégiée avec tous les enfants du groupe. Elle doit également veiller à investir avec l'enfant en tant qu'éducatrice et non comme mère et ainsi éviter de faire passer en premier ses propres besoins affectifs. Elle expliquera et précisera souvent au parent et au bébé quel est son rôle. Elle aidera aussi le parent à expliquer ce rôle au bébé. Ces derniers doivent arriver à exprimer au bébé leur confiance en l'éducatrice et les devoirs de celle-ci envers lui. Françoise Dolto[33] précise bien l'importance de ce genre de « trialogue » entre le bébé, le parent et l'éducatrice.

2.3.2. Les qualités personnelles de l'éducatrice

Plusieurs qualités personnelles ou expériences de vie peuvent modeler la compétence de l'éducatrice, mais certaines qualités s'acquièrent aussi. En effet, même si une personne a eu souvent l'occasion de garder des bébés avant de devenir éducatrice, cela ne veut pas dire qu'elle sera automatiquement une bonne éducatrice. Garder un bébé quelques heures et éduquer des bébés pendant une partie de leur vie constituent des expériences très différentes.

Vous aimez les bébés? C'est essentiel. Vous aimez les chatouiller, les faire rire, les faire sauter, les éveiller pour jouer? Vous allez peut-être chercher à combler vos propres besoins. Peut-être êtes-vous surstimulante pour les bébés. Avoir des contacts enjoués avec les bébés, se rouler par terre, cela est nécessaire mais ce ne doit pas être trop envahissant. Il faut un calme intérieur pour travailler avec les bébés, une grande disponibilité psychologique et un grand équilibre. De plus, travailler avec des bébés nous amène à remettre en question notre enfance et les réflexes acquis de nos mères. Si certains automatismes sont utiles avec nos propres enfants, il faut en effet s'en éloigner pour accueillir les enfants des autres. En ce sens, le fait d'avoir eu soi-même des enfants peut avoir développé notre

---

33. Françoise DOLTO. *La cause des enfants, op. cit.*

sensibilité aux messages et besoins des bébés, mais ce n'est pas essentiel pour travailler convenablement avec des bébés.

La patience est sans aucun doute la qualité fondamentale de l'éducatrice. Bien sûr, il ne s'agit pas d'une patience qui consiste à endurer les pleurs des bébés toute la journée. Si les bébés pleurent beaucoup, il y a un problème d'organisation. Un bébé ne doit pas être constamment frustré et frustrant en service de garde. La patience, la vraie avec des bébés peut se définir comme la capacité d'attendre la réponse ou la participation d'un bébé avant d'agir. Presque inconditionnellement, la plupart des adultes attendent cependant moins longtemps avant d'intervenir auprès d'un bébé qu'avec des enfants plus vieux ou des adultes[34]. Quand on sait que l'attente permet de respecter le rythme du bébé et l'encourage dans le développement de son autonomie, il faut alors apprendre à développer ce type de patience. Ainsi, quand on demande au bébé d'aider à mettre ses bas, il faut avoir la patience d'attendre au moins un début de coopération avant de faire le geste pour lui. Il faut aussi chantonner longtemps pour que le bébé réponde au calme d'une berceuse. Avant de le bercer, le brasser, lui mettre la suce, il est préférable de lui laisser le temps de répondre à une première sensation, soit l'écoute de la berceuse. Autrement, il deviendra plus excité et pleurera plus longtemps.

Le cerveau du bébé fonctionne à retardement. Il répond aux stimuli extérieurs avec moins de rapidité que nous. Il faut donc lui laisser le temps. Il faut dire les choses, attendre la réponse de l'enfant et ensuite les faire. Par exemple, une stagiaire disait à un bébé : « O.K., on va mettre tes souliers, Martin. » Son éducatrice-guide la corrigeait en lui disant : « Dis d'abord le prénom de l'enfant, attends pour avoir son regard, puis pose ta question. » L'éducatrice maîtrisait ici la patience. Attendre… patience du regard qui interroge, observe le bébé pour se mettre dans sa peau et deviner ce qu'il comprend. Écouter l'enfant. Il en dira plus à chaque fois et sa capacité d'apprendre s'enrichira. La patience, c'est la qualité fondamentale pour respecter le bébé.

Ensuite, ce n'est surtout pas avec des bébés qu'on peut camoufler des problèmes relationnels ou de gêne. Au contraire, c'est avec ce groupe d'âge que les gens doivent avoir la communication la plus facile et la plus chaleureuse. C'est avec cette clientèle qu'il faut le plus dialoguer avec les parents et avec les autres membres de l'équipe de travail. La capacité d'expression verbale est aussi une qualité essentielle auprès des bébés pour être un bon modèle en ce qui concerne le langage et pour expliquer au

---

34. Diane SUSKIND. « The Importance of Taring Time », *Educaring*, vol. VI, n° 4, automne 1985, p. 1.

bébé ce qui se passe dans sa vie. Il faut savoir parler clairement et simplement. Il faut aussi changer l'habitude que l'on a de seulement dire aux enfants ce qu'il ne faut pas faire plutôt que de leur dire ce qu'il est préférable de faire. Par exemple, si un bébé lance un camion, au lieu de dire : « Non, on ne lance pas un camion », l'éducatrice dira : « Le camion doit rouler par terre », et montrera comment faire en joignant le geste à la parole. Une éducatrice de pouponnière doit aussi développer une intervention audio-visuelle, c'est-à-dire qu'elle doit allier à la parole, les gestes, expressions, mimiques qui vont renforcer ses messages afin que le bébé comprenne bien ce qu'elle dit.

Les gestes de l'éducatrice doivent être doux et ouverts, sans débordements, et son sourire doit être naturel. Il est également souhaitable d'avoir un certain sens de l'humour pour ne pas se laisser engloutir par les périodes difficiles qui sont normales chez les bébés. L'agilité physique et la santé sont aussi des facteurs qui vont faciliter la tâche de l'éducatrice (figure 2.6). Travailler en pouponnière demande également de développer son sens de l'organisation, de la planification et de l'analyse. Il faut connaître les étapes de développement du bébé, savoir prévoir celles qui vont venir et intervenir de façon à encourager le développement harmonieux de l'enfant. Finalement, l'éducatrice se doit d'avoir développé de l'empathie en ce qui a trait aux besoins des bébés et une grande sensibilité pour comprendre leurs messages non verbaux. Toutes ces habiletés peuvent se développer graduellement si l'éducatrice se permet de réfléchir à son action par l'observation.

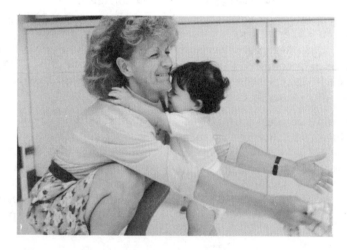

FIGURE 2.6
Les gestes de l'éducatrice doivent être accueillants.

2.3.3. Les responsabilités de l'éducatrice

Les responsabilités de l'éducatrice sont nombreuses et variées. Le bien-être de l'enfant demeure bien sûr sa principale préoccupation. Pour s'assurer que l'enfant se développe bien et qu'il est heureux, elle aura un rôle à assumer auprès de l'enfant, de ses parents et des autres éducatrices de son équipe de travail.

Auprès des enfants

Les responsabilités de l'éducatrice auprès des bébés sont nombreuses. Elle doit d'abord faciliter l'adaptation à la pouponnière. Pour ce faire, elle aménagera les lieux de façon à ce que l'enfant s'y sente à l'aise et qu'il y trouve des repères. Elle adoptera aussi, dans la mesure du possible, le rythme de la maison et tentera de refaire les gestes auxquels il est habitué. Sa tâche consiste ensuite à exercer une surveillance constante et à assurer la sécurité du bébé. Il devient alors important d'aménager un espace sécuritaire et de s'assurer de pouvoir voir tous les bébés en tout temps. L'éducatrice a aussi la tâche d'observer les bébés et de compiler par écrit ce qu'elle perçoit afin de transmettre ces informations aux parents et d'exercer ainsi un suivi.

Elle doit en outre faire en sorte que les routines soient agréables. Ici, l'organisation et la planification jouent un grand rôle. L'éducatrice devra, entre autres, établir l'ordre selon lequel les enfants seront nourris, changés de couche, endormis, déterminer qui s'occupera d'acheter les couches, etc. Enfin, elle devra s'assurer d'avoir à portée de la main tout le matériel nécessaire. Une bonne organisation lui permettra d'être plus disponible pour les échanges avec le bébé pendant les routines.

L'éducatrice doit en outre veiller à ce que la vie sociale des bébés se fasse avec le moins de heurts possible en tenant compte du fait que les bébés ne sont pas à l'âge de la socialisation constante avec des pairs. Ces derniers ont, entre autres, de la difficulté à partager et à attendre leur tour. Il faut donc éviter de rassembler plusieurs groupes d'enfants de 0 à 30 mois dans un même local et aménager l'espace de façon à ce que les enfants puissent vivre en parallèle en créant des aires de jeux distinctes et en ayant plusieurs jouets semblables. Les actions de pousser, de taper, d'enlever brusquement le jouet d'un autre bébé sont normales à cet âge et fréquentes, ainsi l'éducatrice aura souvent un rôle de médiateur à jouer. Il s'agira parfois de retenir calmement un bébé qui va faire mal à un autre, de réconforter le bébé qui a agressé un ami autant que celui qui s'est fait agressé. L'éducatrice doit être un modèle de partage et de tendresse en étant affectueuse dans sa façon d'aider les enfants à régler leurs problèmes.

Quand ils ont du chagrin, elle doit considérer leur détresse comme légitime et les laisser extérioriser leur peine. Elle doit entretenir son sens de l'humour pour passer au travers des étapes plus difficiles de l'enfance. Elle a aussi la responsabilité d'aménager son local, d'offrir les bons objets de jeu au bon moment, de faire des mises en place favorisant les liens cognitifs, affectifs et moteurs chez les enfants. Enfin, pour que la pouponnière demeure un lieu sécuritaire et propre, le matériel doit être rangé, nettoyé et vérifié fréquemment.

Auprès des parents

L'éducatrice doit partir du postulat que sa relation avec les parents est aussi importante que le contact qu'elle a avec le bébé. Le bébé a besoin que l'on s'intéresse à ses parents pour être bien. Il les perçoit comme une partie de lui-même. De plus, de bons contacts avec les parents permettent de s'assurer que ce qu'est l'enfant à la maison et à la garderie est lié. Si la relation est boiteuse, il pourra souffrir de difficultés d'adaptation : insécurité, manque d'appétit, maladies d'origine psychosomatique, etc.

Pour toutes sortes de raison, les parents sont souvent intimidés à la pouponnière. Il revient donc à l'éducatrice de prendre l'initiative du contact dès la première rencontre. Elle doit faire les premiers pas et souvent les refaire si un parent ne coopère pas. Le bébé, lui, continue à vivre et a un besoin constant de sentir que l'éducatrice s'intéresse à ses parents tout comme il a besoin qu'il y ait de la cohérence entre ce qu'il vit chez lui et à la pouponnière.

Il est d'abord important d'expliquer au parent ce que l'on fait avec le bébé, pourquoi on le fait. Il faut veiller à ne pas l'insécuriser mais, au contraire, à augmenter sa confiance en son rôle de parent. Dans certains cas, il faudra lui expliquer en quoi le rôle de l'éducatrice est différent du sien et bien lui démontrer qu'il reste toujours la personne la plus importante dans le cœur de l'enfant. Dans son enthousiasme, l'éducatrice débutante risque de prendre trop de place auprès du bébé lorsque le parent est là. Cela est à éviter. Une telle attitude peut rendre le parent jaloux et même l'éloigner de son enfant ou de la garderie. Il faut toujours que le parent ait la première place avec son enfant, même à la garderie. L'attitude à adopter sera plutôt de faire en sorte qu'une « trialogie » prenne place entre le bébé, le parent et l'éducatrice quand le parent est à la pouponnière. Le rôle de l'éducatrice consiste aussi à informer les parents et à recueillir auprès d'eux des informations sur la nuit de leur enfant, sa santé, son humeur, etc. Les « trialogues » représentent l'occasion rêvée pour échanger.

Ils devraient avoir lieu le matin et le soir. Le matin, surtout, l'éducatrice devrait accueillir chaleureusement le parent et l'enfant et susciter les échanges. Ce moment est particulièrement crucial pour la journée du bébé et du parent. L'accueil peut se faire, par exemple, autour d'un changement de couche obligatoire où le parent, l'éducatrice et l'enfant se parlent, refont le point, s'expriment sur les expériences des jours passés. Ne reprend-on pas toujours une communication où on l'a laissée? L'éducatrice peut proposer de jouer à trois en offrant, par exemple, une marionnette au parent. Le jeu à trois va permettre au plaisir de prendre place dans l'échange. L'éducatrice a enfin le devoir d'être honnête et respectueuse envers les parents, de les remercier quand c'est nécessaire et de leur décrire honnêtement ce que vit leur bébé. Elle ne parlera jamais d'un bébé devant un parent autre que le sien comme elle ne parlera pas d'un parent à un autre parent. Les secrets familiaux qui lui seront confiés seront de plus confidentiels.

L'éducatrice pourra aussi leur remettre, à l'occasion, des dépliants décrivant les réactions émotives des enfants dans certaines circonstances difficiles comme l'adaptation, la maladie, la perte d'un parent, la naissance d'une petite sœur, etc. Les parents vont ainsi avoir la sensation que la garderie comprend leurs difficultés et leur isolement et la communication en sera facilitée.

Selon Serena Wieder[35], il faut encourager le plus possible le jeune parent dans son rôle en manifestant aussi une certaine admiration à son égard par le biais de commentaires indirects comme : « Oh! comme ta maman connaît bien les couleurs de vêtements qui te vont le mieux », « Tu es chanceux d'avoir une maman qui s'occupe si bien de toi ». Il faut aussi le rassurer au sujet du développement de son enfant : « Comme tu deviens fort », ou « Comme ton papa t'aide à être bien dans ton corps! » On peut l'aider à déceler les indices de développement du bébé. Par exemple, quand vers neuf mois, le bébé a plus peur qu'avant des étrangers, on peut expliquer aux parents que c'est normal et attirer leur attention sur le fait qu'il a besoin d'eux : « Regarde comme il te cherche, il a besoin de savoir que tu es là! » Des interventions de ce type aident les parents à mieux répondre aux besoins propres à chaque âge.

Il est important aussi d'attirer leur attention sur le processus de jeu de l'enfant plutôt que sur le résultat. On peut alors dire au parent, « Regarde comme il explore bien toutes les textures », plutôt que de féliciter

---

35. Serena WIEDER. « Mediating Successful Parenting : Guidelines for Practitioners », *Zero to Three*, Bulletin of national center for clinical infant programs, vol. X, septembre 1989, pp. 21-27.

l'enfant sur son bricolage. Dans le même sens, l'éducatrice peut amener le parent à admirer le succès de son enfant en commentant les étapes de développement franchies par lui plutôt que de lui dire simplement qu'il est bon à la fin.

Selon elle, il est important de faire en sorte que les parents se sentent uniques et importants pour leur bébé. En disant, par exemple : « Maman te fait faire tes plus beaux sourires » ou, quand le bébé se fait mal : « Tiens, c'est maman qui saura le mieux te consoler », on donne au parent le sentiment que c'est lui qui sait le mieux comment faire avec son enfant. On peut aussi faire parler le bébé : « Je suis effrayée quand d'autres me touchent », ou « J'ai besoin d'aller doucement », ou « Ne pars pas sans me dire bonjour! » en présence des parents pour leur apprendre à décoder le non-verbal sans enseigner vraiment.

L'éducatrice peut aussi s'habituer à faire remarquer au parent ses forces et compétences avec son enfant. Elle peut lui dire : « Regarde comme il t'écoute quand tu vas chercher son regard avant de lui parler ». Elle renforce ainsi l'égo du parent et surtout, elle évite de faire sentir au parent qu'il est incompétent. Souvent, les messages des éducatrices ressemblent à : « C'est drôle, ici à la garderie, il n'est pas maussade », « Vous devriez peut-être le faire manger moins ». Ces petites phrases anodines en apparence ne font que troubler le parent et n'aident pas vraiment le bébé.

On peut aussi parler du futur de l'enfant, sans exagérer bien sûr. Par exemple, quand un enfant fait des blocs, on peut insinuer : « Je ne sais pas si tu seras architecte, mais tu réussis de belles tours ». On pourra passer des remarques du genre : « Quand tu vas grandir, tu seras savant à cause de ta maman qui te raconte de si jolies histoires ». De telles remarques faites devant le parent lui donnent le crédit du développement de l'enfant et augmentera son sentiment de compétence.

Finalement, l'éducatrice peut être le moteur d'échanges informels entre les parents de son groupe. Elle peut amener le parent à se développer comme parent au contact d'autres modèles. Conférences, ateliers, films éducatifs, etc. sont des moyens divers de créer un réseau de parents qui se soutiennent et s'entraident[36]. L'éducatrice peut aussi devenir une personne ressource pour informer concernant les réseaux d'entraide. Elle doit connaître ces références dont on trouve la description au chapitre 7.

---

36. Par exemple, le ministère de l'Éducation prête les cassettes des émissions *À plein temps* et fournit des guides d'utilisation aux animateurs. Ces émissions peuvent être de bons déclencheurs de discussions avec les parents.

Il faut être décidé et aller au devant du parent intimidé ou qui semble moins intéressé. Il ne faut surtout pas attendre d'avoir un problème avec un bébé pour parler au parent. Avant d'avoir un échange sur un problème avec un parent, il faut que le contact avec lui soit bon et qu'il y ait eu plusieurs échanges positifs. Dans certaines garderies, on envoie aux parents des cartes de souhait au nom du bébé lors de leur anniversaire. Ailleurs, on se soucie d'offrir quelquefois le café ou d'organiser une ligne téléphonique un soir par semaine. Toutes ces idées renforcent l'estime de soi du parent et de ce fait, le concept d'attachement au bébé. Serena Wieder termine en disant qu'il faut toujours chercher et trouver les forces de la famille, même la plus démunie, si l'on veut travailler en faveur de l'enfant. La formation des futures éducatrices visera davantage à éveiller leur sensibilité aux réalités familiales. Les établissements d'enseignement en exposant les étudiantes à divers types de familles et à leurs valeurs, en favorisant toute expérience de travail ou de bénévolat dans la communauté, leur permettront d'enrichir leur expérience de la vie familiale et de devenir plus empathique aux parents[37].

Auprès de l'équipe de travail

Les éducatrices d'une pouponnière travaillent dans une proximité physique très étroite. De plus, l'intensité émotive des jeunes enfants est très envahissante. Ce contexte de travail oblige à prendre ses responsabilités et à respecter les autres membres de l'équipe. L'éducatrice doit d'abord participer à toutes les tâches (hygiène, organisation de l'espace et du matériel, soins, etc.) et promouvoir la répartition équitable et efficace de celles-ci. Ceci aura pour résultat qu'aucune éducatrice ne sera débordée et que les enfants pourront se retrouver en tête-à-tête avec leur éducatrice attitrée pendant les routines.

L'équipe de la pouponnière a aussi besoin de se réunir sans les enfants régulièrement. Les discussions pédagogiques et sociales sont essentielles au bon fonctionnement. Si cela n'est pas possible, il peut être nécessaire et sain de profiter du temps où les enfants sont occupés à leurs jeux pour se réunir entre adultes. Les éducatrices ont ensuite le devoir d'être en contact avec le personnel de l'ensemble de la garderie. Parce que leur lieu de travail est un peu à l'écart, les éducatrices en pouponnière s'isolent souvent et sont ainsi privées d'échanges pédagogiques très stimulants. En outre, les administrateurs sont souvent peu informés des besoins spécifi-

---

37. Carole W. Brown et Eva Thorp. « Individualizing Training for Early Intervention Practitioners », *Zero to Three*, septembre 1989, pp. 8-15.

ques de la pouponnière. Il faut alors insister pour faire connaître les exigences particulières à ce travail et les besoins des enfants de cet âge qui sont différents de ceux de leurs aînés.

2.3.4. L'observation comme moyen de s'améliorer

Avant de conclure qu'un enfant est difficile et qu'on ne peut rien faire pour que l'harmonie règne entre lui et ses éducatrices, il faut s'interroger sur le comportement des éducatrices, sur leurs méthodes. Il existe plusieurs façons de se remettre en question, de prendre une distance par rapport à un problème, de s'analyser et aussi de s'améliorer. Deux techniques d'observation seraient ici proposées. La première consiste à se faire observer par une collègue avertie en mesure de conseiller et la deuxième à s'enregistrer sur bande magnétique, à se laisser filmer afin de pouvoir ensuite observer soi-même son comportement avec l'enfant qui pose un problème.

Les deux techniques sont complémentaires. L'auto-observation renvoie une image de soi, comme un miroir, elle permet de constater ses points forts et ses points faibles. L'aide d'une collègue est aussi très précieuse, car c'est souvent à la suite d'échanges et de discussions que l'on trouve la solution à des problèmes ou tout au moins des pistes de réflexion ou des trucs auxquels on n'aurait pas pensé seule. On peut se servir de grilles d'observation. La grille permet de bien cerner une question (voir la figure 2.7). On peut aussi choisir des thèmes d'observation en fonction de nos besoins. Par exemple, demander à une éducatrice de vérifier si on laisse le bébé choisir ses activités, si on l'aide efficacement à résoudre ses problèmes, etc.

On a en général recours à l'observation pendant la formation, les stages en milieu de travail, etc. Selon nous, il serait profitable de se laisser observer par des collègues ou de pratiquer l'auto-observation même lorsque la formation est terminée et non seulement quand survient un problème, mais de façon régulière. L'enregistrement ou le film pourront permettre à l'éducatrice de s'attarder à ce qu'elle dit aux bébés, à comment elle le dit; de détecter si elle parle fort ou faiblement, si sa voix vient de la gorge ou du ventre, si elle respire bien. Elle pourra vérifier si elle attend la réponse du bébé ou si elle enchaîne question sur question; si elle explique les choses aux bébés; si elle emploie des termes qui appartiennent à la mère (mon bébé, mon petit amour, etc.); si elle couve trop les bébés en niant leurs émotions, en minimisant ce qu'ils vivent; si elle est douce; si elle aide l'enfant à résoudre ses problèmes, etc.

A) **Observation de l'éducatrice quand elle nourrit
ou change un bébé de couche**

- Comment prépare-t-elle son matériel avant de commencer une routine?
- Comment choisit-elle l'enfant?
- Prévient-elle le bébé et se rapproche-t-elle de lui avant de le prendre?
- Quand elle le prend, est-elle en équilibre?
- Comment le prend-elle?
- Comment sont ses mouvements avec les bébés?
- L'éducatrice est-elle vêtue de façon à faciliter ses gestes (vêtements, bijoux, ongles, etc.)
- Comment est sa relation avec l'enfant qu'elle soigne? Qualifier cet échange. Que dit-elle?
- Décrire une séquence de soins. Quels sont les gestes, la délicatesse de l'éducatrice?
- Comment répond-elle aux besoins de l'enfant?
- Comment termine-t-elle une routine? Où dépose-t-elle le bébé après la routine et comment?
- Parle-t-elle avec les autres éducatrices pendant qu'elle est avec un bébé?

B) **Observation de l'éducatrice en relation avec les enfants**

- A-t-elle des enfants préférés?
- De quelle façon cela se manifeste-t-il?
- Intervient-elle avec tous les enfants?
- Quels sont les bébés avec qui elle intervient le moins?
- Que fait-elle quand le bébé joue?
- Que fait-elle quand le bébé est mal pris?
- Que fait-elle quand le bébé agresse?
- Que fait-elle quand le bébé est agressé?
- Qui prend l'initiative de la communication avec le bébé?
- Qui entreprend les activités?

FIGURE 2.7
Exemple de grille d'observation de l'éducatrice

Si l'on veut faire en sorte que la démarche d'observation s'intègre tout naturellement au travail de la future éducatrice, il faut l'y habituer dès sa formation. Voici en terminant, le processus qui est valorisé par l'équipe de Loczy pendant la formation des éducatrices qui travailleront avec les bébés. Les premiers jours, la stagiaire observe seulement. Elle observe ce que fait l'éducatrice, l'accompagne partout. Elle ne peut ni toucher aux enfants, ni leur parler, à moins que ceux-ci prennent contact, afin d'être plus disponible pour bien observer le travail de l'éducatrice. Ensuite, la stagiaire prend en charge un seul bébé. Le premier enfant qui lui est confié est du type confiant, qui n'a pas de problèmes spécifiques. Ce n'est que lorsqu'elle aura réussi à bien donner tous les soins à cet enfant calmement et avec application qu'on lui confiera graduellement deux, trois, quatre puis cinq enfants. Cela évite d'apprendre à faire un travail superficiel. Puis, l'éducatrice et la stagiaire travaillent en alternance. Cela va permettre de modifier certaines interventions et de corriger certains comportements de la stagiaire. Enfin, la stagiaire s'occupe du groupe entier en étant observée par l'éducatrice. Tout ce processus est très instructif pour la stagiaire.

2.3.5. L'art de prendre soin de soi-même dans ce métier

Travailler avec les bébés des autres peut être épuisant à la longue. L'éducatrice ne connaît pas les moments de complicité et de tendresse folle qui servent de catalyseur aux parents pour effectuer toutes les tâches avec un bébé. Elle, avec cinq bébés, se retrouve souvent vidée en fin de journée et l'isolement habituel des éducatrices qui travaillent avec des groupes de poupons renforce cet épuisement. Pourtant, pour bien prendre soin de chaque bébé, il faut être en forme et avoir de l'énergie. Pour y arriver, il est primordial de bien prendre soin de soi-même.

Dans plusieurs garderies, l'aménagement a été pensé pour dorloter un peu l'éducatrice. On retrouve ainsi dans chaque local de pouponnière un sofa confortable et lavable pour adultes qui permet à l'éducatrice d'être à l'aise de temps en temps dans sa journée. Les bébés plus âgés aiment aussi s'y blottir. Il y a trop d'éducatrices de pouponnière cependant qui mangent tous les jours par terre ou debout avec six, huit, dix petites mains autour d'elles sans avoir de meubles à leur hauteur. Il serait même souhaitable d'aménager dans la pouponnière un espace calme réservé à l'éducatrice afin qu'elle puisse refaire le plein à l'aise pendant ses pauses ou à d'autres moments. Cette idée semble peut-être excentrique, pourtant, un bureau réservé aux éducatrices permet d'écrire en paix, de s'asseoir, d'avoir leurs choses à portée de la main, etc.

L'esprit de camaraderie, la solidarité sont aussi essentiels. Dans une garderie, par exemple, les éducatrices s'étaient données comme moyen l'envoi quotidien de « feed-back » positifs. Chacune avait donc sa boîte aux lettres et recevait des appréciations positives des autres éducatrices de la garderie. Ailleurs, les éducatrices en pouponnières de diverses garderies avaient pris l'habitude de se réunir. Ces réunions permettaient l'échange et la création de liens entre adultes si importants pour se sentir valorisé dans ce métier. La correspondance avec une éducatrice d'un autre pays ou d'une autre garderie est aussi une façon d'apprécier davantage ce métier.

C'est au jour le jour que l'on apprend l'art de prendre soin de soi. L'éducatrice est souvent portée à se négliger à cause de la grande fatigue qu'elle ressent parfois. Or, faire de l'exercice, bien manger, lire de beaux textes, suivre une formation intéressante sont autant de moyens pour se revigorer. Trouver du temps pour soi et gérer son temps, c'est aussi l'art de s'occuper de soi.

Des techniques de relaxation simples à faire à chaque jour peuvent aussi aider à se sentir bien : un massage énergisant des mains ou des pieds, des respirations profondes, l'écoute de musique douce. La décoration du local (fleurs et plantes, lumières tamisées, matériaux chaleureux) peut aussi contribuer au bien-être des éducatrices. Les éducatrices doivent aussi jouer. Elles peuvent trouver des moyens de faire leur travail tout en jouant. Le jeu dans le quotidien, c'est une façon de voir la vie. Finalement, si l'on veut appliquer les dix principes avec les bébés, il faut d'abord se les approprier dans notre vie personnelle. Les bébés apprennent beaucoup en imitant, s'ils ont autour d'eux des adultes qui s'assument, ils pourront imiter ces comportements.

• Résumé •

Une philosophie d'intervention qui encourage le développement global du bébé doit être fondée sur le respect de l'enfant : celui-ci doit être perçu comme **une personne et un partenaire**, son **autonomie** doit être développée. Pour se développer de façon harmonieuse, le bébé aura besoin de **relations affectives stables** à la pouponnière comme à la maison. On veillera donc à ce qu'une éducatrice lui soit attitrée. Celle-ci vivra toutes les routines avec l'enfant et fera en sorte qu'il y ait **des moments privilégiés** où elle se retrouvera en tête-à-tête avec lui pour échanger chaleureusement. L'éducatrice veillera aussi à **respecter chaque étape du développement** de l'enfant. Elle le placera dans des **positions motrices qu'il maîtrise** et respectera **son rythme biologique** en le nourrissant quand il a faim, par exemple. Elle **parlera au bébé**, lui expliquera tout ce qui le concerne ou l'intéresse afin de l'aider à apprivoiser le monde qu'il explore. **Elle aidera le bébé à résoudre ses problèmes** sans les résoudre à sa place. Enfin, **elle établira de bons contacts avec les parents** de façon à ce que le bébé sente que cette « partie de lui-même » est accueillie à la pouponnière et qu'il bénéficie d'un suivi.

Pour mettre en application ce modèle, l'éducatrice devra développer un excellent sens de l'observation. Elle adoptera une attitude attentive mais discrète et fera en sorte que l'enfant joue librement dans un espace adapté et sécuritaire. Elle devra faire la distinction entre son rôle et celui de la mère. Sa principale qualité sera la patience; cette qualité qui consiste à savoir attendre les réponses des enfants qui sont parfois lentes à venir. Elle devra être chaleureuse, ses gestes seront doux et ouverts; elle saura enfin joindre à la parole les gestes et les mimiques qui l'aideront à se faire comprendre des enfants.

Les responsabilités de l'éducatrice en pouponnière sont aussi nombreuses que variées. Elle doit veiller au bien-être de l'enfant, établir de bons contacts avec les parents et effectuer les différentes tâches d'entretien ou autres qui lui sont confiées afin que le travail soit réparti équitablement au sein de l'équipe. Une bonne éducatrice a aussi la responsabilité de se perfectionner à chaque jour et de remettre en question ses méthodes quand elle rencontre des problèmes avec un enfant. Enfin, pour arriver à exercer ce métier longtemps et avec plaisir, il faut qu'elle s'occupe d'elle en aménageant un espace à sa mesure, en s'assurant de bons contacts avec des adultes et en veillant à se perfectionner continuellement.

Bibliographie

Betsalel-Presser, Raquel et Denise Garon. *La garderie, une expérience de vie pour l'enfant*, Québec, Éditeur officiel du Québec, 1984.

Bowdon, Susan, Jane Modats et Evelyn Munger. *The New Beyond Peek-a-boo and Pat-a-cake*, Picataway, New Century Publishers Inc., 1986.

Brazelton, T. Berry. *Votre enfant est unique au monde*, Paris, Albin Michel, 1971.

Brazelton, T. Berry. *Écoutez votre enfant*, Paris, Payot, 1985.

Brown, Carole W. et Eva Thorp. « Individualizing Training for Early Intervention Practitioners », *Zero to Three*, Arrington, septembre 1989.

Cataldo, Christine. *Infant and Toddler Programs : A Guide to Very Early Childhood Education*, Chicago, Addisson Wesley, 1983.

David, Myriam. *0 à 2 ans, vie affective, problèmes familiaux*, Toulouse, Éditions Édouard Privat, 1983.

David, Myriam et Geneviève Appell. *Loczy ou le maternage insolite*, Paris, Éditions C.E.M.E.A. Scarabée, 1973.

Dolto, Françoise. *La difficulté de vivre*, Paris, Carrère, Éditions Vertiges du Nord, 1986.

Dolto, Françoise. *La cause des enfants*, Paris, Éditions Laffont, 1975.

Elkind, D. « Acceleration », *Young Children*, Washington, mai 1988.

Epstein, Jean Zaü. *Le jeu enjeu*, Paris, Armand Colin-Bourrelier, 1985.

EPSTEIN, Jean. *L'explorateur nu*, Belgique, Éditions Hurtubise HMH, 1982.

FEENEY, S. et L. SYSTO. « Professional Ethics in Early Childhood Education : Survey Results », *Young Children*, Washington, novembre 1986, novembre 1987.

FEENEY, S. et K. KIPNIS. « Code of Ethical Conduct, Statement and Commitment », *Young Children*, Washington, novembre 1989, pp. 24-29.

FRAIBERG, Selma H. *Les années magiques*, Paris, Presses universitaires de France, 1967.

FRANJOU, Bernard et Nicole LAMIRAULT. « Un projet pour la petite enfance », *Cahiers de puéricultrice*, Paris, Éditions Médecine pratique, décembre 1987, n° 4.

FREIDUS, Élisabeth. « Les premières années », *Renseignements S.V.P.*, Montréal, A.E.P.Q., 1979.

GERBER, Magda. *Resources for infant and educarers*, Los Angeles, Resources for Infant Educarers Publishers, 1987.

GONZALEZ-MENA, J. et Dianne WIDMEYER-EYER. *Infancy and Caregiving*, Mountain View, Mayfield Publishing Company, 1980.

HIGNETT, William F. « Infant Toddler Day Care, Yes : But We'd Better Make it Good », *Young Children*, Washington, novembre 1988.

KATZ, Lillian. « Distinction entre maternage et éducation », *Revue des sciences de l'éducation*, Montréal, vol. IX, n° 2, 1983.

KIPNIS, Kenneth. « How to Discuss Professional Ethics », *Young Children*, Washington, mai 1987.

LAUZON, Francine. *L'éducation psychomotrice, source d'autonomie et de dynamisme*, Québec, Presses de l'Université du Québec, 1990.

LEBOYER, Frédérick. *Cette lumière d'où vient l'enfant*, Paris, Éditions du Seuil, 1978.

MAZIADE, Michel. *Guide pour parents inquiets*, Québec, Éditions La Liberté, 1988.

MONTAGNER, Hubert. *Les mécanismes de communication non verbale*, film 16 mm, Consulat de France.

NATIONAL ASSOCIATION FOR THE EDUCATION OF YOUNG CHILDREN (NAEYC). *Developmentally Appropriate Practice in Early Childhood Programs Serving Children from Birth Through Age 8*, Washington, Editor Sue Bredekamp, 1986.

OFFICE NATIONALE DE L'ENFANCE. « Dossier enfants actifs et autonomes », *L'enfant*, n° 3/4, Bruxelles, 1984.

PAP, Klara. « Planches de développement », *Se mouvoir en liberté*, Paris, PUF, 1979, annexe.

PEARCE, J.C. *L'enfant magique*, Montréal, Éditions France-Amérique, 1982.

PICKLER, Emmi. *Se mouvoir en liberté dès le premier âge*, Paris, Presses universitaires de France, 1979.

SABATIER, Colette. « Psychologie du 0-6 ans », *Formation en cours d'emploi*, Montréal, Regroupement des garderies 6C, 1979.

SALOMÉ, Jacques. *Papa, maman, écoutez-moi vraiment*, Paris, Albin Michel, 1989.

STANLEY, Greenspan N. *Le développement affectif de l'enfant*, Paris, Payot, 1986.

SUSKIND, Diane. « The Importance of Taring Time », *Educaring*, vol. VI, nº 4, automne 1985.

TARDOS, Anna. « Les activités dirigées », *L'enfant*, nº 4/84. Bruxelles, 1984.

THIRION, Marie. *Les compétences du nouveau-né*, Paris, Éditions Ramsay, 1980.

TOURETTE-TURGIS, C. et M.J. GEORGIN. *Psychopédagogie de l'enfant*, vol. 8, Paris, Masson éditeur, 1986.

VAN DER ZANDE, Irène. *1, 2, 3... The Toddler Years : A Practical Guide for Parents and Caregivers*, Santa Cruz, California, Toddler Center Press, 1986.

WIEDER, Serena. « Mediating Successful Parenting : Guidelines for Practitioners », *Zero to Three*, Bulletin of national center for clinical infant programs, vol. X, septembre 1989.

WHITE, Burton L. *Les trois premières années de la vie*, Paris, Éditions Buchet, Chastel, 1978.

Annexe 1

Rapport d'observation à la crèche de Boulogne

Le texte qui suit est le compte rendu de faits observés dans une garderie française, la crèche de Boulogne, où l'approche mise de l'avant par Emmi Pickler est adoptée et adaptée par les éducatrices. Le groupe observé est composé de dix enfants. Il y a d'abord deux éducatrices avec eux, puis une troisième vient relayer l'une d'entre elles arrivée très tôt le matin. Le texte fait part d'observations objectives et d'impressions de l'auteure. Il permet d'étayer les dix principes présentés en début de chapitre.

OBSERVATION

Il est deux heures, je vais entrer dans le local du groupe des bébés âgés de 11 à 13 mois. On me dit de me faire toute petite. J'entre. On me présente brièvement aux deux éducatrices en place qui avaient été averties de ma venue, puis l'une d'elles dit aux bébés : « Voilà, c'est Céline, elle vient nous voir. » Trois bébés s'arrêtent, se retournent, trois autres bébés ne font pas attention à moi, deux s'éloignent de moi, deux autres bébés dorment sur la terrasse. On me demande de m'asseoir dans un coin, loin des enfants. Tout de suite, je suis frappée par le silence et par l'aménagement de l'espace. Tous sont pieds nus. Les enfants jouent seuls, sauf deux d'entre eux qui sont dans les bras des éducatrices qui leur enfilent un survêtement pour leur permettre de faire une sieste sur la terrasse extérieure. Il fait 10 °C et tous les lits sont chaudement couverts.

Dans le local, on peut voir des couvercles de pots de bébés, des paniers à linge colorés, des objets en caoutchouc, des poufs aux couleurs tendres, des coussins, un matelas sous lequel on a mis un traversin pour créer une pente, une petite estrade de trois pouces de haut, quelques barres parallèles placées à 30 cm du sol, un cube de bois à traverser. À première vue, tout cela me semble disparate, puis je découvre l'utilité de chacun des objets : les enfants qui marchent sont au petit bloc pour grimper, ceux qui s'agrippent sont aux barres parallèles, d'autres rampent et roulent sur le matelas, d'autres encore explorent paniers et couvercles. Tout est calme.

Une éducatrice sort en disant : « Je vais endormir Nicolas. » Six bébés restent en ma présence pendant que l'autre éducatrice est occupée à changer la couche d'un bébé. Aucun pleur. Je ne parle pas. Je souris si un bébé me regarde. Deux bébés s'approchent et passent dans le cube tunnel placé devant moi, l'un d'eux ose un jeu de coucou, je suis tentée de jouer avec lui mais je me retiens : je ne fais que passer dans sa vie. Cette enfant nommée Aurélie joue seule pendant toute l'heure et demie de l'observation sans qu'aucun adulte n'intervienne; elle est concentrée, souple, bien dans sa peau. Elle explore tous les toutous, les palpe, les secoue, s'enfouit dans les coussins, s'y couche, les lance, sort des tissus, les frotte sur son visage, passe sous les arcs de tunnels, etc. Quel temps lui aurais-je fait perdre en lui imposant mes jeux d'adulte! À un moment, elle suit une éducatrice dans la salle à langer. Quand celle-ci a terminé de changer l'autre bébé, elle l'appelle mais la petite est absorbée par un jeu d'enfilade et ne vient pas : « Aurélie, je ne peux te laisser là, je dois aller coucher Cédric. » L'éducatrice parle à l'enfant, lui dit quoi faire *mais ne le fera pas pour elle*, elle ne prendra pas Aurélie pour l'amener de force. Comme Aurélie ne la suit pas, elle fera jouer de la musique dans l'autre salle et alors la petite suivra naturellement.

Après avoir endormi Cédric, l'éducatrice ouvre la porte-fenêtre, entre et ne dit rien pour ne pas déranger les bébés qui sont absorbés dans leurs jeux. Elle en profite alors pour placer le matériel : les animaux de plastique se retrouvent en haut de la pente, les plats et verres de plastique sur une petite estrade, les coussins prêts à recevoir un bébé fatigué. Elle range un doudou en disant : « Nicolas, je range ton doudou ici. » Celui-ci lui sourit, rampe et se l'approprie. L'autre éducatrice veut ensuite rentrer aussi et un enfant est devant la porte, les doigts sur le montant. L'éducatrice qui est à l'intérieur vient alors rejoindre le bébé. Au lieu de lui enlever les doigts de cet endroit, ce qui irait plus vite, elle vérifie s'ils sont en danger et lui dit : « Ça glisse. » L'éducatrice qui est à l'extérieur fait alors délicatement coulisser la porte. L'enfant veut à son tour faire glisser la porte, se fâche et pleure. L'éducatrice essaie de comprendre. « Tu veux encore l'ouvrir et c'est trop dur? » lui demande-t-elle. L'enfant arrête de pleurer et abandonne ses essais.

Les deux éducatrices s'assoient ensuite sur des coussins, une pour écrire le journal de bord d'un bébé, l'autre pour lire un article d'éducation. Quatre bébés approchent d'elles, touchent, une petite fille sautille et attire ainsi l'attention de l'une d'elles en se tenant debout toute seule; celle-ci arrête alors de lire, la regarde, ne lui touche pas et dit :

« Nederland, tu as réussi à te tenir debout seule. » La petite touche à la revue : « Tu veux? C'est une revue qu'une autre éducatrice m'a prêtée, je ne peux te la prêter », lui dit l'éducatrice. La petite crie un peu, puis touche les cheveux de l'éducatrice et ses cheveux crépus, elle refera vingt fois ce geste et l'éducatrice dira : « Oui, c'est doux. » Puis, un enfant est fatigué et montre son lit. Avant de le prendre, l'éducatrice lui dit : « Mais tu bâilles. Viens, on va se coucher. Avant, il faut te changer. Je vais t'amener à la table à langer. » De loin, j'observe la scène : l'éducatrice et l'enfant forment une équipe. Ils ne sont pas dérangés, se parlent et rient. L'éducatrice explique ce qu'elle fait. Quand elle sort sur la terrasse avec l'enfant, elle avertit les autres enfants. L'enfant, qui marche, sort seul, à son rythme, en souriant. Elle le laisse grimper seul la marche d'accès à la terrasse.

Il reste maintenant trois bébés éveillés. Ils restent seuls dans le local pendant 15 minutes : aucun pleur, aucune agression. De la terrasse, les deux éducatrices veillent sur eux. Aurélie me regarde et retourne vers les deux autres. Des jeux s'enclenchent, Nederland flatte la tête de Benoît et des échanges ritualisés s'amorcent entre eux, ce dernier cédant son jouet et le reprenant lorsque l'autre en a terminé ou changeant de jeu. L'éducatrice n'intervient pas. Les trois bébés viennent ensuite à tour de rôle me saluer. Je leur dis mon nom. Je me mouche. Une petite fille m'observe de loin, s'essuie le nez.

Ensuite, Benoît explore le petit bloc moteur; il rampe bien, puis se retrouve dans le petit escalier, accroché à la rampe, un pied sur chaque marche. Il ne peut plus monter et a peur de descendre; seul son gros orteil le retient et il pleure. Mon cœur de mère ne fait qu'un tour et je veux l'aider en l'enlevant de là, mais je me retiens, je lui dis : « Tu es capable, la marche n'est pas haute, tu peux reculer ton pied. » Il le fait. Épuisé, il se couche sur le sol, le pouce dans la bouche et commence à pleurer, se calme, me voit, recommence à pleurer. Une éducatrice, qui n'est pas son éducatrice responsable, entre, consulte sa feuille de rythme sans lui parler tout de suite. Elle essaie de comprendre. Après, elle l'assoit sur un pouf tout rond avec une boîte contenant des tissus et des papiers, il se détend et arrête de pleurer.

Deux bébés se réveillent, Catherine et Vincent. Vincent s'assoit à côté de moi, puis monte sur un cube, tourne, me sourit et part jouer avec les autres. Je reste avec cinq bébés. Une troisième éducatrice entre, tous la regardent, elle repart chercher les biberons avec un des enfants. Au retour, il pleure et veut s'en retourner. Elle lui explique longtemps pourquoi il ne peut retourner. Il pleure de plus en plus, elle lui explique qu'elle ne peut le prendre pour l'instant. Elle lui donne du matériel à manipuler et alors il arrête de pleurer.

Une mère, qui travaille à la crèche, entre voir sa fille en l'avertissant qu'elle ne vient pas la chercher. Elle lui montre qu'elle porte sa blouse de travail. Marine, la petite fille, montre à sa mère de sa petite main tous les éléments de déco-ration du local. Puis, la mère doit partir : « Je dois partir Marine, on se revoit tout à l'heure », lui dit-elle. Elle la dépose par terre. Marine rampe à une allure folle et rattrape sa mère à la porte. Son éducatrice arrive en même temps. Elle la prend et dit à la mère : « Je vais la prendre car si tu le fais, elle va penser que tu peux revenir. » Marine résiste un peu, puis fait « au revoir » à sa mère et retourne jouer dans les pots.

Au loin, trois enfants sont dans une boîte d'échantillons de tissus. Sabrina qui a pleuré beaucoup après un réveil précipité se fait écraser la tête par un autre bébé, elle pleure un peu puis prend son pouce et se calme. Finalement, elle rejoint son éducatrice et celle-ci se cale avec elle dans les coussins en lui expliquant qu'elle n'a pas assez dormi et que « c'est pour cela que tu n'es pas de bonne humeur ». Pendant toute l'heure de l'observation, les éducatrices sont allées constamment consulter les feuilles de rythme de chaque bébé et elles en ont discuté. Elles ne se sont parlées que pour se concerter à propos des gestes à poser avec les bébés. Je quitte le groupe en les saluant. Je suis passée inaperçue, mais je suis sûre d'avoir vu des enfants bien dans leur peau, respectés dans leurs forces et accompagnés dans leurs moments de concentration.

Annexe 2

Rapport d'observation dans une garderie californienne[1]

Le texte qui suit est le résultat de l'observation d'un bébé en pouponnière et de son éducatrice. Le bébé est en période d'adaptation, c'est pourquoi sa mère reste à la pouponnière tout en s'éloignant de lui de temps à autre. L'âge du bébé n'est pas mentionné pour éviter de fausses interprétations. La lectrice pourra constater que l'éducatrice adopte les principes présentés, que son approche est attentive et respectueuse. Le « tu » est utilisé pour permettre à la lectrice de se mettre dans la peau du bébé plus facilement.

OBSERVATION

Tu te déplaces dans un long couloir dans les bras de ta mère. Tu arrives à une porte ouverte, tu la traverses à la hauteur des épaules de ta mère, puis tu te trouves dans une pièce familière. Une voix calme dit ton nom et tu regardes d'où vient la voix. Presque en même temps, une femme aux cheveux blancs, au regard serein te regarde dans les yeux et t'accueille en souriant. Tu souris en retour, car tu la reconnais.

Tu te sens placé sur une surface haute mais moelleuse. Le visage de ta mère apparaît et dit quelque chose comme : « Je vais enlever tes souliers maintenant. » Tu regardes un peu partout, mais ta mère attire ton attention sur tes pieds et tu constates que tes souliers sont détachés. Tu bouges un peu et un premier soulier s'enlève. Tu ris de cet exploit. Tu entends quelque chose comme : « et l'autre? » et tu te tournes pour voir l'autre pied. Tu fais un mouvement et hop! c'est facile d'enlever le deuxième soulier! Tu saisis maintenant tes souliers pendant que ta mère touche à tes bas. Tu bouges les pieds et te retrouves pieds nus en quelques instants. Tu sens l'air sur ta peau. Tu réalises que tu as aidé à enlever une quantité de choses qui t'empêchaient d'être à l'aise. Tu te sens plus libre de tes mouvements. Quel bien-être! Voilà que tu as hâte de descendre de cet endroit et de bouger. Tu regardes autour de toi. Tu sens qu'on te descend vers le plancher.

Maintenant, tu es sur un plancher doux et frais, assis, regardant les chevilles de ta mère. Avant d'y penser, tu te mets à quatre pattes et tu pars. Tu remarques un changement sous tes genoux. La surface douce et dure est devenue moelleuse et spongieuse. Tu arrêtes un moment et agrippes les poils d'un épais tapis. Tu décides de traverser les motifs en passant sur un foulard coloré. Tu es attiré par une étagère pleine de jouets en face de toi.

Oups! Qu'est-ce que c'est? Un visage arrive devant toi, un tout petit visage et une paire de mains. Tu t'arrêtes pour examiner. Tu regardes calmement. Tu sens aussi la présence d'un adulte. Tu décides d'ignorer la grande personne; tu veux toucher le petit visage. Tu touches la peau douce et les yeux qui te regardent. Tu te sens bien. Tu tapotes les cheveux si doux et, tout à coup, tu

---

1. Tiré de J. Gonzalez-Mena et Dianne Widmeyer-Eyer. *Infancy and Caregiving*, Mountain View, Mayfield Publishing Company, 1980, pp. 58-63.

ressens le désir urgent de savoir ce qu'ils goûtent. Tu t'approches et goûtes aux cheveux. Tu sens que l'adulte près de toi rit. Tu regardes en haut, mais le gros visage n'est plus si haut, il est maintenant aussi facile à atteindre que le petit visage. Tu continues à explorer le petit visage, mais avec plus d'énergie et alors tu sens une grande main prendre la tienne en disant : « Doucement, doucement. » Tu reviens à tes tendres et douces explorations. Soudain, une petite main apparaît et s'agrippe à tes cheveux. Tu recules, effrayé. Ce mouvement de recul t'a fait te retourner. Dans ta nouvelle position, tu peux voir une balle colorée. Tu avances vers elle, tu l'atteins, y touches et elle roule plus loin. Cela t'excite et tu rampes derrière elle. Tu essaies de l'attraper à nouveau, mais à chaque fois, la balle s'éloigne.

Tout à coup, tu t'arrêtes, tu es loin du tapis maintenant et l'étagère de jouets a disparu. Tu vois que la balle a roulé sous un petit lit où se trouve une poupée. Tu essaies de la prendre, l'attrapes par un pied et la fait tomber. Puis, tu saisis les couvertures une à une et compares leurs textures. Tu jettes un coup d'œil sur le visage de la poupée. Tu regardes à nouveau la petite personne sur le tapis. La vision d'un autre visage traverse ta mémoire, un visage différent. Tu compares les deux dans ta tête. Soudain, tu te rappelles ta mère. Une tension s'empare de toi. Où est-elle? Tu t'assois et regardes tout autour. Tu aperçois, non loin de toi, une paire de souliers, des jambes familières. Tu regardes le visage. Une voix dit : « Oui, je suis toujours ici. » Tu rampes alors vers ta mère, tu touches sa jupe. Tu repars.

Tu réalises maintenant qu'il y a d'autres voix dans la pièce. Elles parlent doucement et peu. Comme tu t'apprêtes à partir vers de nouvelles aventures, tu

entends des sons bruyants, ils proviennent d'un coin de la salle. Tu y portes attention, mais cela n'éveille rien en toi. Tu vois une porte ouverte, tu la traverses et tu aperçois un visage familier : c'est toi! Tu t'arrêtes un moment pour refaire connaissance avec toi! Puis, la porte t'attire à nouveau. Tu sens un changement de texture sous tes mains et tes genoux. Tu te trouves devant le choix de passer par une rampe ou de descendre quelques marches. Tu choisis la rampe. Tu te sens poussé vers l'avant quand tu rampes ainsi en descendant. Arrivé en bas, tu sens de l'herbe tiède sous tes mains. Ça chatouille un peu. Tu te retrouves ensuite dans le sable. Tu aimes y laisser courir tes doigts.

Quelqu'un d'autre est dans le carré de sable, tu te cognes sur une cuisse d'adulte. Tu te souviens alors de ta mère. Tu remontes la rampe, passes la porte et tu la trouves tout près. À côté d'elle, il y a l'étagère de jouets, tu t'y intéresses et tu entends ta mère dire : « Je vais dans l'autre pièce maintenant ». Tu t'assois, pensif. Tu regardes les pieds de ta mère s'éloigner doucement. Tu es en détresse, mais tu demeures sidéré. Tu voudrais faire quelque chose pour l'arrêter, mais tu n'y arrives pas. Ses pieds ont maintenant disparu de l'autre côté de la porte, tu ne les vois plus.

Tu sens une tension t'envahir et un martèlement dans tes oreilles. Tu entends un bruit sourd et tu sens quelque chose monter dans ta gorge. Tu te sens seul au monde. Tu as juste assez de temps pour sentir tout cela quand une main te touche et dit : « Ta mère est juste dans l'autre pièce. » Tu arrêtes pour penser à ce que cela veut dire. Mais, ta mère ne vient pas et tu ressens l'horrible sensation t'envahir à nouveau. Tu pleures. La douce voix te dit alors : « Tu peux aller voir ta mère si tu veux. »

Tu ne comprends pas vraiment ce que cela veut dire, mais le ton de la voix capte ton attention.

Tu t'arrêtes de pleurer, mais même si cette voix est chaude et qu'une main te caresse, tu recommences à pleurer parce que tu n'es pas avec ta mère. Puis, tu vois cette personne aux cheveux blancs ramper devant toi, en t'invitant à la suivre. Tu commences à ramper et tu sens alors que tu peux atteindre ta mère, la rejoindre. Tu reprends de l'énergie. Tu arrives dans l'autre pièce. Là, sont les merveilleux pieds. Elle n'est pas partie. Tu rampes sur les pieds, t'accroches aux chevilles. Ta mère se penche et dit : « Oui, je suis là, tu étais triste parce que tu ne pouvais me trouver! » « Oui, maman lui dis-tu dans ta tête, c'est cela tu me comprends. » Tu t'assois sur le plancher et te balances en sa présence. Peu après, tu ressens cependant le besoin de retourner jouer à nouveau. Tu t'éloignes de ta mère. Tu la regardes de temps en temps, mais elle ne bouge pas. Puis tu ne la vois plus. Tu sais pourtant qu'elle est là et tu te sens bien.

Tu vois maintenant un ballon de plage à demi-soufflé, il est gros, doux et mou. Tu l'agrippes et, en même temps, tu rencontres la main de quelqu'un d'autre. Tu es surpris et déçu, car l'autre main s'en va avec le ballon. Tu rattrapes le ballon, mais un coup sec te l'enlève encore. Tu t'assois en pleurs. Tu sens que tu vas pleurer longtemps, longtemps. Une main te touche alors et dit : « Tu n'aimes pas que Kevin prenne la balle. » Que quelqu'un ait compris et partagé ton sentiment change ta décision : tu pleures quelques grands coups, regardes le visage et laisses disparaître l'émotion.

Tu te déplaces maintenant vers une table basse. Tu vois le dessous de la table en premier. À un endroit, la peinture s'est écaillée et la texture est intéressante. Tu frottes tes doigts sur le bois. Tu te demandes ensuite ce qu'il y a sur la table. Tu t'étires le long de la table et aperçois un casse-tête. Un autre enfant, Kevin, enlève deux des pièces. Tu pousses le casse-tête et il tombe par terre avec un bruit délicieux. Kevin regarde le casse-tête, puis te regarde. Tu prends une pièce qu'il a dans ses mains. Il est surpris. Tu prends une autre pièce sur le sol et tu commences à les frapper ensemble. Tu sens que Kevin veut son morceau, mais tu ne lui donnes pas. Il te le laisse. Tu pousses pourtant le casse-tête et tu le suis. Ensuite, tu te couches sur le dos et contemples le dessous de la table. Une grande paix t'envahit et tu restes là longtemps.

Maintenant, tu rampes à nouveau, tu espionnes Kevin qui grimpe sur une plate-forme. Tu trouves cela intéressant, tu vas vers lui. Quand tu arrives près de la plate-forme, il n'y a plus personne. Tu veux monter, mais tu ne sais comment. Tu fais des essais pour y ramper, mais c'est trop haut. Tu vas abandonner quand une voix dit : « Peut-être qu'un coussin t'aiderait. » Un coussin ferme apparaît devant toi. Tu t'assois et penses. Puis, tu grimpes sur le coussin et de là, montes sur la plate-forme. Hourra! Une belle sensation de plaisir t'envahit.

Tu redescends et tu essaies encore. Tu réussis et ressens la même impression délicieuse. Tu refais l'exercice plusieurs fois et le plaisir commence à diminuer. Tu te demandes si tu vas arrêter quand tu entends un bébé pleurnicher et quelqu'un dire le mot « jus ». Ce mot te rappelle une sensation agréable. Tu regardes et te souviens tout à coup d'un endroit où se trouve ta tasse. Tu vois que la femme aux cheveux blancs aide à Kevin à se verser du jus. Tu es tout excité et tu pars vers la table en oubliant que tu étais sur la plate-forme. Tu ne fais pas attention au coussin et tu te retrouves projeté sur le sol. Tu es surpris et outragé. Tu cries et pleures. Tes yeux sont fermés, tu ne vois pas l'adulte s'approcher. Tu sens tout à coup une présence calme et ouvre les yeux. Une voix te dit : « Tu es tombé. » Tu restes étendu, concentré sur ta douleur. L'adulte attend. Tu attends. Puis, l'adulte dit : « As-tu besoin d'aide? » Tu fais un bref constat des blessures : bouges un bras, brasses ta jambe, et tu découvres que toutes les parties de ton corps fonctionnent. Tu te remets alors à quatre pattes et refuses l'aide. Une image de ta mère traverse pourtant ton esprit : tu as besoin d'elle. Puis, la table et le jus reviennent à ta mémoire et tu continues d'avancer, un peu embarrassé par une nouvelle sensation à la jambe et une pulsation dans ta joue. En arrivant à la table, tu te sens le bienvenu. Tu t'assois sur une petite chaise et attends...

CHAPITRE 3

Les besoins physiologiques

Jocelyne Martin

Les bébés dépendent entièrement de l'adulte pour satisfaire leurs besoins physiologiques fondamentaux qui sont de manger, de boire, de dormir et de recevoir certains soins d'hygiène corporelle. Le rôle de l'adulte est donc de la plus haute importance. Il devient à la fois essentiel à la survie de l'enfant et il est déterminant quant au développement de son bien-être intérieur.

Dans ce chapitre, nous verrons comment répondre de façon appropriée à ces besoins. Nous proposerons des pistes de réflexion inspirées de la philosophie d'intervention décrite au chapitre précédent, qui a comme fondement le respect du rythme de chaque enfant et le désir d'encourager son développement global. Ces pistes, nous l'espérons, permettront à l'éducatrice de découvrir des moyens d'action adaptés à sa personnalité et aux possibilités que lui offre son milieu de travail.

Nous traiterons des besoins alimentaires des enfants, de leurs besoins de sommeil et d'hygiène corporelle. Nous verrons tout au long du chapitre qu'une bonne organisation est essentielle à la réalisation harmonieuse des différentes activités liées à ces besoins.

3.1. L'alimentation

Les services de garde ont un rôle important à jouer en ce qui concerne l'alimentation parce que les boires, repas et collations pris à la pouponnière constituent une bonne part de l'apport alimentaire quotidien nécessaire au développement de l'enfant. Il est primordial d'offrir une nourriture saine, qui satisfasse les besoins des enfants, car une bonne alimentation favorise la croissance et améliore la résistance aux infections. Elle joue aussi un rôle important dans le développement du cerveau, et elle est donc directement reliée à ses capacités d'apprendre. Le comportement de l'enfant sera également très influencé par son alimentation : un enfant qui mange trop de sucre sera nerveux, un enfant qui a faim aura de la difficulté à se concentrer.

Les sensations occasionnées par la faim rendent le bébé inquiet : les plus petits manifesteront leur besoin de manger par des pleurs, les plus grands deviendront plus pleurnichards, plus nerveux. Le rôle de l'éducatrice sera de reconnaître chez les enfants les signes de la faim pour leur offrir la nourriture appropriée aux moments opportuns. Elle devra aussi faire en sorte que les repas deviennent des moments privilégiés où les contacts sont chaleureux et l'apprentissage est favorisé. Nous verrons que ces objectifs peuvent être atteints en adoptant certaines attitudes, en s'organisant bien et en faisant les bons choix d'accessoires et de mobilier.

3.1.1. Les boires

Le lait joue un rôle de premier plan dans le développement de l'enfant, et dans la formation de ses os et de ses dents. Il constitue la base de l'alimentation du jeune bébé. Les boires doivent donc procurer les éléments nutritifs essentiels, mais il faut également veiller à ce qu'ils soient ressentis par l'enfant comme une expérience chaleureuse et enrichissante. Pour qu'il en soit ainsi, l'éducatrice sera d'abord attentive aux besoins de chacun et les comblera en ayant toujours à l'esprit que les quantités de lait nécessaires pour assouvir la faim d'un enfant varient beaucoup d'un enfant à l'autre et ce, dès la naissance. Une bonne organisation et un matériel adapté contribueront également à faire du boire un moment privilégié.

Le matériel, les mesures d'hygiène et les préparatifs

L'aménagement de la pouponnière et le matériel devront être pensés en vue de faciliter la tâche de l'éducatrice au moment du boire. Celle-ci devrait avoir à sa disposition un réfrigérateur facile d'accès, un lavabo qui ne serait pas utilisé pour les changements de couche et un fauteuil confortable avec coussin, placé dans un coin tranquille. Il faudra aussi veiller à avoir à portée de la main tous les accessoires nécessaires pendant le boire, soit une serviette pour couvrir l'épaule, une débarbouillette, des biberons, un thermos d'eau chaude pour maintenir la température du biberon, etc.

La manipulation des biberons, tout comme celle de la nourriture, requiert évidemment des précautions sanitaires. L'éducatrice s'assurera d'abord d'avoir les mains propres avant de préparer le biberon et quand elle donne le boire. La garderie fournit habituellement les biberons. Elle sortira les biberons du réfrigérateur à la dernière minute. Si ce sont les parents qui les apportent, elle pourra leur conseiller de les maintenir à une température assez basse, soit 4 °C, afin d'éviter la prolifération des bactéries dans le lait; à cette fin, on peut utiliser un sac de transport thermos. Il est aussi recommandé de mettre le couvercle sur les biberons, même au réfrigérateur, afin d'éviter que les tétines n'entrent en contact les unes avec les autres et que se propagent les microbes. Les biberons, tétines et sucettes devraient de plus être lavés à fond après chaque usage, et une brosse pour déloger les dépôts de lait est essentielle à cet effet. Il est aussi très important d'inscrire les noms des enfants sur ces objets et de les remiser dans des sacs en plastique dans les cases des enfants lorsqu'ils ne sont pas utilisés.

Il est préférable de préparer le boire avant d'aller chercher l'enfant qui a faim, car ainsi les préparatifs, qui consistent à réunir les accessoires utiles (serviette, débarbouillette, etc.) et à réchauffer le lait, pourront être effectués plus rapidement. Pour réchauffer le lait, on maintiendra le biberon sous le robinet d'eau chaude, on utilisera un chauffe-biberon ou un four à micro-ondes. Même si ce dernier moyen s'avère pratique en pouponnière, certaines règles de sécurité élémentaires doivent être respectées.

Consignes pour réchauffer le lait au four à micro-ondes

Il faut d'abord vérifier les instructions du fabricant de biberon, car certains sacs de plastique jetables ne sont pas conçus pour résister aux micro-ondes. Si le biberon peut aller au four à micro-ondes, on aura soin de retirer son couvercle et sa tétine avant de le placer dans le four. Le temps requis pour réchauffer le lait variera selon les facteurs suivants : la puissance du four, la quantité de liquide et le matériau du contenant. Il suffira d'un peu d'expérience pour le déterminer. En sortant la bouteille, il faudra bien mélanger le lait avant d'en vérifier la température, car même s'il semble tiède, il peut être assez chaud au centre pour brûler la bouche et la gorge du nourrisson.

Quelle que soit la méthode utilisée pour réchauffer le lait, il faut toujours vérifier son degré de chaleur avant de l'offrir au bébé : on laisse couler quelques gouttes de lait sur le revers du poignet et si on ne le sent pas lorsqu'il entre en contact avec la peau, c'est qu'il est à la bonne température (soit celle du corps).

Quand on donne le boire

Quand tout est prêt, l'adulte s'assoit confortablement, tient le bébé bien collé contre lui de façon à ce qu'il se sente bien au chaud et en sécurité. Il faut veiller à soutenir la tête du bébé de manière à ce qu'elle soit placée nettement plus haut que son estomac et faire en sorte que sa position lui permette de nous regarder dans les yeux. Un enfant bien installé dans les bras se sent bien et ce contact le libère de la douleur occasionnée par la faim et crée une belle intimité. Il est très bon de donner le boire en tenant le bébé dans ses bras, lorsque c'est possible, aussi longtemps que l'enfant le désire. Très vite, cependant, le nourrisson se montre intéressé à bòire seul son biberon. S'il démontre cet intérêt, c'est qu'il est prêt à le faire. Il s'agit d'une quête d'autonomie qu'il est important de respecter, tout comme, occasionnellement, le même bébé pourra ressentir le besoin de prendre son boire dans les bras de l'adulte comme il le faisait avant.

Avant d'offrir le lait à l'enfant, on penche bien le biberon de façon à ce que la tétine soit remplie de lait. Ce détail est important. De plus, l'inclinaison de la bouteille doit permettre au lait de s'écouler naturellement, mais pas nécessairement en jet continu. Il est préférable que l'enfant contrôle le débit du lait en faisant travailler ses gencives et en suçant la tétine, car ainsi le bébé évite d'aspirer trop d'air.

Les trous de la tétine devraient être suffisamment gros pour laisser passer le lait normalement, mais pas trop vite. Pendant le boire, il faut s'assurer que le bout de la tétine est bien enfoncé dans la bouche tout comme il faut tenir le biberon bien fermement pour que le bébé ait une bonne prise sur la tétine. Si on ne le fait pas, la succion de l'enfant s'opposera au mouvement de l'adulte et ses efforts feront remuer le biberon plutôt que d'en faire sortir le lait.

Quand il a faim, le bébé commence à boire par une suite de gorgées. Lorsque son premier appétit est satisfait, il alterne les moments de succion et les pauses. C'est pendant ces interruptions que la personne qui le nourrit peut approfondir sa relation avec lui en lui parlant doucement, en le caressant, en jouant avec le biberon, etc.

Le moment du boire est aussi un moment d'apprentissage qui doit être respecté et encouragé. En effet, les premières perceptions de l'enfant s'organisent autour du boire, source de multiples sensations cutanées et tactiles, il apprend à distinguer les choses par leur propriété, leur texture, leur comestibilité, etc. De plus, pendant que l'enfant boit, il bouge peu et par conséquent, sa concentration est plus grande. On remarquera qu'il observe beaucoup, et s'éveille ainsi à son environnement.

L'allaitement doit être valorisé en raison de la valeur nutritive du lait maternel. Certains enfants ont la chance d'être confiés à des services de garde en milieu de travail où leur mère peut continuer à les allaiter durant la journée. Dans ces situations, tout doit être mis en œuvre pour assurer la coopération; par exemple, un coin pourra être aménagé pour permettre l'intimité mère-enfant. L'éducatrice et la mère s'entendront sur l'horaire qui respectera le mieux le rythme du bébé. La mère devra être facile à rejoindre au moment où le bébé manifestera des signes de faim. Une bouteille de lait maternel pourra être gardée en réserve et offerte à l'enfant qui ne peut attendre sa mère ou dont la mère est « en retard ». On pourra aussi lui offrir de l'eau pour le faire patienter.

Les rots, régurgitations et coliques

Pendant le boire, le nourrisson doit être maintenu dans une position presque verticale. Cela permet au lait de descendre dans l'estomac et à l'air absorbé de remonter. L'air peut ensuite être évacué par le bébé sous forme de renvoi ou d'éructations pour diminuer la pression.

Chaque nourrisson s'alimente de façon différente en avalant des quantités d'air plus ou moins grandes. C'est pourquoi le nombre d'éructations nécessaires pendant ou après le boire peut varier d'une fois à l'autre et d'un enfant à l'autre. L'éducatrice attentive constatera que l'enfant arrêtera lui-même de boire quand il sentira le besoin d'éructer. Pour l'aider à le faire, il est alors conseillé de le placer debout contre son épaule. Cette position favorise la remontée de l'air. L'éducatrice aura alors avantage à se couvrir l'épaule d'une serviette pour protéger ses vêtements. La position couchée est par contre à déconseiller, car l'éructation entraînera à coup sûr une remontée de lait. Il en est de même de la position assise, car l'estomac du bébé est alors comprimé, ce qui empêche l'air de remonter et de s'échapper.

Certains nourrissons, surtout ceux qui sont allaités, ont tendance à régurgiter après avoir bu. Souvent, les adultes s'inquiètent car ils craignent que ces bébés ne boivent pas assez et donc ne profitent pas de ce qu'ils ont bu. Rappelons que les régurgitations sont des réactions normales dues à l'immaturité de l'appareil digestif qui n'a pas encore développé toutes ses capacités d'ingurgiter la nourriture.

Pour prévenir la régurgitation, on peut installer les bébés sur le ventre après le boire et non assis, la position assise pouvant occasionner un reflux d'aliments. Si un enfant renvoie avec beaucoup d'efforts une grande quantité de lait à la fin du boire, il faut s'en inquiéter, car il peut souffrir d'un problème d'estomac et sa croissance risquerait alors d'être affectée. Il est essentiel dans ces conditions que ses parents consultent immédiatement un médecin, car une opération mineure peut s'imposer.

D'autres nourrissons souffrent de coliques après les repas. Le plus souvent, ces contractions spasmodiques se manifestent à la fin de la journée et pendant les trois premiers mois de vie, avant donc qu'ils commencent à se faire garder en pouponnière. Toutefois, si une éducatrice s'occupe d'un enfant souffrant de coliques, son seul recours sera de le bercer pendant une crise afin de réduire son inconfort.

Quand l'enfant veut boire au verre

Le bébé délaissera progressivemnt le biberon et manifestera de l'intérêt pour le verre. Ce nouvel apprentissage coïncide souvent avec le moment où il apprend à se servir d'une cuillère, période où il est également capable de rester assis dans une chaise pendant de longs moments.

Apprendre à boire dans un verre est un processus qui doit s'effectuer en douceur. Il s'agit d'un apprentissage qui nécessite l'acquisition de plusieurs gestes et mouvements coordonnés. Tout doit donc être mis en branle pour faciliter cette acquisition difficile : matériel adapté et encouragements. La transition peut être facilitée si l'enfant a l'occasion de jouer avec des contenants de toutes sortes dans le carré de sable ou dans son bain. Cela lui permettra de se familiariser avec ce type d'objets, de maîtriser les gestes à faire pour tenir le verre, boire, déposer le verre, etc.

Afin de prévenir les risques d'étouffement, il est important d'offrir le verre à l'enfant seulement lorsqu'il est bien assis. Au début, on offrira au bébé un verre ou une tasse muni d'un couvercle avec bec. Le bec permettra de faire le compromis entre l'action de sucer et celle de boire normalement, et l'enfant pourra faire ses expériences sans trop faire de dégâts. Le verre doit être étroit de façon à ce que les petites mains n'aient pas de difficulté à le tenir. De plus, si ce verre est transparent, l'enfant trouvera plus facilement l'inclinaison nécessaire pour boire sans risquer de s'étouffer. La transparence lui permet en outre de reconnaître plus aisément le contenu du verre : jus, lait, eau, etc. et de voir s'il reste quelque chose à boire ou non. Un verre en plastique ou autre matière incassable sera aussi un choix judicieux, car il s'agit d'un objet qui risque souvent d'être projeté par terre. Verre ou tasse devront toujours être bien lavés après chaque usage. Il faudra porter une attention particulière au bec de ces contenants pour y déloger les gouttes de lait ou de jus qui peuvent favoriser la prolifération de bactéries.

Très jeune, le bébé comprend très bien ce que l'on veut dire quand on lui demande s'il veut boire et répond le plus souvent par un signe de tête. Il est bon de lui demander s'il désire boire avant de lui donner à boire afin de lui faire comprendre la relation entre verser un liquide, porter un verre à sa bouche et étancher sa soif.

Lorsque l'enfant aura acquis un bon contrôle et qu'il démontrera une certaine facilité à manipuler le verre, on pourra retirer le couvercle et la dernière étape de son apprentissage sera amorcée. Afin de limiter les dégâts, on versera alors de toutes petites quantités, qu'il boira d'un trait. On augmentera cette quantité quand il sera habitué à boire sans bec. Au tout début, l'éducatrice pourra retenir discrètement le verre par en dessous avec son index pendant que l'enfant boit afin d'éviter qu'il s'étouffe ou s'éclabousse. L'enfant montrera rapidement une grande habileté à manipuler seul son verre.

3.1.2. Les repas

Les aliments solides doivent être introduits progressivement comme complément lorsque le lait n'apporte plus tous les éléments nutritifs nécessaires à l'enfant. Le passage à ce nouveau régime alimentaire doit avoir pour but de favoriser la croissance normale de l'enfant : il faut éviter les excès de nourriture tout comme les carences.

Les repas, comme les boires, doivent être des moments de détente où l'enfant découvre le plaisir de manger et où il est encouragé à développer de nouvelles habiletés (figure 3.1). Nous verrons que plusieurs facteurs sont à considérer pour faire de ces moments une réussite. D'abord, le rythme de l'enfant doit être respecté, ensuite, une bonne organisation et un matériel adéquat faciliteront la tâche de l'éducatrice et assureront le bien-être de l'enfant.

FIGURE 3.1
L'enfant découvre le plaisir de manger.

L'introduction des aliments solides

Durant la première année de vie, l'appareil digestif s'adapte graduellement aux aliments. C'est vers six mois que la capacité d'absorber les aliments solides s'améliore. À cet âge, le tonus musculaire de l'enfant lui permet

aussi de conserver une position stable qui facilitera l'ingestion de la nourriture. On remarque d'ailleurs que son intérêt pour les aliments augmente.
Il faut se rappeler toutefois que l'âge n'est pas toujours le meilleur indice,
puisque certains enfants voudront manger plus tôt et d'autres plus tard.
Il est recommandé aux parents de suivre un avis professionnel en matière
de nutrition. Il est important que les parents et les éducatrices discutent
ensemble de tout ce qui concerne l'alimentation de l'enfant.

Il faut introduire les aliments progressivement et par petites quantités.
Il doit s'écouler une semaine entre l'introduction de chaque nouvel aliment.
Cette manière de procéder permet de relever les réactions allergiques et
laisse le temps à l'enfant de s'habituer aux goûts nouveaux. On commence
par servir seulement une cuillerée de céréales au bébé après le biberon.
On recommande d'offrir les céréales pour bébé parce qu'elles sont enrichies
de fer facile à assimiler. On peut commencer par les céréales de riz qui
sont les moins allergènes. La portion sera augmentée à raison d'une cuillerée à la fois selon les besoins de l'enfant. S'il accepte bien les céréales de
riz, on pourra lui donner d'autres sortes de céréales.

Lorsque l'enfant est habitué aux céréales, soit après environ un mois,
il est temps de l'initier aux légumes. Comme pour les céréales, on offre
d'abord un seul légume. Quand les légumes sont acceptés, environ un
mois plus tard, on introduit les fruits en purée. On doit surveiller toute
réaction : éruption cutanée, diarrhée ou autres. Si l'enfant réagit mal à un
aliment, on en arrêtera l'ingestion quitte à le réintroduire plus tard. Il
importe également de respecter les préférences alimentaires de l'enfant et
de ne jamais le forcer à manger. Une bonne communication avec les parents
s'avère nécessaire pendant cette période si l'on veut que l'enfant bénéficie
d'un suivi de qualité.

Lorsque le bébé est habitué aux céréales, aux légumes et aux fruits
servis séparément, son système digestif est alors accoutumé à suffisamment
de nouveaux aliments pour que l'on puisse lui offrir des préparations
mixtes. Puis, au fur et à mesure qu'il grandit, il tolérera des aliments qu'il ne
peut prendre avant l'âge d'un an : le yogourt, le fromage cottage et un peu
de viande hachée.

Quand on fait manger l'enfant

Avant de commencer à nourrir l'enfant, l'éducatrice doit se laver les mains,
protéger ses vêtements des dégâts éventuels avec un tablier (on recommande aussi de porter une montre étanche), sortir tout le matériel nécessaire et finalement s'installer confortablement. Sa tâche sera facilitée quand

elle connaîtra les habitudes de chaque enfant, la façon dont l'enfant aime être nourri, le rythme auquel il accepte les cuillerées, son ustensile préféré, sa façon de manifester qu'il n'a plus faim, etc.

Au tout début, une très petite quantité de nourriture très liquide sera introduite dans la bouche et l'enfant la sucera jusqu'à ce qu'elle soit entraînée au fond de sa bouche pour être enfin avalée. La sensation créée par la cuillère peut sembler étrange au début, mais l'enfant s'habitue : après en avoir sucé l'extrémité, il cherche à l'enfoncer plus profondément dans sa bouche. Chez certains enfants, une cuillère qui tarde un peu trop à venir peut provoquer le mécontentement. Ils pourront alors commencer à s'agiter, à pleurnicher, à se tortiller. Lorsque cela se produit, l'adulte doit se montrer rassurant en leur parlant doucement tout en poursuivant le repas. Ils s'apaiseront lorsque leur appétit sera calmé. D'autres enfants plus détendus acceptent plus facilement le rythme de l'adulte.

Certains enfants participent activement au repas. Ils suivent du regard tous les gestes de celle qui les nourrit. Ils ouvrent la bouche à l'approche de la cuillère (voir figure 3.2), tout comme ils font clairement savoir quand ils veulent faire une pause ou ont assez mangé. D'autres enfants, par contre, démontrent subtilement qu'ils n'ont plus faim en tournant la tête ou en serrant les lèvres lorsqu'on leur présente la cuillère.

FIGURE 3.2
L'enfant ouvre la bouche à l'approche de la cuillère.

Il faut être attentive aux signaux des enfants, ne pas attendre qu'ils s'étouffent, pleurent ou régurgitent avant de conclure qu'ils ont assez mangé. Il est important de leur faire confiance et pour cela, il faut leur laisser la liberté de décider s'ils veulent manger peu, beaucoup ou pas du tout. Si l'on insiste pour faire avaler quelques cuillerées supplémentaires, on risque de gâcher la relation, le repas, et d'encourager la suralimentation. Il faut comprendre aussi que l'appétit d'un enfant subit des variations tout au long de ses premières années de vie. Ainsi, des pertes d'appétit peuvent se manifester lorsque le rythme de croissance ralentit, que l'enfant souffre d'un malaise, etc.

À un certain moment, l'enfant cherchera à prendre la cuillère dont se sert l'éducatrice pour le nourrir. On peut alors lui donner une cuillère qu'il pourra manipuler à son aise pendant qu'on le nourrit. C'est la phase « des deux cuillères ». Bébé se contentera d'abord fort probablement d'agiter sa cuillère et de la mordiller ou de l'échanger de temps en temps avec celle de l'éducatrice. Il sera très heureux d'avoir sa cuillère et se sentira encouragé dans son apprentissage pour se nourrir seul. Puis, il participera à la tâche, en portant des cuillerées d'aliments à sa bouche. Alors, à tour de rôle, l'éducatrice et le bébé apporteront la nourriture dans la bouche de bébé. Ce jeu, qui peut sembler prendre beaucoup de temps, représente une étape primordiale pour l'enfant et pour l'adulte puisqu'il vise à rendre l'enfant autonome à l'heure des repas. Pour faciliter cet apprentissage, il faut choisir une petite cuillère courbée, adaptée à la préhension de l'enfant. On peut aussi accélérer cette acquisition en proposant des jeux où les mêmes gestes sont pratiqués : transporter des cuillères de sable, d'eau ou de cubes, par exemple. Au début, on choisira aussi des aliments qui collent à la cuillère afin que l'enfant acquiert de la confiance en son habileté : purées de pommes de terre ou gruau, par exemple.

Quand l'enfant veut manger seul

L'enfant aura rapidement envie de saisir la nourriture et de manger seul. Il développera avec le temps la dextérité nécessaire pour le faire. L'adulte doit l'encourager à acquérir de l'autonomie en ce domaine en lui permettant de faire ses expériences.

Avant de manger seul à la cuillère, l'enfant aime les aliments qu'il peut manipuler facilement avec ses mains. Dès qu'il prend l'habitude de porter les choses à sa bouche, il faudrait donc lui offrir des petits morceaux de pain, de biscuits, de fruits pelés et épépinés, des légumes semi-cuits, etc. Plus tard, des aliments comme des céréales sèches ou des petits pois s'ajouteront pour exercer sa dextérité manuelle. L'enfant qu'on laisse seul devant les aliments pourra faire durer très longtemps son « repas » qui deviendra aussi un jeu.

Il faut s'attendre à ce que cette période d'apprentissage devienne synonyme de dégâts puisque l'enfant apprivoise la nourriture en jouant avec elle comme il fait avec l'eau ou le sable : il la tapote, la fait couler, la jette par terre, etc. Il s'agit cependant d'attitudes caractéristiques de découverte à respecter et non de provocation.

Si une tâche semble trop ardue pour l'enfant, au lieu de le forcer ou de l'accomplir à sa place, il est préférable de revenir à ce qu'il peut faire seul et de réévaluer notre choix d'ustensiles et d'accessoires.

Avant d'offrir des aliments à l'enfant, il faut s'assurer qu'il a les mains propres. On peut remonter ses manches et lui faire porter une bavette. Il sera aussi très important de ramasser les aliments tout imprégnés de salive que le bébé laissera tomber un peu n'importe où sur sa chaise et autour de lui. Ces aliments contiennent des bactéries qui se multiplient rapidement et peuvent rendre malade l'enfant qui les ramassera. La tâche pourra aussi être allégée en ayant soin de plaçer sous les chaises une nappe plastifiée, du papier journal qui peut être jeté à la poubelle après le repas ou un drap qu'on met dans la laveuse après l'avoir secoué. Dans certaines pouponnières, il y a un aspirateur pour faciliter cette tâche.

FIGURE 3.3
L'enfant éprouve du plaisir à pouvoir manger seul.

Le développement de la latéralisation

L'enfant manipulera d'abord sa cuillère ou tout autre objet avec l'une ou l'autre de ses deux mains. C'est seulement vers un an que la latéralisation de la main peut être décelée et donc que les mains deviennent indépendantes l'une de l'autre et que l'on peut noter la dominance de la main droite ou gauche dans l'exécution d'un mouvement. Par ailleurs, la plupart des mouvements requièrent les deux mains et c'est aussi à cet âge que les enfants sont capables de coordonner les mouvements de leurs mains, d'adopter une stratégie exigeant les deux mains.

Rappelons que le droitier tient l'objet de la main gauche et le manipule et l'explore avec la droite, la dominante. Quand on lui présente une cuillère, on le fait donc au centre de son corps. Pendant un certain temps, il pourra saisir la cuillère avec n'importe quelle main, jusqu'à ce qu'une main domine. On dit que la personne est « latéralisée » lorsqu'elle utilise régulièrement son côté dominant.

L'aménagement du coin repas

Le repas peut être un moment amusant ou frustrant mais surtout très exigeant. Les accessoires de table aussi bien que les meubles et l'aménagement du coin repas pourront grandement faciliter la tâche de l'éducatrice et l'apprentissage des enfants afin que ce moment devienne synonyme de plaisir et non de corvée.

Les accessoires de table

Les bons accessoires de table sont ceux qui sont adaptés à l'âge de l'enfant, l'aident dans sa quête d'autonomie, facilitent la tâche de l'éducatrice et qui sont sécuritaires. D'abord, un bon approvisionnement en bavettes est essentiel pour protéger les vêtements des enfants qui se salissent énormément lorsqu'ils commencent à manger seuls. La bavette devra donc bien les couvrir d'autant plus s'ils commencent leur apprentissage. La bavette à manches, par exemple, qui peut aussi servir aux activités d'arts plastiques ou autres activités salissantes, sera un choix judicieux. De plus, le tissu de la bavette doit pouvoir résister aux lavages répétés. La ratine et la toile parachute sont des tissus pratiques à conseiller. Les bavoirs en plastique rigide sont moins confortables, car ils remontent lorsque le bébé est assis dans sa chaise et lui serrent le cou. Ceux qui sont en plastique souple ne sont guère mieux, car ils ne résistent pas longtemps aux lavages et risquent d'étouffer le bébé lorsqu'il les porte au visage. Il est important aussi d'éviter les cordons qui s'embrouillent et les poches qui retiennent la nourriture qui tombe et avec elle les microbes.

En ce qui concerne la vaisselle, les bols sont préférables aux assiettes. Ils devraient être incassables, faciles d'entretien et en nombre suffisant. Par ailleurs, le bol muni de ventouse sera fortement apprécié par l'adulte responsable d'un groupe d'enfants en période d'expérimentation. Le bol aide l'enfant à se nourrir seul et lui facilite la prise des aliments. Rappelons enfin que le jeune enfant mange autant avec ses yeux qu'avec son nez et sa bouche. Pour cette raison, les aliments aux couleurs contrastées, les décorations simples et amusantes et les plats aux couleurs vives aiguiseront son appétit et agrémenteront l'heure du repas.

Les ustensiles doivent aussi être choisis pour que l'enfant mange facilement et confortablement. Il est très important d'offrir une cuillère adaptée à l'enfant, c'est-à-dire dont la taille correspond à la grandeur de sa bouche et à la grosseur des bouchées. Le cuilleron, avec ses bords doux, peu creux et peu pénétrant, peut être utilisé sans risque pour nourrir un très jeune bébé. Dès que l'enfant grandit et mange de plus grandes quantités, il deviendra important de lui procurer une cuillère plus profonde. Lorsqu'il commencera à manger seul, on lui offrira la cuillère à manche courbée, car elle est plus facile à manipuler. Par la suite, une cuillère ordinaire fera l'affaire quand l'enfant aura développé un meilleur contrôle de l'ustensile. En fait, est-il bon de le rappeler, les ustensiles et les bols adaptés sont ceux qui font sentir à l'enfant qu'il est compétent.

Le mobilier

Lorsqu'on pense à l'aménagement d'une pouponnière, il est indispensable de choisir un mobilier qui facilitera la tâche de l'éducatrice et assurera le bien-être de l'enfant pendant les repas. On tiendra d'abord compte du confort du bébé, car un enfant mal installé risque fort de moins bien manger. On privilégiera aussi les chaises et tables sécuritaires et pratiques et si possible, l'éducatrice aura à sa disposition plusieurs types de chaises adaptés aux différents besoins des enfants.

● La chaise inclinable

Idéalement, on peut nourrir le bébé dans ses bras, jusqu'à ce qu'il tienne bien sa tête. Certaines personnes préfèrent cependant le placer dans un siège inclinable dont le degré d'inclinaison peut être ajusté pour le confort de l'enfant (figure 3.4). Il existe plusieurs modèles de ces chaises

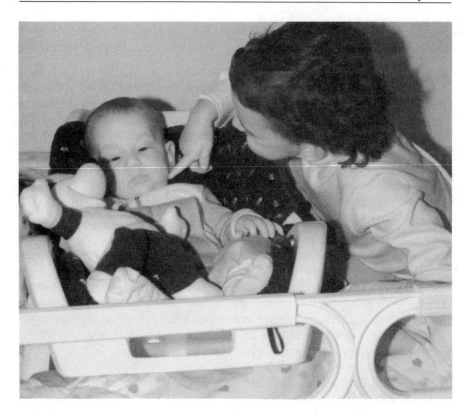

FIGURE 3.4
En attendant le repas

sur le marché[1]. Plus le bébé devient fort, plus le dossier du siège peut être remonté pour son confort. Par contre, les risques de chute deviennent alors plus grands et la surveillance devra être plus étroite. Lorsqu'on remarque que l'enfant peut rester assis sans se fatiguer, ce type de chaise doit être remplacé par une chaise haute pour plus de sécurité.

On remet aujourd'hui en question l'utilisation de cette chaise pour faciliter la digestion du bébé. On remarque en effet que l'angle de la chaise favorise un reflux des aliments en coinçant légèrement la jonction de l'œsophage et de l'estomac. C'est pourquoi il est recommandé de ne l'utiliser que pour l'heure des repas et d'en retirer le bébé aussitôt qu'il a mangé.

---

1. Voir la revue *Protégez-Vous*, de juin 1982, pour une étude comparative des sièges incli-
   nables.

● La chaise haute

On utilise la chaise haute dès que l'enfant peut garder la position assise. Il y a plusieurs critères à considérer dans le choix d'une chaise haute[2]. Il est d'abord très important que la chaise soit stable afin que l'enfant ne puisse pas la faire tomber et tomber avec elle. Puis, il faut que l'enfant puisse y être attaché (figure 3.5 a, b et c). La meilleure façon de maintenir un enfant sur une chaise est d'utiliser des courroies qui le retiennent à la taille et à l'entre-jambes. Il existe aujourd'hui une attache coussinée très sûre s'adaptant aux chaises sans courroies de sécurité. Elle présente aussi l'avantage de rendre la chaise plus confortable, car elle est rembourrée de matériel épais, ouaté et lavable. L'enfant peut être déposé et attaché simplement à l'aide d'un bouton-pression placé à l'arrière.

La chaise haute est pratique pour l'éducatrice en raison de sa hauteur qui facilite les mouvements pendant le repas. Elle permet également d'exercer un certain contrôle, car les enfants ne peuvent en descendre seuls. Il est aussi possible de réunir les chaises hautes sur pattes autour des chaises fixées au mur (figure 3.5b). Le rapprochement des enfants aide alors l'éducatrice à être plus efficace tout en permettant une certaine vie de groupe. De plus, les plateaux larges de ces chaises peuvent servir pour d'autres activités que celles reliées à l'alimentation. Un inconvénient cependant : en devant monter et descendre les enfants, l'éducatrice effectue des mouvements astreignants pour le dos, surtout quand les bébés sont lourds.

(a)
Le modèle standard

---

2. Voir la revue de l'*Association des Consommateurs Canadiens* d'octobre 1985, pour une étude de douze modèles de chaises hautes portant sur la qualité et la sécurité.

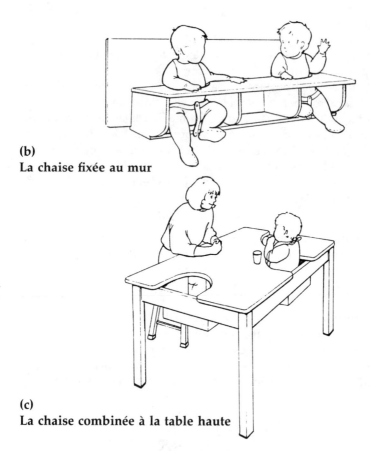

(b)
La chaise fixée au mur

(c)
La chaise combinée à la table haute

FIGURE 3.5
Les trois modèles de chaises hautes utilisés en garderie

- Le siège suspendu

Le siège suspendu, qui permet à l'enfant de s'installer à table avec les autres, remplace de plus en plus la chaise haute (figure 3.6). Il a l'avantage de permettre au bébé de prendre son repas avec des enfants d'âges variés ou dont les capacités motrices sont différentes. Il assure à l'enfant une plus grande sécurité dans le groupe, en permettant de délimiter clairement la place de chacun.

La fabrication de cet article, comme celle des autres chaises, n'est pas réglementée. Par contre, il existe pour le moment peu de modèles disponibles et leur conception ne diffère pas beaucoup. Le siège lui-même peut être en plastique ou en toile. Le siège en toile est plus confortable, mais

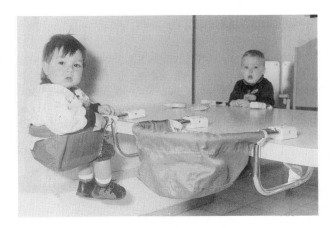

FIGURE 3.6
Un siège suspendu

ses coutures doivent être consolidées régulièrement car, à la longue, elles s'usent. Comme dans le cas de tous les autres sièges, on doit s'assurer que l'enfant est bien attaché.

Quel que soit leur âge ou le type de chaise utilisé, les jeunes enfants devraient toujours être sous surveillance et attachés à leur chaise pendant les repas. Ils ont le goût de l'expérimentation mais manquent d'expérience et n'ont encore aucun sens du danger, sans compter que leurs capacités motrices se développent de jour en jour et leur permettent de faire de nouveaux mouvements toujours plus complexes et précis que l'adulte ne peut prévoir. Il est évident qu'un bébé coincé dans une chaise est limité dans ses mouvements, car il n'a pas la possibilité de bouger à sa guise. C'est pourquoi il est bon de le retirer de sa chaise aussitôt qu'il a fini de manger.

- La table et les chaises

Dans certaines garderies, on préfère utiliser la table et les chaises adaptées aux enfants plutôt que la chaise haute ou le siège suspendu (figure 3.7). Ce type d'installation est plus sûre que la chaise haute étant donné que les enfants sont assis à un niveau plus bas. Un enfant qui tombe de ces chaises risque moins en effet de se blesser qu'un enfant qui fait une chute d'une chaise haute. L'utilisation de telles chaises laisse une autonomie plus grande aux enfants qui peuvent alors s'asseoir et se lever à leur guise. Les éducatrices remarquent qu'au début les enfants peuvent abuser de cette nouvelle liberté, mais qu'ils s'y adaptent très vite. Un autre avantage de ce type d'installation est qu'il permet au bébé de jouer à table, assis ou debout. Il permet aussi aux enfants de se retrouver autour d'une table et d'exercer ensemble leurs nouvelles habiletés.

Afin d'assurer le confort des enfants, la hauteur des chaises devra être bien adaptée à la table. Lorsqu'ils sont assis, ils doivent pouvoir mettre leurs coudes sur la table et leurs pieds doivent toucher au sol afin que leur circulation sanguine ne soit pas gênée. La table circulaire ou en demi-lune avec une place au centre pour l'éducatrice est préférable à une table rectangulaire, de style réfectoire. Il est de plus important qu'on fasse asseoir un petit nombre d'enfants par table, car ils ont besoin d'attention, d'aide et il faut aussi veiller à leur sécurité. Quand ils sont peu nombreux, l'éducatrice peut exercer une bonne surveillance sans devoir imposer une discipline trop rigide.

Chaque enfant devrait avoir une place déterminée. On l'aidera à la reconnaître en apposant sur sa chaise un autocollant ou une image qu'il affectionne particulièrement. Le fait de manger tous les jours à la même place, à sa place, procure un sentiment de sécurité, dont l'enfant peut avoir besoin quand il se retrouve ailleurs que chez lui. En déterminant la place des enfants à table, on tiendra compte de leurs affinités. Il est bon aussi de faire asseoir l'enfant qui n'aime pas trop manger à côté de celui qui adore cela afin d'inciter le premier à y prendre plus de plaisir.

La table et la chaise ajustées à la taille des enfants seront introduites lorsque ceux-ci pourront s'y placer seuls, y être laissés sans risquer de tomber. L'âge pour changer de type de chaise peut être extrêmement varia-

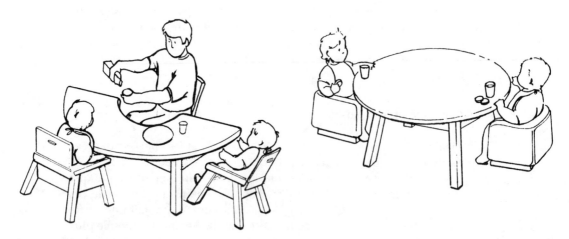

Figure 3.7
Deux modèles de tables basses avec petites chaises

ble et chaque nouvelle étape sera envisagée après une discussion avec les parents. Afin de faciliter les transitions, il est primordial de préparer l'enfant à la nouveauté.

Le rituel et l'ambiance des repas

Les repas et l'acte de manger lui-même sont pour l'enfant des activités chargées d'émotivité. Il choisit d'ailleurs souvent le moment des repas pour manifester son inquiétude ou attirer l'attention. Cependant, les pleurs et les comportements perturbés peuvent déranger le déroulement du repas et nuire à la relation entre l'enfant et l'adulte. Pour rendre ces moments agréables, l'éducatrice aura donc recours à divers moyens qui feront en sorte de calmer les enfants avant et pendant les repas. Des moyens qui favoriseront les contacts harmonieux et feront que l'enfant se nourrira bien.

Avant même d'installer les enfants pour le repas, on doit rassembler tout ce dont on a besoin. Ces préparatifs serviront de repères, en prévenant les enfants que le repas s'en vient, que leur besoin de manger va être satisfait. Il est important aussi de les préparer au repas à l'aide d'une activité tranquille qui les calmera. Une activité de langage et d'écoute est appropriée et appréciée, la lecture d'un livre aussi, un échange avec une marionnette que l'éducatrice manipule ou une courte chanson de transition. Cette activité devra être assez courte, car pendant la période du repas on demande aussi aux enfants d'être tranquilles et de demeurer en position assise. De plus, comme ils ont faim, leur concentration n'est peut-être pas à son meilleur.

Ces différentes formes de préparatifs permettent ensuite de commencer le rituel du repas par les mesures d'hygiène qui le précèdent : désinfecter la table, laver les mains des enfants, mettre les bavettes, retrousser les manches, placer des feuilles de papier journal ou autre protection sous les chaises.

Afin de sécuriser les enfants, il est bon, autant que possible, que ce soit toujours la même personne qui leur donne à manger. L'idéal est aussi de toujours prendre les repas au même endroit de la pouponnière. Cette familiarisation avec le coin repas les met à l'aise. L'endroit sera éclairé, loin de l'aire de jeu et bien décoré pour le plaisir de tous; il peut même être clôturé.

On reconnaît par expérience que lorsque les enfants sont laissés à eux-mêmes, leur anxiété augmente. Pour cette raison, l'éducatrice doit prévoir certaines activités qu'ils pourront pratiquer de façon autonome, ou avec une participation réduite de l'adulte, pendant qu'elle nourrit un enfant ou qu'elle fait les derniers préparatifs du repas. En ayant quelque chose à faire, les enfants ressentiront moins la faim et conserveront leur calme. L'éducatrice choisira des activités en fonction de l'âge des enfants, de leur humeur et de leurs besoins particuliers. Voici quelques suggestions :

Comment occuper les enfants en attendant que le repas soit prêt

- Offrir des aliments que les enfants sont capables de prendre eux-mêmes comme un morceau de pain, un bâtonnet de fromage, un légume semi-cuit, etc.

- Déposer quelques raisins ou des petits pois dans un récipient transparent qu'ils prendront plaisir à agiter, essayeront d'ouvrir, intéressés par les bruits et les couleurs vives.

- Laisser les bébés peler eux-mêmes un morceau de banane.

- Offrir un bout de ruban adhésif ou une assiette en aluminium.

- Attacher à la chaise des bébés un jouet favori, qu'ils s'affaireront à repêcher après l'avoir lancé.

- Offrir un clown ou une boîte musicale.

- Parler aux bébés, même s'ils ne nous voient pas, ce qui peut les rassurer.

S'il y a plusieurs éducatrices, on peut partager les tâches : l'une prend le temps de s'occuper des enfants en période de jeu tandis que l'autre dispense les soins nécessaires ou voit aux derniers préparatifs du dîner.

L'attitude de l'éducatrice sera décisive quant au bon déroulement du repas. Si elle a une approche permissive et qu'elle encourage les enfants dans leur quête d'autonomie, le repas sera agréable à prendre. Lorsqu'elle nourrit un enfant son attention doit être dirigée vers lui de façon privilégiée, elle le laissera aussi manger seul, quitte à ce qu'il se salisse et fasse quelques gâchis et que cela prolonge quelque peu le repas. Il ne faut pas être pressé. Manger lentement, aller à son rythme et bien mastiquer favorisent la digestion et permet à l'enfant de participer davantage au repas. De plus, l'éducatrice doit surveiller attentivement les enfants quand ils boivent ou mangent, car ils peuvent s'étouffer.

Les enfants préfèrent être actifs, même pendant les repas. En sollicitant leur participation, on les rendra donc heureux tout en leur permettant de développer leur autonomie. Ils peuvent commencer très jeunes à prendre part aux différentes tâches et opérations liées au repas. Pour les aider, on peut leur donner des directives sous forme de consignes claires et simples, comme : « Lave ta bouche avec ta débarbouillette. Mets ton assiette dans le plateau. Dépose ta bavette sur la chaise ». Si l'on demande d'effectuer une série d'actions aux enfants, il faudrait répéter les directives lentement, souvent et leur faire une démonstration des gestes à accomplir. Une bonne façon de faire comprendre à l'enfant ce qu'il a à faire est d'imaginer une comptine à partir des opérations à effectuer que l'on chantera en joignant le geste à la parole. Avec le temps, l'enfant fera des associations et reconnaîtra l'ordre dans lequel doivent être exécutés les gestes qu'on lui demande. Pour que cela se produise, l'éducatrice devra bien sûr faire preuve de beaucoup de patience et les encourager.

Si l'éducatrice s'assoit et mange avec les enfants, un climat familial favorable à l'apprentissage pourra être créé. Son attitude détendue calmera les enfants. Pour pouvoir s'asseoir avec eux, il faut cependant organiser la table de façon à faire le service sans se lever continuellement parce que cela crée un climat de confusion pendant le repas. Lorsqu'on est plusieurs, une éducatrice peut être responsable du service et une autre peut s'asseoir avec les enfants, parler avec eux, participer au plaisir de prendre un repas en petit groupe et en profiter pour leur enseigner les bonnes habitudes à adopter à table. Cela lui demande d'être pleinement consciente de ses propres habitudes, préjugés et préférences, autant dans sa façon de manger que dans son choix d'alimentation. L'éducatrice doit être vigilante, car les enfants observent attentivement tout ce que l'adulte fait ou dit, ils surveillent ses réactions. Le comportement général de l'adulte lors du repas peut influencer les enfants dans leurs choix alimentaires. Il est certainement préférable d'éviter toute forme d'intervention négative pendant le repas comme de manifester de l'exaspération, de donner des punitions, de faire du chantage ou de réprimander, même si un enfant refuse de manger. Autant que possible, il vaut mieux conserver une attitude calme et positive et éviter de parler des caprices ou aversions du bébé, car il s'agit souvent de comportements passagers.

Il y a de plus différentes manières d'offrir de nouveaux plats. En général, les enfants sont des êtres curieux et si le personnel leur présente les aliments de façon imaginative et bien planifiée, ils voudront essayer. Ainsi, ils accueilleront les aliments d'autant plus favorablement si leur présentation est animée, s'ils sont en petite quantité et accompagnent leurs mets favoris. S'ils acceptent, c'est tant mieux! S'ils rejettent le nouvel aliment, il faudra tout simplement tenter à nouveau l'expérience un autre jour : ce qu'ils ont mangé avant peut avoir altéré le goût du nouvel aliment. Par ailleurs, l'enfant naît avec de nombreuses papilles gustatives dont le nombre décroît avec l'âge jusqu'à l'adolescence. Par conséquent, il faut comprendre qu'un aliment qui a un faible goût de brûlé pour un adulte aura un goût fort déplaisant pour le bébé. Si la plupart des enfants refusent un aliment, il sera alors préférable de l'apprêter d'une autre façon; en aucun cas, ils ne devraient être contraints à manger.

L'horaire des repas et des collations

L'horaire des repas et des collations constitue un aspect important à considérer lors de la planification de la journée. Il faut établir le moment des repas en fonction des besoins physiologiques des bébés.

D'abord, plus l'enfant est jeune, plus sa demande de nourriture peut être irrégulière et les heures de ses repas rapprochées. Cela est dû au fait que dans l'utérus, le fœtus est nourri en permanence par le cordon ombilical. À la naissance, l'estomac se vide peu à peu et, tranquillement, l'horaire du jeune bébé se conforme à celui des enfants plus âgés. À l'âge où il débute sa vie en garderie, l'horaire du bébé est habituellement déjà déterminé et assez fixe; il faut s'en informer auprès des parents.

En général, la digestion du contenu d'un biberon et celle d'un repas complet demande peu de temps et à la fin du processus de digestion, l'enfant ressent à nouveau les douleurs de la faim. C'est alors à l'éducatrice de reconnaître ses besoins et d'y répondre, car il est à sa merci. Un enfant qui pleure beaucoup avant de boire va avoir l'estomac rempli d'air et il sera fatigué. C'est pourquoi, il est bon de répondre à ce besoin de nourriture dans un délai raisonnable.

Il faut par ailleurs se rappeler que les besoins calorifiques dépendent des dépenses énergétiques : l'enfant qui bouge et pleure beaucoup aura plus faim que celui qui a peu d'activités et qui dort pendant de longues périodes. En outre, ces besoins varient en fonction des périodes de croissance. On sait qu'en général l'enfant grandit d'environ vingt centimètres et triple son poids pendant sa première année de vie, alors que de un an à six ans, il va grandir de quarante centimètres et doubler son poids. Le corps se développe par poussées, que l'on appelle des poussées de croissance, pendant lesquelles l'appétit augmente. Lorsque l'enfant grossit ou grandit moins vite, il a moins faim et diminue de lui-même sa ration.

Lorsque l'enfant est malade ou lorsqu'il perce une dent, on a souvent remarqué que son appétit diminue. De plus, le corps a parfois besoin d'énergie alimentaire pour se réchauffer, tandis qu'en période de grande chaleur, il a besoin de plus de liquide. On remarquera aussi qu'au moment du sevrage, l'appétit de l'enfant augmente. Les fluctuations d'appétit ne sont donc pas toujours des caprices, loin de là!

De plus, chaque personne a son cycle naturel de sommeil-repas dont les manifestations sont réparties dans la journée et se reproduisent à tous les jours de façon semblable. C'est ce qui explique que les besoins de manger et de dormir apparaissent sensiblement aux mêmes heures à chaque jour et ce, pour chacun de nous. Cela fait partie de l'équilibre naturel du corps. L'éducatrice doit observer ce rythme chez chaque enfant, elle doit le protéger et le respecter afin d'assurer son développement.

L'horaire fixe permet aux enfants de reconnaître les rituels de la journée qui leur servent de repères dans le temps et une routine conviendra bien à ceux qui ont très peu de fluctuations d'appétit et à ceux qui s'adaptent facilement à tout. Cependant, un tel fonctionnement ne répond pas nécessairement au rythme individuel de chacun et peut même être nuisible pour la santé dans certains cas. Pour parer à ce genre d'éventualité, un fonctionnement en sous-groupes et un horaire flexible s'avèrent une solution avantageuse.

On retrouvera donc une cuisine et un personnel désigné pour la préparation des repas qui se prennent à des heures fixes. Ensuite, il faudra que l'éducatrice ait à sa disposition un endroit pour l'entreposage des aliments, un lavabo, un réfrigérateur et un réchaud pour les enfants qui ne mangent pas encore à des heures fixes. Il faudra aussi planifier les choses de façon à ce qu'elle puisse prendre le temps nécessaire à la préparation des aliments et au nettoyage des lieux après le repas de ces enfants.

L'organisation interne est importante mais doit absolument être soutenue par des conditions de travail appropriées. Par exemple, pour que les éducatrices puissent offrir à chacun ces soins individualisés, le ratio enfants-éducatrice doit être peu élevé. L'éducatrice sera ainsi plus disposée à offrir sans imposer et à reconnaître que les besoins alimentaires peuvent varier d'une journée à l'autre, d'un enfant à l'autre.

Lors de l'organisation d'un horaire flexible, on doit aussi se préoccuper de l'heure des collations entre les repas, car la plupart des enfants en bas âge ont réellement besoin de manger plus souvent que les adultes. Cela s'explique par le fait qu'ils ont de petits estomacs. On a souvent remarqué d'ailleurs qu'avant la collation, les bébés sont maussades et qu'après, ils sont à nouveau de bonne humeur, c'est qu'ils avaient tout simplement faim.

Il est important de ne pas offrir les collations à des heures trop rapprochées de celles des repas. On peut supposer par exemple que l'enfant refusera de manger à midi avec les autres s'il a pris une collation trop nourrissante à onze heures. Toutefois, il ne faut pas s'alarmer quand un enfant refuse de dîner après avoir pris une collation nourrissante. En général, les enfants ont une grande capacité de régularisation : s'ils mangent moins au déjeuner, ils se reprendront avec une portion plus généreuse au dîner. Il faut savoir reconnaître et comprendre les comportements des enfants afin de prévoir un horaire qui leur convienne. Il s'agira d'un horaire régulier qui toutefois laisse place à une certaine souplesse. Il faut également tenir compte, dans l'horaire, des heures de collation, d'arrivée et de départ de l'enfant. Le secret est donc encore une fois de rester flexible.

Le besoin d'eau

Le corps humain, s'il a besoin de nourriture, a aussi besoin d'eau. Il faut offrir de l'eau aux enfants souvent pendant la journée. Il faut également savoir que le besoin en eau est soumis à de nombreux facteurs tels que la température ou la santé du bébé. Il faudra, par exemple, penser à augmenter la ration lorsque la température ambiante est élevée ou lorsque l'enfant est fiévreux. Si un enfant ne boit pas suffisamment, il risque de se déshydrater très rapidement. Un peu d'eau dans le biberon suffit normalement à étancher la soif du nourrisson, tout en permettant de satisfaire le besoin de sucer. L'enfant qui boit au verre peut boire de l'eau souvent pendant la journée.

3.2. Le sommeil

Il est d'une extrême importance de combler les besoins de sommeil des enfants. Le sommeil est loin d'être une période de récupération passive, il contribue à la croissance, au développement des fonctions mentales de l'enfant et permet à l'organisme de refaire ses forces. En effet, pendant les périodes de sommeil profond, le cerveau sécrète l'hormone de croissance qui joue un rôle important dans le développement physique de l'enfant. Puis, pendant les périodes de sommeil agité précédant le réveil, l'enfant rêve et ces moments conditionnent ses facultés de mémorisation et d'apprentissage. Enfin, pendant le sommeil, l'équilibre physiologique de tout l'organisme se refait. Comme les enfants sont toujours très actifs et constamment en situation d'apprentissage, ils ont besoin de beaucoup de repos pour conserver leur équilibre. En garderie d'autant plus, puisque l'enfant se retrouve dans un climat d'excitation créé par la présence de plusieurs enfants.

Les périodes de repos nécessaires au tout-petit ressemblent à ses besoins alimentaires : elles sont fréquentes et de courte durée. La plupart des nourrissons font une sieste en matinée et une autre en après-midi. Puis, entre l'âge de un an et deux ans, ils délaissent en général la sieste du matin et, jusqu'à l'âge de quatre ans environ, ils ont besoin de la sieste de l'après-midi. Il existe, bien sûr, des besoins individuels variés et il faut se rappeler que le même enfant peut avoir des besoins différents selon les circonstances : lorsqu'il est malade, après une période intense de stimulations, après une nuit plus courte, il pourra faire une deuxième sieste ou une sieste plus longue que d'habitude.

La pouponnière devra donc être aménagée de façon à répondre aux différents besoins de sommeil des enfants, qui varieront selon leur âge, leur santé, la qualité de leur sommeil lors de la nuit précédente, etc. Nous verrons que l'éducatrice pourra faire en sorte que les poupons assouvissent leurs besoins en sachant détecter les signes de fatigue et en créant un climat propice au sommeil. Encore une fois, une bonne organisation, le respect du rythme des enfants, le matériel utilisé et l'aménagement des lieux seront des aspects considérés, car il peuvent faciliter la tâche de l'éducatrice et favoriser un développement harmonieux chez le bébé.

3.2.1. Les signes de fatigue

On dit que l'enfant a besoin de repos lorsqu'il est fatigué. L'adulte doit cependant savoir reconnaître les signes qui révèlent le besoin de faire une sieste, car rares sont les enfants qui vont admettre qu'ils sont fatigués. Bien qu'il puisse être parfois difficile de détecter les besoins individuels des enfants lorsqu'on est en présence d'un groupe, certains signes demeurent toutefois très révélateurs.

La fatigue s'exprime dans le visage. Impossible de se tromper sur la raison de plusieurs bâillements successifs. De plus, lorsque les yeux clignotent, que l'enfant les frotte et que son regard devient vague, il est clair qu'il aurait besoin de se reposer.

La fatigue se manifeste aussi dans le corps. La posture de l'enfant change : il devient plus mou. Il est de plus en plus maladroit à mesure qu'il devient fatigué : il se cogne et tombe plus souvent, il a des mouvements lents et manque de coordination. Il doit aussi faire des efforts croissants pour terminer ce qu'il entreprend, ce qui l'épuise encore davantage.

L'enfant devient aussi de mauvaise humeur quand il a besoin de repos. La plupart des stimulations qui lui plaisent normalement ne l'intéressent pas. Puis peu à peu, il se désintéresse de tout, il a moins de concentration et son taux de frustration devient élevé. Les pleurs se font entendre de plus en plus; ceux-ci représentent un signe de fatigue des plus évidents. Il est de plus difficile de les ignorer surtout lorsqu'ils se prolongent. Évidemment, si l'on ne répond pas au besoin de l'enfant, ses pleurs vont nécessairement s'accentuer. De simples larmes passagères et des pleurnichements se transformeront en cris, en hurlements et finalement les crises de larmes deviendront de plus en plus fréquentes.

D'autres enfants deviendront surexcités lorsqu'ils sont fatigués. S'ils sont trop longtemps laissés à eux-mêmes, ils seront difficiles à contrôler et, bien sûr, à calmer. Ces enfants peuvent devenir trop bruyants et leur cris, leurs sauts, courses et mouvements brusques pourront déranger les autres enfants et perturber le déroulement des activités. On peut éviter l'effet boule de neige en intervenant tôt pour aider ces enfants à se reposer.

Plusieurs réclament l'attention de l'adulte et veulent se faire prendre quand ils ressentent la fatigue, tandis que d'autres enfants possèdent déjà des ressources internes : ils exprimeront leur fatigue à leur façon, mais c'est en eux qu'ils chercheront les moyens de trouver du confort, de se reposer et de se calmer (figure 3.8). Par exemple, ils suceront leur pouce, se balanceront, prendront leur objet de transition, etc. Ces attitudes autonomes sont à encourager, mais on doit aussi s'occuper de ces enfants, car ils ont autant besoin d'attention que les autres.

FIGURE 3.8
L'enfant fatigué recherche le confort.

On n'insistera jamais trop sur l'importance de percevoir tôt les signaux émis par les enfants. Il est de plus important de coucher l'enfant quand il en manifeste le besoin. Si on laisse passer le bon moment, on risque de devoir attendre avant de pouvoir l'endormir et l'enfant ne sera pas d'humeur agréable ou aura de la difficulté à suivre les autres. Il est de toute façon important de respecter le cycle de chacun.

TABLEAU 3.1
Les signes de fatigue

Physionomie	Comportement
Bâillements successifs	A du mal à se concentrer
Yeux qui clignotent,	Exprime une frustration plus élevée
démangent, coulent, sont rouges	Se désintéresse
Yeux fermés	Est surexcité
Regard vague	A moins d'énergie
Changement de posture	Est impatient
Diminution du tonus	Se couche sur le sol
Manque de coordination	Appuie sa tête sur quelque chose
Ralentissement des mouvements	Suce son pouce
Gestes saccadés	Cherche son objet de transition
Maladresse générale	S'autostimule
	Pleure
	Veut se faire prendre

3.2.2. La sieste

Quand la fatigue se fait sentir, c'est la sieste que l'enfant réclame. La sieste est ce moment de la journée qui va lui permettre de dormir. Elle complète le sommeil nocturne en procurant à l'enfant le repos dont il a besoin pendant la journée.

Le rituel et l'ambiance de la sieste

Lorsqu'on met le bébé au lit, il est important qu'il comprenne qu'on s'attend à ce qu'il dorme. Il acceptera plus facilement de se coucher si on le prépare à la sieste avec un rituel. De plus, l'ambiance entourant l'heure de la sieste aura aussi un grand rôle à jouer pour faire en sorte que l'enfant accepte ce moment de repos indispensable et en profite bien.

Quand l'heure de la sieste arrive, l'éducatrice en parle d'abord à l'enfant. Il faut toujours avoir à l'esprit que même s'il ne parle pas, il comprend très bien ce qu'on lui dit et apprécie qu'on communique verbalement avec lui. Ensuite, elle commence les préparatifs qui seront aussi vite reconnus par l'enfant; il devinera que lorsque l'éducatrice le dévêtit, le change de couche, lui enlève ses souliers, ferme les rideaux, l'heure de se reposer s'en vient.

Avant de coucher l'enfant, on s'assurera qu'il a bien bu et bien mangé. S'il est rassasié, il risque moins d'être réveillé par la faim ou la soif. On veillera aussi à ce qu'il soit calme. Plusieurs éléments peuvent empêcher l'enfant de dormir et, au contraire, le stimuler : le bruit, l'excitation dans l'air, un événement spécial. Pour cette raison, la période qui précède le coucher sera réservée à des activités qui le calmeront et aux démonstrations affectueuses, chaleureuses, qui sont idéales pour apaiser les enfants, les sécuriser même quand ils font des crises.

Les contacts physiques, qu'il s'agisse de prendre le bébé dans ses bras, de le masser, de le bercer comme de lui parler et de chanter aident à l'apaiser. Ces contacts représentent d'ailleurs un moyen privilégié de développer chez l'enfant de l'intérêt pour son entourage et pour lui-même, et pour tisser des liens affectifs. Le poupon a un besoin fondamental d'être pris : le simple fait de le prendre dans ses bras et de le tenir contre soi peut suffire parfois à le calmer. Ce contact contribue à créer chez lui un sentiment de sécurité dans les moments de crise où il importe souverainement qu'une relation de confiance s'établisse. Des gestes délicats, des mouvements souples, une voix douce et calme compléteront le geste et contribueront à le calmer.

Les contacts corporels étroits peuvent aussi avoir lieu pendant des activités de relaxation. Un massage de tout le corps, par exemple, peut procurer une détente analogue à celle que procure le sommeil. Les massages partiels sont eux aussi bienfaisants parce qu'ils aident à décontracter les muscles de la région massée. Le massage contribue aussi à stimuler la circulation sanguine, le système respiratoire et gastro-intestinal. Il peut donc soulager les gaz et les coliques et ainsi débarrasser le bébé des tensions qui le font souffrir. Une relation d'attachement privilégiée s'établit aussi à travers cette activité, une relation aussi profitable à l'adulte qu'à l'enfant.

L'acte de bercer et d'être bercé procure un effet hypnotique qui calme aussi le bébé. Le mouvement de balancier favorise chez les deux êtres en présence la détente et on peut en retirer un grand plaisir, le balancement activant la sensibilité de certaines parties du corps et de l'épiderme. Le contact étroit des deux corps pendant le mouvement apporte aussi à l'enfant douceur, confiance et réconfort : il sait qu'il n'est pas seul. Il se rappelle ainsi sa vie dans le ventre de sa mère où il était constamment bercé par les mouvements naturels de celle-ci.

Ashley Montagu nous dit aussi à ce sujet que : « Le balancement augmente le rythme cardiaque et favorise la circulation; il facilite la respiration et diminue le risque de congestion pulmonaire; il stimule les sensations musculaires et entretient le sentiment d'une relation étroite au monde, ce qui n'est pas le moins important[3]. » De plus, si le bébé a trop chaud, le bercer le rafraîchira en accélérant l'évaporation de la sueur sur la peau. S'il a froid, cela l'aidera à se réchauffer. Le bercement est aussi le meilleur sédatif, qu'il ait lieu dans les bras, dans un berceau[4], dans une chaise berçante ou un landau. En règle générale, le bébé se calme immédiatement quand on le berce.

Enfin, le jeune bébé prête plus d'attention aux voix qu'à tout autre son. Même s'il ne voit pas la personne qui lui parle, il sait reconnaître les voix des êtres qui lui sont chers. On peut aussi le voir changer de comportement lorsqu'on lui parle affectueusement. S'il est agité, il arrêtera de bouger pour se concentrer sur la voix et s'il est immobile, il se mettra à se trémousser. On peut apaiser un bébé inquiet en lui parlant doucement, en lui racontant des choses qui l'intéressent.

Le chant établit une relation privilégiée entre l'adulte et l'enfant; il encourage la communication tout en étant un signe de bonne humeur et de disponibilité. Un enfant ne se fatigue pas d'entendre la même chanson. Le chant peut donc être précieux lors de moments de transition, servir de repère sonore et s'inscrire dans les rituels de dodo, de changement de couche ou autres routines.

Souvent complémentaire au bercement et aux caresses, l'efficacité de la berceuse chantée ou murmurée est universellement reconnue pour ce qui est de calmer ou d'endormir l'enfant. La stimulation auditive semble avoir un effet apaisant chez l'enfant, les sons rythmés comme le chant en particulier. Il est possible que le bébé associe le chant aux pulsations cardiaques de sa mère qui rythmaient sa vie intra-utérine.

Lorsqu'on les place dans leur lit, certains enfants seront excités par la présence de l'adulte: c'est qu'ils ont besoin d'être seuls pour se retrouver avant de s'endormir. Pour plusieurs autres, cette présence les prépare au contraire au sommeil en leur apportant la sécurité. Chaque enfant a sa propre façon de trouver le sommeil, ses habitudes, qu'il tient à conserver chaque fois qu'il s'endort, afin de se sécuriser. Il est bon de se renseigner auprès des parents et il faut informer les remplaçantes. Il est important également de bien observer les enfants afin de combler leurs besoins individuels. Une photo de la position préférée pour s'endormir peut être collée au lit de l'enfant. Au moment de s'endormir, l'enfant s'isole tranquillement

---

3. Ashley MONTAGU. *La peau et le toucher*, Paris, Éd. du Seuil, 1979, p. 101.
4. Le berceau est un petit lit conçu pour balancer. Il est regrettable que ce type de lit soit interdit au Québec (article 2.3 du répertoire des politiques administratives OSGE).

du monde extérieur. C'est un moment d'introversion. Il retrouve son territoire avec les odeurs, les sons familiers et le décor qu'il connaît quand l'ambiance est appropriée.

L'ambiance qui règne au dortoir peut influencer le développement des enfants en ce sens que leur équilibre et leur santé dépendent en partie de la qualité de leur sommeil. En effet, certains problèmes de santé ou de développement sont directement reliés au déréglage du déroulement des phases de sommeil. Après une mauvaise sieste, l'enfant aussi sera moins reposé donc plus nerveux et plus irritable. On veillera donc à ce qu'il règne une atmosphère calme et rassurante dans la pièce, que l'éclairage soit approprié, que des bruits ne nuisent pas au sommeil des enfants, qu'ils se retrouvent dans un endroit douillet, chaud et agréable. Les enfant ressentent très bien qu'ils ne sont pas chez eux. Ils ajusteront cependant leur comportement en conséquence si on les aide à apprécier le nouvel endroit.

On doit enfin se rappeler que l'enfant est émetteur tout autant que récepteur; que les signaux qu'il envoie méritent de l'attention. Les pleurs, par exemple, sont d'intensité ou de tonalité différentes, selon les besoins à combler : c'est le langage du bébé et il revient à l'adulte de les décoder et de réagir en conséquence. En garderie, c'est l'éducatrice qui est sollicitée par les pleurs de l'enfant; elle ne devrait donc jamais rester indifférente aux appels qu'ils constituent. Parfois, l'enfant aura simplement besoin d'être pris et serré dans les bras quelques minutes et pourra retourner dans son lit, calmé. Ainsi rassuré, il pourra ensuite chercher en lui-même d'autres moyens d'apaisement.

L'usage du biberon pour endormir est à éviter.

Dans notre société, le biberon est souvent utilisé pour combler le besoin de succion, calmer et endormir les nourrissons. Dès que l'enfant perce une dent, il est toutefois prudent d'éviter l'usage abusif du biberon pour endormir afin de prévenir la carie dite du biberon et les otites.

La carie du biberon ou carie rampante est le type de carie le plus souvent rencontré chez les enfants de moins de trois ans. Elle survient à la suite de l'érosion de l'émail des dents, qui se produit graduellement lorsque celles-ci sont constamment en contact avec des acides créés par la rencontre des sucres et des bactéries normalement présentes dans la bouche. Si le sucre est toujours dommageable pour les dents et surtout lorsqu'il est consommé entre les repas, il est encore plus nuisible s'il demeure dans la bouche pendant de longues périodes.

Les pédodontistes (dentistes spécialisés pour enfants) s'entendent pour dire que les risques de carie augmentent de façon significative lorsque l'enfant se promène constamment avec sa bouteille ou lorsqu'il prend son biberon au lit, car le lait contient du sucre, le lactose. Si l'on encourage ces habitudes, les dents de bébé baignent constamment dans une solution acide créée par le lactose qui ronge l'émail des dents.

Ce sont surtout les premières dents, celles qui viennent de percer et qui continuent à durcir, qui sont les plus vulnérables. Les dents supérieures, exposées à une plus forte concentration de liquide sucré devenu acide, sont, elles, plus sujettes à la carie prématurée que les dents inférieures qui sont protégées par la langue durant la tétée. Les dents postérieures, les molaires, sont aussi une cible rêvée pour la carie. Parce qu'elles sont à l'arrière de la bouche, la carie peut s'y installer et y rester si on n'y prend garde. Une fois installée, la carie est irréversible. Elle continue de progresser sous l'action combinée des bactéries et du sucre.

De plus, lorsque le nourrisson boit couché, du liquide peut se loger dans sa trompe d'Eustache et être la cause d'otites. L'otite est une infection de l'oreille. L'enfant qui fait une otite se tire l'oreille pour se soulager et est fiévreux. Cette infection se rencontre fréquemment chez les jeunes enfants, car la trompe qui relie leur gorge à leur oreille est courte et étroite. Le liquide qui s'y introduit produit une obstruction et le mucus qui s'écoule devient très visqueux. S'il y a infection, le traitement prescrit sera un antibiotique qui réduira l'inflammation pour que ce liquide s'écoule naturellement par la gorge. De plus en plus de parents soignent aussi les otites avec des médicaments homéopathiques et obtiennent de bons résultats.

Pour éviter ces problèmes, il est préférable de faire boire l'enfant dans la position semi-assise avant de le mettre au lit. Il sera bon de donner un biberon d'eau à l'enfant qui a déjà pris l'habitude de boire couché avant de s'endormir, car l'eau rince la bouche et permet d'assouvir le besoin de succion. Si l'enfant refuse l'eau, on peut la diluer avec du jus de fruit qui sera graduellement remplacé par de l'eau.

Le réveil

L'enfant peut parfois se réveiller pendant la sieste et, s'il ne voit rien d'inhabituel autour de lui et que rien ne le perturbe, il peut se rendormir aussitôt. L'intermède passe alors inaperçu. Toutefois, s'il reste éveillé et qu'il se met à pleurer, il signale alors un besoin et il est préférable de répondre à sa demande. Il arrive que certains retrouvent eux-mêmes leur calme si on les laisse pleurer, mais d'autres se rendorment d'épuisement dans le tourment plutôt que dans la quiétude, ou crient encore plus fort jusqu'à ce qu'ils obtiennent ce qu'ils veulent : l'attention de l'adulte.

De plus, les pleurs d'un bébé ont un extraordinaire pouvoir sur l'entourage. Ils peuvent être à l'origine d'une véritable réaction en chaîne. Le premier qui pleure fait pleurer tous les autres et c'est parti pour le concert! La situation peut devenir critique lorsque le nombre d'enfants est élevé. Enfin, l'enfant ayant une plus grande capacité motrice pourrait essayer de grimper pour sortir de son lit si on le laisse pleurer trop longtemps, ce qui représente des dangers évidents.

Après la sieste, il y a des enfants qui sont frais et dispos dès le réveil et se précipitent sur les jeux de façon énergique et enjouée. Par contre, la plupart vivent un moment de transition entre le sommeil et la vie active, leur réveil se fait progressivement. Le passage du silence du dortoir et du lit douillet aux bruits de la salle de jeux est plus difficile pour ces enfants. Un réveil brusque provoque des pleurs et de l'agitation, les rend nerveux et irritables. Il est donc préférable de rendre ce moment le plus agréable possible en leur laissant le temps de bien se réveiller avant de les plonger dans l'activité. S'ils possèdent un jouet ou un objet de réconfort, il est bon qu'ils puissent le retrouver facilement à leur réveil et on pourra les laisser un moment seuls dans leur lit avant de les amener avec le groupe s'ils le désirent. Certains profitent souvent de ce moment pour explorer leur corps.

Il est tout à fait déconseillé de réveiller un enfant. Son humeur en sera affectée; il fonctionnera moins bien tant qu'il ne sera pas vraiment remis d'un réveil provoqué. S'il est trop fatigué, il lui faudra un surplus de câlins ou autres privilèges pour qu'il se sente prêt à affronter le monde. Il refusera de manger si vous voulez trop le presser et il en sera de même si vous voulez le laver et l'habiller. Il sera agité et pleurnichera. Son attitude générale vous empêchera de vous consacrer aux autres enfants qui ont aussi besoin de vous.

Réveiller un enfant trop tôt est de plus néfaste pour sa santé mentale et physique. En effet, le sommeil comporte deux phases pendant lesquelles le développement de l'enfant se continue de différentes façons : le sommeil profond et le sommeil agité, qui sont entrecoupés de moments de transition et qui alternent pendant toute la période où l'enfant dort[5]. Pendant la période agitée, l'enfant bouge, son sommeil est léger, entrecoupé de plusieurs réveils à la suite desquels il se rendort. Si on prend l'enfant lorsqu'il est dans sa période agitée ou dans le court réveil qui précède le sommeil profond en pensant qu'il est réveillé, on nuit au développement de ses facultés de mémorisation et d'apprentissage, et on l'empêche de retomber dans un sommeil profond. C'est pendant cette deuxième période que l'organisme récupère et sécrète l'hormone de croissance. Un enfant qui se fait réveiller en plein sommeil profond ou qui ne peut dormir profondément pourrait avoir des retards de croissance. En fait, réveiller un enfant avant la fin de son sommeil ne profite vraiment à personne.

---

5. Marie Thirion. *Les compétences du nouveau-né*, Paris, Éd. Ramsay, 1986.

3.2.3. L'aménagement du dortoir

En garderie, on doit se préoccuper d'aménager une salle assez spacieuse pour que les enfants puissent dormir en groupe. Pour les moins de dix-huit mois, une pièce distincte sert de salle de repos[6] tandis que les dix-huit mois et plus peuvent dormir dans la pièce principale.

Plusieurs garderies choisissent de subdiviser le dortoir des poupons en deux ou trois petites aires de repos. Cela permet de regrouper les enfants qui dorment plus longtemps afin d'éviter qu'ils soient dérangés par ceux qui dorment moins. Les petites aires servent aussi à isoler un enfant malade ou en enfant qui a un sommeil agité. Il est souhaitable de restreindre à cinq le nombre d'enfants par salle. L'adulte doit faire en sorte que la salle de repos soit un endroit paisible et accueillant. Chaque enfant doit avoir son propre lit et l'espace doit être suffisamment grand pour que tous les lits y soient disposés de façon à permettre d'accéder facilement à tous les enfants.

La salle de jeu et la salle de repos doivent être attenantes et il doit être facile d'observer ce qui se passe dans le dortoir à partir de la salle de jeu. Pour cette raison, la présence d'une fenêtre d'observation est recommandée. Un rideau ou un store suspendu à cette fenêtre du côté de l'aire de jeu, permettra de surveiller les enfants qui dorment sans qu'ils ne soient dérangés par la lumière ou les bruits. Dans certaines garderies, l'éducatrice qui travaille seule opte aussi pour l'utilisation d'un interphone[7]. Cet instrument lui permet d'être à l'écoute des enfants qui jouent pendant qu'elle en endort un, ou de laisser s'endormir seul un enfant pendant qu'elle s'occupe des autres qui s'amusent dans la salle de jeu.

Le mobilier

Les lits et matelas de la pouponnière doivent être en nombre suffisant et faciles d'entretien. Pour les plus vieux, un matelas-mousse que l'on place sur le sol est fonctionnel : il requiert peu d'espace de rangement après la sieste et les enfants qui y dorment ne risquent pas de se faire mal en tombant de leur lit comme cela se produit lorsqu'ils tentent de descendre seuls d'une couchette. Avant de choisir ce type de matelas, on s'assurera toutefois que le sol n'est pas trop humide ni trop froid.

---

6. Pour en savoir plus long concernant la sécurité en salle de repos, voir le livre *L'aménagement d'une garderie*, publié par l'Office des services de garde du Québec.

7. Les revues *Le Consommateur Canadien*, n° 6, 1989 et *Protégez-Vous*, de février 1988, proposent une comparaison de différentes marques d'interphone unidirectionnel, à l'égard de leur qualité de retransmission.

Pour les enfants âgés de moins de dix-huit mois, des couchettes sont exigées; celles-ci doivent être sûres. En effet, des lits d'enfants mal conçus ont déjà provoqué la mort de plusieurs poupons[8]. Consommation et Corporation Canada, en vertu de la *Loi sur les produits dangereux*, a rendu les normes de fabrication de ces lits plus sévères afin qu'un minimum de contrôle soit exercé pour protéger les bébés. Il est important de choisir des lits qui répondent à ces normes de sécurité[9].

De plus, chaque enfant doit avoir son lit ou son matelas qui sera toujours installé au même endroit. Chacun aura aussi sa propre couverture et ses draps pour qu'il puisse s'habituer à leurs odeurs et ainsi dormir plus en confiance. Le nom de l'enfant sera apposé sur chacun de ces objets et ils seront rangés dans des cubicules séparés après la sieste. Il est important de s'assurer que les draps et couvertures sont en quantité suffisante et faciles d'entretien, car la literie doit être lavée souvent (au moins une fois par semaine).

Si un enfant mouille ou salit son lit pendant son sommeil, il faudra changer l'enfant et la literie dès qu'il sera réveillé et désinfecter son lit et/ou son matelas; chaque lit sera de toute façon désinfecté une fois par semaine. S'il arrive que deux enfants qui fréquentent la garderie à temps partiel utilisent le même lit à tour de rôle, il faut alors changer les draps et désinfecter le lit et le matelas à chaque fois qu'un nouvel enfant l'utilise.

La chaise berçante devrait faire partie de l'ameublement de chaque pouponnière. On pensera à la placer dans un coin suffisamment vaste et éloigné des aires d'activités pour éviter que des doigts et des orteils ne se coincent. Si l'espace est restreint, on pourra opter pour une chaise pliante qui se range facilement lorsqu'elle n'est pas utilisée.

Au moment de la sieste, la chaise berçante offre les mêmes avantages que le berceau en plus de procurer du plaisir à deux personnes à la fois : l'adulte et l'enfant. Pendant les bercements, les deux corps ne font qu'un, grâce au contact physique; souvent le rythme cardiaque et la respiration de l'adulte et de l'enfant sont synchronisés. La position assise permet aussi de tenir le petit corps contre soi de façon à lui communiquer chaleur et sécurité.

---

8. Les revues *Le Consommateur Canadien*, d'avril 1988, et *Protégez-Vous*, d'octobre 1986, font de bonnes descriptions en ce qui a trait à la sécurité, à la durabilité et à la commodité de certains lits d'enfants.
9. Ces normes sont décrites dans *Les enfants gardés... en sécurité*, publié par l'Office des services de garde à l'enfance, Les Publications du Québec, 1988.

Les accessoires de la couchette

Avant que le bébé ne puisse se déplacer, il vit dans un monde sensoriel et c'est à l'adulte de faire en sorte qu'il se trouve dans un environnement intéressant et stimulant. Au tout début, il découvre ses mains; il passe beaucoup de temps à les contempler, à les sucer, à les sentir. Avant qu'il ne puisse s'en servir, il n'a pas besoin d'objet, son corps et son environnement lui offrent tous les stimuli qui l'intéressent et dont il a besoin. Néanmoins, il existe plusieurs accessoires pour la couchette : mobiles, hochets, tableaux d'activités, etc., et on peut se demander s'ils sont nécessaires en milieu de garde.

Dans un service de qualité, l'enfant est mis dans sa couchette lorsqu'il est fatigué et prêt à dormir; il en est retiré peu après son réveil. Il est préférable de laisser l'enfant s'endormir dans son lit plutôt que de l'y déposer lorsqu'il est déjà endormi. Il est bon aussi de l'y laisser un peu au réveil s'il s'y sent bien. L'enfant peut alors se retrouver, profiter du silence pour pratiquer ses gazouillis, chose parfois difficile à faire en groupe, dans la salle de jeu. Cependant, l'enfant ne sera pas laissé dans son lit pendant de longues périodes une fois réveillé. Quand il s'y trouve, certains objets pourront être mis à sa disposition, d'autres non.

Les mobiles suspendus au-dessus du lit d'enfant, souvent composés de plusieurs éléments agréables à regarder, plaisent souvent plus à l'adulte qu'à l'enfant, car ils sont pour la plupart beaucoup moins mignons vus d'en dessous! De plus, si les jeunes enfants aiment les contrastes de formes et de couleurs, dans l'obscurité il devient impossible de les discerner. Si l'on veut quand même installer un mobile, il faut penser à la distance à laquelle on le place et à sa position par rapport à l'enfant. La vision des jeunes enfants se développe lentement et pour cette raison, il est suggéré de fixer le mobile à environ vingt centimètres d'eux. Il est de plus préférable de le placer à droite ou à gauche du bébé, car les poupons sont généralement plus intéressés par ce qui se passe sur les côtés qu'au plafond. Les mobiles deviennent plus intéressants lorsqu'ils peuvent servir de repères sonores (berceuses pour endormir). À la longue, le bébé fera le lien entre ce qu'il entend et le dodo; aux premières notes, il pourra commencer à se préparer psychologiquement à la sieste.

L'enfant est intéressé à son corps et le découvre. Aussi, son reflet dans un miroir l'aide beaucoup et il trouve très amusant de se voir. Le miroir idéal est en acier inoxydable, donc incassable. Il s'avère un accessoire utile pour l'enfant et apprécié. Le marché offre aussi le tableau d'activités, jeu où le bébé doit actionner une série de manettes et de boutons afin d'ouvrir une porte, de faire sonner une cloche, de faire tourner des balles dans une bulle, etc. Ce jeu étant très riche en stimuli, il est préférable de le garder pour la salle de jeu.

Les poupées en chiffon et les animaux en peluche, objets de transition très populaires qui apportent chaleur et sécurité et peuvent même apaiser l'enfant anxieux, peuvent être placés dans la couchette. Ce genre de jouet stimulera aussi plus souvent l'enfant à parler que tout autre jouet. Pour des raisons de sécurité, il est conseillé cependant de choisir ceux dont les traits sont brodés ou imprimés, car des boutons ou autres pièces risquent de se détacher et peuvent être avalés par le bébé qui a tendance à tout mettre dans sa bouche. En fait, on offrira à l'enfant des objets qui le calmeront et non des jouets qui l'exciteront puisqu'on le place dans son lit pour qu'il se repose et se retrouve avant de s'endormir.

Règles de sécurité minimales dans l'utilisation d'une couchette

- On déconseille l'utilisation de l'oreiller, car il peut entraîner la suffocation. De plus, l'enfant peut s'en servir comme marche pour sortir (tomber) de son lit. Un gros toutou et la bordure de protection présentent d'ailleurs le même danger.

- On doit coucher l'enfant sans biberon afin de prévenir la carie du biberon et les otites.

- Un enfant ne doit jamais être attaché dans son lit.

- Toute corde ou ficelle représente un danger d'étranglement. Les cordons des rideaux, stores ou toiles, ceux des sucettes accrochées au cou, les colliers ou les chaînes ne devraient pas se trouver dans la couchette ou trop près de celle-ci.

- On devrait veiller à ce que le lit soit loin d'une prise de courant, d'un cadre ou d'une affiche que l'enfant pourrait faire tomber, ou de tout autre objet pouvant représenter quelque danger.

- Les mobiles ou autres objets suspendus doivent être retirés aussitôt que l'enfant parvient à les atteindre, car il peut les mettre dans sa bouche ou autour de son cou.

3.2.4. La sieste à l'extérieur

Au Québec, on remarque que les jeunes bébés sont gardés à l'intérieur en tout temps. Pourtant il est bon de faire sortir les bébés et même de les faire dormir à l'extérieur en été comme en hiver. En hiver, la sieste à l'extérieur est très bénéfique : elle permet à l'enfant de refaire le plein d'air pur et de s'habituer au froid. Son corps ensuite accoutumé au froid résistera mieux aux infections. De plus, pendant que les enfants sont dehors, on peut bien aérer la pouponnière pour chasser l'humidité, les odeurs et éliminer les microbes. Afin de s'assurer que tout se déroule bien, on prendra certaines précautions. On peut s'inspirer alors des traditions russes et hongroises.

Pour faire dormir l'enfant à l'extérieur, il suffit d'aménager un espace extérieur adjacent à la pouponnière qui soit à l'abri du vent, du soleil, de la pluie et de la neige et qui puisse être sous surveillance constante. Les bébés seront aussi placés à l'écart des endroits passants, protégés des animaux curieux ou des ballons égarés et de tout bruit avoisinant. Des landaus serviront de couchettes et des moustiquaires pourront y être adaptées l'été.

Les premières siestes extérieures en hiver seront de courte durée pour que le corps de l'enfant s'adapte au changement d'environnement. Quand il fait très froid et que les bébés ne peuvent être exposés durant plusieurs heures à une température très basse, on les couchera sur des vérandas aux fenêtres ouvertes. Il faudra bien sûr veiller à ce qu'ils soient bien habillés.

Les vêtements que doit porter l'enfant pour la sieste à l'extérieur

Les vêtements portés par les bébés doivent être appropriés : souples, légers et permettant une bonne mobilité. L'été, une camisole et une couche suffiront souvent. Par contre, l'hiver, l'habit de neige tout d'une pièce ou le duvet à capuchon sont recommandés. La fermeture éclair de l'habit ou du duvet doit être très longue de manière à pouvoir glisser aisément le jeune bébé à l'intérieur. On doit aussi porter attention à la doublure du vêtement, qui devrait idéalement être en flanelle; à la souplesse du tissu et à sa résistance à l'eau. On choisira enfin un matériel qui respire pour assurer une meilleure aération.

Le marché propose des tissus faits à partir de fibres naturelles et synthétiques spécialement conçus pour éviter la transpiration et les coups de froid qui s'ensuivent. Une literie en même matériel est suggérée. Les journées froides, un long et ample sac de couchage laissant l'enfant libre dans ses mouvements pendant qu'il dort sera utilisé en plus de son habit de neige. Il existe même un chauffe-matelas pour éviter de coucher l'enfant sur un matelas froid. En toute saison, il faut vérifier si l'enfant est confortablement installé et à l'aise. On lui touchera le dos ou le ventre : la température de son corps doit être normale. S'il transpire, c'est qu'il a trop chaud.

3.3. L'hygiène corporelle

L'hygiène corporelle est aussi nécessaire et fondamentale que manger, boire et dormir. En effet, des soins constants et méticuleux diminuent les risques de maladie et de propagation des germes parmi les enfants. En milieu de garde, les soins d'hygiène corporelle occupent une place plus importante encore parce que les enfants sont en groupe. Plusieurs heures y sont consacrées dans une journée, surtout dans les groupes de poupons portant des couches. La plupart des précautions à prendre devraient cependant être respectées tout aussi scrupuleusement auprès de tous les groupes d'âge et ce, de façon plus rigoureuse encore lorsqu'il y a possibilité de contagion.

Dans cette section, nous verrons quelques-unes de ces mesures. On y expliquera d'abord comment bien laver les mains des enfants et les siennes. En ce qui concerne le changement de couche, nous verrons comment appliquer des mesures d'hygiène minutieuses pour enrayer les maladies et la contamination, comment se faciliter la tâche grâce à un matériel approprié et pourquoi l'interaction entre l'adulte et l'enfant devrait être prise en considération pendant ce moment. Nous traiterons enfin de l'apprentissage de la propreté, des signes qui nous montrent qu'un enfant est prêt à aller sur le petit pot, des interventions de l'adulte et du matériel utile à l'accomplissement de cette étape importante de la vie de l'enfant.

3.3.1. Le lavage des mains

Jusqu'à deux ans environ, les jeunes enfants partent à la découverte du monde avec leurs mains et leur bouche : c'est la phase orale. Tout ce qu'ils réussissent à attraper est aussitôt porté à la bouche peu importe qu'il s'agisse d'un jouet, d'une poussière ou de nourriture. Il est donc de première importance de garder la pouponnière propre, de désinfecter les jouets régulièrement et surtout de laver le visage et les mains des tout-petits plusieurs fois pendant la journée.

Afin de rendre l'opération « lavage des mains des enfants » efficace et agréable, la technique recommandée pour les plus jeunes est la suivante : tendre le bras de l'enfant et lui essuyer la main avec une débarbouillette mouillée d'eau tiède légèrement savonneuse. On veillera à ce que chaque enfant ait sa débarbouillette afin d'éviter la propagation des microbes. Si le jet d'eau semble intéresser l'enfant, on pourra lui laver les mains directement sous le robinet.

On pourra offrir aux enfants qui se lavent les mains sous le robinet le savon liquide qui est plus facile à utiliser et plus hygiénique que le pain de savon, et qui captive tant les enfants. Il est si amusant pour eux de se laver les mains avec du savon en distributeur qui sent bon et fait des bulles, qu'il sera facile de les initier à le faire seul et souvent. Un tablier de plastique et le retroussement des manches éviteront d'avoir à changer les enfants et à faire sécher les vêtements éclaboussés après le lavage. On pourra leur faciliter la tâche en plaçant un lavabo plus bas ou en mettant à leur disposition une petite marche pour y accéder.

Après le nettoyage, on veillera à bien assécher les petites mains. On devrait disposer pour ce faire de papier à main que l'éducatrice distribuera elle-même afin d'éviter que les enfants en utilisent trop. Il faudra aussi veiller à ce qu'ils ne le jettent pas dans la toilette après usage. Il est déconseillé d'utiliser une serviette commune parce que cela facilite la propagation des germes parmi les enfants. Les jeux d'eau favorisent la détente et l'apprentissage; il est bon de les encourager. On peut donc faire du lavage des mains un jeu plutôt qu'une corvée. S'il en est ainsi l'enfant en prendra l'habitude plus vite et plus facilement.

Tout adulte devrait aussi avoir l'habitude de se laver les mains régulièrement, celui qui vit avec des enfants particulièrement. Il est nécessaire de le faire avant de commencer à travailler, de toucher à de la nourriture; après avoir utilisé des produits de nettoyage; avant et après chaque changement de couche; après être allé à la toilette aussi bien qu'après s'être mouché, avoir éternué ou toussé, bref : après toute activité susceptible d'avoir infecté les mains. Cette habitude diminue les risques de contamination ou d'entrée en contact avec les bactéries, virus ou parasites.

Pour qu'un lavage de mains soit efficace, il faut enlever tous les bijoux, mouiller et savonner les mains, les poignets et les ongles, puis rincer à grande eau et bien assécher. Les produits de laboratoire modernes ne réussiront jamais à remplacer une technique adéquate de lavage.

3.3.2. Le changement de couche

Étant donné le grand nombre de fois où un bébé doit être changé de couche et le temps consacré à cette opération dans une journée, il vaut mieux en faire une activité agréable. Il est même souhaitable que les changements de couche deviennent des moments privilégiés au cours desquels s'approfondit la relation adulte-enfant puisqu'ils représentent quelques-uns des rares moments où une éducatrice peut être seule avec un bébé.

Il arrive malheureusement que ces soins prennent l'allure de routines répétitives desquelles tout geste personnalisé est exclu. C'est dommage, car à part le fait qu'un changement de couche est agréable physiquement pour l'enfant, il s'agit aussi d'un moment au cours duquel il peut apprendre à connaître son corps et où on peut avoir avec lui de bons contacts par des caresses, des échanges de regards et de paroles. Ce moment peut donc devenir très plaisant dans la mesure où l'éducatrice se montre chaleureuse, bienveillante et réceptive au plaisir de ces échanges (figure 3.9).

Pendant le changement de couche, l'enfant doit être considéré comme un partenaire et non comme un objet. Avant de langer l'enfant, on doit lui annoncer ce qu'on va faire. Il pourra alors se préparer à être changé, et voir que l'éducatrice fait de même. Un enfant à qui on demande l'avis répond la plupart du temps avec un sourire et en tendant les bras.

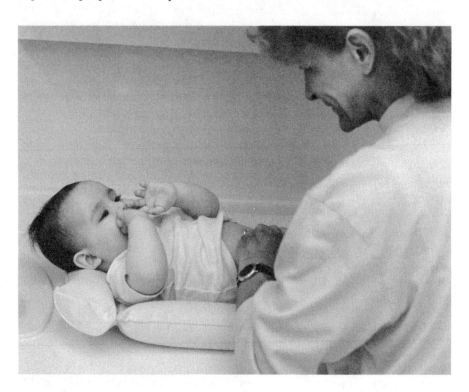

FIGURE 3.9
Quand le contact est chaleureux,
l'enfant apprécie le changement de couche.

Pendant le changement de couche, on peut lui annoncer ce qu'on va faire. Cette habitude développe un respect mutuel. Il est aussi possible de commenter les réactions de l'enfant : « Ah! Tu es bien comme ça! » On peut favoriser sa participation en lui permettant de faire des choix, on lui donne ainsi l'occasion d'exercer ses habiletés : « Aide-moi, lève ta jambe... ». Il faut que nos gestes et paroles encouragent sa coopération. Ses propres gestes deviendront alors de plus en plus volontaires, sa personnalité prendra forme, sa confiance en lui et son autonomie s'épanouiront. Cela suppose qu'on prenne le temps nécessaire pour que ce moment soit désiré et pour que l'enfant puisse participer. Lorsqu'on travaille avec une autre éducatrice, il devrait être entendu que celle-ci s'occupe de tout le reste du groupe afin que le changement de couche soit agréable.

L'aménagement du coin à langer

Le changement de couche est une opération simple en soi mais qui, pour des raisons d'hygiène, de sécurité et de confort, requiert une installation appropriée. Puisqu'on devra la répéter souvent pendant la journée, un équipement permanent et confortable devrait être prévu.

En service de garde, un comptoir est plus fonctionnel qu'un table à langer. Il ne devrait par ailleurs être utilisé que pour langer les enfants et être désinfecté après chaque usage. Enfin, il est recommandé de le recouvrir d'un papier que l'on jette après chaque changement de couche (du papier d'ordinateur recyclé fait très bien l'affaire).

Il est très important de faire en sorte que tout soit facilement accessible à partir du comptoir pour éviter les efforts et les déplacements pendant le changement de couche. Ce comptoir devrait donc être situé à proximité d'un lavabo, de la toilette, des cases personnelles, d'une poubelle et du matériel nécessaire (onguents, couches, débarbouillettes, désinfectant, sacs de plastique, distributrice de savon liquide, papier à mains, gants de plastique, etc.).

Pour des raisons hygiéniques, le lavabo devrait servir exclusivement pour les soins corporels. Un robinet à pédale ou à manette que l'on peut actionner avec le coude simplifie les manœuvres; si l'on doit l'ouvrir et le fermer avec ses mains, on doit prendre soin de toujours le faire avec un papier pour éviter d'y laisser des microbes. On devrait également disposer d'une poubelle à pédale facilement lavable et inaccessible aux enfants où l'on déposera les couches souillées, préalablement déposées dans un sac de plastique pour prévenir la contamination et les odeurs.

Il est également intéressant d'installer un miroir près du comptoir afin de permettre à l'éducatrice de surveiller le groupe même si elle a le dos tourné. Grâce à un miroir, elle peut effectuer une surveillance constante tout en gardant un contact intime avec l'enfant qu'elle change. Afin d'éviter toute chute, rappelons qu'il faut toujours garder une main sur l'enfant. Un harnais pour attacher l'enfant et un rebord pour éviter qu'il ne tombe en se retournant sont également nécessaires.

On pourra veiller à ce que le comptoir soit à une hauteur ergonomique afin de prévenir fatigue, courbatures et maux de dos. On pourra aussi installer de petites marches pour que l'enfant plus âgé puisse y monter seul. Cela favorisera le développement de leur motricité et de leur auto-nomie et protégera le dos de l'adulte. Une installation au sol conviendrait par ailleurs mieux à l'enfant qui bouge beaucoup. On peut aussi changer un enfant debout devant un lavabo à sa hauteur; il pourra alors s'amuser à se laver les mains après. Quel que soit le matériel choisi, il doit être sécuritaire et facile à désinfecter.

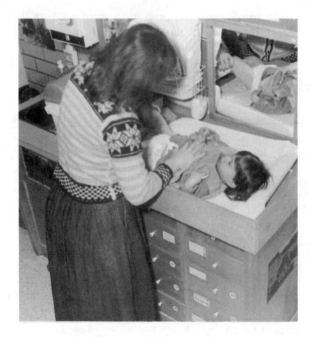

FIGURE 3.10
Une table à langer sécuritaire, confortable et très pratique.

Techniques hygiéniques de changement de couche

Certains signes, propres à chaque enfant, nous permettent de reconnaître le moment où il salit sa couche. En général, il cessera toute activité et, tôt ou tard, il fera savoir qu'il a besoin d'être changé : son comportement changera, il sera plus nerveux, il semblera mal à l'aise et, dans certains cas, il pleurera. Il est fortement recommandé de changer la couche le plus tôt possible après que le bébé l'ait salie. Il faut vérifier souvent la couche du bébé, qui pourra parfois paraître sèche même lorsqu'elle est mouillée, afin de prévenir les irritations cutanées susceptibles de se développer en particulier lorsque les fesses du bébé restent humides trop longtemps.

On n'insistera jamais assez sur le fait que les organes génitaux et le siège doivent être bien lavés à chaque changement de couche. Les plis fessiers doivent aussi être bien lavés et rincés, et ensuite minutieusement asséchés, sinon ils deviennent des lieux de prédilection pour les irritations et les infections.

Il serait bon de poser une affiche démontrant une technique à préconiser lors du changement de couche au-dessus de la table à langer afin d'assurer un suivi de la routine et une bonne hygiène en tout temps, même lorsque l'éducatrice se fait remplacer ou est aidée. Le tableau qui suit pourrait d'ailleurs être agrandi et servir d'affiche. On y explique les étapes d'un changement de couche, et les précautions supplémentaires qui doivent être prises en période de contagion y sont également indiquées.

Étapes d'un changement de couche

- Se laver les mains.

- Désinfecter la table et la couvrir d'une feuille de papier.

- S'assurer que tout le matériel nécessaire est à portée de la main (couches, débarbouillettes, vêtements propres, etc.)

- Déposer l'enfant sur la table à langer.

- Retirer les vêtements du bas et ceux qui sont souillés; au besoin, attacher l'enfant avec le harnais de sécurité.

- Enlever la couche utilisée en repliant sur elle-même la partie souillée; essuyer les fesses avec un coin propre de la couche; jeter les fèces dans la toilette.

- Laver les fesses et la région génitale de l'avant vers l'arrière et enlever complètement les résidus logés dans les replis de la peau avec un papier ou une débarbouillette humide, en se servant d'eau tiède, savonneuse au besoin. Déposer les débarbouillettes usagées dans un récipient fermé contenant une solution désinfectante. Si on utilise du papier, le jeter aussitôt après usage. On doit laver ainsi l'enfant à chaque changement de couche.

- Rincer la région génitale et les fesses à l'eau claire.

- Assécher complètement la peau avec une autre débarbouillette sèche en s'attardant dans les plis, car c'est principalement à ces endroits qu'apparaissent des irritations.

- Si la peau est irritée, appliquer un onguent anti-inflammatoire obtenu par ordonnance et appartenant à l'enfant.

- Mettre une couche propre. Si c'est un garçon diriger le pénis vers le bas, il risquera moins de mouiller ses vêtements.

- Rhabiller l'enfant et lui laver les mains.

- Jeter le papier recouvrant la table.

- Il est important de déposer les selles dans la cuvette plutôt qu'à la poubelle parce que les systèmes d'assainissement des eaux sont spécialement conçus pour détruire les bactéries et virus contenus dans les déchets humains.

- Mettre la couche de papier dans un sac de plastique et la jeter ou mettre la couche en tissu dans un récipient contenant une solution désinfectante.

- Désinfecter la table.

- Se laver les mains.

En période de contagion, on recommande de porter des gants de plastique et d'utiliser le Hibitane® pour la désinfection de la table et des mains. La Proviodine® est instable et certains enfants développent des allergies à l'iode.

Lorsque le changement de couche est terminé, il est bon de noter les informations qui pourraient être utiles aux autres éducatrices ainsi qu'aux parents, telles la quantité et la consistance des selles de chaque enfant. La prise en note de ces observations permet un meilleur suivi et facilite l'échange d'informations entre les éducatrices et les parents. Les parents peuvent aussi adopter ce moyen pour renseigner le personnel sur ce qui s'est passé à la maison; ces communications aident à connaître les habitudes de l'enfant de même qu'à bien en prendre soin.

Les problèmes cutanés

Les problèmes cutanés sont fréquents chez les enfants qui portent des couches. Ce sont leurs petites fesses douces qui subissent plus que leur part d'irritations et d'infections de la peau : érythème fessier, candidiase, etc. Ces problèmes se manifestent notamment aux endroits où il y a friction et dans les régions gardées humides. Des inflammations les accompagnent dans les zones anales et génitales. De plus, certaines de ces maladies ou irritations se propagent partout sur le corps de l'enfant.

Elles sont entre autres causées par l'urine, dont la forte concentration irrite la peau, et par les selles qui contiennent énormément de microbes, d'acidité et de matières alcalines, et dont la composition varie selon l'alimentation de l'enfant. Le fait que la peau d'un enfant soit mince et sèche favorise de plus ces éruptions.

Leurs manifestations sont pour le moins variées, mais l'érythème fessier est le plus courant. Il s'agit d'une irritation cutanée pouvant aller de la simple rougeur jusqu'à l'inflammation, aux écorchures et aux pustules. Il survient lorsque la peau est entamée par l'humidité et la friction ou lorsque l'enfant développe une allergie quelconque. Malgré la multitude de remèdes[10] qui prétendent soulager les bébés, la meilleure chose à faire est encore de laisser les fesses du bébé nues. Comme les conventions et la propreté en milieu de garde exigent le port de la couche, il est donc essentiel de prendre les moyens pour prévenir ou soulager ces éruptions.

La meilleure prévention contre l'érythème consiste d'abord à changer la couche du bébé aussitôt qu'il la mouille ou la souille et à bien assécher les fesses, particulièrement les plis cutanés, après les avoir bien lavées et avant de mettre à l'enfant une couche propre. Il faut aussi surveiller l'alimentation du bébé et arrêter de lui offrir un aliment qui semble être la cause d'une irritation. À cet égard, les aliments acides (tomates, agrumes, raisins) sont à surveiller plus particulièrement. Pour hâter la guérison de l'érythème, on appliquera certains onguents à l'oxyde de zinc qui sont efficaces et protègent les fesses de l'urine et des selles. En garderie, on exige cependant que ces onguents protecteurs soient prescrits par un médecin.

Un autre problème, plus difficile à contrôler et qui requiert un suivi médical, est la candidiase. Cette infection est causée par un champignon; ses symptômes ressemblent à ceux d'un érythème fessier, mais les irritations aux fesses sont accompagnées de lésions dans la bouche connues sous le nom de muguet.

La candidiase peut être une réaction aux médicaments antibiotiques. Chez les filles, les lésions à la vulve deviennent rouges et peuvent saigner si on les gratte. Cette infection est contagieuse, des mesures d'hygiène très strictes doivent donc être prises le plus rapidement possible[11]. Un lavage fréquent des mains des enfants et des adultes ainsi qu'une bonne technique de changement de couche (le port des gants jetables, par exemple) deviennent indispensables.

---

10. On trouvera dans la revue *Protégez-Vous*, d'octobre 1982, certaines recommandations à propos des préparations préventives et curatives en vente sur le marché.
11. On trouvera dans la revue *Petit à Petit* de mars 1987 une liste de certaines mesures préventives générales. On y souligne entre autres que le réfrigérateur peut parfois être un lieu d'infection.

Il faut éviter d'appliquer une lotion hydratante et de la poudre sur les fesses des bébés et cela pour plusieurs raisons. Leur parfum provoque souvent des allergies, ces produits bouchent les pores de la peau et favorisent la prolifération des bactéries en retenant l'humidité. De plus, la poudre s'agglomère dans les plis de la peau et forme une croûte qui peut causer de l'irritation et qui encourage la prolifération des champignons. En outre, les particules de poudre en suspension dans l'air peuvent être inhalées par l'enfant et causer des problèmes respiratoires. Des soins constants et attentifs seront toujours plus efficaces que n'importe quel produit, médicamenté ou non.

Le bain

Donner un bain en milieu de garde est indiqué lorsque, après une selle, un bon essuyage n'est pas suffisant et qu'un nettoyage complet des organes génitaux et du siège s'impose pour éliminer tout résidu de selles. Cette pratique est recommandée en période de contagion de certaines maladies. L'expérience du bain doit être agréable pour l'enfant et il doit en retirer de la satisfaction. À cette fin, il faut d'abord s'assurer que la pièce dans laquelle l'enfant sera déshabillé et lavé est à l'abri de tout courant d'air, que la température de l'air et de l'eau est confortable et, enfin, qu'on a tout le matériel nécessaire à portée de la main. On peut alors faire couler environ six centimètres d'eau tiède dans une petite baignoire ou dans l'évier. Il est bon de se rappeler qu'il faut immerger doucement l'enfant et ne jamais le mettre dans l'eau contre son gré : une peur de l'eau incontrôlable pourrait en résulter.

Il existe sur le marché un support se fixant au fond de la baignoire à l'aide de ventouses qui permet à l'enfant d'être solidement maintenu tout en procurant un maximum de sécurité. L'utilisation de ce support ne veut pas dire que l'adulte puisse relâcher sa surveillance, mais elle lui permettra de laver l'enfant sans avoir à le tenir. Les mouvements seront alors plus sûrs et plus souples et la baignade n'en sera que plus agréable puisque l'enfant pourra, de surcroît, participer à l'activité.

Lorsque le bain est terminé, il est très important d'assécher doucement le corps de l'enfant en portant une attention particulière aux plis de la peau. Lorsqu'il sera propre et sec, on pourra le langer et le rhabiller.

Les sortes de couche

Il existe maintenant sur le marché deux sortes de couche : la couche en papier, qui est la plus populaire, et celle en tissu qui est beaucoup moins chère pour les parents. La responsabilité de l'achat des couches et des frais d'entretien sera assumée par la pouponnière ou par les parents selon les endroits. Ce choix, qui relève de la politique de chaque pouponnière, sera souvent fait en fonction de facteurs tels le coût et la clientèle. Pour une garderie, le choix d'un type de couche est important, car il occasionne des frais considérables et demande une certaine organisation. On constate en effet qu'un enfant est langé approximativement sept mille fois au cours de sa vie de bébé : en pouponnière, cela fait beaucoup de couches!

Les couches en coton sont beaucoup plus abordables à l'achat que les couches jetables, mais en garderie on doit avoir recours à des services d'entretien qui, eux, coûtent cher. Ces entreprises spécialisées voient scrupuleusement à l'entretien des couches en tissu. Normalement, les couches sont stérilisées avec un bactéricide, lavées à l'eau bouillante et traitées aux enzymes afin d'adoucir le tissu. De plus, la plupart des établissements fournissent des récipients et un liquide de trempage qu'ils changent régulièrement.

Ces services offrent maintenant des couches de coton imperméables de différentes tailles, ne requérant aucune épingle ni culotte de plastique. Elles sont donc très sûres et on ne peut plus dire qu'elles représentent un danger de piqûre. De toute façon, quand on songe que des bébés se sont déjà étouffés en mangeant la bourre de leur couche jetable, on en conclut qu'avec des bébés, le meilleur moyen de prévenir les accidents reste encore la vigilance, quelle que soit la sorte de couche employée. Les couches en tissu présentent le désavantage de garder la peau de l'enfant humide quand elles sont mouillées. Aussi, quand un enfant porte ce type de couches, il est encore plus important de le changer aussitôt qu'il a mouillé ou souillé sa couche afin d'éviter tout risque d'irritations.

Pour plusieurs éducatrices, les couches jetables demeurent les plus pratiques. Leur coût varie selon le nombre d'enfants, la taille des couches et la marque. Quand on les utilise, il est conseillé de suivre les instructions qui peuvent varier d'un fabricant à un autre. Le marché des couches jetables offre une grande variété de tailles et diverses qualités de couche parmi lesquelles on choisira. Les bandes recollables qui permettent de vérifier et de refermer la couche sont appréciées. Ces couches surclassent aussi les couches de coton pour protéger la peau de l'enfant, car elles sont munies d'une bande qui absorbe l'humidité. Par contre, certains enfants font des allergies cutanées aux couches jetables : allergies au parfum, aux bandes adhésives, etc. Quand cela se produit, il faut consulter les parents et songer peut-être à changer de marque ou de sorte de couche[12].

---

12. Les revues *Protégez-vous*, de mai 1989, et *Le Consommateur Canadien*, d'août 1987, ont fait des études comparatives de différentes marques de couches.

Des regroupements pour la protection de l'environnement condamnent l'usage des couches jetables et encouragent l'usage des couches en tissu. Les spécialistes en écologie dénoncent en effet l'utilisation de ces couches qui ne sont pas biodégradables et constituent à elles seules une masse énorme de déchets. Les couches jetables biodégradables existent, elles sont chères et souvent difficiles à trouver. C'est pourquoi bon nombre de parents conscientisés utilisent les couches en tissu ou alternent les deux sortes de couche. Bien qu'on assiste à un certain retour aux couches en tissu, c'est un mouvement qui est loin d'être généralisé[13]. À chacune de décider ce qu'elle préfère en fonction de ses convictions, de celles des parents, du nombre d'enfants gardés, des ressources que lui offre son milieu et parfois de la tolérance du bébé.

L'habillage

Habiller un enfant peut être compliqué surtout lorsqu'il est très jeune. Ses membres sont souvent en mouvement ou pliés, ses poings sont fermés et sa tête semble plus grosse que les cols des vêtements : tout cela rend la tâche passablement difficile. Il y a pourtant moyen de faire de cette routine, qui revient après chaque changement de couche, un moment agréable pour les deux intéressés.

D'abord, l'éducatrice peut encourager la coopération de l'enfant en harmonisant ses gestes avec les siens. De cette façon, elle rencontrera moins d'opposition et s'apercevra que la durée des soins sera écourtée, que l'ambiance sera agréable et l'estime de l'enfant rehaussée. Ensuite, puisque c'est souvent par le jeu qu'on arrive à tout faire avec l'enfant, pour obtenir son accord, gagner sa confiance et son estime, l'éducatrice devra être très ingénieuse. Les jeux possibles au moment de l'habillage sont nombreux. Par exemple, on peut entrer notre main dans la manche ou la jambe du vêtement et amener l'enfant à y tendre la sienne. Pensons également au « cou-cou » ou autres jeux de cache-cache qui séduisent l'enfant. En exagérant ses expressions faciales, ses gestes, ses rires, ses paroles, on créera aussi une atmosphère de gaieté qui plaira à l'enfant qui se laissera faire sans problème. Les encouragements font aussi partie du jeu et aident l'enfant dans sa volonté de coopérer. Les contacts physiques chaleureux contribueront aussi à rendre ce moment agréable : il faut prendre son temps afin que l'enfant sente notre disponibilité.

---

13. Dans la revue *Châtelaine*, de mai 1991, on retrouve un article intitulé « Couches : la solution de rechange » dans lequel on compare la couche jetable et la couche de coton. On y signale également l'augmentation du nombre des compagnies offrant un service de lavage de couches au Québec.

Les habillages et déshabillages répétés et la maturation physiologique de l'enfant feront qu'il en arrivera à comprendre les gestes à faire et à les prévoir. Ses mouvements deviendront plus appropriés et, peu à peu, il gagnera de l'autonomie en ce domaine. Pour l'aider, il est important de lui faire porter des vêtements qu'il pourra manipuler facilement tout seul comme des chaussettes tubes (sans talon) ou des pantalons à taille élastique. Il faut aussi donner le temps à l'enfant de faire ses propres expériences et être conscient que certains apprennent vite et d'autres plus lentement. Afin de permettre à l'enfant de se pratiquer, on lui confiera les manipulations simples comme celles de mettre son chapeau, d'enlever ses bas, de déboutonner des boutons-pression, de retirer sa ceinture à crampons, de monter les fermetures éclair munies d'anneau, etc.

Quand l'enfant retire beaucoup de satisfaction à se débrouiller seul lors de l'habillage, une robe courte qui lui permet d'enlever facilement ses petites culottes est plus intéressante qu'une salopette, et un pantalon à taille élastique sera plus apprécié pour la même raison. À éviter donc, à cet âge, les vêtements d'intérieur ou d'extérieur en une pièce et tout dispositif compliqué à détacher.

Compte tenu du fait que pour l'enfant il est plus facile de se déshabiller que de s'habiller, l'éducatrice le laissera faire ses expériences de déshabillage avant la sieste ou en revenant de jouer dehors. Elle se montrera tolérante envers un enfant qui enlève toujours ses souliers et ses chaussettes puisque le déshabillage marque la première étape vers l'autonomie en matière d'habillage. L'éducatrice pourra aussi encourager l'apprentissage en décrivant systématiquement tous les gestes posés pendant l'habillage et en nommant les vêtements. Cela permettra à l'enfant d'associer une action à chaque vêtement tout en enrichissant son vocabulaire. Il serait bon de le laisser se pratiquer à mettre et à enlever des vêtements. Cet exercice lui permettra de concrétiser ce qu'il voit dans la vie, dans les livres et les catalogues, de renforcer les associations entre les vêtements et les gestes, les vêtements et les parties du corps ainsi que de comprendre l'usage précis de chaque vêtement.

Les jeux et les exercices d'habileté peuvent représenter d'autres excellentes activités qui permettront à l'enfant de développer ses compétences en ce domaine. En l'encourageant à jouer avec des jouets mous, à mettre des objets dans un trou (des sous dans une tirelire), à faire des colliers, à utiliser des vêtements imaginaires, à habiller une poupée, à jouer avec des épingles à linge, à manipuler des marionnettes, à bricoler, etc., on l'aide à développer sa motricité. D'autres jeux comme ceux qui consistent à enfiler un cerceau de la tête aux pieds, à dérouler un rouleau de papier pour en entourer son corps, les jeux d'imitation et les jeux devant un miroir, lui permettront de développer sa motricité globale. Plus l'enfant deviendra habile, plus il aura de facilité à effectuer les manipulations reliées à l'habillage et au déshabillage qui sont parfois assez complexes.

Quand on désire que l'enfant apprenne à s'habiller seul, il faut se rappeler que même l'enfant le plus coopératif n'a pas toujours l'habileté nécessaire pour tout faire seul, ni les pouvoirs cognitifs pour comprendre la logique des séquences de l'habillage. Différencier l'envers de l'endroit, le bas du haut, la gauche de la droite, etc., représente un apprentissage long et difficile pour tous les enfants. Il peut aussi arriver que l'enfant régresse soudainement. Cela s'explique par le fait que la plupart des enfants font leur apprentissage par bonds. Ils mettent tous leurs efforts et leur concentration sur une nouvelle acquisition, délaissant ainsi les autres. Cette attitude est cependant passagère et dure le temps que la nouveauté devienne une habitude. Il faut être compréhensif et ne pas croire que l'enfant fait des caprices.

Il est bon d'encourager chaque effort, aussi minime soit-il : « C'est bien, tu as déjà un pied dans ton pantalon, maintenant je vais t'aider à l'enfiler... » Il est aussi excellent d'expliquer pourquoi on s'habille ou on se déshabille. Par exemple, plutôt que de dire : « Bon, tu enfiles ton pantalon maintenant... », on peut dire : « On va aller dehors aussitôt que tu seras habillé. » Il faut avoir des attentes claires et réalistes, faire preuve de compréhension en ce qui a trait aux étapes d'acquisition en respectant les différences individuelles, afin que la confiance des enfants augmente. De cette façon, ils pourront franchir toutes les étapes, même les plus difficiles.

L'éducatrice doit par ailleurs, à l'occasion, sensibiliser certains parents au choix de vêtements convenables pour la garderie, leur demander de les marquer au nom de leur enfant et de s'assurer qu'il y a suffisamment de vêtements de rechange. Il est préférable d'habiller l'enfant avec des vêtements qui épousent la forme de son corps afin qu'il soit à l'aise dans ses mouvements et ses déplacements. Pour le nourrisson, les dormeuses en ratine extensible munies de boutons-pression ou d'une fermeture éclair à l'avant et à l'entrejambe sont à la fois pratiques et confortables bien qu'il faille être vigilant en remontant les curseurs des fermetures à glissière pour ne pas coincer la peau de l'enfant.

Les vêtements doivent être faciles d'entretien, faciles à attacher, à enfiler et à retirer, car rares sont les enfants qui se laissent habiller sans rechigner lorsqu'il s'agit, par exemple, d'enfiler un chandail trop serré. Il est préférable d'habiller les tout-petits avec des vêtements un peu plus grands, aux manches larges et au col bien dégagé. Ils s'y sentiront plus à l'aise et l'habillage sera un moment agréable pour tout le monde. Certains enfants ont la peau très sensible et sont irrités par certains tissus comme la laine, par exemple. Il faut en tenir compte et veiller à ce qu'ils soient confortables.

Le choix des chaussures

Le choix des chaussures dépendra des capacités motrices de l'enfant ainsi que de la température ambiante. Il est préférable que le bébé ait les pieds nus le plus souvent possible. Cela permet aux pieds de grandir aisément, sans contrainte, et permet à l'enfant de vivre pleinement la sensation de ses pieds. C'est seulement lorsqu'il se déplace à quatre pattes qu'on a intérêt à lui protéger les pieds avec des chaussures. Quand l'enfant veut se lever, les chaussures risquent cependant de le faire glisser et il est suggéré de les lui retirer. Lorsqu'il commencera à marcher, des bottines antidérapantes protégeront la plante de ses pieds. Les chaussures doivent lui permettre de se lever facilement et de descendre en position accroupie. Comme pour les vêtements, il faut choisir des chaussures faciles à mettre et à enlever pour que l'enfant puisse le faire lui-même. À cet égard, il vaudra mieux se procurer des chaussures attachées au moyen de bandes Velcro plutôt qu'avec des lacets que l'enfant ne peut nouer seul et qui peuvent représenter un danger d'étouffement. Afin d'aider l'enfant à apprendre à mettre ses chaussures, on pourra les lui enfiler toujours dans le même ordre, en commençant par la chaussure du pied gauche, par exemple.

3.3.3. L'apprentissage de la propreté

L'apprentissage de la propreté représente une des étapes importantes de la démarche d'un enfant vers son autonomie. C'est pendant cette période qu'il prend conscience de son corps et apprend à le contrôler. Cet apprentissage devient possible lorsqu'il a atteint un certain stade de développement physiologique et psychologique. Elle affecte en général de façon importante et les enfants et les adultes. Nous verrons comment repérer le moment où l'enfant est prêt à délaisser les couches, quelles sont les interventions souhaitables de l'adulte et comment encourager l'enfant grâce à un matériel et un aménagement adaptés.

Les signes révélant que l'enfant est prêt

Théoriquement, vers deux ans la plupart des enfants sont biologiquement prêts à délaisser les couches. Il ne s'agit cependant pas d'une règle absolue;

encore une fois, il faut plutôt être attentif au rythme de chacun et non à l'âge et ne pas presser les enfants. De toute façon, en général, plus l'entraînement débute tard, plus ils apprennent vite.

D'abord, l'enfant doit être physiologiquement prêt à contrôler ses envies. Chez le très jeune enfant, l'élimination des déchets du corps est un acte involontaire. Pendant la première année et demie de vie, les muscles qui ferment l'anus et la vessie et permettent de retenir ou de laisser partir les selles ou l'urine s'ouvrent automatiquement quand la vessie ou les intestins sont pleins. Ce n'est que peu à peu que l'enfant apprend à contracter et à relâcher ses muscles. Il est important qu'il ait la capacité de retenir, de pousser et d'expulser à volonté avant de commencer à le mettre sur le pot. De plus, tant que l'enfant ne voit pas son pipi au moment où il le fait, ses sensations et le liquide jaune, le sien ou celui d'un autre, sont deux choses différentes. Ce n'est que lorsqu'il se verra uriner par terre ou qu'il fera caca dans son bain, par exemple, qu'il comprendra que les sensations qu'il éprouve ont pour résultat un liquide et des excréments.

Il faut aussi savoir que les enfants perçoivent le passage des selles avant celui de l'urine. Ils ressentent l'envie d'aller à la selle fortement et distinctement et même peuvent éprouver de la douleur, puisque les contractions de l'intestin peuvent occasionner des crampes et parfois des gaz. On remarque souvent qu'ils changent d'humeur quand ils ressentent cet envie. Puis, on les voit l'air absorbé et immobile et quand ils forcent, ils deviennent crispés et rouges. Plus le menu de l'enfant se rapproche de celui de l'adulte, plus ses selles durcissent et sont ainsi faciles à contrôler. Pour ce qui est d'uriner, c'est différent puisque les sensations sont moins fortes et les mictions plus fréquentes. L'enfant qui commence à être propre aura donc plus de difficultés à retenir une envie d'uriner qu'une envie d'aller à la selle. Cependant, si durant la première année la vessie se vide en moyenne une fois l'heure parce que l'enfant boit beaucoup, peu à peu, le menu changeant et la capacité vésicale augmentant, le besoin d'uriner devient moins fréquent et plus régulier donc plus facile à prévoir. Un enfant peut délaisser les couches quand sa couche reste sèche pendant au moins deux heures.

Pour que l'apprentissage démarre, il faut aussi que l'enfant y soit psychologiquement disposé. L'enfant qui est prêt se montre intéressé à s'habiller et à se déshabiller seul, à enlever lui-même sa couche, etc. Il manifeste aussi un vif intérêt à montrer ce qu'il peut faire à l'adulte. Il est fier de ses réalisations et elles sont pour lui une preuve d'indépendance, la preuve qu'il est capable d'agir seul. Dans son besoin d'amour, c'est aussi sa façon à lui de dire à l'adulte : « Regarde ce que je suis capable de faire pour te plaire. » Cet enfant voudra de plus être au sec, confortable et propre et il manifestera son désir. Durant la deuxième année, la priorité est accordée à la marche : une excitante découverte qui fait de l'enfant un explorateur insatiable. Puis, la nouveauté s'estompe et l'intérêt aussi : finies les courses folles à gauche et à droite. Un souci d'ordre et d'organisation qui amène l'enfant à des activités plus stationnaires apparaît ensuite. Dès lors, ses activités sont moins dispersées et il se concentre davantage quand il joue. Il pourra aussi mieux se concentrer sur les signaux que lui envoie son corps quand il a envie. Ce changement d'attitude va de pair avec l'apprentissage de la propreté.

On verra aussi cet enfant faire les liens de cause à effet : il érigera des tours avec ses blocs pour aussitôt les faire tomber avec grand fracas; il sera fasciné par les commandes mécaniques ou électriques aux effets sonores ou visuels tels les boutons de sonnettes, les commutateurs, etc. C'est l'âge des expériences. Le transvidage des liquides d'un contenant à l'autre est aussi l'un des jeux auxquels il prend beaucoup plaisir : le lait dans le jus, le jus dans les céréales, etc. Mine de rien, l'enfant se prépare ainsi à comprendre que la vessie est elle aussi un contenant qui se vide dans un autre.

Sur le plan cognitif, la parole prend de plus en plus de place. Le langage de l'enfant s'étend aux nouvelles sphères d'activités, il dit chaque jour de nouveaux mots. Son besoin de communiquer le pousse à nommer ce qu'il voit et ce qu'il ressent. Lors de l'entraînement à la toilette, il aura d'ailleurs besoin de mots pour apprendre ce qui se passe.

La vie de groupe présente des avantages et des désavantages lors de cet apprentissage. D'abord, l'enfant apprend beaucoup par imitation. En voyant ses amis aller sur le pot, il voudra en faire autant et peut-être apprendra-t-il plus tôt. Cependant, il est également possible dans un groupe qu'un enfant devienne la cible de quelques moqueries parce qu'il lui est arrivé un « accident ». Un camarade qui vient de franchir cette étape pourra projeter sur le moins avancé les frustrations qu'il a connues. L'éducatrice aura alors à intervenir pour éviter que cette situation embarrassante ne se prolonge pour l'enfant.

L'adulte devra enfin être conscient que certains facteurs influenceront de façon particulière chaque enfant. Les milieux affectif, social et culturel de l'enfant seront déterminants quant à son attitude face à ses excréments, face à la propreté, au besoin d'être au sec tout comme son propre caractère. De plus, les enfants souffrant d'allergies aux couches ou ayant des problèmes de peau feront peut-être leur apprentissage plus vite que les autres et ceux qui portent des couches de tissu aussi parce qu'elles ne le gardent pas au sec quand il urine. Le rôle de l'adulte consistera donc à noter les particularités de chacun pour les respecter pendant l'apprentissage.

Parfois, nos attentes dépassent les capacités de l'enfant. S'il a plusieurs « accidents », s'il semble anxieux, s'il devient méticuleux à l'extrême ou si, au contraire, il manifeste une répugnance excessive à l'égard des saletés, c'est sans doute qu'il n'est pas prêt. Dans ces moments, l'enfant a besoin de compréhension. Son inaptitude à se contrôler peut blesser son amour-propre et affecter son assurance. Son autonomie est alors menacée. Un attitude punitive peut paradoxalement inviter à la récidive. Une attitude trop intransigeante pourrait avoir comme extrême conséquence le développement d'une fixation chez l'enfant. Pour cette raison, il est préférable de suivre le rythme de chaque enfant. Si l'enfant régresse, il est conseillé d'arrêter l'apprentissage et de le reprendre quand il en manifestera de nouveau le désir.

Résumé des signes de maturation

Signes physiologiques

- La couche reste sèche pendant au moins deux heures.

- L'enfant reste assis, sans appui, au moins dix minutes.

- L'enfant est capable de monter une échelle de trois échelons.

- Assis, accroupi, il se relève.

- Le menu de l'enfant ressemble de plus en plus à celui de l'adulte.

Signes psychologiques

- L'enfant se montre inconfortable quand la couche est mouillée.

- L'enfant le démontre quand il est souillé.

- L'enfant utilise des mots simples associés à l'entraînement.

- L'enfant exprime son envie de s'habiller et de se déshabiller seul.

- L'enfant veut voir et imiter les autres qui vont à la toilette.

- L'enfant veut enlever sa couche et porter des culottes.

- L'enfant veut être propre et accepte plus facilement qu'on lui lave la figure et les mains.

- L'enfant veut plaire à l'adulte, il vient lui montrer ses accomplissements et ses jeux.

- L'enfant aime à transvider (l'eau, le sable, etc.).

- L'enfant aime le jeu de cause à effet.

- L'enfant est plus concentré dans ses jeux.

- L'enfant accepte de jouer seul plus longuement et plus souvent.

Les interventions de l'adulte

On l'a dit, le rôle de l'adulte n'est pas de pousser l'enfant à devenir propre rapidement. Il doit cependant l'encourager, le comprendre et le soutenir dans son apprentissage. L'enfant a un grand besoin de lui dans cette circonstance, il a besoin d'un soutien particulier.

C'est d'abord avec respect et douceur que l'on habituera l'enfant à utiliser la toilette en le laissant d'abord actionner la chasse d'eau à volonté s'il le souhaite, pour le rassurer sur le bruit de l'« engin ». On pourra même l'initier aux notions de plomberie. Certaines précautions seront prises; ainsi on attendra avant de tirer la chasse d'eau que l'enfant ne soit plus sur la toilette et on le laissera faire lui-même.

Ensuite, il faut savoir que l'enfant ne réagit pas comme l'adulte devant son pipi et ses excréments. Le dégoût qu'inspirent les excréments aux adultes est un des motifs qui les poussent à souhaiter qu'un enfant soit propre plus vite. On a l'habitude de considérer que ce que notre corps rejette est sale, nos excréments plus particulièrement, à cause entre autres de leur odeur. L'enfant est sensible à ces réactions. Cependant, ignorant les règles sociales, il ne comprend pas la répulsion qu'éprouvent les adultes devant ses selles. L'enfant qui commence à être propre montre au contraire pour ses produits d'élimination le même intérêt que pour tout autre découverte. Il peut éprouver à la fois de l'inquiétude et de la curiosité, mais il aime ses excréments. Il s'intéresse à ce qu'ils sentent, à leur couleur et à leur texture. Curieux, il voudra y toucher et même y goûter. Il voudra jouer avec ses pipis et cacas, les tripoter ou en mettre sur les murs. De plus, pour lui, il s'agit d'un cadeau offert à l'adulte qui lui demande d'utiliser la toilette, alors il trouve bizarre que ce dernier tourne la tête, jette son cadeau et lui interdise d'y toucher.

Si l'adulte affiche trop sa répugnance, l'enfant pourrait éventuellement développer une aversion pour ses excréments et, par extension, pour ses organes génitaux. En poursuivant le raisonnement à l'extrême, son sexe pourrait devenir pour lui un objet de honte, d'où des problèmes d'identification et plus tard d'estime de soi. L'apprentissage sera facilité dans la mesure où l'adulte sera ouvert et attentif à ce que l'enfant vit. Plutôt que de mettre l'accent sur l'aspect répugnant de ces jeux, l'adulte averti pourrait fournir à l'enfant le matériel acceptable pour satisfaire ses goûts exploratoires : jeux d'eau, de boue, de glaise et de peinture avec les doigts, etc.

L'adulte devra aussi fournir à l'enfant le vocabulaire nécessaire pour s'exprimer sur le sujet; un vocabulaire simple et sans ambiguïté. Ainsi, il est facile de lui apprendre les mots pipi et caca, mais pour qu'ils aient un sens, il faut aussi les dire au bon moment. Par exemple, un enfant se trémousse, devient soudainement silencieux alors qu'il jouait avec entrain, il s'immobilise, a le regard vague et la main posée sur son sexe : il a envie. L'adulte qui l'observe peut alors lui suggérer : « Oh! Il y a un pipi qui s'en vient! » Cette formulation représente bien ce que l'enfant vit. Parfois, il vous dira que le pipi arrive. Il ne sait pas trop d'où il part, mais il sait qu'il est en chemin. Il comprendra donc immédiatement ce que l'adulte veut dire. Les mots lui servent à reconnaître et à situer ses sensations. Son vocabulaire étant limité, chaque mot a une signification étendue : au mot pipi peut être associée une contraction musculaire suivie d'un relâchement, puis d'une sensation de chaleur et d'humidité.

On évitera par contre de dire :« As-tu envie? » Ses yeux répondront : « Envie de quoi? Jouer, manger, dormir? » Ce n'est pas le temps non plus de vouloir faire distingué en employant des mots tels que « aller à la selle » ou « uriner » qui ne fait pas partie du langage enfantin et qui entourent ces actes de mystère. La connotation vulgaire que l'on porte aux mots comme pipi et caca n'appartient d'ailleurs qu'aux adultes; l'enfant est complètement étranger à cette pudicité. Quand il aura compris qu'il peut jouer avec les mots, il utilisera ce genre de mots à profusion, non pas tant pour exprimer ce qu'il pense, mais pour provoquer des réactions. On le verra alors se tordre de rire à la simple évocation du mot caca.

Quand on parle de dire les bons mots au bon moment cela inclut aussi les encouragements. L'enfant doit se sentir soutenu dans son apprentissage. Un manque de soutien peut être ressenti par lui comme un manque d'intérêt. Au tout début, il ne faut pas imposer le port de la couche à un enfant qui ne veut plus en mettre. On pourrait ainsi lui transmettre un doute quant à ses capacités de se contrôler. Le moment est au contraire venu de lui prouver qu'on lui fait confiance en lui permettant de porter des culottes. Il s'agit d'un façon de le valoriser. Les culottes de transition en tissu éponge et doublées de plastique sont intéressantes dans ces circonstances, car elles permettent de limiter les dégâts. En outre, faire un caca dans un pot ou une toilette, c'est quelque chose pour un enfant : c'est une extension de lui-même qui se retrouve là et il en est fier. L'intérêt que l'on a démontré alors qu'il se tortillait doit donc se poursuivre après qu'il ait utilisé le pot ou la toilette. Cela lui prouvera que l'on a reconnu sa bonne volonté, et il se sentira par le fait même récompensé. Cependant, les démonstrations exagérées devraient être évitées. Le danger de trop attirer l'attention de l'enfant sur ses productions est que celui-ci pourrait retenir ses selles dans certaines circonstances pour manipuler l'adulte. Il suffit donc simplement de faire réaliser à l'enfant le confort d'être au sec et propre.

Lors de l'apprentissage de la propreté, le tout-petit qui partage son temps entre la maison et la garderie a besoin d'être particulièrement bien suivi par les adultes qui l'entourent dans ces deux milieux différents. Il est souhaitable que parents et éducatrices adoptent des attitudes semblables dans la mesure du possible. Ils devraient s'informer mutuellement du suivi et des progrès effectués par l'enfant afin que l'apprentissage se fasse dans le même esprit à la maison et à la garderie. Ils devraient se mettre d'accord sur les méthodes employées, les mots utilisés, les trucs, discuter des différences culturelles, etc. Les attentes des unes comme des autres doivent être réalistes et réalisables. Tous en tireront profit. L'enfant se sentira alors plus en confiance. L'entraînement à la toilette sera d'autant plus rapide et aisé s'il se fait dans un environnement affectif chaleureux et harmonieux.

Il est important de souligner toutefois que l'investissement peut être très différent suivant que l'on est parent ou éducatrice. Les parents peuvent avoir des réactions émotives : leur enfant est le plus beau, le plus fin, le meilleur en tout. La comparaison avec les autres enfants peut donc être tentante et ses effets ne favorisent pas toujours le bien-être de l'enfant. En voulant trop pousser leur enfant, des parents exercent parfois une pression trop grande. De plus, certains parents ont très hâte d'arrêter d'acheter des couches qui leur coûtent très cher; la charge émotive n'est pas la même chez les éducatrices mais elle existe aussi. En principe, elles possèdent cependant le bagage pour adopter une attitude appropriée avec l'enfant.

L'étape de la propreté est remplie de nouveautés pour l'enfant. Elle représente un apprentissage important à acquérir en peu de temps et l'enfant le ressent. Or, il jouit d'un excellent outil pour apprendre : le jeu. Son petit pot pourrait bien d'ailleurs perdre sa fonction première si l'adulte laisse le jeune créateur utiliser son imagination : « N'avez-vous pas vu le nouveau chapeau de ma poupée? » Un petit pot jouet permettra à l'enfant de faire vivre à sa poupée ce que lui-même est en train de traverser.

On peut par exemple inviter l'enfant à installer sa poupée ou son toutou sur un autre pot à côté de lui. Certaines poupées font pipi; il en existe aussi, de fabrication artisanale, qui font caca. L'important est que l'enfant puisse projeter dans son compagnon ou sa compagne ce qu'il vit, lui mettre des couches, lui enseigner la propreté, le ou la chicaner peut-être. On pourra aussi laisser l'enfant s'entourer de jouets quand il est sur le pot. Il existe, par exemple, des petits livres plastifiés. Il est important de s'assurer que les jouets sont lavables et appropriés (la brosse à dents, c'est pour les dents!). Il est préférable d'avoir deux petits pots : un pour jouer et l'autre pour aller à la toilette afin d'entretenir le plus possible le lien pipi-caca-pot.

Malgré toute la bonne volonté des adultes, des pressions peuvent créer une tension chez l'enfant en plein apprentissage. Des périodes de régression peuvent immédiatement suivre une période de progrès. Cela n'est ni dramatique ni irrécupérable. Elles peuvent être attribuables à une perte de contrôle temporaire causée par la maladie, à la prise de médicaments, au stress, à un déménagement, à une séparation, à la naissance d'un petit frère, à un changement d'alimentation, etc. Un enfant peut aussi « oublier » d'aller à la toilette parce qu'il est occupé à jouer ou ne pas avoir le temps de se rendre à la salle de bains parce qu'il est pris dans un habit de neige ou porte des vêtements difficiles à retirer, etc. Ensemble, famille et éducatrice, devraient chercher les causes de la régression pour réconforter l'enfant et l'encourager en douceur plutôt que de le disputer trop sévèrement.

Certains enfants retiendront leurs selles, ce qui provoque une constipation passagère. On a rarement recours à des médicaments pour régler ce problème. Il vaut mieux déceler ce qui le provoque et offrir des aliments riches en fibres, du jus de raisins ou de pruneaux. L'alimentation est déterminante et les intestins réagiront selon ce qui a été ingéré. L'enfant constipé a le plus souvent simplement besoin de compréhension et exprime de cette façon une certaine insécurité.

Doit-on montrer aux garçons à uriner assis ou debout?

On l'a vu, l'enfant apprend par imitation. Il lui apparaîtra donc plus naturel de faire pipi comme les autres garçons. Ce sera pour lui un stimulant supplémentaire qui l'aidera à s'identifier aux personnes de sexe masculin. Il est à noter, cependant, que son manque de précision pourra entraîner des rondes d'entretien plus fréquentes et qu'il est préférable d'introduire cette étape quand il aura contrôlé ses selles, sans quoi il pourrait essayer de faire tous ses besoins debout. Il est à remarquer que les filles aussi pourraient se livrer à certaines expériences : cela semble tellement pratique!

On ne peut pas toujours choisir le moment idéal pour amorcer l'apprentissage, mais il faut être conscient des facteurs inhérents aux saisons. L'été est une période favorable parce qu'il y a moins d'enfants à la garderie en raison des vacances. Les éducatrices sont alors plus disponibles pour répondre aux besoins individuels des enfants. Pour des raisons d'hygiène, on déconseille de laisser les bébés fesses nues en garderie, sauf à la piscine. Si un enfant a un « accident » alors qu'il est nu dehors, la réaction de l'adulte devra être plus encourageante que s'il avait fait pipi sur le tapis du salon. Ce sera cependant l'occasion d'aborder le sujet de la propreté : « Bientôt, tu apprendras à faire pipi dans la toilette, comme les grands... ».

L'automne est souvent une période d'adaptation, c'est la rentrée. On accueille de nouveaux enfants, il y a de la perturbation dans l'air. Ce n'est pas la peine d'en ajouter en commençant l'apprentissage de la propreté. Par contre, l'hiver, les enfants se connaissent entre eux et sont familiers avec les éducatrices, c'est un moment propice à l'apprentissage même si les habits de neige peuvent parfois rendre la chose difficile.

On peut enfin remarquer que même lorsque tout se passe bien à la garderie et à la maison, l'enfant s'oublie en visite ou lors d'une sortie à la piscine, par exemple. Dans ces circonstances, il est bon d'offrir à celui qui débute son apprentissage le choix entre le port de la couche ou des culottes. On peut aussi amener avec nous un petit pot de « secours ». En arrivant sur les lieux de la visite, on ira montrer la salle de bain à l'enfant déjà habitué à utiliser la toilette, on pourra actionner la chasse d'eau pour lui montrer comment elle fonctionne. Si l'enfant n'est pas habitué à la grande toilette et qu'il a peur, l'adulte qui l'accompagne pourra le tenir pendant qu'il fait pipi ou, mieux encore, l'asseoir face au mur pour un meilleur équilibre. L'enfant pourra être gêné ou mal à l'aise dans une nouvelle salle de bain, ce qui nuit à sa concentration. Il faut surtout éviter de se montrer impatient et plutôt le stimuler un peu en ouvrant le robinet.

Le matériel et l'aménagement de la salle de bain

Lors de l'entraînement à la propreté, il ne faut jamais perdre de vue que l'enfant est au centre des choses et que son autonomie est visée. Il faut donc se procurer les accessoires spécialement conçus pour faciliter la tâche de l'enfant et lui rendre cet apprentissage agréable.

Habituer un enfant à la toilette dès le début, sans passer par le pot, offre l'avantage d'une adaptation définitive. Cela évite aussi d'avoir à se promener avec le pot et son contenu et diminue donc les risques de propagation de bactéries. Cependant, lorsque les installations, toilettes et lavabos, ne sont pas adaptées aux enfants, le pot devient nécessaire.

La stratégie du petit pot consiste à offrir à l'enfant un maximum de sécurité et d'indépendance de telle sorte qu'il développe l'habitude de la propreté en toute quiétude. Ajoutons que le pot le laisse entièrement libre d'aller et venir à volonté, ce qui élimine bien des contraintes inutiles. On retrouve sur le marché une grande variété de sièges-pots en plastique de toutes les couleurs, avec ou sans couvercle, monobloc ou en plusieurs pièces amovibles telles une garde à l'avant pour les garçons et une cuvette. Un récipient amovible permet par ailleurs de se conformer aux règles élémentaires d'hygiène.

Il est essentiel de désinfecter le pot immédiatement après chaque usage, car les enfants sont très vulnérables aux infections urinaires. Dans certains services de garde, on demande aux parents de fournir le pot. L'éducatrice peut alors suggérer que l'enfant participe à l'achat. Cela le concerne directement et sa participation, en plus de le préparer psychologiquement, est un bon gage de sa coopération future. Lors de l'achat du petit pot, les critères de qualité à rechercher sont des sièges aux rebords larges pour plus de confort, une stabilité à toute épreuve, et la facilité d'entretien.

Pour des raisons évidentes, il n'est pas toujours judicieux de commencer l'entraînement directement sur une toilette de grandeur standard. D'abord, l'enfant la voit comme un trou dans lequel il peut tomber : ses petites fesses prennent bien peu de place sur le siège et il est difficile de trouver un appui confortable et sûr. Les sièges adaptables, même s'ils sont sécuritaires et permettent à l'enfant d'être confortable, ne résolvent pas le problème de la hauteur qui limite l'enfant dans sa quête d'autonomie.

Il existe cependant sur le marché, à prix raisonnable, un escalier siège qui s'adapte à nos toilettes standard et peut supporter jusqu'à dix-sept kilos (figure 3.11). Il est offert dans un choix de couleurs vives, se plie, et il est muni de crochets pour faciliter le rangement. La fabrication est sûre et de première qualité, et les enfants peuvent s'y installer seuls sans difficulté. Il s'avère un outil intéressant quand les toilettes ne sont pas adaptées aux enfants. Dans les garderies, on utilise le petit pot ou la toilette, et il n'est pas rare de retrouver les deux quand il y a des enfants de tous âges. Les toilettes sont habituellement adaptées aux enfants, c'est-à-dire plus basses et plus petites que les toilettes standard.

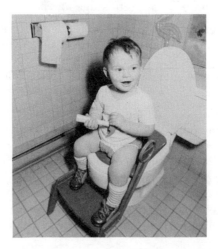

FIGURE 3.11
Un escalier siège pour l'apprentissage de la propreté.

Puisqu'on tente d'inculquer des habitudes aux enfants, la salle de bain semble l'endroit indiqué pour placer le pot. Cependant, si elle est au deuxième étage, dans le fond d'un corridor sombre ou que l'espace y est restreint, on le placera bien sûr ailleurs. Pour ne pas désorienter l'enfant, il vaut mieux choisir un emplacement précis plutôt que de se promener d'une place à l'autre avec le pot. Il faut choisir un endroit calme et accessible où l'enfant ira sans crainte ni sentiment d'exclusion parce qu'il y fait noir ou parce que le décor est moche, l'endroit mal aéré, le carrelage froid, etc.

Certains enfants ont besoin de plus d'intimité que les autres. Si on ne respecte pas cela, on risque de les rendre réfractaires à l'usage du pot ou de la toilette. Il faudrait donc prévoir une salle fermée pour la toilette. Il faut aussi s'assurer d'un bon éclairage en tout temps et que le plancher de la salle de bain soit facilement lavable. Pour des raisons pratiques et sanitaires, on pourrait, par ailleurs, installer la table à langer près de la salle de bain afin de garder un œil sur tout ce beau monde.

• Résumé •

Répondre aux besoins physiologiques des bébés représente beaucoup plus que d'assurer leur survie. En fait, l'autonomie éducative auprès des bébés va au-delà de l'acquisition de l'autonomie quant à l'alimentation, au sommeil et à la propreté : elle vise d'abord et avant tout l'apprentissage de l'amour des autres et de l'amour de soi.

Pour y parvenir, la continuité est essentielle. Elle est possible lorsqu'on assure à l'enfant des relations affectives stables à la pouponnière, quand c'est la même éducatrice qui le fait manger, l'endort, le lange… Une autre manière d'assurer la continuité des soins, est d'avoir un bon contact avec les parents grâce à des échanges fréquents. Une communication ouverte et maintenue tout au long du séjour en pouponnière permettra de mieux répondre aux besoins de chaque enfant et d'en faire un être épanoui.

Bibliographie

BRAZELTON, T. Berry. *Votre enfant est unique au monde*, Paris, Éd. Albin Michel, 1977.

DAVID, M. et G. APPEL. *Loczy ou le maternage insolite*, Paris, Éd. du Scarabée C.E.M.E.A., 1973.

EINSENBERG A., H. MURKOFF et S. HATHAWAY. *What to Expect the First Year*, New York, Workman Publishing, 1989.

GONZALEZ-MENA J. et D. WIDMEYER-EYER. *Infancy and Caregiving*, California, Mayfield Publishing, 1980.

GONZALEZ-MENA J. et D. WIDMEYER-EYER. *Infants, Toddlers and Caregivers*, California, Mayfield Publishing, 1989.

GOUVERNEMENT DU CANADA. *Alimentation du bébé : Solutions pratiques à des problèmes nutritionnels*, ministère de la Santé nationale et du Bien-être social, 1986.

LAGACÉ-LAMBERT, Louise. *Comment nourrir son enfant*, Québec, Éd. de L'Homme, 1977.

LEACH, Penelope. *Votre enfant de la naissance à l'école*, Paris, Éd. Albin Michel, 1979.

LEACH, Penelope. *Les six premiers mois*, Paris, Éd. du Seuil, 1988.

CHAPITRE 4

Les besoins socio-affectifs

Isabelle Falardeau

Une bonne connaissance des besoins physiologiques du bébé prépare adéquatement à l'étude de ses besoins socio-affectifs. Ces besoins sont en effet étroitement liés aux besoins de nourriture, de sommeil et d'hygiène corporelle. Le fait de soigner correctement un enfant permet déjà de combler certains de ses besoins socio-affectifs.

L'adulte qui donne des soins attentionnés et respectueux répond adéquatement aux besoins d'être compris, réconforté et aimé (figure 4.1). De plus, les nombreuses interactions de l'adulte avec le bébé pendant les soins, comme pendant le jeu ou à tout autre moment représentent les premiers rapports sociaux de l'enfant durant lesquels il apprend à communiquer, s'initie aux rôles sociaux et aux règles de son milieu. L'adulte devient ainsi guide et modèle. Plus les contacts sont bons, plus l'enfant a de chances de s'épanouir.

FIGURE 4.1
L'enfant a besoin d'être compris, réconforté et aimé.

Bien sûr, il n'est pas toujours facile de décoder les messages de l'enfant et ce, surtout lorsqu'il s'agit de besoins socio-affectifs. Le but de ce chapitre est donc d'offrir à l'éducatrice les moyens de deviner les besoins de l'enfant. Nous définirons d'abord les concepts clés en matière d'affectivité afin d'éveiller l'adulte au monde affectif de l'enfant. Puis, nous traiterons de différents facteurs et étapes qui marquent le développement de la personnalité de l'enfant. Nous étudierons ensuite la socialisation de l'enfant, ses débuts, les facteurs et les gens qui y contribuent.

À la lumière de ces informations, nous proposerons à l'éducatrice des modes d'intervention visant à soutenir le bébé au quotidien et pendant les périodes plus difficiles. Il sera question en particulier des périodes d'adaptation à la pouponnière et à d'autres situations telles la séparation des parents, la maladie, la mort ou la naissance d'un frère ou d'une sœur. Nous verrons aussi comment aider et guider l'enfant qui manifeste de l'agressivité ou qui vit des peurs enfantines.

L'apport de l'éducatrice au développement socio-affectif de l'enfant est important puisque celui-ci passe une grande partie de sa journée auprès d'elle. Nous souhaitons que ce chapitre pourra l'aider à intervenir de façon éclairée afin que les bébés s'épanouissent à ses côtés.

4.1. Les concepts clés

Lorsqu'on parle de besoins socio-affectifs, on fait appel à des concepts appartenant au domaine des émotions, de l'affection, de l'attachement et des relations sociales. Même si ces notions ont beaucoup de signification pour chacune d'entre nous, il n'en demeure pas moins que certains termes expriment des réalités distinctes et renferment des subtilités particulières qu'il est utile de saisir pour comprendre l'enfant. Ainsi, tempérament n'égale pas personnalité, un sentiment n'est pas une émotion et l'estime de soi ne doit pas être confondue avec le concept de soi. Quelques distinctions s'imposent donc et tel sera l'objet de cette première sous-section.

4.1.1. Les émotions et les sentiments

Au premier abord, il apparaît quelque peu difficile de distinguer les émotions des sentiments. Cependant, malgré le fait qu'ils fassent tout deux référence au monde affectif, ils évoquent des réalités différentes. Le terme « émotion » est formé du préfixe « ex » qui veut dire à l'extérieur, et de la racine « motion » qui fait référence à un mouvement, un déplacement.

Toute émotion est donc la manifestation extérieure du monde intérieur. L'anxiété, la peur, l'excitation, la colère sont des émotions. Elles sont ressenties par l'individu et sont toujours accompagnées d'au moins une réaction physique évidente pour les autres.

Lorsqu'une émotion fait surface, l'expression du visage peut changer, le rythme cardiaque peut accélérer ou ralentir, les muscles se contracter, la respiration s'arrêter pendant un court laps de temps ou bien s'accélérer. Quand quelqu'un a peur, par exemple, son cœur se met soudain à battre beaucoup plus vite, son visage se crispe, il peut pâlir. La manifestation des émotions est propre à chaque individu (figure 4.2). En observant attentivement les enfants, on découvre que chacun exprime déjà ses émotions à sa façon : Laurence peut se mettre à hurler dès qu'elle a peur, tandis que François, lui, devient pâle et s'immobilise complètement.

Figure 4.2
La manifestation des émotions est propre à chaque individu.

Contrairement aux émotions, les sentiments sont difficilement observables. Il s'agit plutôt d'états d'âme, de dispositions intérieures. L'insécurité, la jalousie, la fierté, la sympathie sont des sentiments. Alors que les émotions sont passagères et étroitement liées aux événements, un sentiment peut habiter une personne pendant plusieurs années, parfois même toute une vie. Certaines personnes passent, par exemple, leur vie à souffrir d'un sentiment d'insécurité ou de culpabilité. Comme les émotions, les sentiments sont modifiables : il est possible de ressentir de l'antipathie pour quelqu'un qu'on ne connaît pas beaucoup puis, de développer avec le temps de la sympathie à son égard.

La seule façon de connaître les vrais sentiments des autres consiste à communiquer avec eux afin de comprendre ce qui les préoccupe. Les sentiments des bébés semblent inaccessibles comme ils ne peuvent verbaliser leurs états d'âme. En effet, le bébé exprime sans aucune réserve ses émotions : son estomac vide le fait souffrir, il se met à pleurer; il se sent frustré quand on lui retire son biberon, il hurle. Par contre, il ne peut parler de ses sentiments: c'est à l'adulte de les deviner.

C'est d'abord en observant les réactions émotives du bébé que l'éducatrice peut faire certaines déductions qui l'aideront à mieux comprendre les dispositions intérieures de celui-ci. Par exemple, si Antoine est différent depuis quelques jours, s'il exprime de la colère, de l'impatience et pleure plus souvent qu'à l'accoutumée, cette variation dans l'expression de ses émotions peut être attribuable à un sentiment d'insécurité. Un adulte conscient des besoins affectifs de l'enfant pourra deviner ses sentiments en analysant les événements qui surviennent dans la vie d'Antoine. Celui-ci vient-il d'avoir une petite sœur? Voilà un événement qui peut en effet susciter de l'inquiétude chez l'enfant.

Une éducatrice vigilante peut contribuer à l'élaboration de sentiments constructifs nécessaires à l'acquisition de l'autonomie. Par exemple, un petit qui rampe encore parce qu'il manque de confiance en lui pour se redresser et faire ses premiers pas, peut apprendre à développer sa confiance s'il est entouré d'adultes qui devinent le sentiment qui l'habite et l'aident à l'apprivoiser.

Par ses pleurs, ses sourires, ses expressions, ses gestes, l'enfant exprime des émotions et des sentiments. Il est donc essentiel d'être attentif à ces différentes manifestations et de les respecter afin de l'encourager à extérioriser ce qu'il ressent. La communication sera alors plus riche et le bébé qui sentira qu'on cherche à le comprendre se sentira en confiance et développera ses habiletés à communiquer ses sentiments.

4.1.2. Le concept de soi et l'estime de soi

Le concept de soi fait référence à la conscience que l'individu a de lui-même tandis que l'estime de soi réfère plutôt à la valeur qu'il s'attribue.

Le concept de soi et l'estime de soi commencent à se développer dès la naissance et l'éducatrice peut jouer un rôle de premier plan pour faire en sorte que l'individu se connaisse bien et ait une bonne estime de lui-même.

Tout d'abord, il importe de comprendre comment se développe le concept de soi chez l'enfant. Une des théories les plus fréquemment mentionnées pour expliquer ce phénomène, même si elle soulève quelques controverses, est celle de Malher[1]. Selon cette approche, durant les premiers mois de sa vie, le bébé se voit comme le centre du monde et tout ce qui l'entoure lui apparaît comme le prolongement de lui-même. Il en est ainsi, par exemple, pour le sein de sa mère ou les bras de son père. Il ne fait pas encore la distinction entre lui et le reste du monde. Peu à peu, à force de frustrations inévitables et nécessaires, à cause par exemple du délai entre la manifestation d'un besoin physiologique et la satisfaction de ce besoin, le bébé réalise que le monde n'est pas un tout comme dans l'utérus, mais qu'il est composé d'individus distincts.

L'apprentissage de l'identité nécessite des opérations cognitives particulières et des découvertes affectives importantes qui se font aussi grâce aux relations sociales. Ses interactions avec les autres aident en effet l'enfant à développer le concept de soi. Les autres lui transmettent des informations sur son identité personnelle et c'est en les observant qu'il réalise ses différences et ses affinités. Lorsqu'un adulte lui sourit, par exemple, et attend que l'enfant lui sourit à son tour; lorsqu'il lui parle puis l'écoute gazouiller, il aide le bébé à prendre conscience qu'il a une existence individuelle, séparée de celle des autres. Ces tête-à-tête doivent aussi lui apprendre que ses efforts de communication lui procurent la présence de quelqu'un à ses côtés, que ses gestes, ses actions trouvent un écho chez l'autre. Des échanges de qualité l'aideront à développer son estime personnelle.

La conscience de soi, on l'a dit, se raffine peu à peu. Ainsi, à un an, quand Félix se regarde dans le miroir, son image l'amuse, il s'observe et se fait des grimaces. Il est loin de se douter cependant que ce drôle de compagnon n'est que son reflet. En effet, à cet âge il sait pertinemment qu'il n'est pas le centre du monde, mais il ne sait pas encore qui il est. Ce n'est que lorsqu'il sera conscient que le miroir lui renvoie sa propre image, qu'on pourra dire qu'il réalise qu'il existe. Si un enfant est maquillé en clown et qu'en se regardant dans le miroir il touche le nez rouge du reflet sans se toucher le nez, c'est qu'il ne réalise probablement pas que le miroir lui reflète son propre visage. Par contre, s'il touche son nez d'abord, c'est

1. M.S. MALHER. *On Human Symbiosis and the Vicissitudes of Individuation, Vol. 1 : Infantile Psychosis*, New York, International Universities Press, 1967.

qu'il comprend que ce petit nez de clown qu'il voit dans la glace est bien le sien. On devine aussi qu'un enfant a développé une certaine conscience de lui-même lorsqu'il commence à dire son nom devant sa photographie[2].

Selon la perception que le bébé a de lui-même, il développera une haute ou une faible estime de soi. L'adulte qui laisse assez d'autonomie à l'enfant en lui permettant d'explorer, de découvrir et d'apprendre seul, contribue à développer chez lui une bonne estime de soi puisque l'enfant sait alors, pour l'avoir expérimenté, qu'il est capable d'atteindre les buts qu'il se fixe : se retourner sur le ventre, manger seul ou empiler des blocs, et plus tard réussir un examen difficile! Par contre, un adulte trop protecteur, qui va continuellement au devant des faits et gestes du bébé, contribuera à ancrer chez ce dernier l'image qu'il est incapable de réaliser quoi que ce soit puisqu'on fait tout à sa place.

Il va sans dire que les personnes significatives pour le bébé contribuent directement au développement de l'estime de soi. Pour que le bébé développe une bonne estime de soi, l'éducatrice doit d'abord s'assurer que la relation qu'elle entretient avec lui est basée sur la confiance mutuelle. Être honnête et faire confiance à l'autre et à soi-même sont les premières attitudes à adopter pour aider l'enfant à s'aimer lui-même.

Lorsque cette confiance est installée, l'éducatrice se gardera bien de blâmer, de juger négativement l'enfant. Chaque reproche, chaque parole blessante est en effet un coup dur pour l'estime de soi de l'enfant. Celui-ci mémorise les jugements négatifs exprimés à son endroit et s'en sert pour élaborer l'image qu'il se fait de lui. Le bébé est aussi très sensible aux signes non verbaux comme le ton de la voix, le froncement des sourcils et ceux-ci peuvent exprimer beaucoup. Nourrir, caresser, bercer, chérir le bébé deviennent pour lui autant de preuves tangibles qu'il est quelqu'un d'aimé[3]. Et pour s'aimer, le bébé a d'abord besoin de se sentir aimé. Toute marque d'affection lui permet de « remplir son réservoir d'amour » envers lui-même.

De plus, respecter les sentiments et les émotions de l'enfant lui apprend que ce qu'il ressent est compréhensible et acceptable. Donc, qu'il est accepté tel qu'il est. « Permettre à l'enfant de s'approprier ses propres sentiments et ses réactions a un solide impact sur l'estime de soi. Cela lui permet de se dire : C'est correct d'être moi-même[4]. » L'éducatrice sensible

---

2. H.L. BEE et S.K. MITCHELL. *Le développement humain*, Montréal, Éd. du Renouveau pédagogique, 1986, p. 171.

3. Ashley MONTAGU. *La peau et le toucher : un premier langage*, Paris, Éd. du Seuil, 1979.

4. D. CORKILLE BRIGGS. *Your Child's Self-Esteem*, New York, Dolphin Books, 1970, p. 103.

aux réactions émotives des bébés doit donc développer le réflexe de faire sentir à l'enfant qu'elle reconnaît son émotion et qu'elle l'accepte. Des phrases comme : « Je sais que tu es en colère contre moi », « Je comprends que tu aies de la peine de quitter ta maman » ou « Je vois que tu as peur de ce nouveau toutou » aideront l'enfant. À l'opposé, des phrases telles : « Tu n'as pas le droit de te choquer contre moi » ou « Ne pleure pas, ta maman va revenir bientôt » ou encore « Voyons tu as peur de ce toutou! » feront sentir au bébé qu'il n'est pas bien de réagir comme il le fait. L'enfant remet alors en question non seulement ses réactions, mais sa personnalité et cela nuit au développement d'une bonne estime de soi.

Comprendre le point de vue de l'enfant et respecter son rythme sont d'autres attitudes qui l'encourageront à s'aimer tel qu'il est[5]. Par exemple, il est bon de laisser le temps au bébé de ramper vers soi au lieu d'aller le chercher rapidement. Celui-ci pourra alors se dire : « Elle me laisse venir à mon rythme et elle va m'attendre. Je le sais par expérience ». Il aura le sentiment d'être compétent et se sentira accepté. Développer l'estime de soi chez le petit lui assure des bases solides pour l'élaboration de sa personnalité. L'enfant aimé est plus enclin à s'aimer; l'enfant respecté saura se respecter lui-même.

4.1.3. Le tempérament et la personnalité

Les émotions et les sentiments ont un rôle à jouer dans la formation de la personnalité du bébé tout comme le milieu où il grandit et plusieurs autres éléments. La personnalité résulte à la fois des facteurs héréditaires et d'expériences de toutes sortes. Selon Guilford[6], il s'agit d'un ensemble composé des intérêts, des attitudes, des aptitudes d'un individu, de son tempérament, de sa morphologie[7], de sa physiologie et de ses besoins. C'est ce qui distingue une personne, c'est sa manière d'interagir avec la vie et avec le monde qui l'entoure, c'est ce qu'elle pense, ce qu'elle ressent[8]. Très jeune, l'enfant manifeste déjà sa propre personnalité, bien que les expériences de toute une vie et de façon plus marquée celles de la petite enfance la transforment, la modèlent au fil des ans.

---

5. *Ibid.*, pp. 104 et 112.

6. J.P. GUILFORD, 1959, cité dans Richard CLOUTIER et André RENAUD. *Psychologie de l'enfant*, Boucherville, Gaëtan Morin Éditeur, 1990, p. 356.

7. La morphologie est l'apparence physique de la personne : sa taille, son poids, et ainsi de suite.

8. E. B. HURLOCK, 1972, cité dans R. CLOUTIER et A. RENAUD. *Op. cit.*, p. 356.

Le tempérament serait lui une des dimensions de la personnalité, il semblerait faire partie du bagage héréditaire. Selon Chess et Thomas[9], il existe trois types de tempérament chez les bébés : l'enfant facile, l'enfant difficile et l'enfant lent. Chacun de ces tempéraments est le résultat d'un agencement de neuf traits (tableau 4.1).

TABLEAU 4.1
Neuf traits de caractère selon Chess et Thomas

	Types de tempérament		
Traits	**Facile**	**Lent**	**Difficile**
Activité	Basse à modéré	Variable	Variable
Régularité physiologique	Très forte	Variable	Très faible
Distractivité	Variable	Variable	Variable
Réactivité à la nouveauté	Approche positive	Retrait initial et passivité	Approche négative et retrait
Adaptation	Rapide	Lente	Lente
Attention	Élevée ou faible	Élevée ou faible	Élevée ou faible
Intensité de la réactivité	Modérée ou faible	Modérée	Forte
Sensibilité aux stimuli	Élevée ou faible	Élevée ou faible	Élevée ou faible
Humeur générale	Positive	Légèrement négative	Négative

Source : CLOUTIER et RENAUD. *Psychologie de l'enfant*, 1990, p. 365.

Pour sa part, Brazelton[10] a relevé trois types de bébés : le bébé moyen, le bébé actif et le bébé calme. Cette distinction a l'avantage d'attribuer une

---

9. S. CHESS et A. THOMAS, 1978, cité dans H. L. BEE et S. K. MITCHELL. *Op. cit.*, p. 180.
10. T. Berry BRAZELTON. *Votre enfant est unique au monde*, Paris, Albin Michel, 1971.

image plutôt positive à tous les bébés. En effet, il est plus valorisant de se faire qualifier de « calme » que de « lent ». Pour Brazelton, même si un bébé a tendance à être du type calme, il peut vivre des moments d'excitation et l'inverse est aussi possible : un bébé actif peut être calme à certains moments.

Il existe, en fait, autant de tempéraments qu'il y a d'enfants. Essayer de ranger un enfant dans une catégorie précise, c'est s'éloigner de sa réalité riche et complète. Marie-Joëlle a son tempérament, Pablo a le sien.

En connaissant bien le bébé, les adultes peuvent adapter leurs attentes et leurs pratiques éducatives. Si Camilla éprouve certaines difficultés à rester en place parce qu'elle est très active, parents et éducatrices ne s'acharneront pas à exiger d'elle qu'elle reste assise, bien calmement sans gigoter. De la même façon, si Patrice mange lentement, les adultes attentionnés devront prévoir plus de temps pour son repas plutôt que de le brusquer en exigeant un rythme d'ingestion plus rapide. « Les parents doivent [...] faire de leur mieux pour aider chaque enfant à vivre avec les limites que lui impose son propre tempérament[11] ».

4.2. Le développement de la personnalité

Les théories expliquant le développement de la personnalité sont nombreuses. On peut les regrouper en cinq catégories : psychanalytiques, éthologiques, psychosociales, behavioristes et humanistes (tableau 4.2). Elles couvrent tout l'éventail des facteurs déterminant la genèse de la personnalité, des variables génétiques jusqu'aux variables socioculturelles. Nous avons retenu quatre approches parmi toutes celles qui existent, celles de Freud, Erikson, Bowlby et Maslow.

TABLEAU 4.2
Les théories du développement de la personnalité

Théories	Principaux tenants de ces théories
Psychanalytiques	Freud, Mahler
Éthologiques	Bowlby, Ainsworth
Psychosociales	Erikson
Behavioristes	Hull, Skinner, Bandura
Humanistes	Rogers, Maslow

---

11. D. E. PAPALIA et S. W. OLDS. *Le développement de la personne*, 2e édition, Montréal, Éd. HRW ltée, 1979, p. 141.

Ce choix s'est effectué au regard de la contribution de ces auteurs à l'explication des expériences de la petite enfance, mais surtout pour illustrer les divers points de vue parfois opposés, parfois complémentaires. Freud et Bowlby se sont consacrés davantage à l'étude des phénomènes observés chez le jeune enfant, tandis que Erikson et Maslow ont étendu leur analyse jusqu'à l'âge adulte, tout en considérant les premières années de la vie comme déterminantes dans le développement de la personnalité. La théorie behavioriste dont il ne sera pas question dans cette partie, sera abordée lors de l'étude des relations sociales et des manifestations agressives.

Les besoins socio-affectifs du bébé se modifient de mois en mois en concordance avec son évolution physiologique et intellectuelle. Par exemple, le poupon qui éclate en sanglots peut avoir besoin de se faire bercer bien emmaillotté dans une couverture alors que l'enfant de 2 ans qui a la même réaction a peut-être besoin d'exprimer son mécontentement avant d'aller se coucher et ne désire aucunement être bercé, loin de là, puisqu'il ne veut surtout pas s'endormir.

Malgré l'évolution rapide des besoins socio-affectifs du bébé, une première constante demeure : l'oscillation entre le besoin de sécurité et le besoin d'autonomie. Par exemple, l'enfant qui commence à faire ses premiers pas cherche un point d'appui : il veut tenir la main de l'adulte qui le rassure. Par contre, il désire aussi ardemment se déplacer sans aide, sans tenir une main qui au fond le retient. Il doit choisir entre la sécurité et la dépendance ou l'insécurité et la liberté. Ne s'agit-il pas au fond d'un choix que nous avons souvent à effectuer tout au cours de notre vie, même à l'âge adulte?

Une deuxième constante se dessine lorsqu'on étudie les besoins socio-affectifs durant la petite enfance : ces besoins vont varier selon les bébés et même selon les journées! En effet, certains enfants ont davantage besoin d'être réconfortés que d'autres. Un enfant qui réclame peu d'attention habituellement, peut en demander énormément une belle journée. L'éducatrice doit apprendre à décoder les messages de chaque enfant afin de reconnaître ses besoins pour y répondre de façon satisfaisante. La connaissance des différentes théories du développement de la personnalité l'aidera à comprendre les besoins de l'enfant en fonction de son âge, de la force de ses liens d'attachement et des soins qu'il reçoit.

4.2.1. La phase orale et la phase anale

Selon l'approche freudienne, la phase orale et la phase anale sont deux étapes importantes du développement de la personnalité de l'enfant. Ces deux phases se succèdent et couvrent les trois premières années de la vie. La première, la phase orale, se manifeste de la naissance à deux ans environ; la seconde, la phase anale, débute au milieu de la deuxième année et se termine vers 3 ans. Ces tranches d'âges sont évidemment très générales et chaque bébé suit son rythme.

Dès sa naissance jusqu'à 18 mois environ, le bébé « vit et aime par la bouche[12] ». La bouche permet d'abord à l'enfant de se nourrir, c'est-à-dire de combler un besoin physiologique vital. Elle lui assure sa survie et les sensations les plus intenses passent par elle : l'ingestion de nourriture apaise les douleurs de la faim et de la soif. Ainsi, les premières expériences de satisfaction des besoins sont d'ordre oral.

La bouche est également le lieu principal de découverte. Le bébé ne peut faire l'entière connaissance d'un objet sans y goûter, même à peine! Puisque tout est objet de découverte pour lui, tout passe par sa bouche : le hochet, les chaussettes, les cheveux, le sable, la poussière et le reste... (figure 4.3).

FIGURE 4.3
Le bébé découvre le monde environnant par sa bouche.

---

12. Erik. H. ERIKSON. *Enfance et société*, Neuchâtel et Paris, Delachaux et Niestlé, 1976, p. 48.

Cette bouche, zone érogène de la phase orale, ne sert pas seulement à l'absorption de nourriture et à la découverte de l'environnement. Elle est la partie la plus sensible du corps du bébé et lui procure un plaisir qui, selon Freud est de nature sexuelle. Elle est donc sa principale source de réconfort et de satisfaction. Pour s'apaiser, le bébé a besoin de sucer ses doigts, une sucette, ou de sucer dans le vide simplement. Le plaisir que cela lui apporte l'aide à calmer sa tension, à endurer l'inconfort et à apprivoiser ses craintes.

Durant la phase orale, le bébé apprend à recevoir et à prendre. La façon dont il sera allaité et nourri sera souvent déterminante quant à sa relation future avec la nourriture ainsi que ses relations avec les gens qu'il côtoiera plus tard dans sa vie. Si, avant d'être nourri, le bébé vit de longs moments d'attente, affamé et désespéré, il aura tendance à se faire à l'idée que personne n'est là pour lui donner du réconfort, pour répondre à ses besoins. « En recevant ce qu'on lui donne et en apprenant à faire faire par quelqu'un ce qu'il désire, le bébé développe en lui les bases qui lui seront ultérieurement nécessaires pour recevoir le rôle de donneur, pour apprendre lui-même à donner[13]. » Le comportement de l'éducatrice au moment de nourrir l'enfant aura donc des conséquences sur le développement de la personnalité de celui-ci.

Durant sa deuxième année d'existence, l'enfant entre dans la phase anale : l'énergie sexuelle se déplace de la bouche vers l'anus. Grâce à la maturation de ses muscles, le bébé devient capable d'un certain contrôle pour garder ou relâcher le contenu de sa vessie et de son rectum. Lorsque l'envie le presse, une tension apparaît. C'est l'inconfort. Le fait de laisser aller ses selles ou son urine lui apporte ensuite un certain bien-être physique. C'est le soulagement. Cette sensation procure à l'enfant le même plaisir que la sensation de satiété durant la phase orale.

Pendant la phase anale, l'enfant réalise qu'il contrôle peu à peu le moment de l'évacuation de son urine et de ses matières fécales. Il expérimente le fait de les retenir assez longtemps, parfois pour pouvoir continuer à jouer, parfois pour contrarier les adultes, parfois pour d'autres raisons. Puisqu'il est en période d'apprentissage, les « échappées » sont nombreuses. À force de réussites et d'échecs, le bébé commence cependant à être de plus en plus conscient des messages transmis par son corps. La réaction des adultes face aux comportements de l'enfant durant la phase anale est cruciale pour assurer une évolution harmonieuse. Il est regrettable de constater que certains adultes transigent avec le bébé de manière à obtenir un contrôle sur le corps de celui-ci, en le contraignant à laisser aller ses selles

13. E. H. Erikson. *Op. cit.*, p. 51.

lorsqu'il n'en ressent pas le besoin ou en exigeant une rétention quand il en est incapable. Le respect du rythme de l'enfant, les encouragements, ne pas dire que « c'est sale » et l'entente entre les éducatrices et les parents sur les façons de faire auprès du bébé sont au contraire la clé de la réussite de ce délicat apprentissage (voir à ce sujet le chapitre 3).

Au tableau 4.3 sont résumées les phases orale et anale. On y retrouve l'âge approximatif de l'enfant, les zones de plaisir, les tâches qui lui incombent pour traverser avec succès chacune de ces phases et les modalités sociales qui découlent de ces périodes critiques.

TABLEAU 4.3
La phase orale et la phase anale

	Âge	Zone érogène	Tâche	Modalités sociales
Phase orale	0-18 mois	Bouche	Sevrage	Recevoir et prendre
Phase anale	18-36 mois	Anus	Apprentissage de la propreté	Laisser-aller et conserver

4.2.2. La confiance et l'autonomie

Les notions de confiance et d'autonomie sont très présentes dans la théorie psychosociale d'Erikson. Il explique que l'enfant doit remplir deux tâches développementales importantes avant d'atteindre l'âge scolaire : acquérir une confiance fondamentale envers lui et le monde et développer son autonomie personnelle. La façon dont le bébé traverse ces étapes marquera ses relations affectives ultérieures.

La régularité et la qualité des soins de base contribuent à développer chez l'enfant le sentiment de confiance. « La première manifestation de confiance sociale chez le bébé est la facilité de son alimentation, la profondeur de son sommeil, le bon fonctionnement de ses intestins.[...] Au cours de ses heures de veille, qui s'allongent, il s'aperçoit que de plus en plus de sensations éveillent en lui un sentiment de familiarité et lui rappellent par association un sentiment de bien-être intérieur[14]. » Si, pour diverses

---

14. E. H. ERIKSON. *Op. cit.*, p. 169.

raisons, la relation de confiance ne s'établit pas entre le bébé et l'adulte soigneur, le bébé souffrira de méfiance fondamentale en ses capacités personnelles et envers les gens qui l'entourent.

Chez le jeune enfant, tout ce qui est lié à l'alimentation joue un rôle important dans le développement de sa personnalité. Voici deux exemples qui démontrent l'impact des soins alimentaires de qualité sur le développement du sentiment de confiance et l'acquisition de l'autonomie.

Charles se réveille de sa sieste. Il est midi trente. Les autres bébés ont déjà mangé. Il a très faim et sent bien l'odeur de la nourriture dans la pouponnière. Il entend aussi les éducatrices parler de biberon de lait. Son ventre lui fait mal. Alors, il se redresse dans son lit et se met à crier pour indiquer à l'éducatrice qu'il ne dort plus. Celle-ci vient le voir. Charles sait que son éducatrice va venir le chercher quand il crie. Il sait qu'elle comprend ses besoins, car elle ne le fait pas attendre inutilement avant de lui donner à manger. Il a confiance en elle et en lui aussi puisqu'il réalise qu'il sait se faire comprendre et se faire respecter.

Geneviève aime manger seule. L'éducatrice lui permet de le faire. Geneviève commence pourtant son repas d'une étrange façon : elle saisit fermement sa cuillère d'une main et renverse sur la table le contenu de son bol. Quand tout est étalé, elle peut bien voir ce qu'elle a à manger : de la purée de pommes de terre qui colle bien aux doigts, de la viande hachée qui est plus difficile à saisir et des petits pois bien verts qui roulent. Geneviève choisit elle-même ce qu'elle désire avaler et développe, mine de rien, sa coordination œil-main. L'éducatrice se garde bien de la réprimander si des petits pois roulent sur le sol. Après une quinzaine de minutes, elle a terminé son plat principal et l'éducatrice lui dit : « Je vois que tu as bien mangé ce midi. Tu as réussi à prendre toute seule tes petits pois, ta viande et ta purée de légumes. Tu dois être contente! » Geneviève est fière de ce qu'elle fait et elle se sent compétente. L'attitude de l'éducatrice l'aidera à continuer son apprentissage de l'autonomie dans la confiance.

Au cours de sa deuxième année d'existence, l'enfant traverse une importante phase d'affirmation, c'est-à-dire qu'il apprend à devenir autonome et à développer une fierté personnelle (figure 4.4). Son entourage est là pour l'encourager à avancer, tout en le protégeant de la honte et du doute. À ce stade, l'enfant apprend à contrôler ses déplacements, ses mouvements, et même ses sphincters, lors de l'entraînement à la propreté. Ces délicats apprentissages peuvent provoquer des sentiments de doute et de honte; l'enfant a besoin de l'adulte pour le guider et l'encourager. « L'enfant mal encadré, trop rigidement surveillé ou par trop laissé à lui-même, ne parvient pas à une autonomie raisonnable et développe davantage des sentiments de honte et de doute compulsif à l'égard de lui-même et des autres[15]. »

FIGURE 4.4
Vers deux ans, l'enfant acquiert de l'autonomie.

Puisque Erikson s'est fortement inspiré des travaux de Freud, il est possible d'établir des liens entre les phases orale et anale et les étapes de confiance fondamentale et d'autonomie. Le tableau 4.4 démontre la relation entre ces deux périodes critiques de la petite enfance.

TABLEAU 4.4
Lien entre les phases psychosexuelles de Freud
et les étapes psychosociales d'Erikson

Période	Phase psychosexuelle	Étape psychosociale
De 0 à 18 mois	Phase orale	Confiance ou méfiance fondamentale
De 18 à 36 mois	Phase anale	Autonomie ou honte et doute

---

15. R. CLOUTIER et A. RENAUD. *Op. cit.*, p. 378.

4.2.3. Le lien d'attachement

Le lien d'attachement est un élément essentiel au développement socio-affectif du bébé. « Selon Bowlby, l'attachement constitue un lien émotionnel important, un "lien affectif" entre deux personnes. L'enfant ou l'adulte attaché à une personne se sert de celle-ci comme d'un "lieu de sécurité" à partir duquel il explore l'environnement et vers lequel il se tourne pour se réconforter en cas de stress ou de peine[16]. »

Un bébé qui vit un lien d'attachement avec sa mère, son père ou l'éducatrice de la pouponnière témoigne de cette relation privilégiée par des comportements d'attachement tels pleurer, s'agripper, se blottir, regarder vers la figure d'attachement lorsqu'il est en détresse. Quand, par contre, il se sent en sécurité ces comportements sont moins manifestes[17]. De façon paradoxale, plus l'enfant est attaché à une personne, moins il éprouve le besoin d'être à ses côtés. En effet, quand le bébé sait qu'il peut toujours compter sur une personne, il se sent libre d'explorer, il se sent en sécurité.

Des adultes sensibles aux besoins de l'enfant facilitent la création d'un lien d'attachement solide. « Selon l'approche éthologique, l'enfant développe grâce à l'évolution des conduites d'adaptation, un attachement aux personnes qui répondent de façon stable, répétée et adéquate à ses signaux de détresse[18]. » Le bébé contribue aussi largement à créer ce lien puisque son tempérament influence directement la qualité des liens affectifs qui s'établissent. Par exemple, des bébés au tempérament calme ont tendance à développer des relations d'attachement harmonieuses alors que des enfants actifs peuvent exacerber les adultes soigneurs et contribuer alors à rendre conflictuel leur lien d'attachement.

La qualité des liens d'attachement avec des adultes joue un rôle fondamental dans le développement de la personnalité de l'enfant. Des enfants qui ont réussi à établir des liens d'attachement forts seront des adultes sociables, ouverts aux autres et feront preuve d'une plus grande maturité émotionnelle face à l'école et à d'autres situations à l'extérieur du foyer familial[19].

---

16. H. L. BEE et S. K. MITCHELL. *Op. cit.*, p. 197.
17. F.F. STRAYER et coll. *La garderie en bas-âge : perspectives bio-sociales sur les relations humaines pendant la jeune enfance*, Collection Diffusion, vol. 3, Office des services de garde à l'enfance, gouvernement du Québec, 1986, p. 12.
18. R. CLOUTIER et A. RENAUD. *Op. cit.*, p. 373.
19. H. L. BEE et S. K. MITCHELL. *Op. cit.*, pp. 211-212.

La force du lien d'attachement résulte de la relation du bébé avec l'adulte et se développe petit à petit pendant les premiers mois. Selon Ainsworth, ce lien se tisse en quatre étapes[20].

Les étapes du lien d'attachement

Le **préattachement initial** est caractérisé par des comportements d'attachement dirigés vers n'importe quel adulte qui prend soin de l'enfant. Celui-ci n'est pas encore en mesure de distinguer les adultes entre eux, mais il réussit par ses comportements à attirer vers lui les adultes qui répondent à ses besoins. Cette phase se prolonge jusqu'au troisième mois environ.

Le bébé reconnaît ensuite les personnes familières qui s'occupent de lui, il leur sourit facilement. C'est l'**émergence de l'attachement**. Une personne étrangère n'attire plus aussi facilement sa « sympathie » comme auparavant. Il manifeste cependant des comportements d'attachement vers plusieurs personnes connues.

Vers le milieu de sa première année de vie, le bébé dirige ses comportements d'attachement vers un ou deux adultes seulement. C'est l'**attachement proprement dit**. Avant, il ne pouvait qu'attirer les adultes vers lui; maintenant, grâce à son développement psychomoteur, il peut s'approcher de la personne aimée et se blottir contre elle. Celle-ci devient son « lieu de sécurité ». La peur des étrangers apparaît lors de cette phase. Habituellement, elle débute vers le huitième mois et se prolonge jusqu'au douzième. Elle diminuera peu à peu après l'âge de un an.

Au cours de sa deuxième année de vie, le bébé vit des liens d'attachement avec plusieurs personnes de son entourage : ses parents, son éducatrice, ses proches. C'est l'étape des **attachements multiples**. On observe les mêmes comportements d'attachement envers les différentes personnes auxquelles l'enfant est attaché. Chacune devient un « lieu de sécurité ».

Plus l'enfant est capable d'utiliser le langage pour exprimer ses besoins, moins il cherchera à se rappocher des adultes soigneurs. Cette diminution des comportements d'attachement ne traduit pas une baisse de l'attachement. L'enfant devient plus autonome et a de moins en moins besoin d'être en présence de l'adulte, sauf en période de stress ou de fatigue, où les comportements d'attachement refont surface.

Contrairement à ce que plusieurs craignent, l'enfant en pouponnière a autant de chance d'être très attaché à ses parents que l'enfant qui demeure à la maison avec ceux-ci. En effet, « les séparations régulières entre la mère

---

20. AINSWORTH, BLEHAR, WATERS et WALL, 1978, cité dans H. L. BEE et S. K. MITCHELL. *Op. cit.*, p. 205.

et l'enfant n'entament pas la qualité de l'attachement de l'enfant à sa mère[21] ». Cela est également vrai pour la relation d'attachement avec le père.

Les enfants qui fréquentent la pouponnière préfèrent toujours leurs parents aux éducatrices. Lorsqu'un parent est présent à la garderie et que l'enfant a besoin de son « lieu de sécurité », il se dirige sans aucune hésitation vers lui. Mais, cela n'exclut en rien la possibilité d'un lien d'attachement entre le bébé et son éducatrice, au contraire (figure 4.5). Pour favoriser le développement de ce lien, celle-ci doit s'assurer d'offrir une présence stable et sécurisante à l'enfant et d'être à l'écoute de ses comportements d'attachement en répondant adéquatement à ses signaux de détresse. Avec le temps, les soins, la tendresse et le respect mutuel, le cœur du bébé sera conquis!

FIGURE 4.5
L'enfant se blottit dans les bras de son éducatrice qui représente pour lui la sécurité.

4.2.4. Les différents besoins de l'enfant

Les théories humanistes orientent leur explication du développement de la personnalité en termes de besoins : besoins physiologiques, besoin de

---

21. RUTTER, 1982, cité dans H. L. BEE et S. K. MITCHELL. *Op. cit.* p. 211.

sécurité, d'appartenance sociale, ainsi de suite. Selon Maslow[22], les personnes manifestent tout au cours de leur vie des besoins différents. Ces besoins sont les mêmes pour tous et apparaissent selon une hiérarchie et une chronologie bien établies. La figure 4.6 illustre la pyramide des besoins adaptée selon la théorie de Maslow.

La personne tente, tout au long de son existence, de satisfaire ses propres besoins. C'est en les comblant qu'elle trouve son équilibre personnel. Les premiers besoins qui se manisfestent dès la naissance sont d'ordre physiologique : boire, manger, dormir, éliminer. Le rôle principal des adultes qui s'occupent de tout jeunes enfants consiste à répondre de façon satisfaisante à leurs besoins physiologiques.

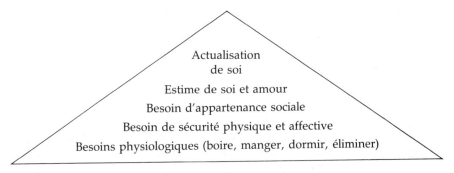

FIGURE 4.6
La hiérarchie des besoins selon Maslow

Selon Maslow, tant que les besoins d'un stade ne sont pas comblés, la personne ne peut satisfaire ceux des stades supérieurs et n'est pas préoccupée par eux. Ainsi, tant que ses besoins physiologiques ne sont pas comblés, le bébé ne peut ressentir des besoins d'un autre ordre. Les enfants mal nourris, vivant dans des conditions d'hygiène inadéquates sont confinés à dépenser toute leur énergie à satisfaire leurs besoins fondamentaux de survie. Ils auront beaucoup de difficulté à développer les sentiments de confiance, d'appartenance sociale, d'estime de soi, etc.

Malgré l'importance de bien répondre aux besoins physiologiques des enfants, la satisfaction de ces besoins ne suffit pas non plus pour favoriser l'évolution de la personne. En effet, les bébés bien nourris, reposés et changés régulièrement éprouvent ensuite un énorme besoin de sécurité physique et affective qu'il est essentiel de satisfaire afin qu'ils développent le sentiment de confiance.

---

22. Abraham H. MASLOW. *Vers une psychologie de l'Être*, Paris, Fayard, 1972.

La satisfaction des besoins de ce deuxième stade passe par la stabilité. Pour être bien, l'enfant a besoin de vivre dans des lieux qui lui sont familiers auprès d'adultes qu'il connaît. Il faut aussi lui assurer un horaire régulier. En effet, la stabilité de l'entourage et la prédictibilité des événements aident l'enfant à développer des repères dans l'espace et dans le temps et le rassurent. Au tableau 4.5. sont énumérées quelques interventions visant à assurer une stabilité physique et affective au bébé qui fréquente la pouponnière afin de répondre à son besoin de sécurité.

TABLEAU 4.5
Interventions visant la sécurité physique et affective

Stabilité physique

- Respecter les heures de boire, de sommeil, de repas.
- Ne pas changer la décoration de la pouponnière, ou bien le faire de façon graduelle et en présence des enfants si possible.
- Toujours coucher le bébé dans le même lit, l'entourer de ses objets familiers (couverture, doudou).
- Nourrir l'enfant dans un lieu qu'il associe à l'alimentation.
- Ranger ses objets au même endroit (couches, biberon, vêtements de rechange).
- Éviter les bruits soudains, incluant les cris.
- Veiller à ce que la température ambiante soit stable.
- Adapter l'éclairage aux différents moments de la journée.

Stabilité affective

- Éviter que l'accueil des enfants des autres groupes se fassent dans le groupe des bébés.
- Attribuer à chaque groupe d'enfants une éducatrice qui sera auprès d'eux tous les jours si possible.
- Éviter le roulement de personnel.
- Éviter que plusieurs remplaçantes travaillent la même journée.
- Éviter la visite de personnes inconnues ou de plusieurs visiteurs à la fois.
- Si un étranger entre dans la pouponnière le présenter aux enfants et lui demander de ne pas les déranger.
- Répondre le plus rapidement possible lorsque l'enfant exprime un urgent besoin d'aide.
- Bercer l'enfant, le serrer dans ses bras lorsqu'il en exprime le besoin afin qu'il se sente rassuré par une présence chaleureuse et aimante.

Quand ses besoins physiologiques et ses besoins de sécurité sont satisfaits, le bébé a besoin de se sentir aimé et accepté par son entourage. L'envie de partager avec d'autres des moments agréables se développe chez l'enfant à mesure qu'il se sociabilise. Dès sa première année de vie, il recherche la compagnie des autres pour répondre à un troisième niveau de besoins. Nous verrons plus loin comment se développe la socialisation chez l'enfant et comment l'aider à s'épanouir en groupe.

Les besoins d'estime de soi et d'amour se manifestent quand même assez tôt durant l'enfance. Cependant, le besoin d'actualisation de soi se manifeste plus tard au cours de l'existence. Selon Maslow, peu de gens réussissent à combler le dernier niveau de besoins qu'est l'actualisation de soi, c'est-à-dire la réalisation de soi.

4.3. La socialisation

La qualité des relations sociales de l'enfant influence le développement de sa personnalité. Un bébé qui évolue dans un contexte où plusieurs adultes et enfants se côtoient a plus de chances de développer des habiletés inter-personnelles efficaces, la fréquence des contacts augmentant sa facilité d'entrer en interaction avec les gens. De plus, si le bébé est entouré de ses parents, frères et sœurs, grands-parents, éducatrices, amis, il aura la possibilité de créer des liens d'attachement avec plusieurs personnes ce qui favorise aussi sa socialisation. Cependant, ce n'est pas tant le nombre de personnes, comme la qualité des contacts qui procure un bien-être à l'enfant. Il apprendra à entretenir de bonnes relations si son milieu lui offre plusieurs modèles de personnes sociables, ayant une attitude d'ouverture aux autres et capables d'échanger agréablement.

Si le milieu a un très grand impact sur le développement des habiletés de l'enfant, nous verrons qu'il existe aussi d'autres facteurs qui entrent en ligne de compte. Nous nous attarderons en particulier au langage de l'enfant. On a longtemps cru que le bébé avait uniquement besoin de sa mère pendant les premières années. Cette idée est rejetée à notre époque et nous verrons qu'en fait l'enfant apprend les rôles sociaux aussi bien auprès de ses pairs, de son éducatrice et de son père qu'auprès de sa mère et ce, dès le plus jeune âge.

4.3.1. Les facteurs qui influencent le développement des habiletés sociales

« Dès sa naissance, l'enfant est un être social[23]. » Par le biais des contacts physiques, visuels, sonores, l'enfant entre très tôt en relation avec son entourage. Son ouverture au monde dépend cependant de plusieurs

---

23. R. CLOUTIER et A. RENAUD. *Op. cit.*, p. 566.

facteurs : son tempérament, la qualité d'un lien d'attachement, la réceptivité de son entourage, la qualité de son réseau social et son stade de
développement psychomoteur et cognitif. Nous verrons en quoi chacun
de ces facteurs influence les rapports de l'enfant avec son entourage.

Le tempérament

Certains bébés sont plus sociables que d'autres. Ils sont plus portés vers
les gens qui les entourent, plus intéressés par ce qui se passe autour d'eux.
Leur « propension à accepter les nouvelles personnes, [leur] capacité de
s'adapter au changement et [leur] humeur habituelle semblent des traits
de tempérament innés[24] » qui facilitent la socialisation.

En plus d'hériter de ces traits, les bébés plus sociables ont tendance
à attirer vers eux les gens, car ils sourient beaucoup et réagissent favorablement aux approches des autres. Ces enfants acquièrent ainsi assez facilement une certaine popularité auprès des adultes comme des autres
enfants. Ils ont donc des contacts sociaux plus fréquents que l'enfant moins
sociable ce qui les aide à développer assez rapidement leurs habiletés inter-
personnelles. Plus ils deviennent habiles, plus les gens sont attirés par eux
et ainsi, grâce à leur tempérament, l'apprentissage de la socialisation est
pour eux chose facile.

La situation de l'enfant moins sociable ressemble par contre à un cercle
vicieux : ayant moins de « belles façons », il peut se retrouver plus fréquemment isolé et ainsi avoir moins d'occasions de développer ses habiletés
sociales. En devenant moins habile socialement, il échouera plus souvent
dans ses tentatives de contacts sociaux et pourra donc avoir tendance à
s'isoler.

La qualité du lien d'attachement

Le lien d'attachement d'un bébé avec un adulte privilégié peut prendre
trois formes. Il peut être sécurisant, ambivalent ou insécurisant. « Ces
différents types d'attachement peuvent affecter le développement ultérieur
de l'enfant tant sur le plan social que sur le plan de sa personnalité[25]. »

Comme nous l'avons déjà expliqué, un lien d'attachement sécurisant
garantit une certaine sociabilité. Par contre, un lien ambivalent ou insécurisant déstabilise l'enfant qui éprouvera par la suite des difficultés à
établir des relations sociales empreintes de confiance réciproque.

---

24. A. Thomas, S. Chess et H. G. Birch, 1968, cité dans D. E. Papalia et S. W. Olds. *Op. cit.*, p. 157.
25. M. E. Lamb et M. H. Bornstein. *Development in Infancy : An Introduction*, 2e éd., New York, Random House, 1987, p. 359 (traduction de l'auteure).

La réceptivité de l'entourage

Dès les premiers mois, l'enfant est en mesure de communiquer avec un adulte en tête à tête. Il modifie ses expressions faciales ou ses gestes en fonction de sa perception du message de l'adulte[26]. Très tôt donc, les adultes soigneurs peuvent établir des contacts avec les bébés en les observant bien et ensuite ajuster leurs attitudes en fonction des gestes et des expressions faciales de ceux-ci. Ces échanges encouragent le développement de la socialisation chez le poupon. Voici trois exemples d'interactions enfant-éducatrice.

> Étienne et son éducatrice sont en tête à tête; ils échangent des sourires et des petits sons. Étienne se détourne soudain et regarde le jouet à côté de lui, il l'observe. Pendant ce temps, l'éducatrice se recule un peu pour laisser le temps à l'enfant de faire ses découvertes. Après quelques secondes, Étienne regarde à nouveau son éducatrice et lui sourit en gesticulant pour attirer son attention. Elle s'approche de lui et reprend la « conversation ».

> Caroline et son éducatrice se regardent et échangent des sourires. À un moment, un jouet attire l'attention de la petite et elle le regarde. Alors, l'éducatrice l'appelle, fait des bruits avec sa bouche pour attirer son attention; elle la touche et l'incite à la regarder. Caroline se met à pleurer.

> Frédéric est lui aussi en tête à tête avec son éducatrice. Il se détourne tout à coup pour regarder le jouet à côté de lui. Son éducatrice se retire alors et va faire autre chose. Le bébé se retourne vers son éducatrice qui s'éloigne et se met à gazouiller et à gesticuler pour attirer son attention. Elle ne revient pas vers lui. L'enfant crie plus fort, mais l'adulte ne réagit toujours pas.

Les deux derniers exemples illustrent bien des interactions mal coordonnées. L'éducatrice de Caroline a une attitude plutôt intrusive; elle ne respecte pas l'intérêt de l'enfant face au jouet. Elle s'impose. L'éducatrice de Frédéric est du type absente et ne répond pas aux signes de l'enfant. Ces deux intervenantes ne sont pas réceptives : l'une nie les besoins de l'enfant, l'autre les ignore. Ce manque de respect n'encourage pas les enfants à développer leurs habiletés sociales, à s'ouvrir aux autres. Par contre, l'attitude adoptée par l'éducatrice d'Étienne aide l'enfant. Celui-ci développe le sentiment que ce qu'il a à dire est important et intéresse les autres, ce qui le motive à communiquer. En même temps, il sait que s'il n'a pas envie d'échanger, on le laissera tranquille et cela a pour effet de lui faire apprécier davantage les échanges et de lui donner le goût des interactions avec les autres.

---

26. G. Lester, J. Hoffman et T. B. Brazelton, 1985, dans R. Cloutier et A. Renaud. *Op. cit.*, p. 571.

La qualité du réseau social

Plus l'enfant est en contact avec des individus sociables, plus il est susceptible de le devenir. « Quand ils ont observé quarante bébés d'un an issus de la classe moyenne ainsi que leurs mères, Stevenson et Lamb (1979) ont constaté que les bébés sociables avaient des mères sociables[27]. » Les enfants moulent leurs attitudes et leurs comportements sociaux sur les modèles qui s'offrent à eux. Ils ont donc intérêt à baigner dans un milieu favorisant les échanges entre les personnes.

Le développement psychomoteur

Même quand le poupon est très limité dans ses capacités de locomotion, il peut manifester des comportements sociaux (figure 4.7). « On a pu montrer que la dépendance du nourrisson ne l'empêche nullement d'être très actif et de prendre beaucoup d'initiatives pour provoquer les comportements de soin et de jeu chez la mère[28]. »

FIGURE 4.7
Très tôt, l'enfant commence à exprimer des comportements sociaux.

---

27. D. E. Papalia et S. W. Olds. *Op. cit.*, p. 157.
28. L. Racine et coll. « Le développement des relations sociales chez l'enfant », *Sociologie et Sociétés*, Montréal, Presses de l'Université de Montréal, vol. 10, n° 1, avril 1978, p. 4.

Avec le développement de ses capacités psychomotrices, le bébé pourra diversifier ses contacts avec son entourage et augmenter ses occasions de communiquer. Lorsqu'il commence à ramper, à toucher les autres, à saisir des objets, l'enfant acquiert une certaine emprise sur son environnement qui lui permet de provoquer les interactions. Par exemple, lorsqu'il se déplace par lui-même, il peut s'éloigner de son lieu de sécurité affective et y revenir au besoin. Il peut aussi démontrer des signes de tendresse en accourant vers un adulte qui lui tend les bras. Il a ainsi à sa disposition beaucoup de moyens pour se faire comprendre et multiplier les occasions d'avoir des échanges avec les autres. La diversité et le nombre des échanges de l'enfant avec son entourage sont donc aussi fonction de ses capacités psychomotrices.

Le développement cognitif

Les habiletés cognitives du bébé déterminent souvent la qualité des relations qu'il entretient avec son entourage. Elles lui permettent de lire adéquatement ou non les émotions sur le visage des gens, de comprendre ou non ce que les autres ressentent, d'imaginer ou non leur point de vue. Elles font partie des habiletés de base de la socialisation.

Ainsi, apprendre à partager un jouet implique que le bébé saisisse la notion de « Chacun son tour! », qu'il sache renoncer temporairement à son plaisir pour que l'autre en ressente à son tour. Par exemple, si Benoît ne comprend pas que Laurence crie et cache son jouet derrière son dos parce qu'elle veut le garder, il pourra insister longtemps avant de renoncer à son but en ne tenant compte que de sa volonté à lui d'obtenir l'objet tant convoité sans être atteint par ce que l'autre ressent.

Certains enfants ont de la difficulté à se décentrer de leur propre point de vue. Malheureusement, l'égocentrisme des bébés a souvent amené les chercheurs à dire que les contacts sociaux pendant les premières années de vie ne pouvaient favoriser le développement harmonieux des habiletés sociales de l'enfant. Toutefois, même si sur le plan cognitif le bébé a une tendance à se centrer sur son point de vue, il peut démontrer de fortes capacités à comprendre ce que les autres ressentent. Ainsi, il n'est pas rare de voir un bébé poser un geste altruiste. Par exemple, Marie-Louise pleure parce que son père vient de quitter la pouponnière. Pascal, un bébé du même âge, va alors lui chercher un mouchoir et lui presse sur le nez! Qui n'a pas déjà vu aussi un enfant ramasser la suce d'un autre et la lui donner? Ces petits gestes quotidiens peuvent facilement passer inaperçus. Ils prouvent cependant que le bébé est capable de comprendre les besoins d'un autre et de lui venir en aide ou du moins de le respecter. Il demeure donc avant tout un être sociable malgré un certain égocentrisme cognitif.

4.3.2. La communication non verbale et la communication verbale

Pendant les premières années de vie, avant que l'enfant ne parle, la communication non verbale demeure son principal moyen d'échanger avec les autres. Cette forme de communication est particulière en ce sens que chaque enfant développe sa propre façon de s'exprimer. Pour comprendre les signaux d'un bébé, il faut être attentif et les échanges sont plus faciles quand on le connaît. Alors, en décodant les expressions de son visage, ses gestes, ses gazouillis et ses pleurs, on découvre vite qu'il peut en dire long même s'il ne parle pas encore.

L'expression faciale des émotions

« Nous savons qu'avant deux ans, les enfants peuvent différencier l'expression de joie, de colère, de peur sur un visage humain[29]. » Ils sont particulièrement sensibles à l'expression faciale des adultes avec qui ils ont un lien d'attachement sécurisant. Par exemple, Andréanne se voit offrir un animal en peluche. La nouveauté et l'apparence du toutou ne la rassurent pas du tout. Elle se retourne vers son éducatrice qui lui sourit et lui démontre de la joie. Alors, Andréanne se met à sourire. Eugénia court; elle trébuche sans se faire mal. Son éducatrice accourt vers elle et la peur se lit sur son visage. En la voyant, Eugénia se met à pleurer. Les réactions des enfants sont de véritables reflets des émotions des adultes avec qui ils ont un lien d'attachement.

En plus de lire les émotions sur le visage des autres, les bébés expriment facilement les leurs. Il est très simple de saisir la joie, la surprise, la peur, la colère sur le visage d'un bébé. Cette capacité innée d'exprimer les émotions leur permet de transmettre efficacement leurs besoins aux adultes et aux autres enfants.

Les gestes

Le bébé doit apprendre à adapter ses gestes en fonction de ses intentions et des réactions qu'ils provoquent chez les autres. L'éducatrice avertie sait que l'enfant apprend à interagir avec ses pairs et que s'il tape ou tire les cheveux et fait pleurer ses amis, ce n'est pas toujours son intention, au contraire. Ses gestes, souvent maladroits, peuvent provoquer des réactions inattendues.

---

29. R. Cloutier et A. Renaud. *Op. cit.*, p. 4.

Lorsque François commence à pleurer, Marie veut le consoler alors elle essaie de le prendre dans ses bras pour arrêter ses pleurs, mais comme elle n'est pas assez habile, François se retrouve saisi par le cou et évidemment pleure de plus belle... Geneviève est contente de voir arriver Gabriel, elle court vers lui et le fait tomber. Simon, lui, veut caresser les cheveux de Cloé. Il les touche, ferme la main mais n'arrive plus à la rouvrir. Cloé qui veut s'éloigner un peu n'apprécie guère les découvertes de son jeune ami parce qu'il lui fait mal. Devant ces maladresses, l'éducatrice doit faire preuve de patience et de compréhension. Elle peut aussi montrer à l'enfant comment caresser les cheveux sans faire mal aux autres (voir dans les manifestations agressives, comment agir face à des comportements d'exploration).

Malgré les maladresses, la posture et la gestuelle des bébés peuvent leur permettre de bien se faire comprendre par leur entourage. Lorsque Alexandre veut un jouet, il se dirige vers son ami et lui tend les mains et courbe légèrement ses doigts. Cette posture de sollicitation[30] semble très efficace pour faire comprendre à l'autre son intention de jouer avec l'objet visé. L'éducatrice pourra aussi grâce à la gestuelle deviner comment un enfant se sent. Ainsi, celui qui est fatigué pourra se frotter les yeux; celui qui est nerveux ou inquiet jouera avec ses doigts sans arrêt.

Le langage préverbal

Les pleurs, les cris, les gazouillis sont une forme de langage qui apparaît très tôt, avant que l'enfant ne prononce réellement des mots. C'est pour cette raison qu'on l'appelle langage préverbal. Cette forme de langage aide l'enfant à se faire comprendre et à entrer en communication avec les autres. Par ses pleurs, il traduit sa détresse. Par ses gazouillis, il témoigne de son bien-être. Par ses éclats de rire, il manifeste sa joie.

Le langage verbal

L'apparition du langage verbal modifie substantiellement les relations de l'enfant avec son entourage. Grâce à la parole, il devient en mesure de s'exprimer avec plus de précision, de se faire comprendre davantage et d'échanger ses idées avec les autres. Ses contacts sociaux se complexifient et lui apportent de plus en plus de satisfaction personnelle.

---

30. P. BATES. « La sollicitation non verbale chez l'enfant », *Sociologie et Société, op. cit.*, p. 145.

4.3.3. Les relations avec les pairs

L'avènement des pouponnières à la fin des années 70 a augmenté les chances de l'enfant d'entrer en contact avec ses pairs à un âge précoce et a fourni aux chercheurs des lieux d'observation des comportements sociaux chez les bébés. Même si la maîtrise de la station debout entraîne le développement systématique des rapports sociaux[31], Lamb et Bornstein rapportent que plusieurs études ont démontré que les enfants peuvent s'engager dans des relations sociales, limitées mais harmonieuses, avec d'autres enfants et ce, dès l'âge de 6 mois[32]. Voici un exemple de contacts sociaux harmonieux entre deux jeunes bébés.

> Sandra et Julianne boivent leur biberon, l'une à côté de l'autre. Sandra tient un jouet dans une main, elle le regarde et elle le tend à son amie. Celle-ci prend l'objet et l'observe tout en buvant son lait. Puis, elle le redonne à son amie. Derrière les tétines des biberons, on devine deux petits sourires. Quel beau moment de complicité!

« Entre 10 et 12 mois, le bébé se met souvent à pleurer quand il voit un autre enfant en larmes; vers 13 ou 14 mois, il va flatter ou embrasser l'enfant qui pleure; enfin, vers 18 mois, il peut offrir son aide à l'autre, présentant à l'enfant affligé un jouet pour remplacer celui qui a été brisé ou offrant un sparadrap à quelqu'un qui s'est fait une coupure au doigt[33]. » Ces comportements témoignent tous du fait que l'enfant est sensible aux autres enfants. Ceux-ci sont d'ailleurs beaucoup plus intéressés par la présence de leurs pairs que par celle des adultes. On remarque qu'ils se dirigent spontanément les uns vers les autres. L'enfant de deux ans, pour sa part, prend autant l'initiative des contacts avec ses pairs que ses aînés[34].

Les chercheurs ont démontré que non seulement les bébés sont attirés par les autres bébés mais qu'ils ont besoin de leurs pairs pour développer leurs habiletés sociales. Des études, maintenant célèbres, menées par Harry Harlow en 1969 auprès de bébés singes rhésus démontrent que les interactions avec les pairs sont nécessaires pour l'acquisition des comportements sociaux : « Les jeunes singes apprennent à jouer, à se confronter, à entrer

---

31. L. RACINE et coll. *Sociologie et Société, op. cit.*, p. 9.
32. M. E. LAMB et M. H. BORNSTEIN. *Op. cit.*, p. 385.
33. YARROW, 1978, cité dans D. E. PAPALIA et S. W. OLDS. *Op. cit.*, p. 157.
34. F. F. STRAYER. *Op. cit.*, p. 21.

en relation avec des individus de sexe opposé, et à communiquer avec les autres singes en jouant avec leurs pairs; lorsqu'ils sont privés de ces interactions, les singes deviennent des adultes socialement incompétents, même quand ils ont reçu des soins de bonne qualité provenant de leurs mères[35]. » Bien qu'elles aient été faites auprès des singes, ces études démontrent hors de tout doute l'importance du rôle des pairs dans la socialisation des jeunes individus. Le milieu de la pouponnnière devient donc un lieu privilégié d'apprentissage social puisqu'il permet au bébé d'observer, d'imiter, d'expérimenter ses compétences sociales en jouant avec des enfants de son âge.

À la pouponnière, le tout-petit doit s'efforcer de se faire comprendre auprès des autres bébés. « Alors que les adultes ont l'habitude de répondre de façon créative aux signaux ambigus, les pairs eux, sont moins susceptibles de comprendre les messages imprécis[36]. » Le désir d'être compris pousse donc l'enfant à améliorer son langage, à s'affirmer auprès des autres. De plus, le fait d'être en contact avec plusieurs individus de son âge qui ont leur propre façon d'agir permet à l'enfant d'observer une plus grande quantité de styles sociaux[37]. Cela le rend plus sociable et l'aide à raffiner son propre style.

Bien sûr, le bébé n'entretient pas toujours des relations harmonieuses avec ses pairs (figure 4.8). Les manifestations agressives et les crises d'affirmation sont inévitables puisque de façon globale, les rapports sociaux sont toujours empreints de besoins d'affiliation et de besoins d'affirmation face aux autres. L'enfant en milieu de garde peut se retrouver plus souvent au cœur de conflits que l'enfant gardé à la maison, même si ce dernier connaît aussi des problèmes avec ses frères et sœurs ou ses parents. Des relations parfois difficiles avec les pairs ne peuvent cependant pas nuire au développement des compétences sociales, au contraire. Les dernières recherches portant sur cet aspect de la socialisation des jeunes enfants concluent en effet que ceux qui fréquentent régulièrement un milieu de garde devraient être plus compétents avec leurs pairs que les enfants gardés à la maison. Le fait qu'ils aient plus d'interactions avec des jeunes de leur âge, qu'elles soient positives ou négatives, facilite l'acquisition des modèles de comportements sociaux[38]. En d'autres mots, la présence des pairs avant l'âge scolaire rend l'enfant plus habile à interagir avec les autres, que ce soit lors d'interactions positives (jeu) ou d'interactions négatives (conflit).

---

35. *Ibid.*, p. 380.
36. *Ibid.*, p. 22.
37. M. E. LAMB et M. H. BORNSTEIN. *Op. cit.*, p. 386.
38. *Ibid.*, p. 386.

FIGURE 4.8
L'enfant manifeste aussi des comportements agressifs.

L'éducatrice a un rôle à jouer pour aider l'enfant à développer ses compétences à communiquer avec ses pairs. L'altruisme, cette capacité de faire plaisir ou de venir en aide à quelqu'un sans attendre quoi que ce soit en échange, semble à la base des relations sociales harmonieuses. Il est possible d'encourager les comportements altruistes chez les petits en manifestant son intérêt à l'enfant qui vient de faire plaisir ou de rendre service à un autre bébé et en étant soi-même un modèle à imiter[39]. Voici un exemple où les enfants apprennent à socialiser.

> Julien a perdu son doudou et quelques personnes le cherchent. Amélie le trouve, elle va le lui porter. L'éducatrice exprime à Amélie que son geste est gentil et qu'elle fait très plaisir à Julien qui sourit maintenant... Amélie est contente d'elle-même et se sent encouragée à adopter de tels comportements.

Le comportement de l'éducatrice avec les bébés, les parents et les autres éducatrices doit aussi être empreint d'altruisme, car les enfants modèlent leurs comportements sur ceux des adultes avec qui ils vivent. Si elle est gentille, si elle partage, leur sourit, ils feront probablement plus facilement l'apprentissage de la générosité et de la gentillesse, et apprendront comment nouer des relations harmonieuses.

---

39. H. L. Bee et S. K. Mitchell. *Op. cit.*, p. 215.

4.3.4. Les relations avec les parents

Les relations des enfants avec leurs parents jouent un rôle déterminant dans le développement de leur personnalité. La qualité du lien d'attachement qui les unit constitue la base de tous les apprentissages. L'éducatrice doit faire en sorte que ce lien soit préservé et protégé en distinguant bien son rôle de celui de la mère et en utilisant la force de ce lien en certaines circonstances (voir le chapitre 2).

L'enfant préférera toujours ses parents à un étranger. « Dès le septième mois de la vie, les enfants montrent un rapport d'attachement aussi bien envers leur père que leur mère[40]. » Bien que les rôles aient beaucoup évolué au sein de la famille depuis quelques décennies, lorsque l'enfant vit un stress (maladie, peur d'un objet ou d'une personne), il a cependant plus souvent tendance à accourir vers sa mère que vers son père. Le rôle de celle-ci est encore relié aux activités de soin, tandis que le rôle du père est associé aux activités de jeu[41]. Il ne faut pas croire pour autant que l'enfant est moins proche de son père. En jouant, le parent peut tisser des liens très étroits avec son enfant. En somme, la qualité du lien qui unit l'enfant à son parent dépend avant tout de la qualité des soins que le parent prodigue à l'enfant et de la quantité de moments agréables remplis d'interactions positives qu'il partage avec lui (figure 4.9).

FIGURE 4.9
Le jeu et les soins quotidiens sont des moyens par lesquels se tissent des liens d'amour.

---

40. L. Racine et coll., *op. cit.*, p. 6.
41. M. E. Lamb cité dans *Sociologie et Sociétés, op. cit.*, p. 6.

Lamb a observé par ailleurs que « quand le bébé est seul avec l'un de ses parents, il y a toujours plus d'interactions que lorsque les deux parents sont présents. Il semble donc que la mère ou le père qui veut créer des liens étroits avec son enfant ait avantage à se retrouver parfois seul à seul avec lui[42]. » Les parents vivant seuls avec leur enfant ont ainsi l'opportunité de développer un lien d'attachement fort avec leur enfant puisqu'ils sont plus souvent seuls avec lui.

Certaines éducatrices croient donc, à tort, qu'un enfant issu d'une famille monoparentale est désavantagé par rapport à un enfant provenant d'une famille dite « intacte ». Ce n'est pas nécessairement le cas. Si l'enfant reçoit des soins de qualité et a avec son parent des rapports positifs, il a autant de chances de développer un lien d'attachement sécurisant indispensable à son développement harmonieux. De même, l'enfant qui fréquente la pouponnière peut tout aussi bien que celui qui demeure à la maison développer un lien d'attachement fort avec ses parents. Il faut retenir que la qualité des échanges est plus importante que leur quantité.

4.3.5. Les relations avec l'éducatrice

« Les études récentes mettent de plus en plus en relief le rôle déterminant de bien d'autres personnes que la mère dans le développement social de l'enfant dès la première année de vie[43]. » On a vu que les relations avec les pairs représentaient un atout pour l'enfant. Lorsqu'il fréquente la pouponnière, celui-ci a de plus la possibilité d'établir un lien d'attachement sécurisant avec un autre adulte que ses parents : son éducatrice. C'est grâce à des soins de qualité et à de nombreux moments agréables que progressivement, l'enfant apprendra que l'éducatrice qui le soigne à la pouponnière est là pour lui apporter des soins physiques et répondre à ses besoins psychologiques, et il s'attachera à elle.

La nature du lien affectif qui unit l'enfant à l'éducatrice sera toujours différente de celui qui l'unit à ses parents. Comme il a été expliqué au chapitre 2, elle ne remplacera jamais les parents dans le cœur de l'enfant. Son rôle est de veiller sur lui à la pouponnière, tandis que le parent est là tous les jours depuis sa naissance et habite avec lui sous le même toit. L'éducatrice doit de plus adopter une attitude plus objective, plus détachée que celles des parents à l'égard de l'enfant afin de pouvoir s'occuper de plusieurs enfants. Les rôles sont bien distincts et l'enfant doit le sentir.

---

42. M. E. LAMB cité dans D. E. PAPALIA et S. W. OLDS. *Op. cit.*, p. 156.
43. L. RACINE et coll. *Op. cit.*, p. 6.

Toutefois, pendant l'absence des parents, l'éducatrice devient le lieu de sécurité de l'enfant d'où il peut partir pour explorer à sa guise et vers qui il peut revenir au besoin. Comme il le fait avec ses parents, l'enfant attaché à son éducatrice lui sourit, s'agrippe à elle, se blottit contre elle, l'appelle en cas de détresse avec des pleurs ou des cris. Il se sent réconforté lorsqu'elle l'apaise; il s'endort avec calme en sa présence : il investit en elle toute sa confiance. De plus, il n'a pas besoin d'être toujours à ses côtés, car il sait qu'elle est là en cas de besoin.

L'enfant qui a la chance de vivre des liens sécurisants avec plusieurs adultes voit ses sources d'affection se multiplier. Ce n'est pas l'amour qu'il a dans le cœur qui se divise par deux, trois ou quatre en fonction du nombre d'adultes soigneurs. Il ne soustrait pas un peu d'amour à ses parents pour le donner à l'éducatrice. Il développe au contraire sa confiance envers les autres. Ce point est important à faire ressortir aux parents qui ont peur de perdre l'amour de leur enfant s'ils le font garder en pouponnière.

Le lien d'attachement qui unit l'enfant à son éducatrice permet aussi à celle-ci de jouer un rôle de premier plan lorsque des perturbations familiales viennent ébranler les membres de la famille (mort ou maladie d'un parent, séparation, violence familiale). Étant donné qu'elle est moins concernée émotivement par ces problèmes, elle devient un tendre réconfort pour le bébé qui a besoin, plus qu'en tout autre moment, de stabilité physique et affective. Sa disponibilité et le fait qu'elle puisse continuer à procurer à l'enfant des soins attentionnés dans le calme pendant les périodes où les parents ont de la difficulté à le faire représente un apport indéniable au maintien de son équilibre affectif. Sa présence peut donc devenir précieuse pour l'enfant et même particulièrement réconfortante pour les parents.

4.4. L'adaptation au milieu de garde

La période d'adaptation représente souvent un moment très redouté par les parents de jeunes enfants. C'est une période d'émotions intenses autant pour le bébé que pour eux. Souvent, les parents sont soulagés d'avoir trouvé une solution, mais doutent encore de leur décision. Craintes, insécurité, culpabilité devront faire place à la confiance envers le nouveau milieu de garde et l'éducatrice a un rôle déterminant à jouer durant cette étape cruciale pour faire en sorte que tout le monde s'adapte. Elle peut faciliter grandement l'adaptation du bébé en connaissant les facteurs pouvant influencer l'adaptation, les étapes du processus d'adaptation, les réactions possibles des enfants, en remplissant bien son rôle d'éducatrice auprès des enfants et auprès des parents, en reconnaisssant les signes associés à un processus d'adaptation difficile et en agissant de façon appropriée pour remédier à une situation problématique.

4.4.1. Les facteurs influençant l'adaptation au milieu de garde

Tout enfant qui commence à fréquenter un nouveau milieu de garde vit une transition écologique, c'est-à-dire qu'il passe d'un milieu connu et sécurisant, son foyer, à un environnement inconnu et imprévisible, son milieu de garde. Il passe obligatoirement par une phase d'adaptation qui est normale et nécessaire. Durant cette période de transition, l'enfant apprend à ajuster ses comportements et à développer un sentiment de confiance à l'égard de son nouvel environnement physique et social ainsi qu'à l'égard de ses propres compétences.

L'adaptation dure en général de quatre à cinq semaines. Un bébé ne devrait pas manifester de signes de non-adaptation après cinq semaines. Si tel est le cas, parents et éducatrices devraient s'interroger sérieusement sur les causes des difficultés de l'enfant. Plusieurs facteurs influencent le processus d'adaptation qui peut être plus ou moins long et plus ou moins facile.

L'âge du bébé

Il y a des âges où les enfants s'adaptent facilement à la pouponnière et d'autres où ils trouvent l'adaptation plus difficile. Dans une étude sur l'adaptation à la pouponnière, Martin[44] conclut que l'enfant qui commence à fréquenter la garderie avant le sixième ou le septième mois s'adapte facilement puisqu'il n'est pas encore entré dans la phase de l'attachement proprement dit. Dès que l'enfant a commencé à s'attacher à ses parents, les séparations sont par contre vécues plus difficilement. L'enfant cherche alors à retrouver son lieu de sécurité, c'est-à-dire ses parents, pour se rassurer devant une nouvelle situation et son adaptation risque d'être plus longue. Il est donc important que l'éducatrice comprenne ce qui se passe dans la tête de l'enfant de cet âge pour l'aider à s'intégrer à son nouveau milieu de vie.

---

44. Jocelyne MARTIN. *L'adaptation du poupon à la garderie*, thèse de maîtrise, bibliothèque des sciences de l'éducation de l'Université de Montréal, 1986, pp. 58-61.

Vers 8 mois, le bébé a aussi peur des étrangers. Même l'enfant le plus sociable peut devenir très craintif. Cela complique, bien sûr, son processus d'adaptation. Cependant, malgré la peur que l'enfant manifeste envers l'éducatrice et son désir de trouver ses parents lors des premiers jours de garde, un lien d'attachement peut se tisser en quelques semaines entre le bébé et l'adulte grâce à de bons soins et à de doux moments de complicité.

Enfin, l'enfant attaché à ses parents jouit d'une certaine autonomie psychomotrice, mais il craint d'être seul. L'éducatrice qui en a la garde doit donc l'aider à développer un sentiment de confiance en soi pour surmonter ses difficultés et l'amener à accepter en toute confiance qu'elle est là pour le protéger pendant l'absence de ses parents.

Vers l'âge de deux ans, l'adaptation peut aussi être difficile. L'enfant peut contester vigoureusement son entrée à la garderie en faisant des crises le matin, par exemple. La raison en est bien simple : l'enfant vit une période marquée par un fort besoin d'affirmation, sa « première adolescence » comme disent certains psychologues[45]. Il a tendance à s'opposer et à dire « Non! » haut et fort. Il passe par une période de déséquilibre difficile pour lui, comme pour les adultes qui en ont la garde.

La régularité et la fréquence des jours de garde

Comme il a été dit auparavant, la régularité sécurise les enfants et est même essentielle à leur développement physique et mental. En les aidant à voir venir les événements, elle leur permet de se préparer et diminue ainsi leur stress face à l'inconnu. Donc, il vaut sans doute mieux que l'enfant fréquente la pouponnière de façon régulière, c'est-à-dire que les moments où il se fait garder soient fixes, qu'ils ne changent pas selon la journée ou la semaine[46]. Cette régularité l'aidera à s'adapter au milieu de garde.

La fréquence à laquelle l'enfant ira à la garderie facilitera aussi son adaptation. Avant l'âge scolaire, l'enfant n'a pas une notion du temps très développée. Par exemple, pour lui, la semaine et la fin de semaine ne réfèrent à aucun concept précis. Il vit au jour le jour et même il est incapable de concevoir à l'avance ce qu'il fera au cours de sa journée. Durant la période d'adaptation, ce n'est que lorsque papa ou maman ouvre la porte de la pouponnière le matin qu'il réalise qu'il va se faire garder. On devine donc que les enfants qui viennent seulement un ou deux jours par semaine à la garderie connaissent de façon générale une période d'adaptation plus

45. F. DODSON. *Tout se joue avant six ans*, Verviers, Marabout, 1972, p. 83.
46. J. MARTIN. *Op. cit.*, p. 150.

longue parce qu'il s'écoule trop de temps entre les visites, et cela a pour conséquence qu'ils oublient la pouponnière et doivent se réadapter à chaque fois.

L'enfant qui se fait garder quatre ou cinq jours par semaine s'adapte habituellement plus vite et plus facilement que celui qui fréquente la garderie à temps partiel. Néanmoins, la période d'adaptation a de fortes chances d'être raccourcie si l'enfant à temps partiel vient à la pouponnière pendant deux ou trois jours consécutifs, le rapprochement des journées l'aidera à s'habituer.

Le tempérament du bébé

Les réactions observées chez les bébés lors de la période d'adaptation peuvent varier selon son tempérament : un bébé calme aura tendance à dormir un peu plus, un bébé actif pourra pleurer davantage, les bébés qui s'adaptent facilement de nature seront moins contrariés par la nouvelle situation que ceux qui ont besoin de plus de temps pour s'habituer à la nouveauté. Toutefois, avec beaucoup de compréhension et un peu de temps, tous les bébés parviennent à s'adapter à leur nouveau milieu de garde et à faire confiance aux éducatrices.

Les réactions des parents

La mère et le père ressentent habituellement de la culpabilité, de la méfiance, voire de l'angoisse face à ce nouveau partage de la garde de leur enfant. Le milieu, les grands-parents, les tantes, les amis reprochent parfois aux parents, à la mère surtout, de faire garder leur enfant et alimentent ainsi un sentiment de culpabilité toujours prêt à refaire surface chez les parents. Quand ces derniers doutent de leur décision et parfois parlent en mal de la garderie devant leur enfant, ils lui transmettent presque automatiquement leur malaise. « Nous irons jusqu'à dire qu'un parent qui éprouve des difficultés à faire garder son enfant va transmettre inconsciemment ses résistances à l'enfant[47]. » En effet, l'enfant est comme une éponge, il absorbe les émotions de ses parents, il lit facilement sur leur visage et devine en observant leurs comportements.

Pendant la période d'adaptation, beaucoup de parents trouvent difficile la séparation du matin et ne savent pas quelle attitude adopter. Ainsi, lorsque le père de David vient le conduire à la pouponnière, il le déshabille

---

47. *Ibid.*, p. 152.

et le quitte sans lui dire au revoir. Ce n'est pas par indifférence ou par mauvaise volonté qu'il agit ainsi, au contraire, c'est plutôt par désarroi. Il pense que cette façon de faire est plus facile pour son enfant[48]. La mère de Valérie, elle, s'éternise à la pouponnière sans se douter qu'elle rend ainsi la période de transition maison-garderie plus difficile pour sa fille. Il n'y a par ailleurs rien de pire que de faire croire à l'enfant des faussetés comme : « Maman revient dans deux minutes! » ou de ne pas le laisser exprimer ses émotions : « Arrête de pleurer, tu vas bien t'amuser aujourd'hui! » Ce n'est pas le genre de remarques qui aident l'enfant à se sentir compris dans sa peine et à s'adapter. Il est au contraire important que les parents jouent franc-jeu avec l'enfant en lui disant les choses telles qu'elles sont, en lui expliquant les vrais émotions ressenties de part et d'autres et en ne partant pas sans dire au revoir.

Souvent, les parents poseront peu de questions et n'oseront pas demander ouvertement les conseils qu'ils recherchent. Ce sera à l'éducatrice de les aider d'abord à combattre leurs appréhensions, et ensuite à adopter la meilleure attitude pour aider l'enfant (voir la section 4.4.3.).

L'attitude de l'éducatrice

Lors de la période d'adaptation du bébé à la pouponnière, l'éducatrice est comme un « chef d'orchestre » qui donne le rythme aux parents et au bébé nouvellement admis. Elle n'est pas émotivement impliquée dans ce grand remue-ménage que crée ce nouveau partage de la garde du bébé et grâce à son objectivité et à son expérience, elle peut faciliter l'intégration. Elle se doit d'être accueillante, disponible et à l'écoute des besoins des enfants et de ceux de leurs parents qui ont souvent besoin d'être réconfortés. Elle doit gagner la confiance des enfants aussi bien que celle de leurs parents (voir la section 4.4.3.).

L'organisation de la pouponnière

Étant donné qu'un nouveau bébé exige un peu plus d'attention que ceux qui sont déjà habitués à la garderie, les conditions de travail de l'éducatrice doivent lui offrir la possibilité de remplir adéquatement son rôle auprès de ce nouvel enfant. « Durant cette période d'adaptation, la performance de

---

48. *Ibid.*, p. 153.

l'éducatrice dépend aussi de conditions de travail telles que la stabilité du personnel, le ratio éducatrice-poupons et les horaires[49]. »

Les éducatrices qui travaillent cinq jours par semaine deviennent rapidement un point de repère pour le bébé : il est capable de prédire qui va s'occuper de lui. Cette stabilité est sécurisante et à plus fortes raisons pendant la période d'adaptation. Il est donc important de favoriser des horaires de travail à temps complet plutôt qu'à temps partiel et aussi de veiller à ce qu'il n'y ait pas de nouvelles personnes à la pouponnière (stagiaires, aides ou bénévoles) pendant la durée de l'adaptation de l'enfant. Les horaires de travail devraient être établis de sorte à assurer la présence de l'éducatrice dès l'arrivée du bébé en période d'adaptation. En apercevant tout de suite son éducatrice, l'enfant est plus rapidement calmé et sa séparation d'avec son parent semble moins douloureuse.

Le ratio éducatrice-poupons doit suivre la réglementation et idéalement être diminué lorsqu'on prévoit l'arrivée de plusieurs bébés à la pouponnière. Plus il y a d'enfants pour une seule éducatrice, moins celle-ci peut bien connaître les enfants, les observer et avoir le temps de communiquer suffisamment avec les parents. De plus, le bruit augmente lorsque le nombre d'enfants est trop élevé et cela devient une source de stress pour les bébés et pour les éducatrices; il faut donc le diminuer dans la mesure du possible, et en particulier quand il y a un nouveau bébé dans le groupe.

4.4.2. Les étapes du processus d'adaptation et les réactions possibles

Après avoir précisé les facteurs influençant le processus d'adaptation, il convient maintenant de voir comment se comporte un enfant qui n'est pas adapté à la pouponnière à côté de celui qui s'y sent comme chez lui. Les différentes manifestations d'adaptation et de non-adaptation du bébé sont présentées au tableau 4.6, elles sont observables dans les réactions affectives de l'enfant, dans ses rapports sociaux et dans ses comportements lors des routines quotidiennes.

---

49. Jocelyne MARTIN. « L'adaptation du poupon à la garderie », *Petit à Petit*, vol. 5, n° 6, mars 1987, p. 5.

TABLEAU **4.6**
**Les manifestations d'adaptation et de non-adaptation
du bébé à la pouponnière**

Chez un bébé adapté	Chez un bébé non adapté
Sur le plan affectif	
Sentiment de bien-être et de confiance	Sentiment de détresse, d'abandon, d'impuissance et de solitude
Expression de bonheur et plaisir : sourires, rires, gestes enjoués, sauts	Expression résignée, maussade, triste et sérieux : rires et sourires peu fréquents, raideur dans les mouvements
Sur le plan social	
Réceptif aux autres (enfants et adultes) Ouvert aux échanges, aux jeux	Isolé, peu d'entrain Peu enclin à jouer, à aller vers les autres
Intéressé par les activités Acceptation des situations et personnes nouvelles	Faible participation Comportement de soumission Évitement du regard de l'éducatrice
Sur le plan des comportements lors de routines quotidiennes	
Sommeil et repas normaux	• Refus de manger ou de boire • Lenteur à s'endormir, mauvais sommeil • Peu de coopération lors du changement de couches ou de l'habillement

Bien sûr, chaque bébé réagit à sa façon et s'adapte à son rythme. Cependant, plus le bébé est jeune moins ses réactions sont complexes face à la nouveauté et si chacun est différent, il demeure qu'il existe un processus d'adaptation type. Durant les premiers jours de fréquentation de la pouponnière, les tout-petits semblent heureux de découvrir un environnement créé à leur mesure. C'est souvent leur première occasion d'entrer en contact avec plusieurs enfants de leur âge et ils prennent plaisir à vivre en leur compagnie. Puis, lorsqu'ils réalisent qu'ils reviennent chaque jour, ils constatent alors que ce n'est pas « juste pour rire une fois », mais bien « pour tous les jours ». C'est le choc de la réalité. Cette douloureuse constatation amène alors l'enfant à adopter toutes sortes de comportements qui peuvent perturber temporairement l'ordre et le calme de la garderie et désorienter les parents. Le bébé pleure plus qu'à l'accoutumée; il peut refuser de manger, prendre beaucoup de temps pour s'endormir, etc.

Après le choc survient ensuite la peur de l'abandon qui se traduit par un sentiment d'insécurité chez le bébé. Cette insécurité est causée par le caractère nouveau de la situation et par le niveau de développement intellectuel de l'enfant. La permanence de l'objet n'étant pas complètement acquise avant l'âge de deux ans, le bébé croit fermement que lorsque ses parents quittent la garderie, ils arrêtent d'exister et qu'il devient seul au monde, orphelin. Il se demande donc à chaque matin : « Est-ce que maman et papa vont venir me chercher plus tard ou me laisseront-ils pour toujours à la pouponnière? »

L'enfant peut alors adopter différents comportements : il ne voudra plus lâcher son doudou ou il se retirera dans un petit coin. L'éducatrice doit rassurer le bébé qui ressent cette crainte en lui procurant chaleur, attention et respect (figure 4.10). Elle peut lui dire : « Aujourd'hui, c'est moi qui prends soin de toi lorsque maman travaille. » À mesure que le lien affectif avec les éducatrices devient fort et à force de voir arriver papa ou maman tous les soirs, la peur de l'abandon s'estompera pour faire place à une attitude positive. Si le choc précède habituellement la peur de l'abandon, ces deux étapes du processus d'adaptation peuvent être vécues simultanément.

FIGURE 4.10
Pendant la phase d'adaptation, l'éducatrice doit procurer chaleur, attention et respect à l'enfant.

Rappelons que tout enfant doit absolument vivre une phase d'adaptation avant de ressentir un sentiment de confiance et de bien-être dans un nouveau milieu de garde. Une fois bien acclimaté, il ne voudra plus quitter ses amis et son éducatrice le soir venu, au grand désespoir des parents qui, eux, ressentiront à leur tour la peur du rejet et de l'abandon. Mais, ça, c'est une autre histoire!

Lorsque cette étape de transition est franchie, l'enfant aura appris qu'il peut s'adapter, s'accommoder et cet apprentissage l'aidera lorsqu'il commencera la maternelle, devra se faire garder une fin de semaine chez ses grands-parents ou sera hospitalisé. Au tableau 4.7 sont résumées les différentes étapes du processus d'adaptation.

TABLEAU 4.7
Étapes du processus d'adaptation du bébé au milieu de garde

Étapes	Durée	Émotions et comportements
Découverte de la nouveauté	3 à 5 jours	Curiosité, excitation, amusement.
Choc de la réalité	5 à 10 jours	Désenchantement, négation, agressivité, opposition, isolement, retrait.
Peur de l'abandon	5 à 15 jours	Tristesse, anxiété, inquiétude, pleurs, refus ou excès de sommeil et de nourriture, régression (suce, doudou).
Acceptation	À partir du 15e jour environ	Confiance, rires, amusement, participation, socialisation.

4.4.3. Le rôle de l'éducatrice

Pendant la période d'adaptation, le rôle de l'éducatrice est double elle doit à la fois aider le bébé à s'intégrer et servir de guide aux parents.

Guider les parents

Comme on l'a dit, les parents ont souvent de la difficulté à accepter de faire garder leur bébé. Ils peuvent se sentir coupables, méfiants, inquiets, etc. En un sens, ils ont eux aussi à s'adapter à une nouvelle réalité. Il est important que l'éducatrice soit consciente de cela et qu'elle soit là pour les informer, les réconforter. Il faut qu'un climat de confiance s'installe entre elle et les nouveaux parents le plus rapidement possible puisque si les parents sont mal à l'aise, l'enfant aura de la difficulté à développer un sentiment de confiance à l'endroit de la pouponnière et de l'éducatrice, et sa période d'adaptation risque d'être plus difficile.

Une rencontre préalable avec les parents est essentielle pour établir dès le départ de bons contacts. Elle permet de connaître les parents, de leur donner toute l'information nécessaire et de répondre à leurs questions. Pendant cette rencontre, l'éducatrice pourra expliquer aux parents la façon avec laquelle les soins sont donnés aux enfants, le fonctionnement et les règles de la pouponnière, leur offrir de visiter les lieux. Elle pourra en profiter pour leur faire part des réactions possibles des enfants qui commencent à fréquenter la pouponnière, de la durée habituelle de la période d'adaptation et des facteurs qui peuvent l'influencer tels la fréquence, la régularité des moments de garde, l'âge de l'enfant, etc.

Les premiers jours, beaucoup de parents auront besoin de conseils quant à la meilleure attitude à adopter le matin au moment de laisser leur enfant. La séparation peut être difficile pour les parents surtout lorsqu'ils laissent derrière eux un bébé en larmes. Il faut donc les réconforter et les conseiller à ce sujet.

Il est bon de leur dire qu'ils aideront grandement le bébé à traverser la période de transition maison-pouponnière en ne s'éternisant pas le matin. Le temps d'effectuer un changement de couche, par exemple, est suffisant. On peut leur conseiller d'adopter un rituel que l'enfant reconnaîtra et qui le sécurisera. Le parent peut dire à son enfant : « Maintenant, je m'en vais et je reviendrai te chercher cet après-midi », l'embrasser et lui faire au revoir de la main en s'éloignant. Il faut insister sur l'importance d'être franc avec l'enfant. En effet, les mensonges du genre : « Maman, va revenir tout de suite » insécurisent l'enfant, qui attend son rêve en vain. Enfin, il faut inviter les parents à téléphoner à la pouponnière pendant la journée pour prendre des nouvelles s'ils en ressentent le besoin.

Les éducatrices peuvent aussi grandement rassurer certains parents en leur expliquant qu'elle a un rôle complémentaire au leur et que jamais elle ne les remplacera dans le cœur de l'enfant, qu'ils demeureront toujours son lieu de sécurité privilégié. Elle pourra les aider à prendre conscience de cela en leur faisant remarquer que lorsqu'ils sont à la pouponnière, l'enfant va toujours vers eux pour combler ses besoins et non vers elle.

Il est enfin primordial de sensibiliser les parents à l'importance d'échanger matin et soir des informations essentielles concernant le sommeil, l'alimentation et l'état général de l'enfant. Une bonne communication parent-éducatrice est une des conditions essentielles au bien-être de l'enfant. Si les adultes ne se parlent pas, de multiples problèmes peuvent surgir. Voici un exemple qui illustre bien cette affirmation.

Une éducatrice oublie de mentionner à un parent que son bébé a mangé des betteraves en purée pour le dîner. Son oubli peut alarmer les parents inutilement, car ces légumes ont la fâcheuse conséquence de « rougir » les selles ou les urines. Le lendemain matin, la mère visiblement bouleversée, dit que son bébé a passé du sang dans ses selles et qu'elle devra aller consulter un médecin. Bien sûr, l'éducatrice peut rapidement réparer son erreur et rassurer la mère, mais ces angoisses auraient pu être évitées facilement.

Cette petite anecdote montre bien l'importance des échanges entre les parents et les éducatrices. Plus l'enfant est jeune, plus les adultes ont intérêt à s'échanger des informations quotidiennement. Dans la plupart des milieux de garde, parents et éducatrices remplissent des fiches matin et soir afin de faciliter la circulation des renseignements essentiels. Quelle que soit la méthode, l'important est que les partenaires éducatifs que sont les parents et les éducatrices sachent comment s'est comporté l'enfant en leur absence afin que celui-ci profite d'un suivi de qualité.

Parents et éducatrices ne devraient pas d'ailleurs limiter leur communication à une transmission d'informations « physiologiques ». Des mises au point sur les attitudes à adopter et les valeurs éducatives à véhiculer auprès des enfants devraient aussi prendre place dans les échanges entre les adultes responsables de la garde de l'enfant. Elles facilitent ainsi l'intégration de l'enfant au milieu de garde[50].

La complicité s'installe plus facilement avec certains parents qu'avec d'autres. Cependant, il revient à l'éducatrice de prendre l'initiative avec les parents plus timides, de les informer et de faire en sorte que ses relations soient bonnes avec tous les parents. C'est elle qui doit aller au devant des

50. I. FALARDEAU et R. CLOUTIER. *Programme d'intégration famille-garderie*, Collection Diffusion, vol. 2, Office des services de garde à l'enfance, gouvernement du Québec, 1986.

parents et orienter sa relation avec eux. Un climat de confiance et des échanges quotidiens contribueront énormément à faciliter l'adaptation de l'enfant et à rendre tout le monde heureux.

Accueillir l'enfant

Le deuxième aspect du rôle de l'éducatrice consiste bien sûr à accueillir le nouvel enfant et à faciliter son adaptation. Dès la première rencontre préalable avec les parents, l'éducatrice en profitera pour demander tous les renseignements jugés importants concernant les habitudes de sommeil de l'enfant, ses goûts et ses besoins alimentaires, etc. Il est bon que l'enfant assiste à cette rencontre pour avoir un premier contact avec la pouponnière en présence de ses parents. Il faut tout mettre en œuvre pour avoir une idée du tempérament de l'enfant et de ses habitudes avant de commencer à le garder. Dans certaines pouponnières, on demande aux parents de remplir un questionnaire sur les habitudes de l'enfant, ses allergies, son développement, etc.

Les premiers jours, l'éducatrice devra observer attentivement le nouveau bébé afin d'apprendre à décoder son langage. Elle devra aussi être particulièrement à l'écoute de ses besoins et veiller à établir des contacts chaleureux pour l'amener à développer un sentiment de confiance. Si l'enfant est attaché à un jouet ou à une couverture, il faut lui permettre d'apporter cet objet avec lui, la transition maison-pouponnière se fera peut-être alors plus en douceur. De plus, si un enfant manifeste de la préférence pour une des éducatrices, il faut respecter cette attirance. Celui-ci se sentira probablement plus vite en confiance si son désir est respecté et apprendra plus rapidement à aimer la pouponnière auprès d'une éducatrice avec qui il se sent bien.

Il est enfin préférable que l'éducatrice soit présente à l'arrivée de l'enfant le matin et qu'il y ait le moins possible de remplaçantes et d'étrangers dans la pouponnière pendant la période d'adaptation de l'enfant. En donnant au bébé des soins de qualité et en instaurant une routine qui réponde à ses besoins, l'éducatrice gagnera habituellement assez rapidement le cœur de l'enfant toujours prêt à aimer les gens qui manifestent de l'intérêt pour lui.

4.4.4. Les difficultés d'adaptation

Les enfants ont parfois de la difficulté à s'adapter au nouveau milieu de vie que représente la pouponnière et manifestent leur non-adaptation aussi bien à la pouponnière pendant la journée qu'à la maison le matin et le soir. Il faut donc que les parents et l'éducatrice se tiennent au courant des réactions de l'enfant afin d'avoir une vue d'ensemble de son comportement pour lui offrir tout le soutien dont il a besoin pour s'adapter.

Il faut être vigilant pour reconnaître les signes de non-adaptation chez le tout-petit, car ils peuvent prendre différentes formes : « Les troubles de sommeil (manque ou excès), les pleurs trop fréquents, l'anorexie ou les diarrhées inexplicables, les poussées de fièvre et les petits malaises en sont souvent les signes extérieurs. Des problèmes médicaux les plus divers et les plus inattendus n'ayant aucune raison apparente pourraient très bien être expliqués par une difficulté d'adaptation[51] ».

De plus, les pires problèmes sont les moins apparents. Ainsi, un enfant qui pleure beaucoup pendant les premières semaines de fréquentation attire tout de suite l'attention des adultes sur ses difficultés et ceux-ci peuvent venir à son secours, le réconforter et ainsi l'aider à s'intégrer. Par contre, des bébés lancent des signaux de détresse plus subtils, certains par exemple dorment trop et arrêtent de manifester leur faim. C'est ce type de réactions qui peut prolonger la période d'adaptation. En effet, les adultes ne réalisent pas toujours que ces attitudes sont signes d'une mauvaise adaptation et ne viennent pas en aide à ces enfants. Ces derniers peuvent alors commencer à développer un sentiment de méfiance envers les adultes qui ne comprennent pas leurs besoins et leur intégration risque de devenir plus ardue. Il faut toujours avoir en tête que tous les bébés vivent une détresse transitoire quand ils commencent à fréquenter la garderie et qu'ils ont tous besoins de plus d'attention pour pouvoir passer à travers cette difficulté.

Certains enfants commencent à avoir des problèmes de santé : otites à répétition, infections intestinales ou respiratoires, etc. Quand ces problèmes persistent et deviennent sérieux, ils représentent une raison valable de mettre un terme à la fréquentation de la pouponnière. Il s'agit de signes évidents que l'enfant ne s'adapte pas.

Si après quatre semaines des problèmes persistent, ce qui est très rare, l'éducatrice devra tenter de découvrir les causes des réactions négatives de l'enfant en analysant les différents facteurs pouvant influencer le processus d'adaptation. Voici le genre de questions qu'elle pourra se poser :

---

51. C. Broquaire et M. Egolf. « Expérience d'accueil en crèche », *Vivre avec les autres avant trois ans*, Cannes, C.E.M.E.A., 1980, p. 30.

À propos du bébé

- A-t-il un tempérament qui accepte difficilement le changement?
- Est-il dans une tranche d'âge plus critique?
- Fréquente-t-il de façon régulière la pouponnière?
- Aurait-il besoin d'un objet de transition (couverture, suce)?
- Le rythme de ses repas et de ses périodes de sommeil est-il respecté?

À propos de la réaction des parents

- Acceptent-ils de faire garder leur enfant?
- Font-ils confiance à l'éducatrice?
- Connaissent-ils bien le fonctionnement de la pouponnière?
- Prennent-ils le temps de déshabiller l'enfant, de le changer de couche en arrivant?
- Y a-t-il un rituel de transition famille-pouponnière?
- Sont-ils francs avec le bébé lorsqu'ils le quittent le matin?
- Disent-ils un seul « au revoir » définitif ou reviennent-ils sur leurs pas continuellement avant de quitter l'enfant le matin?
- Échangent-ils des informations avec l'éducatrice matin et soir?

À propos de son attitude personnelle

- Est-ce que je m'approche tranquillement de l'enfant en lui parlant doucement le matin lorsqu'il est dans les bras de son parent ou est-ce que je le prends sans attendre qu'il démontre qu'il est prêt?
- Est-ce que j'ai assez d'informations sur les habitudes du bébé, sur ce qu'il vit à la maison, sur son tempérament pour répondre de façon satisfaisante à ses besoins?
- Est-ce que je fais les premiers pas pour prendre contact avec les parents pour les mettre à l'aise à la pouponnière?
- Est-ce que je laisse la chance à l'enfant d'explorer, d'observer autour de lui dans la pouponnière pour qu'il la découvre ou si j'accours dès qu'il geint un peu?
- Est-ce que j'observe correctement le bébé?

À propos de l'organisation de la pouponnière

- Les horaires de travail favorisent-ils l'accueil du bébé le matin par son éducatrice attitrée?
- Y a-t-il un haut roulement de personnel à la pouponnière?
- Y a-t-il des étrangers qui dérangent le bébé (autres adultes qui visitent la pouponnière, coordonnatrice, cuisinière, stagiaires, bénévoles)?
- L'aménagement des lieux respecte-t-il les besoins du bébé?

Toutes ces questions et bien d'autres encore permettent de déceler les causes possibles des difficultés d'adaptation. C'est en observant bien le bébé, en adoptant envers lui une attitude chaleureuse et compréhensive, en établissant de bons contacts avec les autres parents et en s'auto-évaluant que l'éducatrice pourra déterminer les causes des difficultés et intervenir en conséquence afin de faciliter l'adaptation.

4.5. Les interventions particulières

Le travail de l'éducatrice en pouponnière est souvent ponctué d'interventions particulières auprès des bébés lorsque ceux-ci vivent des difficultés passagères liées à leur développement physique, socio-affectif ou intellectuel, ou encore à des circonstances extérieures.

Même une éducatrice bien préparée à faire face aux réactions parfois violentes des jeunes enfants peut à certains moments être déroutée devant l'ampleur que peut prendre un problème. Puisque souvent dans ces périodes difficiles, l'intervention de l'adulte a des conséquences sur le développement affectif de l'enfant, nous croyons qu'il est nécessaire que la future éducatrice soit préparée à intervenir de façon appropriée pour soutenir l'enfant. Nous présenterons donc ici différentes interventions particulières choisies en fonction de leur fréquence d'apparition dans un milieu de garde comme la pouponnière et de la difficulté exprimée par les éducatrices à agir dans ces circonstances. Ces interventions concernent les manifestations agressives, les peurs enfantines et les moments difficiles comme la maladie, la séparation parentale, la mort d'un parent et la naissance d'un nouvel enfant.

4.5.1. Les manifestations agressives

Les manifestations agressives sont des gestes qui peuvent faire mal à une autre personne. Mordre, tirer les cheveux, taper, pousser et faire trébucher sont des exemples de tels gestes fréquents chez les enfants. C'est autour de deux ans, quand l'enfant apprend à parler, que de tels manifestations atteignent un degré maximal. La parole permettra ensuite à l'enfant de s'exprimer plus clairement, de verbaliser ce qu'il ressent et il aura moins recours aux gestes pour se faire respecter. On remarque d'ailleurs que ce sont souvent les enfants les moins loquaces qui agressent le plus les autres : les coups deviennent leur seul moyen de s'exprimer.

En général, la violence physique n'est pas intentionnelle chez les enfants. En effet, l'enfant pose souvent des gestes qui font mal aux autres sans le vouloir, il s'agit de gestes maladroits, de comportements d'exploration, de gestes posés lors de conflits de possession, de crises de colère ou pour attirer l'attention. Par contre, il arrive parfois qu'un enfant soit réellement agressif. Volontaires ou non, les manifestations agressives demandent l'intervention rapide de l'éducatrice, qui doit protéger les bébés agressés et les bébés qui agressent.

Les manifestations agressives non intentionnelles

Les gestes maladroits

Simon entre dans la pouponnière. Cédric le voit arriver et court vers lui. Malheureusement, arrivé près de Simon, il ne peut ralentir et se bute contre lui. Celui-ci tombe à la renverse. Karine, elle, veut embrasser Dave. Cependant, elle le fait si brutalement que son compagnon se met à pleurer. Ces petits gestes maladroits traduisent un manque de contrôle chez le bébé. Ils ne sont pas posés avec l'intention de faire mal à l'autre. L'éducatrice devra alors réconforter les deux enfants et leur expliquer ce qui s'est passé.

Les comportements d'exploration

Marie-Pierre tape sur la tête de Cloé. Celle-ci se met à gémir un peu. Elle tape une autre fois, Cloé se met à crier. Ces tapes permettent à Marie-Pierre de réaliser que de tels gestes font crier l'autre. Elle découvre ainsi les gestes qui plaisent et ceux qui déplaisent. Ce genre de comportements n'est pas méchant. L'enfant ne réalise pas qu'il fait mal, il se comporte comme si les autres étaient des objets insensibles et ne voit pas encore de cause à effet. Il explore.

Cette forme de manifestations agressives est facilement observable lorsqu'un tout-petit essaie de caresser les cheveux : il tire sur la chevelure au lieu de glisser doucement sa main. L'éducatrice doit indiquer le geste approprié à l'enfant en dépliant les doigts, et en lui montrant à caresser avec la main bien à plat sur la tête (figure 4.11). Elle pourra encourager le bébé à se pratiquer d'abord sur une poupée, puis sur lui-même avant de caresser les cheveux des autres bébés.

L'éducatrice doit être ferme en ce qui a trait aux comportements d'exploration pour indiquer clairement à l'enfant les comportements interdits.

FIGURE 4.11
L'éducatrice doit apprendre à l'enfant à caresser les cheveux des amis.

Le bébé a besoin de balises pour distinguer ce qui est socialement acceptable de ce qui ne l'est pas. Elle peut s'exprimer ainsi : « Je ne te laisserai pas faire mal à Cloé. » Il faut répéter, être patient et se rappeler que l'enfant a beaucoup à apprendre. Ainsi, il comprendra peu à peu que la vie en société comporte des interdictions qu'il faut respecter et apprendra aussi les gestes qui plaisent si on l'encourage à les pratiquer pour remplacer les gestes qui font mal.

Les conflits de possession

« C'est à moi! » « Non, c'est à moi! » Voilà ce que semblent se dire deux bébés qui tirent sur le même jouet. L'enfant très jeune ne peut comprendre la notion de partage. Ainsi, le désir de posséder l'objet détenu par un autre bébé amène souvent l'enfant à poser des gestes agressifs, tout comme le désir de garder le jouet qu'un autre veut lui enlever.

Lors de conflits de possession, les enfants crient habituellement jusqu'à ce que l'un des deux cède. Il est préférable de ne pas accourir à chaque fois qu'un tel conflit survient et de laisser les bébés apprendre à se confronter. Bien sûr, il faut réagir lorsque ce conflit dégénère en une escalade d'agressivité. L'éducatrice pourra alors détourner l'attention d'un des enfants en lui indiquant qu'il y a d'autres jouets identiques autour de lui. Il ne faut surtout pas arracher le jouet des mains des enfants puisque ceux-ci vont croire que c'est en arrachant les objets qu'on met fin à un conflit. Un nombre suffisant de jouets identiques contribue grandement à éviter les conflits de possession et donc à assurer une certaine harmonie à la pouponnière.

Les crises de colère

Corinne veut mettre son habit de neige toute seule. Elle tente de remonter sa fermeture éclair, mais elle est coincée. Elle tire, tire et ainsi empire la situation. Rouge de colère, elle éclate et se met à crier. Elle perd alors tout contrôle de ses émotions. L'éducatrice devra attendre que l'orage passe en restant calme. Puis, une fois la crise passée, elle pourra parler à l'enfant en lui disant : « Je vois que tu étais très en colère, Corinne. Tu voulais t'habiller toute seule pour aller dehors et tu n'y arrivais pas. C'est choquant! Tu peux venir me demander de l'aide, si tu le veux. »

Les enfants se mettent souvent en colère à la moindre contrariété, lorsqu'ils sont fatigués ou ont faim, bref, quand leurs besoins physiologiques ne sont pas satisfaits. Les crises de colère sont aussi une des manifestations possibles du besoin d'affirmation de l'enfant. Durant sa deuxième année en particulier, l'enfant veut s'affirmer. Il veut agir selon ses désirs et avec toute l'autonomie possible. Malheureusement, des restrictions de tout ordre apparaissent et le contraignent. Par exemple, il veut prendre un jouet qui est hors d'atteinte, il veut écrire sur les murs, il veut traverser la rue en courant, il veut garder sa culotte mouillée, il veut enfiler une corde dans le petit trou d'une perle, ainsi de suite. Devant ces limites physiques ou sociales, certains enfants s'affirment plus que d'autres, font des crises de colère plus souvent. L'éducatrice doit être capable de reconnaître qui est susceptible de faire une crise et quand celle-ci peut survenir afin d'intervenir avant que la situation ne se dégrade et bien avant que l'enfant ne perde le contrôle.

Les crises de colère sont très éprouvantes pour l'enfant et pour les adultes qui en sont les spectateurs. Le rôle de l'adulte est d'aider l'enfant à supporter sa frustration qui est bien réelle. Isoler l'enfant qui fait ou qui vient de faire une crise contribue à augmenter son désarroi et le laisse tout seul pour retrouver son équilibre émotif après la tempête. L'enfant a, au contraire, besoin d'être réconforté. Prendre l'enfant dans ses bras, une fois la crise passée, pour lui faire comprendre qu'on l'aime quand même est essentiel. L'enfant pourra alors recouvrer une certaine maîtrise de lui-même, maîtrise qu'il recherche tant à cet âge.

Les agressions par besoin d'attention

Éric est à côté de Mia. Il attend que l'éducatrice le regarde et, dès que celle-ci le voit, il mord le bras de sa copine. Geneviève, elle, pousse Louis-Philippe juste avant que l'éducatrice ne quitte la salle. Ces gestes d'agression ont le fâcheux pouvoir de faire accourir l'éducatrice vers le petit malin qui les a commis. Quelle marque d'attention instantanée! Que doit donc faire l'éducatrice en de pareilles circonstances?

Tout d'abord, elle n'a pas le choix : il faut protéger l'enfant qui est visé par ces agressions. Ensuite, il faut exprimer fermement son mécontentement et expliquer à l'enfant qui a agressé l'autre que ces gestes-là sont inacceptables à la pouponnière : « Jamais, je ne te laisserai faire mal aux amis. » Il faut de plus prendre en considération le fait que l'enfant qui agit ainsi le fait par besoin d'attention, et que l'on doit donc donner de l'attention à cet enfant lorsqu'il se comporte de façon acceptable.

Il est fort probable que l'enfant qui agit de la sorte ait besoin de valorisation. L'intervenante pourrait donc lui dire dans des moments opportuns : « Bravo Éric! Tu aides Jessica à mettre tous les cubes dans la boîte! » Bercer l'enfant, le cajoler avant la sieste, rire et s'amuser avec lui permettront aussi de lui faire réaliser qu'il existe une foule d'autres moyens pour attirer l'attention de l'adulte.

L'agressivité réelle

Les cinq types de manifestations agressives que nous venons de voir posent rarement de grandes difficultés à l'éducatrice. Par contre, un enfant réellement agressif peut dérouter. Il y a des enfants qui n'arrivent pas à contrôler adéquatement leur colère et la retournent contre les autres. Ces réactions d'agressivité excessives sont plutôt inhabituelles chez les bébés, mais lorsqu'elles surviennent, les éducatrices hésitent souvent entre l'envie irrésistible de punir l'enfant et le souci de l'aider à mieux se contrôler.

Avant de décrire les interventions appropriées auprès d'enfants agressifs, il serait bon de comprendre pourquoi un enfant devient violent, c'est-à-dire pour quelles raisons il n'arrive pas à maîtriser sa colère et la retourne furieusement contre son entourage. Le tempérament, le sexe de l'enfant, les modèles familiaux et les capacités développementales de base expliquent, en grande partie, l'agressivité d'un enfant.

Tout d'abord, les bébés ayant un tempérament instable ont une nette tendance à être plus impulsifs et plus colériques. Ils provoquent souvent des conflits en adoptant des comportements indésirables comme crier, taper du pied ou faire une belle crise de rage. Par ailleurs, les garçons sont plus susceptibles d'être agressifs; des facteurs biologiques et culturels sont à la base de cet état de fait[52].

Ensuite, les enfants qui adoptent des comportements agressifs sont souvent issus de familles où le lien d'attachement parent-enfant est insécurisant et où les méthodes d'éducation des parents sont plutôt coercitives, incohérentes et explosives. Les théories behavioristes ont de plus mis en évidence le rôle important de l'imitation d'un modèle dans l'apprentissage de l'agressivité. Les parents, les pairs et même les personnages dans les émissions télévisées sont autant de modèles propices au développement de comportements agressifs chez l'enfant[53].

Très souvent, les adultes n'ont même pas conscience que leurs comportements agressifs sont enregistrés par l'enfant qui les observe. Même en désapprouvant l'attitude agressive de leurs enfants, les parents peuvent adopter un comportement qui encourage l'agressivité : « Les parents qui donnent la fessée deviennent un exemple vivant de l'usage de l'agressivité au moment même où ils tentent d'apprendre à l'enfant à ne pas se montrer agressif[54]. » De même, crier à tue-tête à l'enfant : « Arrête de me casser les oreilles! » le place aussi dans une situation ambivalente : l'enfant ne sait plus si le fait de crier est acceptable ou non puisque l'adulte, qui est son modèle, crie lui-même pour lui dire de ne pas crier. Pour cette raison, il faut éviter à tout prix de mordre ou de tirer les cheveux des bébés pour leur montrer que cela fait mal. Nous voyant poser de tels gestes, ils auront une tendance naturelle à nous imiter et seront ainsi confus puisque nos paroles iront à l'encontre de nos actions.

Selon Bandura, un des chercheurs les plus connus dans le domaine de l'apprentissage social de l'agressivité[55], plus un enfant est en contact avec des adultes violents, plus il est susceptible d'être violent à son tour. Les enfants issus de familles où la violence physique est présente risquent donc de développer des attitudes violentes puisqu'ils disposent de modèles

---

52. R. CLOUTIER et A. RENAUD. *Op. cit.*, pp. 594-595. La testostérone est une hormone sexuelle mâle qui serait responsable de certains comportements agressifs.
53. R. CLOUTIER et L. DIONNE. *L'agressivité chez l'enfant*, Montmagny, Edisem/Le centurion, 1981, p. 21.
54. D. E. PAPALIA et S. W. OLDS. *Op. cit.*, p. 203.
55. A. BANDURA. *Aggression : A Social Learning Analysis*, New Jersey, Englewood Cliffs, Prentice Hall Inc., 1973.

agressifs. Les enfants agressifs sont souvent très anxieux, leur concept de soi est fragile[56]. Leur estime de soi est souvent peu élevée puisque les parents ne leur renvoient pas une image positive d'eux-mêmes.

Pour aider les enfants ayant de véritables problèmes d'agressivité, Landy et Peters[57] proposent de travailler de concert avec les parents. Les règles suivantes sont proposées :

Comment aider les enfants agressifs

1) Expliquer aux parents les étapes du développement de l'enfant et la notion de tempérament. Cela leur permet parfois de réaliser qu'ils ont un bébé avec une personnalité plus complexe, plus instable, et ils arrêtent alors de se blâmer inutilement. Ils font preuve de plus de compréhension à l'égard de l'enfant.

2) Aider l'enfant à établir son rythme physiologique grâce à des soins attentionnés; cela diminuera son anxiété.

3) Développer chez l'enfant un sens de l'efficacité personnelle grâce à des activités appropriées qui lui permettent de vivre des réussites.

4) Consolider un attachement sécurisant entre l'enfant et ses parents : trouver des activités agréables pour le bébé et le parent (des jeux simples de rythmique, des activités à l'extérieur, des jeux d'interaction en tête à tête, etc.).

5) Aider l'enfant à contrôler ses émotions : les adultes ne devraient pas ignorer les crises de colère, ni y répondre par de l'agressivité. Ils devraient encourager l'enfant à comprendre ce qu'il ressent et à exprimer autrement ses émotions, en les reconnaissant et en les verbalisant. Ils devraient également aider l'enfant à se remettre sur pied après une crise en retrouvant des émotions positives par le jeu ou le repos.

6) Aider les parents à établir clairement leurs limites en exprimant immédiatement leurs règles et en les faisant respecter par les enfants. Ce type d'interventions évite une escalade d'agressivité et surtout l'apparition d'un sentiment de rejet chez le bébé.

7) Développer la communication parents-enfant en encourageant les parents à jouer avec leur enfant et à lui parler.

8) « Enseigner » aux enfants l'empathie (la capacité de se mettre à la place de l'autre) et les comportements prosociaux (l'entraide, la collaboration).

---

56. S. LANDY et R. de V. PETERS. « Understanding and Treating the Hyperaggressive Toddler », *Zero to Three*, février 1991, pp. 22-23.
57. S. LANDY et R. de V. PETERS. *Op. cit.*, pp. 26-29.

La similitude dans les règles appliquées à la pouponnière et à la maison devient aussi un point de repère précieux pour le bébé qui a besoin de prévoir les réactions des adultes face à ses comportements. Si les adultes responsables de l'enfant interviennent tous de la même façon, l'enfant pourra développer un sentiment de prévisibilité. Il saura que s'il fait une crise de colère, parents et éducatrices vont agir de telle façon. L'incohérence entre les actions éducatives des parents et des éducatrices peut nuire au contrôle de l'agressivité de l'enfant; les punitions ont le même effet. Pire, elles peuvent augmenter l'agressivité du bébé. Les effets de la punition sur le comportement de l'enfant ont été clairement dénoncés par Cloutier et Dionne. Selon eux, les punitions corporelles ont tendance à entraîner plus d'agressivité, car l'enfant imite le modèle adulte. Les punitions affectives, elles, provoquent chez les enfants des sentiments d'insécurité, le manque de confiance en soi, des comportements d'autopunition et d'auto-destruction[58]. Très souvent, la punition conduit à une escalade d'agressivité entre l'enfant et l'adulte. Le « cercle du rejet » illustre bien l'impasse dans laquelle l'enfant se retrouve lorsqu'il est puni (figure 4.12).

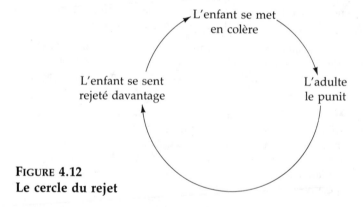

FIGURE 4.12
Le cercle du rejet

L'éducatrice peut aider à prévenir des réactions agressives chez les bébés, et ce, dès les premiers mois de la vie. Au tableau 4.8 sont résumées les différentes habiletés de base que l'enfant doit développer, de sa naissance à sa troisième année, pour être en mesure de maîtriser son agressivité; on y retrouve également une énumération des interventions favorisant l'épanouissement de ces habiletés. Ces informations pourront guider les interventions de l'éducatrice dont l'approche vise à protéger les enfants tout en les aidant à se développer harmonieusement.

---

58. R. CLOUTIER et L. DIONNE. *Op. cit.*, p. 51.

TABLEAU 4.8
**Les capacités développementales liées au contrôle
des comportements agressifs**

Capacité développementale	Intervention éducative appropriée
Avoir un rythme physiologique et être conscient de son corps	Aider l'enfant à avoir une régularité dans son sommeil, son alimentation et son élimination. Fournir à l'enfant les soins qui lui permettront de développer un sens de la prévisibilité; se servir du contact physique et visuel, d'interventions sensorielles appropriées pour l'enfant, ce qui encourage un développement de ses frontières corporelles et un sentiment d'être compris.
Saisir les conséquences et provoquer des événements	Permettre à l'enfant d'apprendre par des expériences stimulantes mais non envahissantes. Assister l'enfant dans son développement sans le brusquer ou le pousser à faire davantage. Organiser l'environnement du bébé pour qu'il expérimente le succès et rejoindre l'enfant dans ses interactions.
Développer un attachement sécurisant et une confiance envers soi et les autres	Interagir avec le bébé avec chaleur, de façon positive et prévisible. Faire vivre une émotivité positive durant les contacts physiques et les tête-à-tête.
Moduler ses émotions	Aider l'enfant à connaître et à nommer une série de sentiments et d'émotions. Ne jamais ignorer ou punir les crises de colère, mais rester calme et aider l'enfant à moduler son émotion.
Mettre fin à un comportement en réponse aux limites; apprendre à obéir	Fournir un encadrement cohérent et stable. Rester calme au moment du conflit et suivre les règles et les structures. Les limites sont fermes mais appropriées au développement du bébé.
Développer une symbolisation et une bonne communication	Encourager et valoriser l'utilisation du langage et du jeu « faire semblant ». Participer au jeu et aider l'enfant à utiliser un langage pour exprimer sa colère; aider l'enfant à élaborer des séquences de jeu.
Être empathique et adopter des comportements prosociaux	Enseigner à l'enfant à négocier et à résoudre des problèmes, particulièrement avant une brève séparation, durant les conflits et au moment d'intenses émotions. Devenir un modèle d'empathie et enseigner à l'enfant le point de vue des autres.

Source: S. LANDY et R. de V. PETERS. *Op. cit.*, p. 23.

4.5.2. Les peurs enfantines

Parmi les émotions que le bébé ressent pendant ses premières années de vie, la peur est sans doute une des plus intenses, et les situations qui l'effraient peuvent être nombreuses. Les peurs de l'enfant évoluent en fonction de sa maturité socio-affective et intellectuelle. Au début, il est apeuré par des sensations spécifiques ou certaines situations immédiates. Plus tard, il va craindre davantage des événements internes, c'est-à-dire ce qu'il imagine, parce que sa pensée se développe[59]. Son imagination, ses souvenirs, sa capacité d'anticiper un événement négatif lui feront appréhender des éléments qui, de prime abord, ne sont pas épeurants comme l'obscurité, la saleté, etc. (voir le tableau 4.9 pour une liste des peurs enfantines en fonction de l'âge de l'enfant). Malgré leur côté désagréable, ces peurs permettent au bébé de trouver des moyens de faire face à des émotions intenses et difficiles et de trouver des solutions. Donc, une peur donne aussi l'occasion à l'enfant de développer sa confiance en lui-même.

TABLEAU 4.9
Les peurs enfantines

Les premières peurs	Les peurs subséquentes
Les mouvements brusques, rapides	Les gros et les petits animaux
Les bruits soudains	L'obscurité
Les objets ou les personnes associées aux bruits soudains	La solitude dans le noir
Les éclats lumineux	Les créatures imaginaires
La solitude	Les personnages de contes
La nouveauté	Le sang
Les gens, les objets et les situations étranges	La douleur physique
Les sensations de chute	Les seringues
Le vide, la hauteur	La maladie, les accidents
L'abandon	Les dentistes, les médecins
La douleur	La circulation automobile
	Les espaces ouverts ou réduits
	La saleté

59. J. GONZALEZ-MENA et D. WIDMEYER-EYER. *Infancy and Caregiving*, Mountain View, California, Mayfield Publishing Company, 1980, p. 127.

Certaines peurs sont innées; elles sont des réflexes instinctifs qui protègent l'enfant et assure sa survie. Par exemple, la peur des mouvements brusques permet au nourrisson de s'agripper à l'adulte pour ne pas tomber grâce au réflexe de Moro[60], la peur des hauteurs empêche l'enfant de s'aventurer au bord de dénivellation ou d'escarpement, comme les escaliers ou les pentes abruptes.

D'autres peurs sont le résultat d'une maturation socio-affective et intellectuelle : la peur des étrangers est liée à l'apparition du lien d'attachement. La peur de l'abandon surgit lorsque l'enfant réalise que les autres ont une existence bien distincte de la sienne; il comprend alors qu'il peut être délaissé. Cette peur est d'autant plus grande qu'il sait qu'il est dépendant des adultes pour combler ses besoins primaires.

D'autres peurs encore sont apprises par conditionnement. En voici un exemple : Antoine se pince les doigts dans l'ouverture de la porte et se fait très mal. Pendant quelque temps, il ne voudra plus s'approcher de la porte, car il l'associe à une douleur physique intense. Une chute, une morsure, une piqûre, une brûlure peuvent développer chez l'enfant une crainte pour les escaliers, les chiens, les moustiques, les éléments de la cuisinière, etc. En vieillissant, l'enfant accumule des expériences de douleur associées à des situations précises et cherche à les éviter dans la mesure du possible.

Les adultes peuvent, de façon bien involontaire, conditionner l'enfant à avoir peur de leurs propres objets de peur. Ainsi, la peur du tonnerre, des éclairs, des chiens et des insectes sont facilement transmissibles[61] puisque les réactions de l'adulte sont rapidement enregistrées par l'enfant qui ressent les mêmes émotions et associe la peur qu'il lit sur le visage de l'adulte à la situation immédiate. Puisque l'enfant calque son comportement sur celui des adultes auxquels il est attaché, les éducatrices peuvent aussi transmettre aux bébés leurs craintes si elles n'apprennent pas à se contrôler.

Parents et éducatrices peuvent aussi contribuer à rendre le bébé peureux en le surprotégeant. Des phrases comme : « Attention! Tu vas tomber dans les escaliers! » « Ne touche pas à la chenille, elle va te piquer! » ou « N'approche pas de la piscine, tu vas te noyer! » sont tout à fait inutiles. Ces annonces de catastrophes atteignent l'enfant et lui livrent comme message que le monde est un endroit dangereux[62] et qu'il est incapable de développer des habiletés pour surmonter des difficultés.

---

60. Le réflexe de Moro est stimulé lorsque le poupon perçoit des mouvements brusques ou lorsqu'il a l'impression de tomber; il tend alors les bras devant lui en cherchant à s'accrocher.

61. D. E. Papalia et S. W. Olds. *Op. cit.*, p. 200.

62. *Ibid.*, p. 201.

La dernière source d'acquisition des peurs se trouve dans les livres d'histoires, les émissions de télévision ou les vidéocassettes. Lorsque les histoires ne correspondent pas au stade de développement socio-affectif et intellectuel de l'enfant, celui-ci a de la difficulté à combattre ses peurs. Des scènes de violence ou d'horreur, des personnages très laids, peuvent marquer les enfants qui sont incapables de relativiser les événements.

Les bébés peuvent aussi être impressionnés par des événements qui semblent anodins : un éléphant qui lève sa trompe, un Père Noël qui rit ou une tourterelle qui s'envole. Il peut arriver que des objets effraient certains bébés. Par exemple, Marie pleure à chaque fois que l'éducatrice sort la marionnette en forme de hibou : ses gros yeux ne la rassurent pas du tout. Piedro, lui, craint les balles car elles se dirigent trop vite vers lui. Une illustration d'un chien, d'un ours ou même d'un clown peut devenir menaçante pour un autre enfant. Il importe d'abord de distinguer les scènes effrayantes, des situations et des objets plus « neutres » et de ne pas exposer inutilement les jeunes enfants à ce qui est épeurant en soi. L'éducatrice a par ailleurs tout intérêt à questionner les parents sur les objets ou les situations qui effraient leur bébé pour orienter son intervention de façon à aider l'enfant à apprivoiser ses craintes.

Le bébé ne cache pas ses émotions et sa peur transparaît rapidement sur son visage et dans son comportement. Très jeune, il peut cependant développer sa capacité personnelle de se sécuriser, il trouvera un réconfort en suçant son pouce, en se balançant, en cherchant son objet de transition ou son lieu de sécurité, c'est-à-dire ses parents ou son éducatrice. Ainsi, quand un étranger entre à la pouponnière, Félix arrête de jouer et l'observe. Il regarde ensuite le visage de son éducatrice : si elle lui sourit, il se calme tant que l'étranger ne s'approche pas trop de lui. Il va de cette manière chercher sa sécurité auprès de l'intervenante.

Il arrive que les enfants aiment avoir peur de certaines sensations qu'ils peuvent facilement maîtriser. Dans les balançoires, par exemple, il n'est pas rare d'entendre des enfants demander « Encore », même après avoir eu un peu peur de la hauteur. Ils se sentent en sécurité avec l'adulte et les nouvelles sensations sont justes assez excitantes pour les inciter à continuer. En demandant « Encore », l'enfant apprend à apprivoiser cette nouvelle émotion. Il faut cependant toujours respecter les limites de l'enfant dans son sentiment de contrôler la situation. Le balancer trop vite et trop haut peut faire naître des peurs qui disparaîtront peut-être très difficilement plus tard.

Comme on l'a dit, l'attitude de l'adulte face à la réaction de l'enfant détermine dans une large mesure ses réactions futures et peut l'aider à développer une bonne attitude devant la peur. Voici neuf règles élémentaires[63] pour intervenir auprès d'un bébé qui a besoin d'être rassuré. Ces règles sont suivies d'une liste de six comportements à éviter absolument.

Comment aider l'enfant à affronter ses peurs

1) Respecter le sentiment du bébé et comprendre ce qui l'afflige.

2) Accepter toutes les peurs comme réelles et valides. Pour que l'enfant apprenne à accepter ses émotions, il faut d'abord qu'il accepte ses peurs.

3) Ne jamais ridiculiser les émotions de l'enfant, même si elles ne semblent pas justifiées aux yeux d'un adulte.

4) Comprendre la peur de l'enfant et l'aider à y faire face. Le rassurer grâce à notre présence à ses côtés. Dire au bébé : « Je sais que tu as peur, mais je serai là si tu as besoin de moi pour t'aider. » Ce message fait réaliser à l'enfant que ses émotions sont acceptables et appropriées puisqu'elles sont comprises par l'adulte. Il lui laisse aussi entendre qu'il a les capacités de faire face à sa peur et que l'adulte est là pour l'aider au besoin. Si un bébé est figé par la peur et ne peut aller chercher l'aide de l'éducatrice, celle-ci doit se rapprocher de lui et lui montrer comment apprivoiser la situation qui l'effraie. Au besoin, elle peut le prendre dans ses bras.

5) En cas de besoin, susciter l'action chez l'enfant : « Celui-ci réussit plus facilement à vaincre sa crainte quand il découvre ses propres moyens d'en affronter l'objet et lorsqu'on l'amène peu à peu à faire face aux situations terrifiantes[64]. »

6) Jumeler à l'action de l'enfant quelques explications faciles à comprendre. Lui dire par exemple : « Baisse ta tête et ce sera plus facile pour toi de sortir de là! » ou « Allume la lumière, tu pourras ainsi mieux voir ce qu'il y a dans cette pièce. »

7) Être un modèle ou encourager l'enfant à observer ceux qui font face à la situation qu'il craint (toucher au chien, descendre à reculons les escaliers, etc.).

8) Prévenir l'enfant lorsqu'une situation à venir risque de lui faire peur. Annoncer la visite d'un barbu ou d'un menuisier avec ses outils. Le prévenir avant de mettre en marche l'aspirateur ou tout autre appareil électrique bruyant.

9) Éviter à l'enfant toute peur inutile. S'il a peur du noir, par exemple, laisser une veilleuse dans la pièce.

---

63. Tirées de J. Gonzalez-Mena et D. Widmeyer-Eyer. *Op. cit.*, pp. 127-128 et de D. E. Papalia et S. W. Olds. *Op. cit.*, p. 201.
64. D. E. Papalia et S. W. Olds. *Op. cit.*, p. 201.

Attitudes à éviter avec un enfant qui a peur

1) Ignorer la peur en n'y prêtant aucune attention.

2) Nier sa peur : « Mais non, le chien n'est pas dangeureux. »

3) Forcer l'enfant : « Allez, touche son poil, il est doux. »

4) Le persuader par la logique : « Tu n'as pas à avoir peur parce que le chien est attaché avec une chaîne qui a des maillons très solides. »

5) Le ridiculiser : « Voyons donc, ce n'est qu'un petit chien. »

6) Le provoquer : « Wouf! Le chien veut te mordre. »

Ces interventions de l'adulte contribuent à amplifier la réaction émotive du tout-petit et ne lui sont d'aucune aide pour lui apprendre à accepter ses peurs pour mieux les apprivoiser et les dépasser.

Voici maintenant deux exemples de situations où l'enfant a peur. Ils nous permettront de voir l'impact de l'intervention de l'adulte sur les réactions de l'enfant.

Marianne a un an. Elle joue calmement dans son bain. Son père, qui est à côté de la baignoire, lui dit que le bain est terminé maintenant. Il tire sur la chaînette du bouchon et l'eau commence à s'engouffrer, avec un bruit sourd, dans le tuyau d'évacuation. Marianne voit la débarbouillette s'approcher du trou et elle sent que l'eau est aspirée par le conduit. Elle se met à crier et à s'agiter en tendant les mains vers son père. Le père prend sa fillette apeurée dans ses bras et comprend qu'elle a peur d'être aspirée, comme l'eau, dans le tuyau. Il se garde bien de rire et dit à l'enfant :« Je sens que tu as très peur de tomber dans le trou. C'est vrai que l'eau disparaît et que ça fait un bruit étrange. Mais, regarde, je vais mettre ma main et on va voir si elle passe dans le tuyau. Non, ma main bloque le trou. Le trou est petit et ma main est plus grosse. L'eau me chatouille! »

Le lendemain, le père peut suggérer à sa fille de tirer elle-même sur la chaînette et de mettre sa main pour sentir l'eau qui chatouille. Si l'enfant est encore trop craintive, il ne faut pas insister. Quelque temps plus tard, il sera possible de tenter à nouveau l'expérience. Si Marianne a vraiment peur du trou, son papa peut attendre qu'elle soit complètement sortie de la baignoire, enlever le bouchon et montrer que les jouets de bain ne peuvent pas disparaître parce qu'ils sont plus gros que le trou. À cet âge, l'enfant croit que son corps peut se désarticuler, qu'un doigt ou un pied peut se décoller lorsqu'on tire très fort, comme avec une poupée ou un personnage en pâte à modeler. Après quelques mois, Marianne comprendra que son corps est un tout solidement attaché et qu'elle ne pourra jamais passer par le trou de la baignoire. Son père a compris cela et a choisi d'être patient pour ne pas faire peur inutilement à l'enfant. S'il avait obligé sa fille à rester dans la baignoire lorsque l'eau disparaît, il aurait pu augmenter sa crainte et son sentiment d'être incomprise.

Alexis rampe et il est très téméraire. Il joue avec une balle. Celle-ci vient de rouler entre l'étagère et le mur. Alexis veut récupérer son jouet et il se glisse dans le petit espace. Il saisit sa balle et tente de se redresser. Il se sent alors pris au piège et se met à crier. L'éducatrice s'approche de lui et lui dit : « Tu as peur, Alexis. Tu te sens pris et tu n'arrives plus à sortir de là! Tourne-toi et glisse-toi lentement vers moi. » Le garçon se sent maintenant rassuré, car quelqu'un est là pour comprendre sa détresse. Grâce à ces explications, à la présence et au calme de l'éducatrice, Alexis peut réussir à sortir de sa fâcheuse position. Dans ce genre de situation, certains bébés ont tellement peur qu'ils ne sont plus en mesure d'écouter les paroles des adultes. Un contact physique peut alors réussir à les calmer.

Les explications données à Alexis valent mieux que l'intervention rapide d'une éducatrice pressée de sortir l'enfant de là en le saisissant par les jambes et la taille. Elles permettent à l'enfant d'apprendre qu'il peut lui-même se dégager d'une position inconfortable. Alexis sait maintenant comment sortir d'un espace exigü. Si l'éducatrice ne lui avait pas montré les mouvements appropriés, il aurait probablement évité de retourner dans ce coin et son champ d'exploration se serait rétréci. Les enfants qui apprennent à faire face à leur crainte maîtrisent un peu plus chaque jour leur environnement.

Ce qui importe dans les interventions touchant les peurs enfantines est de comprendre le bébé, de lui refléter ce qu'il ressent probablement en de pareilles circonstances et de lui montrer qu'on saisit les raisons de sa détresse. Il faut lui indiquer les actions à prendre pour faire face à l'objet de ses craintes. Ainsi, l'enfant devient maître de la situation et réalise qu'il possède des habiletés pour vaincre ses peurs.

4.5.3. Les moments difficiles

Tous les bébés sont susceptibles de vivre des moments difficiles occasionnés par la maladie, la séparation de leurs parents, la mortalité ou la naissance d'un frère ou d'une sœur. Ces moments surviennent souvent de façon imprévisible ou accidentelle bien qu'ils puissent parfois être planifiés et nécessaires. Dans les situations difficiles, les adultes ont souvent le réflexe de vouloir éviter toute peine ou tout « traumatisme » à leur enfant. Ils ne réalisent pas toujours que ce qui afflige une personne adulte, n'affecte pas nécessairement un bébé et que les événements difficiles, lorsqu'ils sont traversés avec réussite, peuvent fournir à l'enfant des moyens de faire face aux autres difficultés qu'il rencontrera dans sa vie et lui permettront de constater qu'il est capable de passer à travers des situations éprouvantes. L'éducatrice peut aider l'enfant à traverser des périodes difficiles sans le surprotéger ou le laisser à lui-même.

La maladie

Tous les bébés sont malades un jour ou l'autre. Certains enfants ne le sont que très rarement; d'autres, par contre, doivent séjourner régulièrement à l'hôpital. Quelle que soit la gravité du problème de santé qui affecte le bébé, il est toujours confronté à la même réalité : son corps lui transmet des signes de douleur qu'il n'est pas toujours bien en mesure de comprendre et même de distinguer.

L'enfant malade ressent de la confusion et de l'angoisse par rapport à son état. Il se sent différent : il n'a pas l'énergie de jouer, il n'a pas faim et, en plus, il souffre. Quand il fait une forte fièvre, les cellules de son cerveau sont réchauffées et ses pensées peuvent devenir incohérentes. Toutes ces sensations étranges éveillent chez lui un sentiment d'insécurité et un besoin d'être réconforté. Heureusement, l'enfant sait exprimer sa détresse (figure 4.13) : il « pleure, crie, s'agite, ne dort plus, vomit, évacue en diarrhée, etc. Si les parents ne viennent pas promptement régler le malaise ou la douleur, c'est la panique et l'enfant éprouve de plus en plus de mal à surmonter sa peur[65] ».

FIGURE 4.13
L'enfant malade sait
exprimer sa détresse.

---

65. R. CLOUTIER et A. RENAUD. *Op. cit.*, p. 510.

Il arrive parfois que les bébés confondent l'origine de la douleur. Cela provient du fait que leur système nerveux n'est pas à maturité. Maxime, par exemple, montre à son éducatrice qu'il a mal au ventre. Celle-ci a remarqué qu'il dort très mal et pleure par secousses surtout lorsqu'il est couché et elle se souvient que quelques jours auparavant il avait fait de la fièvre. Elle en parle donc à ses parents. Les parents de Maxime vont consulter un médecin. À la surprise de l'éducatrice, le médecin diagnostique une otite! Lorsqu'on demande à un bébé où il a mal, il faut donc s'attendre à certaines réponses qui n'éclaireront pas nécessairement l'adulte qui tente de poser un diagnostic. Pour cette raison, l'éducatrice qui s'occupe d'un enfant malade doit observer minutieusement tous les signes qui pourront aider les parents et les professionnels de la santé à trouver l'origine de son mal et non pas se fier entièrement à ce que le bébé lui exprime.

L'éducatrice, tout comme les parents, doit savoir calmer l'enfant et comprendre son désarroi quand il est malade. Le contact physique, les bercements, les chansons peuvent contribuer à apaiser un enfant malade. L'isolement et le calme réconfortent aussi le bébé. Il faut toujours le garder sous surveillance dans l'éventualité où il aurait besoin d'aide rapidement (en cas de vomissements, par exemple).

L'éducatrice contribuera aussi énormément au réconfort de l'enfant en faisant des périodes de soins des moments privilégiés propices aux échanges chaleureux. Elle peut s'adresser ainsi au bébé malade : « Je comprends, Jennifer, que tes gencives te font très mal. Tes dents percent et elles te font souffrir. Tu as de la fièvre et tu as chaud. Tes joues sont toutes rouges et tes fesses aussi brûlent. Je vais te donner un anneau de dentition pour mordre dedans et je vais te mettre de la crème sur les fesses. Tu verras, après, ça ira un peu mieux. Je suis là pour t'aider si tu as besoin de moi. » En agissant ainsi, l'éducatrice exprime à l'enfant que son état est compris, qu'il y a des solutions possibles et que quelqu'un est là pour l'aider. Elle aide aussi le bébé à comprendre ce qui lui arrive.

La qualité des soins offerts à un enfant malade lui apprend qu'il peut compter sur les autres en cas de détresse et que son éducatrice l'aime même s'il n'est pas toujours souriant. L'attachement enfant-éducatrice peut même croître pendant ces moments difficiles si l'éducatrice procure à l'enfant toute la chaleur et l'attention dont il a besoin.

Si l'éducatrice est anxieuse en raison de l'état de santé du bébé, elle devra apprendre à garder son calme sinon elle pourra transmettre son inquiétude à l'enfant : « [...] un parent, un médecin, un adulte sûr de lui qui intervient auprès d'un enfant malade s'avère d'emblée rassurant, mais si l'inquiétude la tourmente, cette personne ne peut sécuriser l'enfant malade[66] ». De même, si l'éducatrice est agacée par les pleurs d'un enfant malade, elle devra faire preuve de patience pour aider le bébé à comprendre ce qui lui arrive. Il faut toujours avoir en tête que les pleurs d'un enfant malade, malgré le fait qu'ils peuvent devenir harassants, représentent son seul moyen d'informer les adultes que rien ne va plus! Un enfant qui sent que l'adulte cherche à l'aider et comprend ce qu'il a fera face à la maladie avec plus de facilité.

Toutes les pouponnières établissent des règles à suivre concernant la garde des enfants malades ainsi que la prise de médicaments en milieu de garde. Les départements de santé communautaire (DSC) ont établi des critères très stricts à ce sujet sur lesquels les éducatrices peuvent se baser pour juger si un bébé malade doit être gardé à la maison pendant le temps que dure sa maladie ou s'il peut continuer à fréquenter la pouponnière. Dès les premiers signes apparents d'une infection chez un bébé, les parents doivent cependant être contactés afin qu'ils puissent s'organiser pour assurer différemment la garde pour le reste de la journée ainsi qu'au cours des jours suivants, si nécessaire.

La séparation des parents

Quand ses parents se séparent, l'enfant est assailli par différentes émotions : la peur d'être abandonné, la culpabilité, la tristesse, l'agressivité ou l'indifférence. Le tout jeune enfant, pour qui les parents sont la première source de bien-être, développe le plus souvent la peur d'être abandonné. Lorsqu'il réalise qu'un de ses parents est parti, il a peur que l'autre le quitte aussi. C'est pour cette raison qu'il sera moins perturbé par la situation si ses deux parents continuent de veiller sur lui malgré leur séparation.

La séparation parentale affecte toujours le bébé. Elle sera cependant plus difficile à comprendre pour lui si on ne lui dit pas ce qui se passe. Même s'il est très jeune, le bébé a donc droit à des explications qui respectent son niveau de développement cognitif et affectif. Les parents doivent expliquer la nouvelle situation à l'enfant dans des termes clairs : « Papa va vivre dans une autre maison et il viendra te chercher très souvent. Maman et papa vont toujours s'occuper de toi et t'aiment toujours autant. Tu continues à aller à la pouponnière et c'est Johanne qui s'occupe toujours de toi. Elle t'aime beaucoup elle aussi. » Expliquer à l'enfant ce qui le concerne est un principe éducatif qu'il est essentiel d'appliquer dans une telle situation.

---

66. *Ibid.*, p. 512.

L'enfant qui continue à fréquenter la pouponnière à la suite d'une séparation a la chance de conserver une stabilité en ce qui concerne les lieux et les personnes qui prennent soin de lui pendant la journée. Cette routine le rassure. De plus, cet enfant a appris, au cours des séparations quotidiennes, que ses parents reviennent toujours le chercher le soir et qu'ils ne l'abandonneront pas. Ces deux facteurs l'aident beaucoup à contrôler sa crainte d'être abandonné.

Lorsqu'un enfant vit une rupture parentale, l'éducatrice devrait tout mettre en œuvre pour que l'équilibre dans l'environnement physique et affectif du bébé soit assuré : régularité des soins, respect de l'horaire, stabilité du personnel, et ainsi de suite. En plus de cette stabilité, des paroles réconfortantes et un contact physique plus étroit aideront l'enfant dans son adaptation à sa nouvelle situation familiale. Si les éducatrices constatent que le bébé est perturbé par les événements, elles peuvent le rassurer en lui disant, par exemple : « Je sais qu'il y a des changements chez toi. Tu as deux maisons maintenant. Une chez Papa et une autre chez Maman. Mais tu as toujours la pouponnière; et moi, je m'occupe toujours de toi. » Il est important de réconforter l'enfant afin qu'il sente que les adultes autour de lui lui donneront toujours les mêmes soins essentiels à son bien-être.

Plusieurs parents se sentent très mal à l'aise d'informer l'éducatrice des modifications de leur situation familiale. Ils ressentent de la gêne et de la honte parfois face à leur rupture conjugale souvent perçue comme un grand échec personnel. Parfois, ils évitent d'en parler et la laisse déduire par elle-même. Dès l'inscription du bébé à la pouponnière, l'éducatrice peut donc sensibiliser les parents à l'importance de l'informer de toute modification dans la vie familiale du bébé : déménagement, voyage ou maladie grave d'un membre de la famille, séparation, remariage ou naissance d'un autre enfant et leur faire ainsi réaliser que ces informations sont parfois essentielles au bien-être de leur enfant.

Si au bout de quelque temps l'éducatrice remarque que les habitudes ont changé, par exemple : la mère accompagne matin et soir l'enfant, pendant une semaine, puis le père fait de même durant l'autre semaine et l'enfant pleure davantage et dort moins bien depuis ce temps, elle doit commencer à s'interroger sur ce que vit l'enfant à la maison et son rôle est alors de demander aux parents s'il y a eu des changements importants pour l'enfant, changements qui pourraient expliquer ces signes d'inconfort à la pouponnière.

Elle est en droit d'aller chercher cette précieuse information. Bien sûr, cette intervention demande le plus grand tact, il ne faut pas brusquer ou culpabiliser le parent. L'éducatrice peut cependant s'adresser à lui en ces termes : « Je me demandais s'il y avait eu des changements dernièrement à la maison. Étienne me semble plus fragile émotivement, il pleure un peu plus qu'à l'accoutumée et son sommeil est plus agité. » Ce premier pas est souvent difficile à faire pour l'éducatrice qui craint d'être vue comme « quelqu'un qui ne se mêle pas de ses affaires ». Pourtant, elle rend ainsi un grand service à l'enfant en comprenant davantage ce qu'il vit, tout en soulageant le parent qui n'osait pas aborder la question avec elle de peur d'être mal jugé à son tour!

Si le divorce ou la séparation a lieu lors de la première année de vie de l'enfant et qu'une stabilité affective et physique lui est assurée, le bébé risque moins d'être perturbé par ces événements. En effet, il n'a pas connu la vie avec ses deux parents cohabitant dans la même maison pendant très longtemps et n'a donc pas intégré le modèle de la famille biparentale. Ce qui peut perturber le plus le jeune enfant de cet âge, ce n'est pas tant la séparation que l'équilibre émotionnel souvent précaire de ses parents : tristesse, dépression, stress, solitude, fatigue, culpabilité, colère, inquiétude face à l'avenir, problèmes financiers et peur de traumatiser pour la vie leur enfant.

L'éducatrice qui sait que le parent a peur que son enfant soit traumatisé peut lui faire part des bons moments de la journée, faire ressortir ce qui va bien. De simples informations comme « Louis s'est bien amusé aujourd'hui; il adore le nouveau bac à sable; il a très bien mangé » rassurent la mère ou le père inquiet. Ces petits événement positifs encouragent ces derniers qui, trop souvent dans ces périodes difficiles, ne remarquent que les comportements négatifs. Il faut cependant rester franche et noter les signes de difficultés s'ils persistent. La communication parent-éducatrice demeure toujours la clé de la réussite de l'adaptation de l'enfant.

L'éducatrice devient une personne de première importance durant ces moments de transition d'un modèle familial à un autre. Elle réconforte le bébé par la régularité de ses soins et réconforte les parents qui la voient comme une adulte un peu plus disponible à leur enfant qu'ils ne peuvent l'être eux-mêmes pour un certain laps de temps.

La mort

Il est rare que la mort touche de près un bébé. En effet, il est peu fréquent au Québec qu'un enfant perde sa mère, son père ou un être cher pendant les premières années de sa vie. Toutefois, la situation peut se produire et une éducatrice qui saura comment réagir dans ces circonstances et pourra donner des conseils judicieux aux parents, fera preuve d'un grand professionnalisme.

Un bébé qui perd un de ses parents peut réagir par un excès de dépendance envers ceux qui restent. Il se sent abandonné par le parent qu'il ne voit plus et demande ainsi aux autres adultes soigneurs de ne pas le laisser tomber. L'éducatrice aura alors à le réconforter en se montrant à l'écoute de ses besoins. Il importe dans ces circonstances d'être chaleureuse et disponible. Comme lors de tout grand bouleversement, il faut maintenir l'ordre et la stabilité dans la vie de l'enfant. Certains enfants réagissent sur-le-champ, d'autres refoulent leur chagrin et éclatent plus tard. Les bébés peuvent vivre une période de deuil plus ou moins longue. Il est important d'accepter les émotions et les réactions comme elles se présentent; de ne pas lui dire comment il devrait ou ne devrait pas se sentir.

Les adultes ont en général tendance à écarter les bébés des événements reliés à la mort parce qu'ils croient que ceux-ci ne comprennent pas ou parce qu'ils craignent de les traumatiser. On leur cache la mort comme quelque chose qu'ils n'ont pas le droit d'apprivoiser : « Ils sont bien trop près de la vie pour commencer à penser à la mort! » se dit-on. Pourtant, les bébés sont sensibles à tout ce qui se passe autour d'eux et ont besoin de comprendre qu'un être cher est tout à coup disparu, qu'il s'agisse d'un grand-père ou de leur mère.

Il est donc important de leur expliquer les choses telles qu'elles se sont passées avec des mots et des images qu'ils peuvent saisir en étant direct, simple et sincère[67]. Bien sûr, « La notion de mort évolue avec les processus cognitifs et affectifs de l'enfant[68]. » « L'enfant de moins de trois ans associe en général la mort avec n'importe quoi qui s'en va ou qui disparaît. Peu importe, pour lui, la personne morte peut revenir[69]. » Cependant, même s'il n'envisage pas la mort comme un enfant plus âgé ou comme un adulte, il faut informer le bébé de ce qui se passe, en lui disant par exemple : « Ta Maman a de la peine parce que son papa est mort, elle est triste parce qu'elle ne pourra plus le serrer dans ses bras. » Des remarques comme : « Ta maman est partie pour un long voyage » ou « Ton grand-père s'est endormi » contribuent souvent à augmenter la confusion de l'enfant[70]. Sans chercher à faire comprendre au bébé le phénomène de la mort, il est essentiel de lui dire pourquoi les autres ont de la peine.

---

67. Mary HALE. *Support Services for Living and Dying*, Boulder County Hospice Inc., 1980, (traduit par le Centre de documentation de l'Unité des soins palliatifs de l'hôpital Notre-Dame de Montréal), p. 2.
68. R. CLOUTIER et A. RENAUD. *Op. cit.*, p. 513.
69. Louise CHAMPAGNE. *Dis-moi c'est quoi la mort?*, St-Chrysostome, Publication de la Corporation des thanatologues du Québec, p. 14.
70. Centre de documentation de l'Unité des soins palliatifs de l'hôpital Notre-Dame. *Op. cit.*, p. 2.

Les adultes se demandent souvent s'ils doivent ou non amener leur bébé au salon funéraire ou à l'église. Selon Louise Champagne, le tout jeune enfant ne peut ni souffrir de ces cérémonies, ni en bénificier vraiment puisqu'il est « imperméable à la symbolique de l'expérience[71] », c'est-à-dire que son développement cognitif ne lui permet pas de saisir la signification de ces cérémonies. Cependant, le bébé est très sensible à la détresse des autres et pourra être atteint par la tristesse et le désarroi des adultes. Ainsi, « la décision d'inclure ou pas le bébé aux rituels d'inhumation sera prise surtout en fonction de l'équilibre affectif des adultes lors de cette occasion pénible et de leurs croyances religieuses[72] ».

Enfin, puisque les réactions de l'enfant sont calquées sur celles de l'adulte, un dégoût ou une peur de la mort peut se transmettre aux jeunes enfants. Il va sans dire que l'équilibre émotif de l'éducatrice deviendra en soi un réconfort pour l'enfant et qu'elle sera davantage en mesure d'aider les enfants à apprivoiser les notions de vie et de mort si elle a elle-même fait une démarche en ce sens, que son attitude face à la mort est saine et équilibrée.

La naissance d'un autre bébé

L'arrivée d'un nouveau bébé à la maison, qu'il s'agisse de la naissance d'un frère ou d'une sœur, ou de l'adoption d'un enfant, représente un événement difficile à accepter pour les tout jeunes enfants. « Soudainement, ils doivent partager la chose la plus importante dans leur existence — l'amour et l'attention de leurs parents[73]. » Dans leur désarroi, ils réagissent habituellement de façon manifeste : Julianne grimpe sur les genoux de sa mère justement lorsque celle-ci s'installe pour allaiter le nouveau-né. François se met à pleurer dès que le nourrisson pleure. Alexandre essaie d'enlever le bébé des bras de son père en criant : « Non, non, prends pas le bébé! »

Ces attitudes de rejet sont très compréhensibles parce que les parents deviennent beaucoup moins disponibles qu'avant. En effet, tout leur temps est absorbé par les soins au nouveau-né et à cause du manque de sommeil leur fatigue physique et moral atteint souvent un seuil maximal et les rend moins patients et moins intéressés à leur aîné. Le jeune enfant, qui ne peut

---

71. Louise Champagne. *Op. cit.*, p. 13.
72. *Ibid.*, p. 13.
73. Irene van der Zande. *1, 2, 3… The Toddler Years : A Practical Guide for Parents and Cargivers*, Santa Cruz, California, Toddler Center Press, p. 97.

comprendre cela, ressent cette non-disponibilité comme un abandon et craint que ses parents n'arrêtent de lui donner les soins et l'attention qu'il a toujours reçus pour tout donner au nouveau bébé. Il est partagé entre la joie d'avoir un bébé à la maison et la jalousie (figure 4.14). Il n'aime pas non plus les changements que la naissance occasionne, comme de partager sa chambre.

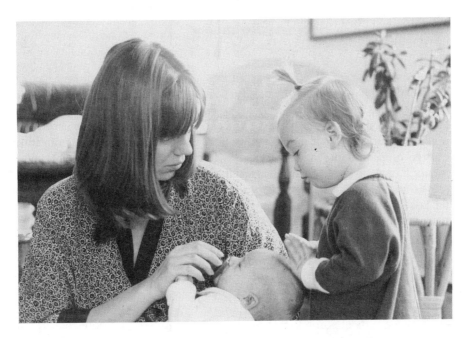

FIGURE 4.14
L'arrivée d'un nouveau bébé est un grand événement pour l'enfant.

À la pouponnière, l'enfant peut se montrer plus pleurnichard ou plus coléreux, à moins qu'il n'exprime son besoin d'attention en poussant les enfants qui sont près de son éducatrice ou en tentant de « tapocher » sur la tête des plus petits. L'éducatrice doit l'empêcher de faire mal aux autres bébés de façon calme, posée et ferme. Certains bébés peuvent au contraire réagir en se repliant sur eux-mêmes ou en montrant des signes de dépression. Garder un contact physique étroit, les serrer dans ses bras, les bercer un peu plus qu'à l'ordinaire peuvent les rassurer et leur montrer que, malgré l'arrivée d'un nouveau-né dans sa famille, leur place dans le cœur de leurs proches est toujours préservée. L'éducatrice peut dire à un enfant : « Je sais qu'il se passe beaucoup de choses à la maison avec ton nouveau bébé. Même s'ils prennent beaucoup de temps pour s'occuper du bébé, ton papa et ta maman t'aiment beaucoup. La pouponnière est toujours ton endroit bien à toi, et tu es important pour tout le monde ici [...][74]. » Il devient important aussi de garder le rituel de l'enfant, son horaire, ses habitudes pour le rassurer, et il est conseillé de préparer l'enfant avant la naissance afin de diminuer le choc qu'il pourrait éventuellement ressentir.

• Résumé •

Le bébé exprime à sa façon ses émotions et ses sentiments. Il faut savoir les décoder et l'aider à les exprimer de plus en plus clairement. L'éducatrice sensible à ces besoins socio-affectifs a un rôle important à jouer quant à l'élaboration de sa personnalité et de l'estime de soi. En acceptant comme réelle et valide toute émotion de l'enfant, l'éducatrice lui laisse entendre que ce qu'il ressent est correct. Elle doit cependant lui offrir son aide lorsqu'il en éprouve le besoin, lorsqu'il a peur ou quand il se met en colère, par exemple. Elle peut également l'aider à développer une bonne estime de soi et à reconnaître ses compétences personnelles. Ces acquisitions marqueront l'enfant pour le reste de sa vie.

L'enfant qui fréquente la pouponnière vit des étapes cruciales dans le développement de sa personnalité : il traverse la phase orale, puis, la phase anale; il acquiert progressivement une confiance envers lui-même et le monde qui l'entoure et devient chaque jour un peu plus autonome. Tous ces apprentissages se réalisent, en partie, grâce au lien d'attachement avec ses parents et son éducatrice, ces adultes qui sont responsables de la satisfaction de ses besoins physiologiques, de sécurité et d'amour. La pouponnière doit donc devenir un lieu respectueux de l'enfant et de ses divers besoins.

La pouponnière doit aussi être un milieu propice au développement de la socialisation du bébé. Ce dernier doit y apprendre à communiquer d'abord de façon non verbale, puis à l'aide de la parole. Les contacts qu'il a avec ses parents, son éducatrice et ses pairs doivent être chaleureux et respectueux, car ils lui renvoient une image de ce qu'il est et l'aident aussi à comprendre les comportements sociaux acceptables en société.

L'éducatrice devra être particulièrement accueillante et respectueuse pendant la période d'adaptation au milieu de garde qui est souvent une étape riche en émotions pour les parents et le bébé qui cherche à s'intégrer.

---

74. *Ibid.*, p. 100.

L'âge du bébé, son tempérament, la réaction des parents, l'attitude de l'éducatrice, l'organisation de la pouponnière sont autant de facteurs dont l'éducatrice devra tenir compte pour faciliter l'adaptation. Une étroite collaboration entre l'éducatrice et les parents facilitera grandement l'intégration de l'enfant à son milieu de garde.

Enfin, l'éducatrice responsable de jeunes enfants doit savoir comment intervenir lors de manifestations d'agressivité et de peurs enfantines, et lors de moments éprouvants tels la maladie, la séparation des parents, la mort ou la naissance d'un autre enfant. Son intervention éclairée pourra aider l'enfant à traverser ces périodes difficiles avec succès pour en ressortir grandi et fier.

Bibliographie

BANDURA, A. *Aggression : A Social Learning Analysis*, Englewood Cliffs, New Jersey, Prentice Hall Inc., 1973.

BEE, H. L. et S. K. MITCHELL. *Le développement humain*, Montréal, Éd. du Renouveau pédagogique, 1986.

BRAZELTON, T. B. *Votre enfant est unique au monde*, Paris, Albin Michel, 1971.

BROQUAIRE, C. et M. EGOLF. « Expérience d'accueil en crèche », *Vivre avec les autres avant trois ans*, Cannes, Céméa, 1980.

CHAMPAGNE, L. *Dis-moi c'est quoi la mort ?*, St-Chrysostome, Publication de la Corporation des thanatologues du Québec, septembre 1980.

CLOUTIER, R. et L. DIONNE. *L'agressivité chez l'enfant*, Montmagny, Edisem/Le centurion, 1981.

CLOUTIER, R. et A. RENAUD. *Psychologie de l'enfant*, Boucherville, Gaëtan Morin Éditeur, 1990.

CORKILLE BRIGGS, D. *Your Child's Self-Esteem*, New York, Dolphin Books, 1970.

DODSON, F. *Tout se joue avant six ans*, Verviers, Marabout, 1972.

ERIKSON, E. H. *Enfance et société*, Neuchâtel et Paris, Delachaux et Niestlé, 1976.

FALARDEAU, I. et R. CLOUTIER. *Programme d'intégration famille-garderie*, Collection Diffusion, vol. 2, Office des services de garde à l'enfance, gouvernement du Québec, 1986.

GONZALEZ-MENA, J. et D. WIDMEYER-EYER. *Infancy and Caregiving*, Mountain View, California, Mayfield Publishing Company, 1980.

HALE, M. *Support Services for Living and Dying*, Boulder County Hospice Inc., traduit par le Centre de documentation de l'Unité des soins palliatifs de l'hôpital Notre-Dame de Montréal, 1980.

Lamb, M. E. et M. H. Bornstein. *Development in Infancy : An Introduction*, 2ᵉ éd., New York, Random House, 1987.

Landy, S. et R. de V. Peters. « Understanding and Treating the Hyperaggressive Toddler », *Zero to Three*, Arrington, février 1991.

Malher, M. S. *On Human Symbiosis and the Vicissitudes of Individuation, Vol. 1 : Infantile Psychosis*, New York, International Universities Press, 1967.

Martin, J. « L'adaptation du poupon à la garderie », *Petit à Petit*, vol. 5, n° 6, mars 1987.

Martin, J. *L'adaptation du poupon à la garderie*, thèse de maîtrise, bibliothèque des Sciences de l'éducation de l'Université de Montréal, Montréal, 1986.

Maslow, A. H. *Vers une psychologie de l'Être*, Paris, Fayard, 1972.

Montagu, A. *La peau et le toucher : un premier langage*, Paris, Éd. du Seuil, 1979.

Papalia, D. E. et S. W. Olds. *Le développement de la personne*, 2ᵉ éd., Montréal, Éd. HRW ltée, 1979.

Racine, Luc et collaborateurs. « Le développement des relations sociales chez l'enfant », *Sociologie et Sociétés*, Montréal, Presses de l'Université de Montréal, vol. 10, n° 1, avril 1978.

Strayer, F.F. et coll. *La garderie en bas-âge : perspectives bio-sociales sur les relations humaines pendant la jeune enfance*, Collection Diffusion, vol. 3, Office des services de garde à l'enfance, gouvernement du Québec, 1986.

Stern, D. *The First Relationship : Infant and Mother*, Cambridge, Massachusetts, Harvard University Press, 1977.

van der Zande, Irene. *1, 2, 3... The Toddler Years : A Practical Guide for parents and Caregivers*, Santa Cruz, California, Toddler Center Press, 1986.

CHAPITRE 5

Les besoins intellectuels

Isabelle Falardeau

Le nouveau-né manifeste des signes d'intelligence dès le premier jour de sa vie. Bien sûr, son intelligence ne s'exprime pas de la même façon que celle d'un adulte : il n'a pas la même expérience de la vie, son cerveau n'a pas atteint la même maturité et ses cinq sens ne lui permettent pas non plus de percevoir le monde et de l'interpréter comme les « grands ».

Comme ses capacités physiques et ses habiletés socio-affectives, l'intelligence de l'enfant se développe énormément durant ses premières années de vie pour ressembler de plus en plus à celle de l'adulte à mesure qu'il grandit. Cette évolution est en partie liée à son développement physiologique et en partie influencée par son milieu.

Dans ce chapitre, nous verrons d'abord ce qu'est l'intelligence et à quel point elle est influencée par le degré de maturité du système nerveux de l'enfant et de ses cinq sens. Nous verrons ensuite quelles sont les différentes étapes du développement des structures cognitives et nous nous attarderons plus longuement à la première étape de cette évolution, soit la période sensorimotrice, puisqu'il s'agit de l'étape traversée par les enfants qui fréquentent la pouponnière. Nous traiterons du développement du langage et donnerons des exemples d'interventions pour soutenir l'apprentissage de cette faculté étroitement liée à l'intelligence. Nous verrons ensuite comment comprendre et aider l'enfant à développer son jugement moral et sa créativité. Nous terminerons avec une description du rôle du jeu libre dans l'apprentissage.

5.1. L'intelligence, le système nerveux et les organes sensoriels

L'enfant est intelligent, mais son intelligence se manifeste différemment de celle de l'adulte et cela est en grande partie dû à l'immaturité de son système nerveux et de ses cinq sens. Pour combler les besoins intellectuels de l'enfant, il faut donc d'abord être conscient qu'il ne peut comprendre les choses comme un adulte en raison des limites que lui impose son corps.

Avant de voir comment se développe le système nerveux de l'enfant et comment ses cinq sens entrent progressivement en fonction — pour mieux comprendre leur rôle dans le développement de l'intelligence — nous allons définir clairement ce qu'est l'intelligence afin de s'entendre sur ses manifestations réelles.

5.1.1. Définitions et mesure de l'intelligence

Il n'est pas simple de définir ce qu'est l'intelligence. Certains psychologues et pédagogues ont passé leur vie à tenter de doter ce concept d'une définition claire. L'intelligence est souvent présentée comme la faculté de comprendre, de raisonner logiquement ou de rationaliser. Cet énoncé, qui fait souvent l'unanimité, exclut cependant totalement le raisonnement intuitif alors que l'intuition, on le sait, est indubitablement un indice d'intelligence.

Parfois, l'intelligence est abordée sous l'angle de la comparaison entre l'être humain et l'animal. On affirme fréquemment, peut-être trop rapidement, que les animaux sont dotés d'une intelligence très limitée, voire qu'ils n'en ont pas, et que seul l'humain est un être intelligent. Cette façon de concevoir l'intelligence nie les manifestations évidentes de l'intelligence chez certains animaux comme les abeilles, les dauphins et les singes. Pourtant, même une araignée peut épater les plus grands architectes lorsqu'elle tisse sa toile; elle fait preuve d'une intelligence remarquable en agençant ses fils pour répondre aux lois de la résistance des matériaux tout en s'accommodant à l'environnement physique (température, vélocité, résistance). Ce qui distingue l'être humain de l'animal, c'est en fait le langage verbal. Pour certains, le langage verbal représente donc le seul et unique indice de l'intelligence. On ne peut cependant nier que les animaux communiquent très bien entre eux au moyen de signes et de cris. Cette hypothèse suppose également que l'enfant est dénué d'intelligence jusqu'à ce qu'il parle, ce qui est faux, bien sûr.

Malgré la portée restreinte de leur façon de communiquer, chaque espèce s'adapte à son environnement. C'est sans doute là qu'il faut voir les réels signes d'intelligence : dans la **faculté de s'adapter**. C'est du moins l'une des grandes conclusions du psychologue Jean Piaget, spécialiste du développement de l'intelligence chez l'enfant qui fut le premier à décrire avec précision les stades du développement intellectuel[1]. Ce chercheur a élaboré une théorie de l'intelligence en se basant sur l'observation des comportements de ses trois enfants en situation de jeu. Plusieurs dictionnaires ont adopté une définition de l'intelligence inspirée de ses études. Voici deux définitions de l'intelligence souvent citées; la première est celle qui traduit le plus l'idée de Piaget. Ces deux définitions sont tout aussi justes l'une que l'autre et le fait d'en préférer une plutôt que l'autre n'est qu'une question de point de vue personnel.

- L'intelligence est l'aptitude à s'adapter à de nouvelles situations.
- L'intelligence est la capacité de résoudre des problèmes.

---

1. Jean PIAGET. *La construction du réel chez l'enfant*, Paris, Delachaux et Niestlé, 1950; *La naissance de l'intelligence chez l'enfant*, Paris, Delachaux et Niestlé, 1959; *Le langage et la pensée chez l'enfant*, Paris, Delachaux et Niestlé, 1966.

Assimilation, accommodation et adaptation

Selon Piaget, qui dit intelligence, dit équilibre entre assimilation et accommodation : les deux mécanismes qui permettent à notre organisme de s'adapter à son environnement. L'assimilation consiste à incorporer les éléments extérieurs nouveaux en fonction de ses propres structures. L'accommodation consiste à modifier ses propres structures afin de s'adapter à une réalité ou à une expérience nouvelle[2]. Lorsqu'un individu n'arrive pas à assimiler ou à s'accommoder, l'équilibre entre les deux processus est rompu. C'est ce qui peut se produire lorsqu'un bébé est entouré de plusieurs bruits : la voix de son éducatrice, le cri des autres enfants, le téléviseur, des jouets musicaux, et ne réussit pas à « assimiler » les mots de la personne qui s'adresse à lui à cause d'une surstimulation sonore. Ainsi, il ne peut s'adapter à la situation puisque l'équilibre entre l'assimilation et l'accommodation est trop difficile à établir. Il n'apprend rien de cette expérience. Voici maintenant deux exemples d'équilibre entre assimilation et accommodation.

Lorsqu'un nouveau-né commence à téter pour la première fois le sein de sa mère, sa bouche doit d'abord assimiler une nouvelle expérience. Le bébé « incorpore un élément extérieur » : c'est l'assimilation. Puis, il doit apprendre à modifier sa façon de téter devant cette nouvelle situation. Dans l'utérus, il suçait ses doigts. Maintenant, pour extraire le lait du sein, il doit exercer une succion beaucoup plus forte. Il doit donc « modifier ses structures en fonction de la nouveauté de la situation » : c'est l'accommodation. Un bébé qui serait incapable de s'accommoder dans une pareille circonstance connaîtrait quelques difficultés d'adaptation, et aurait sûrement des problèmes de nutrition...

Sophie commence à marcher. Ses parents lui ont acheté des chaussures de marche pour protéger ses pieds lorsqu'elle se promène dans le jardin. Lorsque la fillette porte ses souliers pour la première fois, elle intègre un élément nouveau : elle expérimente la sensation d'avoir quelque chose de dur autour de ses pieds. Lors de l'accommodation, Sophie devra apprendre à marcher avec ses chaussures neuves en levant un peu plus les pieds pour ne pas trébucher. Ses pieds vont peut-être se modifier légèrement : quelques ampoules peuvent se former, si le soulier est mal ajusté. En modifiant ses structures devant une situation nouvelle, l'organisme s'adapte.

Le développement de l'intelligence s'effectue ainsi, grâce à l'assimilation d'éléments extérieurs par l'enfant et à la modification de ses struc-

---

2. R. CLOUTIER et A. RENAUD. *Psychologie de l'enfant*, Boucherville, Gaëtan Morin Éditeur, 1990, p. 194.

tures cognitives en fonction des nouvelles situations. Au fil des années, l'enfant assimile une foule d'éléments présents dans son environnement et accommode ses propres structures (figure 5.1). C'est ainsi qu'il évolue, s'assurant une adaptation pleine et entière au monde qu'il habite. Sa faculté de s'adapter constitue une preuve de son intelligence.

FIGURE 5.1
L'enfant explore son environnement
et découvre de nouvelles façons de faire.

La mesure de l'intelligence

L'étude de l'intelligence pose le problème de la mesure. On tente de mesurer l'intelligence à l'aide de tests d'intelligence — tests de quotient intellectuel (QI). Certains sont adaptés au bébé et permettent de catégoriser grossièrement leurs aptitudes intellectuelles à partir de leurs comportements moteurs. Les échelles de mesure comportent habituellement trois larges catégories : les déficiences mentales, les performances moyennes ou dans la normale, et les performances nettement supérieures (douance). Cependant, il est impossible de diagnostiquer avec précision les capacités intellectuelles réelles du bébé puisque l'entière collaboration d'un bébé qui s'endort, qui a faim ou qui perce ses dents est difficile à obtenir. Le jeune enfant ne pouvant comprendre l'enjeu relatif au passage d'une épreuve, ne se forcera pas pour bien performer. Si, par exemple, on veut mesurer sa préhension en lui offrant un hochet et que l'enfant n'essaie pas de le saisir, on ne peut savoir s'il a de réels problèmes de développement ou si, tout simplement, il n'a pas envie de saisir le hochet. À cause donc des limites inhérentes à cette évaluation, la prudence sera toujours de mise lors de l'interprétation des résultats de ces tests.

Il faut absolument distinguer la performance de l'enfant et sa compétence intellectuelle réelle lorsqu'on veut analyser son intelligence. La compétence intellectuelle représente l'ensemble des capacités réelles d'un individu. La performance intellectuelle est le rendement obtenu lors d'une épreuve ou d'un test mesurant l'intelligence[3]. Même si les psychométriciens désirent, en fait, mesurer la compétence intellectuelle d'une personne, ils ne peuvent que mesurer sa performance lors du test. Voici un exemple où un enfant offre une performance qui illustre mal sa compétence réelle.

> Caroline a cinq mois. Elle est capable de se retourner seule du dos sur le ventre et commence à ramper. Elle est couchée à plat ventre sur un petit matelas. L'éducatrice a placé près d'elle quelques jouets colorés et sonores afin d'observer ce qu'elle peut faire. Celle-ci désire commencer son exploration et tente de ramper vers l'avant. Avec ses mouvements, elle ne réussit cependant qu'à reculer et commence à ressentir de la frustration. Elle s'agite de plus en plus et se sent angoissée. Ajoutez à cela un peu de fatigue et une faim qui la tenaille, et sa patience vient de s'envoler. Caroline avait déjà réussi à ramper vers l'avant, mais des conditions défavorables l'ont poussée à adopter un comportement moteur plus simple : ramper à reculons. Une éducatrice attentive comprendra très vite que l'enfant n'est pas dans des dispositions favorables pour explorer à ce moment-là, et elle se gardera bien de juger les compétences du bébé sur la régression motrice saine de ce moment. Elle fera la distinction entre la compétence de l'enfant et sa performance à un moment où elle n'est pas en pleine forme.

Le travail de l'éducatrice ne consiste jamais cependant à évaluer le bébé afin de poser un diagnostic sur son développement intellectuel. Des questions d'éthique professionnelle exigent qu'elle réfère un enfant à des

---

3. Helen L. BEE et Sandra K. MITCHELL. *Le développement humain*, Montréal, Éditions du Renouveau Pédagogique inc., 1986, p. 106

cialistes lorsqu'elle croit qu'il éprouve certaines difficultés dans son évolution. Elle a les compétences pour soutenir l'évolution du bébé, non pour
l'évaluer. Ce qui est très différent! Il est important toutefois qu'elle sache
que la mesure d'aptitudes motrices reste le meilleur indicateur pour prédire
le rendement intellectuel du bébé. Cette connaissance lui permettra de
mieux observer le bébé.

5.1.2. Le développement du système nerveux

Connaître le développement du système nerveux est le premier pas vers
la compréhension de l'évolution de l'intelligence. En effet, le cerveau, siège
de notre intelligence, contrôle le système nerveux. L'activité des cellules
nerveuses est ainsi étroitement liée à l'intelligence. On sait aujourd'hui
que notre système nerveux possède deux composantes : le système nerveux
autonome (SNA) et le système nerveux central (SNC). Le premier système
est responsable de certaines activités involontaires et inconscientes comme
le rythme cardiaque, les états de sommeil et de veille, la respiration, la
succion, la digestion, etc. Durant les trois premiers mois de sa vie, le
poupon est gouverné par son système nerveux autonome. Son cycle biologique (sommeil, veille, faim, respiration) se régularise peu à peu, à
mesure que son système nerveux autonome parvient à maturité. Le système
nerveux central, lui, est composé du cerveau et des nerfs; il est responsable
des activités conscientes, sensorielles et motrices. Pour écouter, chanter,
sauter, l'enfant fait appel à son système nerveux central. Celui-ci entre
totalement en fonction vers le troisième mois. Avant cet âge, les gestes de
l'enfant semblent spontanés, désorganisés et sporadiques. L'activité du
système nerveux central est étroitement liée au degré de maturité des
cellules nerveuses.

Pendant la grossesse, les cellules nerveuses de l'embryon se génèrent,
migrent et s'associent les unes aux autres selon un modèle précis qui semble
prédéterminé, programmé. Ces cellules, aussi appelées neurones, sont
formées d'un corps cellulaire, d'un noyau cellulaire, de dendrites et d'un
axone (figure 5.2).

L'axone du neurone est recouvert d'une enveloppe protectrice composée d'une substance graisseuse appelée myéline. Selon Lamb et
Bornstein[4], la myéline augmente l'efficacité du neurone en triplant la
vitesse de l'influx nerveux. Contrairement à l'adulte, le nouveau-né ne

---

4. Michael E. Lamb et Marc H. Bornstein. *Development in Infancy : An Introduction*, 2e éd.,
New York, Random House Inc., 1987.

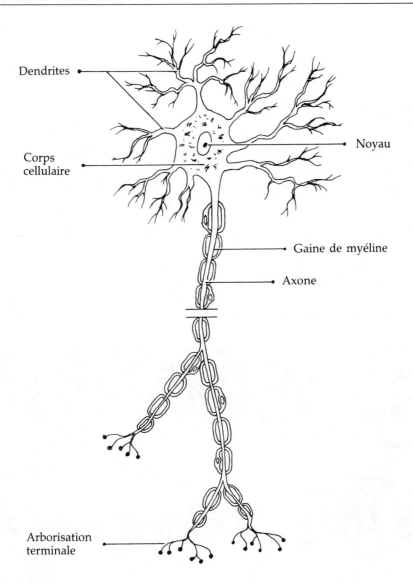

Dendrites

Corps
cellulaire

Noyau

Gaine de myéline

Axone

Arborisation
terminale

FIGURE 5.2
Un neurone

possède pas de myéline sur tous ses axones. Le processus de myélinisation débute avant la naissance et se termine à l'adolescence. Ainsi, le cortex visuel, responsable de la vision, commence sa myélinisation vers le septième mois de gestation. Le système visuel et le système auditif atteignent leur maturation vers la puberté, car les régions du cerveau responsables de ces fonctions sont les dernières à achever leur processus de myélinisation. À l'adolescence, l'apparition des fonctions cognitives supérieures, comme la pensée formelle, serait aussi liée à la myélinisation[5]. Tant que la myélinisation n'est pas terminée, le système nerveux n'a pas atteint sa maturité et cela a pour conséquence que l'enfant réagit plus lentement que l'adulte et qu'il ne peut avoir la même perception de son milieu.

Le processus de myélinisation s'effectue par poussées, ces moments sont appelés rage de myélinisation ou périodes sensibles. Chez le bébé, ces rages de myélinisation peuvent se traduire par la répétition sans fin de certaines activités sensorimotrices. Benoît, par exemple, découvre sa voix et se met à crier plusieurs fois par jour, juste pour s'écouter. Puis, après cette période sensible, il se calme. Géraldine, elle, passe plusieurs heures par jour à se hisser aux meubles, elle se redresse et se baisse sans cesse. La répétition de ces activités procure à l'enfant une joie immense puisqu'il peut enfin être compétent et maîtriser des sensations et des mouvements inacessibles auparavant (figure 5.3). Il faut donc laisser l'enfant répéter à sa guise et se rappeler qu'il est en plein développement neurologique.

FIGURE 5.3
Le bébé éprouve une grande joie à répéter un mouvement.

---

5. R. Cloutier et A. Renaud. *Op. cit.*, p. 156.

Le processus de maturation des cellules nerveuses s'effectue à une vitesse fulgurante compte tenu de tous les apprentissages qui se réalisent simultanément. Néanmoins, le bébé reste dépendant des limites que lui impose son corps en processus de développement. Il est clair donc qu'il ne faut pas conclure qu'un enfant de trois mois qui a très faim n'est pas intelligent parce qu'il ne saisit pas le biberon placé près de lui. Peut-être a-t-il une envie folle de poser ce geste, mais son système nerveux ne lui permet pas encore de réussir ce mouvement précis. Les réactions à retardement des enfants sont aussi dues à l'immaturité de leur système nerveux. Les influx nerveux parviennent plus lentement au cerveau de l'enfant et cela entraîne une réaction plus lente.

5.1.3. Le développement des organes sensoriels

Les sens sont comme une fenêtre sur le monde qui nous entoure, par eux, on découvre notre environnement physique et social. Ils permettent à l'enfant d'établir des liens entre les objets, les personnes, les situations et ainsi, participent au développement de son intelligence. D'ailleurs, pendant les deux premières années de vie, l'intelligence de l'enfant se développe par le biais de ses cinq sens. Lorsque Mathieu commence à ramper, il découvre la table : il voit quatre longues tiges de bois qui s'élèvent vers le plafond et qui sont chapeautées par une grande planche dont la peinture s'écaille. Mathieu perçoit la table d'une façon presque étrangère aux adultes. Pourtant, chacun s'entend pour appeler cet objet par le même nom. Lorsque la maman de Véronique vient la chercher à la garderie, l'enfant reconnaît sa mère au son de sa voix, au rythme de sa démarche et à la vue de ses chaussures. L'éducatrice n'utilise sûrement pas les mêmes indices de perception pour reconnaître la maman de Véronique! Essayer de percevoir son entourage à la manière du bébé peut devenir un exercice intéressant pour l'éducatrice qui veut se rapprocher des enfants.

Si c'est par les cinq sens que l'enfant explore, communique, apprend, il est important de savoir cependant que certains organes sensoriels sont plus développés que d'autres à la naissance. Nous savons que l'ordre de maturation des organes sensoriels permet d'ailleurs au nouveau-né de passer aisément du milieu utérin au milieu extra-utérin[6].

La plupart des organes sensoriels commencent à se développer durant la période prénatale. Dans l'utérus, le fœtus est sensible aux changements

---

6. John H. FLAVELL. *Cognitive Development*, 2ᵉ éd., Englewood Cliffs, New Jersey, Prentice Hall, 1985.

de position de la mère, à certains bruits provenant du milieu extra-utérin. Cependant, le premier organe sensoriel qui atteint sa pleine maturité est le toucher : le nouveau-né est sensible au contact cutané, surtout au niveau de la région orale. Dès qu'un doigt ou un mamelon touche sa bouche ou sa joue, il cherche à téter dans sa direction. De plus, les changements de température et de positions dans l'espace sont tous bien sentis par le nouveau-né. La délicatesse dans la façon de le porter sera donc importante (figure 5.4). « Vers six semaines, un bébé est capable de différencier la mère du père ou d'un étranger d'après les qualités du contact. Cette préscience précoce tient en partie du fait qu'aucune de ces trois personnes ne touche l'enfant de la même manière[7]. » Selon Restak, le toucher est de plus aussi indispensable que la nourriture ou l'oxygène au développement normal de l'enfant[8].

FIGURE 5.4
Pour le nourrisson, la façon dont on le porte est très importante.

---

7. Richard RESTAK. *Le cerveau de l'enfant*, Paris, Éd. Robert Laffont, 1988, p. 168.
8. *Ibid.*, p. 176.

Le développement du goût et celui de l'odorat sont très reliés. Même si dans l'utérus, le fœtus ne peut percevoir une multitude d'odeurs ou de goûts, les cellules sensorielles responsables de ces perceptions sont matures lorsqu'il vient au monde. Des chercheurs ont en effet réussi à démontrer que le bébé pouvait reconnaître l'odeur de sa mère parmi celles de différentes femmes dès les premiers jours de sa vie[9]. Le nouveau-né peut aussi percevoir très tôt la différence entre le sucré (qu'il semble préférer d'ailleurs!), l'acidulé et l'amer. Il ne perçoit cependant le salé que plusieurs mois après sa naissance. Ayant baigné pendant neuf mois dans le liquide amniotique, qui est assez salé, le bébé a les papilles gustatives habituées au sel et l'ingurgite sans vraiment y goûter. Il boirait probablement un biberon d'eau salée au complet au risque de se déshydrater. C'est pourquoi, certains enfants ne raffolent aucunement de l'eau et ce, jusqu'à l'âge de 18 mois parfois, parce que pour eux l'eau sans sel goûte légèrement amer.

L'ouïe se développe bien avant la naissance. En effet, le fœtus de six mois est en mesure de percevoir dans l'utérus des sons provenant du monde extérieur[10]. Après sa naissance, cependant, tant que son oreille moyenne ne s'est pas vidée du liquide amniotique, le nouveau-né entend les bruits en sourdine. Cette impossibilité de percevoir distinctement tous les bruits de son entourage est d'ailleurs très utile puisqu'il peut dormir profondément, et lorsqu'il est réveillé, il n'est pas continuellement bombardé de stimuli auditifs. Une saine sélection des messages sonores s'établit, procurant un certain calme au bébé.

À partir de un mois, le poupon commence à entendre les sons tels que nous les percevons. Il entre peu à peu en contact avec le monde sonore qui l'entoure et découvre tout un monde. La musique classique l'apaise : il est sensible au rythme et à la mélodie. Il apprend aussi à écouter les gens, à reconnaître des bruits familiers comme les pas de ses parents et de son éducatrice, le cliquetis des ustensiles dans la cuisine et ainsi de suite.

Les cellules sensorielles de l'oreille du bébé sont sensibles et l'éducatrice doit veiller à ce qu'il y ait le moins de bruit possible à la pouponnière pour protéger l'ouïe des petits. Les bruits émis par certains jouets ne doivent pas excédés 75 décibels[11]. Les jouets émettant des sons stridents ou

---

9. MACFARLANE (1975) et RUSSELL (1976) cités dans Daphne MAURER et Charles MAURER. *The World of the Newborn*, New York, Basic Books Inc., 1988.

10. M. E. LAMB et M. H. BORNSTEIN. *Op. cit.*

11. Certains jouets sont testés selon le niveau de décibels qu'ils émettent et sont énumérés dans des revues de consommation (la revue *Jouets*, par exemple).

agaçants n'ont donc pas leur place près des bébés. Même les hochets ou
les toutous qui font « couic-couic! » et que l'enfant peut tenir pendant
quelques minutes près de ses oreilles sont à bannir.

Dans l'utérus, la lumière ne peut stimuler les yeux du fœtus : il y fait
plutôt sombre! Même s'il peut ouvrir et fermer ses paupières, le petit ne
voit pas. Ce n'est qu'à sa naissance que sa vision pourra réellement commencer à se développer. Une fois sorti du ventre maternel, il voit. Il ouvre
grand ses yeux et semble fixer les êtres qui le regardent. Il est même
« sélectif », c'est-à-dire que son regard s'arrête sur des formes qui l'intéressent particulièrement. On remarque qu'il manifeste une préférence pour
le contour des visages et les couleurs telles le jaune et le bleu. Malheureusement, cette préférence visuelle ne lui donne pas les moyens de scruter
avec précision les objets et les personnes, car ses yeux doivent apprendre
à regarder.

Presque tous les poupons semblent loucher pendant les premiers mois
de leur vie. Cela est dû au fait que les muscles qui coordonnent les mouvements des yeux n'ont pas encore développé le réflexe de converger (ou
de s'enligner!) vers un même point. Le bébé peut donc voir double très
souvent. De plus, sa vision stéréoscopique est imparfaite, c'est-à-dire qu'il
perçoit difficilement l'espace en trois dimensions puisque la perception de
la profondeur est reliée à la qualité de la coordination des muscles de ses
yeux.

Un autre indice d'immaturité du système visuel du bébé réside dans
sa faible acuité visuelle. Un adulte avec une vision normale voit avec précision un objet à 20 pieds de lui. De façon globale, c'est ce qu'on appelle
une vision 20/20. Le nouveau-né possède, lui, une vision 20/600, c'est-à-
dire qu'il perçoit un objet à 20 pieds de lui avec aussi peu de précision
qu'un adulte voit un objet à une distance de 600 pieds de lui. Ce n'est qu'à
l'âge de 6 ou 7 ans qu'il pourra jouir d'une vision presque normale. (Pour
plus de détails et pour des suggestions de tests de la vue, voir le chapitre 7.)

Les cinq sens accompagnent le poupon dans sa découverte du monde.
Il explore d'abord par l'entremise de sensations tactiles, gustatives et olfac-
tives, puis son champ d'exploration s'élargit grâce aux sens de l'ouïe et de
la vue. L'ordre avec lequel les cinq sens parviennent à maturité joue un
rôle important face à l'adaptation du nouveau-né au milieu extra-utérin.
En effet, pendant les premières semaines, ses sens primaires (le toucher,
le goût et l'odorat) lui permettent d'établir une relation avec son monde
immédiat pendant qu'on le berce, le nourrit, le change, le baigne. Il n'a
pas vraiment besoin de voir et d'entendre avec précision. Puis, doucement,
ses oreilles le mettent en contact avec les objets et les êtres loin de lui. Un

peu plus tard, enfin, il sera en mesure de voir avec une certaine acuité ce qui se passe encore plus loin de lui. Progressivement, donc, sa conscience du monde s'élargit et ses interactions avec son entourage se multiplient de sorte qu'il développe son intelligence grâce à ses cinq sens.

5.2. Le développement des structures cognitives

On parle de structures cognitives pour désigner l'organisation de la pensée d'un individu, c'est-à-dire sa façon de concevoir et d'expliquer les choses et les événements, de faire des liens entre les différents facteurs. Cette faculté d'établir des liens entre les choses est un signe évident d'intelligence.

On l'a dit, l'enfant est intelligent dès sa naissance. On ne peut toutefois mettre sur un même pied les explications d'un enfant et celles d'un adulte devant une situation donnée. En effet, même si l'enfant est aussi intelligent que l'adulte, son immaturité physiologique et son manque d'expérience ont pour conséquence que ses structures cognitives sont différentes, c'est-à-dire que les liens qu'il fait entre les choses, les explications qu'il donne sont tout à fait différentes de celles de l'adulte. Ainsi, un enfant peut croire que ce sont les arbres qui bougent pour créer du vent à la manière d'une personne qui agite un éventail pour se rafraîchir. Un autre peut penser que ce sont les êtres humains qui dessinent chaque soir la lune dans le ciel étoilé.

Même si elles sont organisées différemment, les structures cognitives de l'enfant sont aussi élaborées que celles de l'adulte. Il ne connaît pas de limite quand il cherche une explication et les liens qu'il peut faire entre les choses, même s'ils sont souvent farfelus aux yeux de l'adulte, sont le signe d'une intelligence vive et très créatrice.

Les structures cognitives de l'enfant se développent à travers des étapes précises, suivant un ordre prédéterminé qui est le même pour tous les enfants du monde. Ainsi, l'enfant passe du stade des réflexes au stade de la fonction symbolique. Entre temps, il commence à mémoriser certains faits du passé et à anticiper les événements futurs. Sa pensée naissante est empreinte d'imaginaire et est parfois dépourvue de toute logique. Il ne découvrira la logique qu'à l'âge scolaire. Au fur et à mesure qu'il vieillit, sa perception se rapproche de celle de l'adulte, ses structures cognitives aussi.

Selon Piaget, les quatre grandes étapes du développement des structures cognitives sont les suivantes (les âges indiqués pour chacune des périodes représentent une moyenne très générale) :

1) la période sensorimotrice   de 0 à 2 ans
2) la période préopératoire   de 2 à 6-7 ans
3) la période des opérations concrètes   de 6-7 à 11-12 ans
4) la période des opérations formelles   11-12 ans et plus

Dans ce chapitre, nous nous attarderons plus particulièrement à la première étape du processus puisqu'il s'agit de celle que traversent les enfants en pouponnière. Nous verrons donc les stades de la période sensorimotrice. Nous analyserons ensuite plus en profondeur le phénomène de la permanence de l'objet et la fonction symbolique. Enfin, des interventions éducatives favorisant le développement des structures cognitives du bébé pendant la période sensorimotrice seront proposées.

5.2.1. Les stades de la période sensorimotrice

Comme on l'a dit à plusieurs reprises, les premières années représentent une période cruciale de la genèse de l'intelligence humaine. Pendant les deux premières années de vie, c'est par le biais des sens (sensori) et des mouvements (moteur) que l'intelligence commence à se développer, c'est pourquoi on appelle cette période la période sensorimotrice.

Il existe alors un lien essentiel entre l'aspect sensoriel (les cinq sens) et l'aspect moteur (capacité de se mouvoir). Le bébé apprend à regarder et, en même temps, il apprend à saisir un objet convoité. Sa perception influence ses mouvements corporels et est influencé par eux. Lorsqu'un poupon couché sur le dos bouge ses petits pieds dans les airs, il le fait par besoin de se dégourdir mais aussi pour ressentir diverses sensations agréables : il perçoit (sensoriel) une sensation qu'il aime répéter en bougeant ses jambes (moteur). Le bébé a aussi besoin de constater l'effet qu'il produit sur son entourage pour apprendre et développer ses aptitudes intellectuelles. Si, par hasard, il donne un coup de pied (moteur) sur un jouet sonore et entend alors un son nouveau (sensoriel) qui l'intrigue, il va bouger (moteur) dans tous les sens en espérant que le son se reproduise. S'il réussit, il aura appris quelque chose de très important : il a un impact sur son environnement, son action à lui engendre une réaction. C'est ainsi que l'enfant comprend le monde petit à petit. Un poupon qui voit, entend, goûte et sent tout ce qui l'entoure sans jamais pouvoir bouger ses membres, son tronc et sa tête ne peut agir sur le monde. Le développement de son intelligence est uniquement lié aux messages sensoriels perçus et reste très limité à cause de son incapacité de se mouvoir. Par contre, un enfant qui peut gigoter à souhait, mais ne peut utiliser aucun de ses cinq sens puisqu'aucune lumière, aucun son, aucune odeur, aucun goût et aucune sensation tactile ne parvient à son cerveau, ne peut lui non plus se développer harmonieusement. Il devient donc très important que l'enfant soit maître de ses jeux pendant cette période jalonnée de découvertes et que grâce à ses sens et à ses mouvements, il puisse apprendre, comprendre le monde bref, développer son intelligence.

Le développement sensorimoteur se fait en six stades. Pendant cette période, l'intelligence de l'enfant passe d'une action générée par des réflexes vers une action réfléchie, intentionnelle, socialisée et complexe.

Premier stade : Le nouveau-né est gouverné par ses réflexes (réflexes de succion, de préhension) : il ne peut presque pas agir volontairement sur son environnement. C'est le stade le plus « sensoriel » des six, l'activité motrice de l'enfant étant réduite à des réflexes.

Deuxième stade : Le bébé apprend à coordonner tous ses systèmes sensoriels et les associe à des actions simples : il regarde ce qu'il entend, il goûte ce qu'il met à sa bouche, il prend le jouet qu'il voit.

Troisième stade : Le bébé cherche à créer un effet sur son environnement : il frappe sur des meubles avec des jouets bruyants et répète l'expérience sans cesse pour le plaisir de constater le résultat de son action. Il émet des sons aigus qui font réagir les adultes.

Quatrième stade : Le jeune enfant est capable d'adopter différents comportements pour atteindre un but fixé. S'il veut la poupée qui est dans les mains d'un ami, il tentera de l'obtenir de plusieurs façons : en arrachant le jouet, en enlevant les doigts de l'autre, en criant, en tapant du pied, en mordant! Bref, tous les moyens sont explorés à cet âge pour atteindre un objectif.

Cinquième stade : Le bébé explore et expérimente à souhait : il adore fouiller dans les armoires, vider les tiroirs. Il apprend par tâtonnements.

Sixième stade : Le bébé possède la fonction symbolique, c'est-à-dire qu'il peut imaginer certaines situations dont il a l'expérience : il utilise des seaux et du sable pour imiter un adulte qui verse du lait dans un verre. À cet âge, le petit adore « faire semblant » et cela est la preuve qu'il peut conserver dans son esprit les images d'activités qu'il a déjà vécues (voir le résumé des six stades au tableau 5.1).

TABLEAU 5.1

Les six stades de la période sensorimotrice

Stade	Caractéristiques du stade	Actions à observer
1 De 0 à 1 mois	Exercice des réflexes (succion, préhension, etc.)	Réagit par réflexe Ex. : Suce son pouce
2 De 1 à 4 mois	Coordination vision-audition	Regarde vers la source d'un bruit
	Coordination préhension-succion	Porte ses doigts à sa bouche
	Coordination vision-préhension	Prend le jouet qu'il voit
3 De 4 à 8 mois	Action, puis attente du résultat de l'action	Fait bouger son mobile
	Répétition et imitation de gestes qu'il sait faire et qu'il apprécie	Frappe la table avec un jouet
4 De 8 à 12 mois	Intention d'atteindre un but et combinaison de stratégies devant de nouvelles situations	Soulève une couverture pour prendre un jouet
	Apprentissage par imitation	Imite de nouveaux sons et gestes
5 De 12 à 18 mois	Exploration, expérimentation et découverte par tâtonnements	Essaie de nouvelles activités
6 De 18 à 24 mois	Représentation symbolique	Représente des événements dans son esprit
		Joue à « faire semblant »
		Imite des modèles complexes, non humains et absents

5.2.2. La permanence de l'objet

Pendant la période sensorimotrice, l'enfant apprend à interagir avec son milieu et il développe ses premières images mentales qui sont un prélude au développement de son intelligence. Il apprend ainsi progressivement que les objets et les personnes continuent d'exister même lorsqu'il ne les perçoit pas. Les structures cognitives qui permettent à l'enfant de saisir la notion de permanence des objets et des personnes s'organisent. En moins de 18 mois, il maîtrise le schème de la permanence. Cette acquisition est un signe indubitable de sa compétence intellectuelle.

En constatant que l'existence des choses et des êtres n'est pas liée à ses perceptions, l'enfant réalise qu'il n'est pas le centre du monde, comme il le croit pendant les premiers mois de sa vie. L'acquisition de la notion de permanence de l'objet s'accompagne donc d'une désillusion pourtant cruciale pour la poursuite du développement intellectuel et socio-affectif de l'enfant. Comme on l'a dit, cette acquisition se fait progressivement. Ce n'est que vers 8 mois que l'enfant commence à saisir la notion de permanence et il la maîtrise réellement vers 18 mois. Le tableau 5.2 permet de voir l'évolution de l'acquisition de ce schème pendant les six stades de la période sensorimotrice, selon Piaget.

Piaget a pu établir les étapes de l'acquisition de la permanence de l'objet (tableau 5.2) en présentant à l'enfant des objets, puis en les cachant derrière des écrans ou des couvertures. Ce genre d'expérience est facile à réaliser. L'observation des réactions de l'enfant quand on cache l'objet qu'il vient de voir, permet de déterminer clairement son niveau d'acquisition de la permanence de l'objet.

La plupart des enfants en pouponnière ne maîtrisent pas la notion de permanence. Si une éducatrice montrait un biberon à un bébé de six mois qui s'agite pour le saisir et si, devant ses yeux, elle le cachait sous un oreiller, le petit se mettrait à hurler. L'enfant est d'abord mécontent parce qu'il accepte mal l'attente lorsqu'il est affamé mais, de plus, il est convaincu que son biberon n'existe plus puisqu'il ne le voit plus. Voilà le « drame » d'un enfant qui ne maîtrise pas le schème de la permanence de l'objet. Dans sa tête, c'est seulement ce qu'il voit, entend, goûte ou sent qui existe. Il est gouverné par ses cinq sens et la réalité est construite à partir de ce qu'il perçoit uniquement. Lorsqu'il voit maman entrer dans sa chambre, oups! elle vient d'apparaître! L'instant d'avant, elle n'existait pas. De même, si elle quitte la pièce, le petit se retrouve seul au monde, sa mère vient de disparaître, elle n'existe plus.

Tableau 5.2
**L'acquisition de la permanence de l'objet
au cours des six stades de la période sensorimotrice**

Stade et caractéristiques	Évolution du schème de la permanence de l'objet
1 et 2 Exercice des réflexes et coordination sensorimotrice	Les objets n'existent pas si le bébé ne peut les voir, les entendre, les toucher, les sentir ou les goûter. *Aucune permanence de l'objet.*
3 Attente d'un résultat Répétition, imitation	Le bébé cherche l'objet seulement s'il en voit une partie, donc s'il le perçoit. *Aucune permanence de l'objet.*
4 Intention d'atteindre un but Combinaison de stratégies	Il cherche un objet à un endroit donné, s'il a vu qu'on l'y a caché; si l'on déplace l'objet d'une cachette à une autre sous ses yeux, il cherche toujours dans la première cachette. *Début de l'acquisition de la permanence de l'objet.*
5 Exploration, expérimentation, découverte par tâtonnements	Il peut suivre une série de déplacements de l'objet d'une cachette à l'autre; par contre, il est incapable d'imaginer un déplacement qu'il ne voit pas. *Acquisition du schème de la permanence de l'objet.*
6 Représentation symbolique	Il peut maintenant suivre tous les déplacements de l'objet et même imaginer tous les déplacements possibles sans les avoir vus. *Acquisition complète du schème de la permanence de l'objet.*

La non-acquisition de la permanence de l'objet a des implications importantes dans la vie quotidienne du bébé. Par exemple, les jeunes enfants n'apprécient guère la journée de l'halloween lorsque les adultes qu'ils côtoient, parents et éducatrices, se costument. Si une éducatrice se déguise en sorcière, ils croiront réellement que cet affreux personnage vit à la garderie et que leur éducatrice, qui représente l'image sécurisante, a disparu, les abandonnant à une vilaine étrangère. De même, si une éducatrice place devant son visage un masque de loup en imitant les cris de l'animal, ils seront convaincus qu'un loup l'a réellement remplacée. Avant un an, les bébés n'apprécient généralement pas tellement non plus de s'asseoir sur les genoux du Père Noël, même si c'est papa qui s'est déguisé!

Pour eux, l'adulte a de ces pouvoirs magiques dont il ne faut surtout pas abuser de crainte de les effrayer.

Certaines situations anodines aux yeux des adultes peuvent également devenir éprouvantes pour l'enfant. Une éducatrice qui change radicalement sa coiffure, par exemple, pourra provoquer des réactions négatives chez le bébé. Celui-ci mettra du temps à la reconnaître et n'appréciera sa présence que lorsqu'il l'aura bien identifiée grâce à sa voix, ses gestes, ses expressions faciales. De même, un doudou égaré constitue un vrai drame pour l'enfant qui croit que l'objet est disparu pour toujours.

Avec cette façon de percevoir la réalité, l'enfant, lorsque ses parents viennent le reconduire à la pouponnière, croit réellement qu'ils disparaissent lorsqu'ils franchissent le pas de la porte. Les premiers jours, il vit donc cette situation comme un abandon. Mais si on lui explique, il comprend avec le temps que ses parents reviennent toujours le chercher, surtout si la relation de confiance qu'il établit avec l'éducatrice le rassure.

Le temps, l'exercice de sa mémoire et la répétition des situations font en sorte que l'enfant saisit progressivement la notion de permanence. L'éducatrice doit toutefois toujours se montrer compréhensive et respecter le désarroi du bébé.

5.2.3. La fonction symbolique

Après les six stades de la période sensorimotrice, l'enfant passe à la période préopératoire. Un des premiers stades de cette période est la fonction symbolique. « Dans la théorie de Piaget, la fonction symbolique, c'est-à-dire le fait de pouvoir utiliser un système de représentation des objets, repose sur la permanence de l'objet. Cette permanence de l'objet implique l'intériorisation de l'image de l'objet, image sur laquelle un symbole ou une étiquette pourra être apposé pour servir de référence dans la communication et les opérations mentales[12]. » En d'autres mots, quand l'enfant possède le schème de la permanence de l'objet, il devient ensuite capable de jouer avec des idées et non plus seulement avec des objets. Sa main peut devenir un papillon, deux de ses doigts, des oreilles de lapins : il se représente des images à partir des objets qui l'entourent. Il va au-delà de

---

12. R. CLOUTIER et A. RENAUD. *Op. cit.*, p. 206.

ce qu'il perçoit directement par ses sens. Lorsqu'il dit « Maman! », par exemple, il se représente mentalement l'image de sa mère même s'il ne la voit pas dans son entourage; ce mot devient une représentation symbolique de la personne aimée (figure 5.5).

FIGURE 5.5
Le mot est une représentation mentale des choses et des personnes.

Avec l'acquisition de la fonction symbolique, l'enfant est en mesure de se rappeler les événements passés et de prévoir les situations à venir. Il n'est plus limité à vivre au présent comme le jeune enfant au stade sensorimoteur. Au cours de la période préopératoire, il commence donc à maîtriser la notion du temps. Même s'il ne peut nommer le jour de la semaine, en se levant le matin, il est capable de prévoir durant la journée une suite d'événements routiniers.

Piaget et Inhelder[13] (1971) ont énuméré cinq conduites symboliques qui se manifestent selon l'ordre chronologique suivant, de la plus simple

---

13. *Ibid.*, p. 207.

à la plus complexe, et qui permettent de reconnaître l'existence de la fonction symbolique chez un enfant :

1) *L'imitation différée :* L'enfant imite certains gestes en l'absence du modèle imité. Il reproduit, un peu plus tard, ce qu'il a observé.

2) *Le jeu symbolique :* L'enfant fait semblant de dormir, de manger, de boire. Il sait qu'il le fait pour jouer et en éprouve un grand plaisir. Ses jeux répondent à des besoins socio-affectifs et intellectuels.

3) *Le dessin :* Lorsque l'enfant tente de produire une image et qu'il a dépassé l'étape du gribouillage, il lui arrive de reconnaître des formes (produites par hasard au début, puis grâce à un certain contrôle). La reconnaissance de ces objets réfèrent aux représentations mentales qu'il a intériorisées de ces objets.

4) *L'image mentale :* La permanence de l'objet représente un indice d'apparition de l'image mentale dans la tête du bébé. On cache un jouet sous un oreiller, l'enfant ne le voit plus, mais se le représente mentalement. La pensée est le prolongement de l'action.

5) *Le langage :* Lorsqu'un enfant veut boire et qu'il demande du jus ou du lait, il évoque verbalement l'image mentale qui symbolise l'objet qui saura le mieux étancher sa soif.

5.2.4. Le rôle de l'éducatrice

Quatre éléments sont à noter afin de soutenir le jeune enfant dans son développement cognitif. Il faut d'abord comprendre que **l'enfant est le principal acteur** en ce qui a trait au développement de son intelligence, que c'est lui qui assimile les éléments présents dans son entourage et accommode ses structures cognitives. Il a donc un pouvoir déterminant sur ses apprentissages.

En admettant ce fait, le rôle de l'adulte est d'**offrir à l'enfant un environnement stimulant** qui correspond au stade de développement traversé. Cela ne veut pas dire qu'il faille envahir le bébé avec une panoplie de jouets « éducatifs » ou lui faire apprendre ses couleurs, ses formes, ses chiffres et ses lettres avant deux ans. Ces attitudes n'assurent en rien un développement intellectuel harmonieux, loin de là! Devant l'abondance et la diversité des objets ou des concepts, le jeune enfant peut se sentir étouffé par trop d'éléments qu'il est incapable d'assimiler. L'éducatrice avertie offrira au contraire à l'enfant quelques objets simples et adaptés qui lui permettront d'explorer ses capacités cognitives à sa guise (cette idée est bien expliquée au chapitre 6).

Ensuite, il faut **respecter le rythme de l'enfant**, c'est-à-dire lui laisser le temps d'accommoder ses structures cognitives à sa façon. Le développement des structures cognitives suit un ordre préétabli, mais surtout il se fait au rythme de chacun. La maturation des cellules nerveuses ne peut s'accélérer en forçant l'enfant à apprendre. Forcer le rythme d'apprentissage correspond au contraire à développer artificiellement les capacités de l'enfant. Il faut enfin **parler à l'enfant** lors des moments de routine. Cela amène le bébé à comprendre la vie. L'intimité ainsi créée et soutenue par un langage relié à l'expérience concrète stimule, en effet, le développement cognitif de l'enfant.

Soutenir le développement cognitif du jeune enfant se traduit en fait par une recherche de l'équilibre entre les fonctions assimilatrices et accommodatrices de l'enfant puisque l'intelligence réside justement dans ce précieux équilibre entre les processus d'assimilation et d'accommodation.

5.3. Le développement du langage

Le langage est un des outils de la pensée. Son acquisition est le résultat d'une multitude de facteurs que des chercheurs dans divers domaines tels la linguistique, la neurologie, la psychologie et la sociologie tentent de mettre en relation. Expliquer pourquoi et surtout comment un enfant réussit à parler n'est toutefois pas une mince affaire. Il semble que des variables comme la maturation des organes vocaux, la richesse du milieu en termes de stimulations langagières, l'âge et le sexe de l'enfant soient autant de facteurs qui influencent l'acquisition de la parole.

Il est certain que l'environnement social joue un rôle important dans le processus d'acquisition du langage puisque l'enfant apprend beaucoup par imitation : en répétant les mots qu'il entend autour de lui, il apprend à prononcer correctement et en écoutant les gens, il apprend les mots et les habitudes langagières. En outre, nos connaissances actuelles nous permettent d'affirmer que tous les enfants du monde quelle que soit la langue qu'ils apprennent et le milieu socioculturel dont ils sont issus poursuivent le même cheminement d'apprentissage. Cela donne lieu à la théorie de l'innéité du langage. Selon cette théorie, nous serions prédisposés, dès notre naissance, à sélectionner l'information reçue. Par exemple, l'enfant de 3 ans ne serait pas attentif à la forme passive des phrases qu'il entend. Bien que ses proches emploient régulièrement cette forme grammaticale, il ne l'utilise pas et il ne commencera à le faire qu'à l'âge scolaire.

Le langage se développe par étapes et il est lié au développement des structures cognitives. Il est important que l'éducatrice soit familière avec les différentes étapes de l'acquisition du langage afin d'avoir des attentes raisonnables et de soutenir le bébé dans son apprentissage.

5.3.1. Les étapes du développement du langage

De la naissance à 30 mois, l'enfant acquiert l'usage de la parole en traversant plusieurs étapes à une vitesse vertigineuse. Si l'adulte a besoin d'une panoplie de techniques pédagogiques : cours, manuels de base, méthodes audiovisuelles, techniques d'immersion, pour apprendre une nouvelle langue, le bébé n'a que faire de tous ces moyens : il apprend à parler au simple contact des gens. Bien qu'on ne puisse comprendre exactement comment l'enfant apprend si vite, on sait que tous les enfants poursuivent le même cheminement : des pleurs jusqu'à la maîtrise des structures syntaxiques. Les diverses étapes qu'il traverse sont aujourd'hui bien déterminées par les spécialistes du langage.

Avant de voir en quoi consistent ces diverses étapes, il convient de faire quelques mises en garde. Tout adulte qui s'occupe des enfants doit d'abord savoir que ces derniers traversent les diverses étapes de l'acquisition du langage à des moments qui varient énormément d'un individu à l'autre : certains enfants parlent de façon intelligible à 18 mois, tandis que d'autres vont préférer faire patienter leurs parents et attendront d'avoir 3 ans pour parler clairement. Toutefois, le tout-petit qui parle un peu plus tard que la moyenne des enfants de son âge ne doit surtout pas être considéré comme moins intelligent que les autres. Cette attitude est davantage une question de tempérament que de capacités intellectuelles. Les enfants qui parlent plus tard ont souvent des tempéraments de type réfléchi. De plus, il faut savoir que le nombre de mots prononcés par un bébé n'est pas nécessairement un indice de son activité cognitive, au contraire. Certains aiment réfléchir, observer, écouter, sans ressentir un vif besoin de s'exprimer alors que d'autres sont plus loquaces. Le respect du tempérament et du rythme personnel de l'enfant devient, une fois de plus, la meilleure garantie d'un développement sain et harmonieux. Il faut bien garder en tête que le bébé va raffiner son langage par lui-même et qu'il n'a pas besoin d'être corrigé ni poussé à parler plus vite.

Dès le premier mois, le bébé commence son apprentissage. D'abord poussé par le désir d'exprimer ses besoins vitaux, l'enfant élabore un langage préverbal qui se raffine au cours des mois. Cette période qui précède la parole comporte sept étapes. Après avoir expérimenté les sons et s'être familiarisé avec la langue au contact de ses proches, l'enfant commence à parler et son langage verbal se perfectionne en trois étapes.

Les étapes du développement du langage préverbal

1) Les pleurs indifférenciés

Les pleurs sont le premier moyen d'expression du nouveau-né. Dès sa naissance jusqu'au premier mois de sa vie, le nouveau-né pleure par réflexe. Il pleure lorsqu'il a faim, lorsqu'il a soif, lorsqu'il est inconfortable ou lorsqu'il est fatigué. Pour exprimer une foule de besoins divers, le bébé ne possède qu'une manière de communiquer : les pleurs indifférenciés.

2) Les pleurs différenciés

Peu à peu, le nourrisson est capable de varier l'intensité et la hauteur de ses pleurs selon qu'il est en colère, qu'il se sent mouillé, abandonné, qu'il a faim, froid, etc. Ses émotions se raffinent, ses pleurs se précisent selon ses besoins : ce sont les pleurs différenciés.

3) Les gazouillements

Vers le deuxième mois, le jeune enfant commence à émettre des gazouillements qui consistent en une série de sons relativement aigus et ressemblant à des voyelles. Lorsqu'il se sent calme et comblé, le bébé peut prononcer des sons tels « eu-eu-eu-eu ». Souvent, les parents croient que leur enfant essaie alors de leur dire qu'il est « heureux ». Cependant, des gazouillements comme des « ah-ah-ah-ah » auraient pu tout aussi bien être émis par l'enfant. Ce dernier produit des sons un peu au hasard, sans une réelle volonté ni un bon contrôle de son appareil vocal.

4) Le babillage

Vers le troisième ou le quatrième mois, le jeune enfant s'amuse à répéter des syllabes simples : « pa-pa-pa-pa-pa ». Il aime s'écouter et émet ces petits sons élémentaires souvent lorsqu'il est seul et rassasié. C'est la période du babillage.

5) Les lallations

Entre 6 et 12 mois, le bébé réussit de plus en plus à imiter des mots très rudimentaires, parfois par hasard, parfois grâce à l'effort. Ces imitations imparfaites s'appellent des lallations.

6) L'écholalie

Ce n'est que lorsque l'enfant imite consciemment les sons des gens de son entourage, qu'il est capable d'écholalie. Ces imitations parfaites le préparent à l'étape suivante qui, peut-on dire, représente la première manifestation d'un réel langage verbal.

7) Le jargon expressif

Le jargon expressif est une période fort appréciée des adultes qui prennent soin des bébés. En effet, le tout-petit apprend alors vraiment à parler et construit son propre vocabulaire. Ainsi, tout ce qui ressemble à un fruit est nommé « apom »; tout ce qui est poilu et possède quatre pattes porte le nom de « chat »; tous les bébés peuvent porter le nom de « boum-boum », ainsi de suite. Malgré le fait que l'enfant n'utilise pas le mot exact, les adultes le comprennent et aimeraient même parfois que cette charmante période dure plus longtemps...

Les étapes du développement du langage verbal

1) Les holophrases

Avec l'apparition de la première phrase, le langage verbal commence à se développer. La naissance d'une première phrase se signale par l'utilisation d'un seul mot, bien choisi, qui résume très clairement la pensée de l'enfant : « Dehors » pour exprimer « Je veux aller dehors! »; « À terre » pour « Dépose-moi par terre, je veux marcher »; « Lait » pour « J'ai soif, je boirais bien un bon biberon de lait, s'il vous plaît ». Ce type de phrases ne comptant qu'un seul mot, mais portant tout un sens, s'appelle une holophrase. À cette étape, l'enfant réalise de plus en plus qu'il se fait réellement comprendre par son entourage; il établit une communication efficace avec ses proches qui prêtent l'oreille à ses requêtes avec attendrissement.

2) Les premières phrases

Surviennent ensuite les premières phrases d'une simplicité grammaticale évidente, mais très accessibles aux petits de 1 ou 2 ans. Ces phrases du premier stade grammatical ressemblent au langage télégraphique, langage facile et amusant à décoder pour les adultes et les enfants plus âgés qui côtoient quotidiennement l'enfant. Par exemple, lorsque Joëlle dit : « Assis Mayanne! », elle demande à sa sœur de s'asseoir près d'elle. Lorsque Pascal dit : « Dodo papa bye! », il exprime à son père qu'il s'endort et lui demande de quitter sa chambre pour qu'il puisse dormir.

Il est intéressant de constater que les mots utilisés par l'enfant pendant cette étape renvoient constamment à des notions sensorimotrices, c'est-à-dire à des concepts qui touchent le bébé de près : les sensations agréables (veux encore, beau!) ou désagréables (bobo, faim, veux pu); les déplacements ou les mouvements (en haut, en bas, à terre, dehors, parti!); les objets de l'entourage, les animaux, les noms des gens, ainsi de suite. Tous les mots prononcés par le bébé évoquent aussi, bien sûr, des notions concrètes, tangibles. Un enfant de un an ne peut dire :« suis jaloux », ou « parti aéronef », car le concept de la jalousie ainsi que celui de l'aéronef sont des notions trop abstraites pour cet âge. L'enfant n'utilise que les mots qui se rattachent à sa réalité quotidienne et qui résultent de l'activité de ses structures cognitives. Puisqu'il est au stade sensorimoteur, son vocabulaire traduira sa conception du monde à ce moment précis de son développement intellectuel. Langage et structures cognitives demeurant intimement liés, l'adulte aura avantage à lui parler de ces sensations, à lui décrire ce qui l'intéresse et le touche de près afin de l'aider à élargir sa connaissance du langage.

Le deuxième stade grammatical apparaît lorsque l'enfant commence à allonger ses phrases, à utiliser les articles et à conjuguer les verbes. Le moment où débute cette étape varie d'un enfant à l'autre; il peut survenir entre 20 et 36 mois. L'enfant réalise alors d'énormes progrès, jour après jour. Ses structures grammaticales se complexifient. Cependant, un phénomène particulier caractérise cette phase du développement du langage : c'est la surrégulation ou l'application d'une règle grammaticale dans toutes les situations sans tenir compte des exceptions de la langue. On constate que l'enfant applique des règles qu'il a intégrées plus ou moins consciemment, mais il les applique sans discernement. L'exemple classique de surrégulation se retrouve dans la phrase suivante :« Ils sontaient (*sic*) beaux les petits chats! ». Voici quelques exemples d'erreurs typiques observés chez les enfants de 3 à 5 ans :
  — Vous faisez la vaisselle?
  — Des chevals.
  — Je m'avais trompé.

3) La maîtrise des structures syntaxiques

La maîtrise des structures syntaxiques s'acquiert au fur et à mesure que l'enfant fréquente l'école. Ainsi, à l'âge scolaire, le langage de l'enfant ressemble de plus en plus à celui de l'adulte à quelques exceptions près : il lui faudra du temps avant d'utiliser couramment la forme passive et le conditionnel. En effet, il est plus aisé, à cet âge, de dire : « Michel mange une pomme » plutôt que « La pomme est mangée par Michel ». De même, l'utilisation du conditionnel apparaît un peu plus tard. L'enfant semble réticent à employer le « si », son raisonnement ne semble pas en mesure de générer des hypothèses, de visualiser complètement une situation alternative. Le langage du jeune écolier s'élabore ainsi au rythme du développement de ses structures cognitives.

Au tableau 5.3 sont énumérées les différentes étapes du développement du langage de la naissance à l'âge scolaire.

TABLEAU 5.3
Les étapes du développement du langage

Le langage préverbal (de la naissance à 12 ou 24 mois environ)
        Pleurs indifférenciés
        Pleurs différenciés
        Gazouillement
        Babillage
        Lallation
        Écholalie
        Jargon expressif

Le langage verbal (de 1 ou 2 ans à l'âge scolaire)
        Mots-phrases : holophrases
        Premières phrases :
                Premier stade grammatical : (langage télégraphique)
                Deuxième stade grammatical : (surrégulation)
        Maîtrise des structures syntaxiques

5.3.2. Les interventions favorisant le développement du langage

Les adultes responsables de l'éducation des tout-petits jouent un rôle capital dans la qualité du processus d'acquisition de la parole. L'éducatrice peut soutenir ce processus, non seulement en écoutant et en parlant correctement au poupon, mais aussi en lui chantant des chansons, en lui racontant ce qui se passe dans sa vie. Voici quelques suggestions susceptibles d'aider l'enfant dans son développement du langage.

Le dire

L'enfant apprend à parler en écoutant les adultes parler. Il est donc très important de lui parler. Cependant, il ne faut pas l'envahir de nos propos et il faut savoir choisir les bons moments pour lui parler : les moments de routine, comme le changement de couche, l'habillement, les repas, les couchers et les levers de même que les situations de jeu offrent de merveilleuses occasions de parler à l'enfant.

Dès les tout premiers mois, l'enfant comprend certains phrases, parfois à la grande stupéfaction des adultes. Par exemple, lorsque l'éducatrice demande à un poupon de lever les pieds pour l'aider à enlever son pantalon, il comprend et s'exécute. Les jeunes enfants sont très réceptifs aux paroles prononcées dans leur entourage, il faut donc satisfaire leur soif d'apprendre en décrivant les gestes qui les concernent ou qui semblent les intéresser, en verbalisant ce qu'on ressent ou ce que le bébé semble ressentir, en nommant les objets qui les intéressent, etc.

Par exemple, lors du changement de couche, l'éducatrice peut s'adresser ainsi à l'enfant : « Salut Jason! Je vais te changer de couche, je crois que tu es mouillé, on va d'abord ôter ton pantalon. Tu peux lever tes pieds, si tu veux, pour m'aider. Je vois que tu frissonnes : tu dois avoir un peu froid parce que je t'enlève ton vêtement. Tu sens l'air sur ta peau et ça te donne la chair de poule! » Durant les premières semaines, Jason sera plus attentif à l'intonation et au rythme de la voix. Puis, tranquillement, il réalisera que chaque fois qu'on le dépose sur la table à langer, il entend le mot « couche ». C'est ainsi que les enfants font des associations entre les événements quotidiens et les mots prononcés, qu'ils sont sensibilisés au rôle de la parole et à son importance.

Les situations de jeu offrent aussi des occasions privilégiées d'apprentissage du langage. Hugo fait rouler une balle vers son éducatrice en prononçant le mot « balle ». Son éducatrice pourrait simplement dire : « Elle roule! » ou se contenter de répéter le mot « balle ». Par contre, si elle ajoute des détails comme : « Tu fais rouler la balle sur le plancher », elle permet à Hugo d'entendre une phrase correctement construite et bien prononcée et il vient aussi d'entendre des mots nouveaux tels « rouler » et « plancher ». Sa connaissance de la langue a alors été enrichie.

L'apprentissage de la langue est long et complexe. Pour cette raison, il faut être patient, guider l'enfant, l'encourager, l'aider à corriger ses erreurs et à s'améliorer sans trop insister pour ne pas le décourager. Cet apprentissage doit se faire dans le respect de l'enfant et être agréable pour lui. Anita, par exemple, voit un chat par la fenêtre. Elle dit : « Le sat! » Son éducatrice, sans trop insister et sur un ton naturel, prononce correctement le mot, tout en en ajoutant quelques-uns : « Tu vois un chat par la fenêtre, il est tout noir! » Elle permet ainsi à l'enfant d'entendre le mot correctement prononcé, ce qui l'aide à améliorer sa diction. En se faisant discrète, en évitant de faire remarquer à l'enfant qu'il ne faut pas dire « sat », mais « chat », l'éducatrice évite de faire sentir à l'enfant qu'il est incompétent. Au contraire, elle lui laisse entendre qu'elle a très bien compris son message, donc qu'il est compétent, qu'il parle bien, et lui donne ainsi toute la confiance nécessaire pour continuer à apprendre à devenir meilleur. Elle lui permet en plus d'enrichir son vocabulaire de quelques mots nouveaux qui l'aideront à exprimer sa pensée avec plus de précision avec le temps.

L'éducatrice peut aussi aider un bébé à faire comprendre son point de vue à un autre enfant. Maïté veut s'asseoir sur la chaise d'Éric et elle pousse un peu pour le déloger. Éric lui dit : « Non! T'a moi! » L'intervenante peut alors composer une phrase complète, tout en respectant l'idée d'Éric. Elle peut s'exprimer ainsi à la fillette : « Maïté, as-tu compris ce que Éric vient de dire? Il dit : "Non, c'est à moi cette chaise et je veux la garder." Regarde, il y a d'autres chaises autour de toi. »

L'éducatrice ne devrait pas non plus manquer une occasion de dire à l'enfant ce qu'elle ressent à son égard. Elle peut lui exprimer sa joie de le voir le matin, la tendresse qu'elle ressent lorsqu'elle le prend dans ses bras, etc. Elle devient ainsi un modèle d'expression de soi, de ses émotions et de ses pensées.

Il convient de souligner ici l'importance de parler aussi aux bébés atteints de surdité complète ou partielle. La surdité peut maintenant être diagnostiquée quelques heures seulement après la naissance. Par ce dépistage précoce, tous les espoirs sont permis, car les capacités de récupérations de l'enfant sont énormes. Les audiologistes conseillent donc fortement aux parents de nourrissons atteints de surdité de leur parler quand même. Un bébé à qui l'on parle est d'abord stimulé sur le plan affectif et même s'il ne perçoit pas ou perçoit très peu les ondes sonores, lui parler, c'est lui donner la chance de recouvrer éventuellement l'ouïe en stimulant l'organe sensoriel de l'audition et certaines parties de son cerveau.

L'écoute

Les individus qui ont de la difficulté à communiquer ne savent habituellement pas écouter. L'écoute est d'ailleurs difficile pour la majorité des gens même si elle est de première importance lorsqu'on parle avec quelqu'un. Dans une discussion où l'on pense en même temps que l'autre parle à ce que l'on va dire pour mieux convaincre du bien-fondé de son opinion, pour impressionner ou encore parce que l'on est mal à l'aise, les pensées sont centrées sur le dialogue intérieur et, en réalité, on écoute peu son interlocuteur. Alors, il se peut que l'on bafouille ou émette des réflexions qui n'ont rien à voir avec les propos de l'autre.

L'aptitude à écouter peut commencer à se développer dès le tout jeune âge. Pour réaliser cet apprentissage, le bébé doit d'abord pouvoir observer dans son entourage des adultes qui savent écouter, qui demeurent attentifs à l'autre pendant qu'il s'exprime. Lorsque, par exemple, un enfant réussit à prononcer le mot « lait » et qu'un adulte attentif répond à sa demande en lui offrant un verre de lait, l'enfant réalise deux choses. D'abord, il se rend compte du rôle important que peuvent jouer les mots pour l'aider à satisfaire ses besoins. Ensuite, il s'aperçoit que c'est grâce à l'écoute que l'adulte a pu l'aider. Il apprend donc non seulement à parler mais aussi à écouter.

De plus, tout le monde a déjà entendu un bébé qui gazouille ou babille seul dans le silence pour le plaisir d'entendre les sons qu'il peut produire. Ces moments d'expérimentation en solitaire sont bienfaiteurs pour le développement du langage et aussi pour celui de l'aptitude à écouter. L'enfant apprend à se concentrer sur ce qu'il entend, il découvre des sons et distingue diverses tonalités. Son oreille apprivoise la voix humaine et prend plaisir à l'écouter. Il faut donc respecter ces moments de solitude et même faire en sorte que l'enfant se retrouve souvent dans un environnement calme qui favorise ce type d'exploration.

Le dialogue avec l'enfant

Parler, ce n'est pas uniquement prononcer des mots avec justesse et composer correctement des phrases, c'est aussi et surtout dialoguer, c'est-à-dire entrer en communication avec d'autres pour échanger des idées, s'exprimer et recevoir des messages. Ces aspects de la communication verbale doivent donc être appris à l'enfant aussi bien que les mots et les phrases justes. Il faut que l'enfant comprenne que les échanges verbaux sont semblables à un jeu de balle avec ses règles bien définies : lorsque deux personnes se lancent la balle à tour de rôle, un individu lance la balle, l'autre la reçoit, puis la lui renvoie. Si une personne garde longuement la balle dans son camp, l'autre peut se désintéresser du jeu ou se sentir exclue. La conversation possède des règles identiques : on échange des répliques à tour de rôle; lorsqu'une personne parle, l'autre écoute avant de s'exprimer et d'être écoutée à son tour. Si un individu s'approprie la parole trop longtemps, n'écoute pas, l'autre peut se désintéresser, se sentir envahi ou exclu. Puisque l'enfant apprend en imitant les gens qui l'entourent, il faudra veiller à ce que les échanges verbaux dont il est témoin et auxquels il participe respectent ces règles.

Lorsqu'on observe les adultes avec des bébés de quelques mois, on remarque diverses attitudes. Certains parlent continuellement à l'enfant. Bien sûr, ils le stimulent beaucoup sur le plan du vocabulaire et de la syntaxe, mais l'enfant risque de ne pas pouvoir placer un mot, ou plutôt un son et, de cette façon, il ne peut pratiquer et surtout n'apprend pas que converser, c'est « s'échanger la balle ». Il comprend au contraire que converser, c'est « prendre la parole et ne pas laisser parler les autres ». Par contre, certaines personnes s'adressent très peu au poupon. Celui-ci se trouve alors, malheureusement, peu stimulé au plan du vocabulaire et de la grammaire, sans oublier que certains de ses besoins socio-affectifs ne seront pas comblés et qu'il risque de ne pas apprendre à converser. Ces deux attitudes sont à proscrire en pouponnière : elles n'offrent pas de modèles pertinents à l'enfant.

Une troisième et dernière catégorie d'adultes peut se rencontrer : ceux qui parlent au bébé et qui attendent une réponse de l'enfant avant de lui parler à nouveau. Un nouveau-né peut réagir à ce qu'on lui dit par un regard, un sourire, un mouvement du corps. Un enfant plus âgé peut babiller ou éclater de rire. Même s'ils ne saisissent pas tout le sens de nos paroles, les bébés comprennent souvent plus qu'on ne le pense et réagissent à nos propos si on leur en donne l'occasion. Lorsqu'on « discute » avec un bébé, il faut lui laisser le temps d'émettre ses « répliques », et il est important de lui démontrer que l'on a perçu ce qu'il a exprimé et de vérifier si l'on a bien compris. Dialoguer ainsi avec un poupon peut devenir un jeu passionnant et le bébé en récoltera d'énormes bénéfices.

Le dialogue est une façon excellente d'apprendre à parler. Une éducatrice qui dialogue bien et fréquemment avec un poupon l'aide à assimiler les règles de la conversation, lui permet d'apprendre des mots, de saisir le sens de certaines phrases, de développer un attrait pour le langage, sans compter que ces échanges profitent aux développements socio-affectif et intellectuel de l'enfant. Voici quelques règles à respecter afin d'avoir avec l'enfant des échanges constructifs et harmonieux :

- Engager le dialogue dès que le bébé est au monde (figure 5.6).
- Respecter le tour de rôle dans l'échange : donner à l'enfant la possibilité et le temps de s'exprimer par un geste, un son ou un mot.
- Ne pas s'approprier le temps de parole trop longtemps, cela fait naître chez l'autre un sentiment de désintéressement ou l'impression d'être exclu de la conversation.
- Laisser l'enfant émettre des sons dans le silence de son intimité et lui donner le temps de s'écouter.
- Offrir à l'enfant des modèles d'adultes attentifs aux autres qui savent écouter sans interrompre.
- Encourager l'enfant à parler, en développant ses essais de mots ou de gestes.
- Respecter le rythme propre à l'enfant : chaque bébé est unique et se fiche bien des moyennes d'âges pour faire ceci ou cela au moment prévu par les spécialistes.

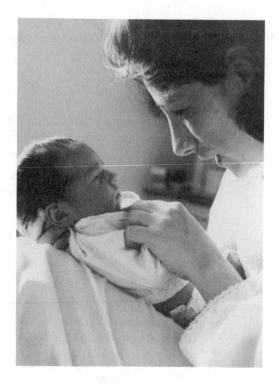

Figure 5.6
Il faut parler au bébé dès sa naissance.

Certaines pratiques langagières, associées au langage de la mère, soutiennent aussi efficacement l'apprentissage de la parole chez le jeune
enfant. Ces pratiques ont été observées par des chercheurs[14] qui ont étudié
l'impact de la relation mère-enfant dans l'acquisition du langage, cependant, les pères autant que les éducatrices peuvent les adopter. Il semble
que les adultes en relation avec des bébés aient recours à cette façon de
s'adresser à eux de manière inconsciente. Voici donc quelques particularités
de ce langage qui favorisent l'apprentissage de la parole :

- L'adulte utilise des phrases correctes au plan grammatical et elles
  sont brèves.
- L'adulte n'emploie pas de formes grammaticales compliquées, il
  semble éviter la forme passive, les temps de verbe passé et futur.

---

14. Gelman et Shatz (1977) et Snow et Ferguson (1977) dans H. L. Bee et S. K. Mitchell.
    Op. cit., p. 155.

- L'adulte répète très souvent la même phrase ou la reformule à peine. Cette répétition se fait inconsciemment, elle est spontanée.
- Le temps présent est le plus utilisé, comme si l'adulte savait que pour un bébé la notion du temps est en devenir.
- Le vocabulaire réfère à des notions concrètes qui collent à la réalité du tout-petit.
- L'adulte répète la phrase prononcée par l'enfant, mais en la reformulant dans un langage correct et un peu plus élaboré. Si l'enfant dit : « Veux lait », l'adulte peut reformuler ainsi la phrase : « Tu veux boire du lait? »
- L'adulte s'adresse à l'enfant avec un rythme langagier plus lent.

Ces comportements se modifient au fur et à mesure que l'enfant développe ses compétences verbales. En effet, les adultes allongent leurs phrases, utilisent des termes plus abstraits dès que l'enfant semble en mesure de les apprendre. Progressivement, ils lui offrent donc un environnement verbal stimulant sans jamais forcer la note, tout en respectant son rythme d'apprentissage.

Enfin, Gonzalez-Mena et Widmeyer-Eyer énumèrent plusieurs façons d'encourager le développement du langage chez l'enfant[15]. Nous en avons retenu six :

1) Discuter avec l'enfant des choses du présent. Monologuer sur ce qui se passe. Quand l'enfant répond par un mot, un geste ou un son, changer le monologue en dialogue. Il est préférable de parler avec lui plutôt que de s'adresser à lui.

2) Parler des événements qui viennent de se produire ou qui se sont passés durant la journée. Lorsque l'enfant vieillit, lui parler des événements du passé en remontant aussi loin qu'il peut se rappeler.

3) Parler également du futur. Lui décrire les événements qui vont survenir dans l'après-midi, l'aider à imaginer ce qui va se produire. Plus il vieillit, plus on peut lui parler de ce qui va se passer demain, la semaine prochaine.

4) Lorsque l'enfant peut prononcer des phrases, lui poser des questions ouvertes, c'est-à-dire des questions qui exigent une réponse autre que « Oui » ou « Non ». Au lieu de demander, par exemple : « Aimes-tu le chat? », on peut demander : « Comment trouves-tu ce chat? »

15. J. Gonzalez-Mena et D. Widmeyer-Eyer. *Infancy and Caregiving*, Mountain View, California, Mayfield Publishing Company, 1980, pp. 122-124.

5) Jouer à « Qu'est-ce que c'est? » soit en interrogeant les enfants sur les objets qui les entourent ou en leur proposant de pointer eux-mêmes les objets afin que l'adulte les nomme.

6) Résister à la tentation de presser l'enfant à dire ce qu'il essaie d'exprimer avec hésitations. Ne pas l'interrompre dans ses tentatives d'expression de ses émotions et de ses idées. Lui donner du temps pour dire ce qu'il veut dire.

Les chansons

Au chapitre 3, on a parlé du chant comme d'une source de réconfort pour l'enfant. Lorsque le bébé pleure, l'éducatrice peut commencer à chanter au rythme des pleurs, puis, diminuer peu à peu pour calmer l'enfant. Celui-ci apprécie lorsqu'elle chante une chanson que ses parents lui chantent aussi à la maison. Les pouponnières où l'on chante, sont généralement des milieux accueillants et chaleureux, à condition bien sûr que les chansons ne deviennent pas envahissantes et dérangeantes pour les bébés.

En plus de fasciner l'enfant, les chansons enrichissent son vocabulaire sans qu'aucun effort de mémorisation ne soit requis. C'est dans le plaisir que l'enfant découvre de nouveaux sons, de nouveaux mots, de nouvelles structures syntaxiques. Les jeunes enfants adorent entendre souvent les mêmes chansons. Même s'ils ne savent pas encore parler, ils prennent réellement plaisir à écouter des paroles sur un air de musique et les apprennent à force de les entendre. Un bon jour, à la surprise générale, ils se mettent à chanter les chansons au complet.

Les images et les livres

Les livres d'images sont de merveilleux trésors grâce auxquels les enfants peuvent accéder à tout un univers. L'enfant qui les feuillette observe une foule d'objets, de situations ou de réalités qui ne sont pas toujours présents dans son environnement ou qu'il ne peut observer à loisir (un camion de pompier, un moulin à vent, un avion, une forêt, la mer, etc.). Ils lui permettent d'élargir sa connaissance du monde et représentent un outil merveilleux pour apprendre du vocabulaire.

Les enfants enregistrent facilement le vocabulaire des livres, surtout lorsqu'une histoire est racontée à plusieurs reprises. Une mère rapportait, par exemple, que sa fille de 6 ans avait utilisé une expression employée dans un conte qu'on lui avait souvent lu plusieurs années auparavant. En allant visiter sa grand-mère qui habitait dans une maison entourée d'un boisé, la fillette s'était exclamée : « Maman, on est rendu dans la forêt profonde! » Cette expression « la forêt profonde » n'avait jamais été utilisée dans des conversations courantes. Elle avait surgi de la mémoire de l'enfant dans une situation qui convenait assez bien du moins aux yeux d'un enfant. Les livres peuvent être utilisés pour jouer au vocabulaire en associant un mot à une image. Les enfants pourront ainsi apprendre une foule de mots.

À partir du sixième mois, l'enfant peut rester assis de courts moments auprès d'un adulte qui lui montre comment se servir d'un livre en tournant les pages et en nommant les objets qui y sont représentés. Évidemment, à cet âge, l'enfant ne cherche pas à regarder un livre à partir du début jusqu'à la fin; s'il adore une illustration du cheval, il commencera sa « lecture » par la page où se trouve cette image, même si celle-ci est au beau milieu de l'album. Il ne faut surtout pas s'obstiner à lui montrer la suite logique d'un album d'images, mais plutôt respecter ses préférences. Le bébé peut également aimer manipuler les livres de différentes façons : debout, avec d'autres enfants, etc. Suivre les intérêts de l'enfant permet d'établir un climat de détente et de jeu, de créer une ambiance agréable qui l'incite à aimer les livres.

Il existe sur le marché des petits livres très résistants à la salive, aux dents qui percent et aux petites mains qui agrippent. Ces livres sont faits de gros cartons plastifiés ou de tissus. Il y en a même qu'on peut plonger dans le bain. De tels livres rendent la « lecture » accessible aux tout-petits, permettent à ces derniers d'apprendre à manipuler ces objets sans les briser.

Les livres qui piquent la curiosité des bébés sont les albums d'images ou de photos (en particulier, les albums de photos de famille et d'amis) et certains abécédaires très simples sur le plan graphique : les images aux couleurs vives aux traits gras et simples retiennent davantage leur attention. Enfin, certains livres d'histoire de quelques pages seulement intéressent merveilleusement les bébés plus vieux pendant plusieurs minutes. Il s'agit habituellement d'histoires calquées sur le quotidien du tout-petit dans lesquelles sont mises en relief les joies et les difficultés du bébé. Ainsi, des titres tels *Pipi dans le pot*, *La cachette*, *Nounours*, *Dans le noir* rappellent aux enfants des situations qu'ils vivent. Ceux-ci se sentent directement concernés par ces histoires et s'identifient rapidement au personnage principal. Certains de ces livres peuvent même avoir une portée pédagogique en aidant l'enfant à surmonter ses craintes, en lui permettant de se familiariser avec certaines situations de la vie courante. Certains offrent à l'enfant des modèles qu'il pourra imiter. Par exemple, le livre *Pipi dans le pot* pourra aider l'enfant qui fait l'apprentissage de la propreté.

L'éducatrice a le difficile devoir de rendre les livres accessibles afin de satisfaire le besoin d'apprendre de l'enfant tout en lui apprenant à aimer et à respecter les livres en ne les brisant pas. Il convient donc de toujours ranger les volumes dans une boîte ou une armoire afin de les sortir seulement au moment opportun, lorsque les enfants sont détendus. L'éducatrice pourra ainsi les présenter comme des trésors qu'elle vient de trouver. Si les albums traînent dans les boîtes de jouets, le bébé ne fera pas la différence entre un jouet et un livre et n'apprendra pas à s'en servir. Un certain roulement des titres assure aussi la qualité de l'attention des tout-petits. On pourra, par exemple, choisir quelques livres pour une période de deux ou trois semaines, puis ranger ces livres et en sortir de nouveaux.

Il n'est pas nécessaire d'attendre que les enfants soient regroupés autour de l'éducatrice pour leur présenter des livres. À la pouponnière, les activités de groupe sont d'ailleurs plutôt rares. On peut, par exemple, offrir un livre à un enfant et le laisser explorer cet objet seul ou encore lui faire la lecture s'il en manifeste le désir. Le livre peut servir de prétexte pour échanger en tête à tête avec un enfant, établir le dialogue si bénéfique pour l'apprentissage de la parole.

5.4. Le développement du jugement moral

Quand on juge qu'une action est acceptable ou non, quand on choisit de bien se conduire plutôt que d'être désagréable ou de poser des gestes qui choquent ou qui nuisent, on se sert de son jugement moral. On fait alors appel à son intelligence et à ses valeurs. L'adulte qui côtoie de jeunes enfants doit être conscient qu'on ne naît pas avec des valeurs, mais qu'on les acquiert au contact de son milieu et que cette acquisition se fait progressivement à mesure que se développe l'intelligence.

L'enfant ne possède aucun jugement moral jusqu'à l'âge de trois ans. Cela signifie qu'il n'use d'aucun principe pour orienter ses comportements. On lui demande de ranger ses jouets, il le fait sans savoir que c'est bien. Par contre, un ami tape sur la tête d'un autre, il le fera aussi sans se douter que c'est mal. Il se comporte selon les exigences de son milieu ou il suit ses pulsions. Il n'est pas « immoral » comme certains délinquants qui choisissent délibérément de mal agir, mais il est « amoral », c'est-à-dire qu'il ignore encore l'existence du bien et du mal.

Petit à petit, à mesure qu'il se socialise et que son développement cognitif lui permet de choisir entre deux actions possibles, l'enfant découvre les principes moraux et commence à s'y référer avant d'agir. Ce n'est qu'en quittant le stade sensorimoteur qu'il commence à se conduire en fonction de certaines croyances et valeurs. Avant cela, les comportements de l'enfant peuvent parfois être très surprenants. Ils exigent beaucoup de vigilance et de patience.

Le principe de plaisir

L'adulte doit accepter le fait que l'enfant est avant tout guidé par le principe de plaisir, c'est-à-dire qu'il agit en fonction du plaisir ou du déplaisir qu'il ressent lorsqu'il accomplit quelque chose : s'il éprouve beaucoup de plaisir à commettre une action, il sera tenté de recommencer; s'il ne ressent aucun plaisir, il est très probable qu'il ne répétera pas l'expérience. L'adulte peut facilement concevoir que ce type de motivation peut avoir de fâcheuses conséquences. Par exemple, à la pouponnière, une éducatrice remarque qu'un groupe de trois ou quatre amis grimpent au moins une fois par jour sur les petites tables rondes pour jouer au « petit train qui roule près du précipice », le précipice correspondant à la hauteur des tables, soit à près de 70 centimètres. L'éducatrice a beau leur expliquer qu'ils peuvent tomber, rien n'y fait : ils adorent ce jeu et ne veulent pas s'empêcher d'y jouer pour cette raison. Cette dernière se trouve confrontée à un double problème : un aménagement inapproprié (ce qui peut se modifier) et une caractéristique comportementale des enfants de moins de trois ans : suivre le principe de plaisir (ce qui n'est pas modifiable!). Il semble que la solution au problème soit de modifier l'aménagement ou de trouver une façon de rendre ce jeu intéressant autrement, car il est impossible de raisonner les enfants à cet âge.

L'intention de l'enfant et les conséquences de son action

Une action peut être analysée selon l'intention de celui qui la pose ou selon ses conséquences. Les adultes font la différence entre une maladresse et un comportement négatif intentionnel : ils peuvent juger un comportement d'après l'intention de celui qui l'adopte. Les enfants en sont incapables jusqu'à l'âge de 6 ou 7 ans. Leurs réactions devant une maladresse sont souvent très étonnantes. Plus elle est visible ou audible, plus les enfants sont impressionnés et craignent de soulever la colère. Ce sont donc les conséquences de la maladresse qui déterminent leurs réactions. Ils réagissent aux indices sensoriels (bruits, taches, blessures) et y sont très sensibles, car ils sont dans la période sensorimotrice de leur développement intellectuel. Par exemple, Andréanne, renverse son jus de raisin sur son pantalon pâle. Plus la tache devient grande, plus elle est déçue et plus elle pleure. Simon joue avec un gros ballon. Celui-ci rebondit sur une source de chaleur et éclate. Plus le ballon sera gros et le bruit percutant, plus la réaction de l'enfant sera forte.

Une éducatrice doit toujours surveiller ses réactions face aux maladresses des enfants. Elle ne doit pas se laisser impressionner par les conséquences spectaculaires d'un geste posé sans mauvaises intentions. Un bébé qui ouvre un contenant de poudre et le répand partout n'est pas plus à blâmer que celui qui renverse un peu de jus à la collation. Un accident est un accident. Dans ces circonstances, la phrase magique : « C'est un accident! » dédramatise l'événement fâcheux qui se produit accidentellement et dégage le « gaffeur » d'une lourde responsabilité. Il revient à l'éducatrice de faire en sorte que les enfants ne puissent poser des gestes aux conséquences trop graves. Elle aura à prévoir un aménagement approprié afin que les occasions d'« accident » soient minimisées. Par contre, si le geste aux conséquences fâcheuses est intentionnel, il faudra essayer de savoir pourquoi l'enfant a agi de la sorte avant de lui exprimer son mécontentement.

La désobéissance

L'enfant n'a aucune notion du bien et du mal avant trois ans. Il ne vit donc pas de sentiment de culpabilité quand il pose un geste que l'adulte juge inacceptable. De plus, il ne comprend pas ce que signifie « désobéir ». Quand Marie-Hélène essaie de traverser la rue malgré les interdictions formelles d'un adulte, elle n'a pas l'intention d'agir à l'encontre des règles, de mal agir. Son comportement semble plutôt être suscité par sa curiosité ou par l'envie agréable de courir dans toutes les directions.

Cependant, même si le bébé ne réalise pas qu'il a posé un geste défendu, il comprend très rapidement qu'il déplaît à l'adulte, car la réaction de l'adulte l'impressionne. Une réaction forte comme la colère peut donc faire cesser le comportement. Par contre, elle peut rendre l'enfant nerveux ou l'encourager à continuer. En effet, le bébé qui recherche l'attention d'un parent ou d'une éducatrice est prêt à faire beaucoup, et pour certains enfants être grondés représente une belle marque d'attention! Il est important donc de garder son calme avec les enfants même quand on exprime des interdits.

Les interventions souhaitables

Le jeune enfant ne saisit pas toujours les raisons pour lesquelles il est préférable de se comporter de telle ou telle manière. L'éducatrice doit cependant faire en sorte qu'il apprenne qu'il y a des gestes admissibles et d'autres qui ne le sont pas. Éduquer, c'est transmettre ce que nous valorisons, ce qui nous semble important pour nous-mêmes et pour les autres. Pour ce faire, elle doit d'abord se comporter en conformité avec les valeurs qu'elle souhaite inculquer aux enfants puisque ceux-ci apprennent d'abord en imitant les gens qu'ils côtoient. Elle aidera aussi l'enfant à accepter les règles de son milieu en les répétant à chaque fois qu'elles s'appliquent et en donnant quelques explications simples prononcées calmement. Elle se doit d'être patiente et surtout d'être cohérente.

Chaque éducatrice devrait être soucieuse de transmettre aux enfants des valeurs de respect de soi, des autres et de l'environnement et faire en sorte que la violence, le sexisme et le racisme n'aient pas leur place à la pouponnière. Cependant, certaines valeurs éducatives peuvent différer à la pouponnière et à la maison ou d'une pouponnière à l'autre. Chaque garderie possède en effet ses propres valeurs éducatives qui influenceront le développement des enfants qui la fréquentent. On peut choisir de valoriser l'activité motrice, la créativité, la collaboration ou une bonne alimentation. De plus, certains choix éducatifs ne font pas toujours l'unanimité. La nudité, par exemple, suscite diverses réactions. Certains parents peuvent être choqués de voir leur bébé s'amuser nu dans la pataugeoire avec d'autres enfants un peu plus vieux alors que d'autres seront bien déçus si l'éducatrice leur demande d'apporter un maillot de bain pour leur bébé. L'habillement peut aussi être sujet à controverses : certains adultes, parents ou éducatrices, préfèrent que les bébés soient toujours en pyjamas pour leur confort, tandis que d'autres considèrent que l'habillement est le reflet d'une fierté personnelle et qu'il faut bien vêtir le poupon pour son mieux-être. De même, les habitudes alimentaires, l'hygiène, le toucher, la découverte des organes sexuels sont souvent au cœur de discussions et de mésententes. La communication reste encore le meilleur outil pour s'entendre sur les valeurs éducatives et les interventions qui les sous-tendent[16]. Ces désaccords ne peuvent que confirmer cependant à quel point les valeurs s'acquièrent au contact du milieu, qu'on ne naît pas avec ses valeurs, mais que ce sont nos parents et les gens que l'on côtoie qui nous les enseignent.

5.5. Le développement de la créativité

La créativité se définit généralement comme « la capacité d'inventer de nouvelles façons de faire, de comprendre ou d'exprimer quelque chose. Le caractère innovateur de la réalisation est central dans la reconnaissance de la créativité[17] ». Les psychométriciens, ou spécialistes des tests psychométriques, ont élaboré des épreuves mesurant uniquement la créativité. Lors de ces tests, on demande au sujet d'imaginer, par exemple, toutes les

---

16. Isabelle FALARDEAU et Richard CLOUTIER. *Programme d'intégration éducative famille-garderie*, Collection Diffusion, vol. 2, Office des services de garde à l'enfance, gouvernement du Québec, 1986.
17. R. CLOUTIER et A. RENAUD. *Op. cit.*, p. 290.

utilités possibles d'un objet aussi simple qu'une brique, un cure-dent, une boîte de conserve[18]. L'intelligence et la créativité sont deux aspects liés chez l'être humain. Il faut un seuil minimal d'intelligence pour être créatif. Par contre, un individu peut être très intelligent et ne jamais avoir développé sa créativité. Les bébés font preuve d'une grande créativité, mais elle a besoin d'être soutenue pour croître. Ainsi, l'éducatrice a un rôle important à jouer dans ce domaine du développement de l'enfant.

Le langage représente une des premières manifestations de la créativité. Lorsque Pascal dit : « Dodo papa bye! », il crée une nouvelle phrase qu'il n'a jamais entendue avant et qui lui permet de résoudre son problème, soit celui d'exprimer à son père l'envie d'être seul pour s'endormir. Même avant l'étape des holophrases, le poupon fait preuve de créativité lorsqu'il se met à jouer avec ses cordes vocales et à émettre des sons nouveaux comme les gazouillements et le babillage.

Les jeux psychomoteurs sont aussi imprégnés de créativité. L'enfant qui explore son corps ou son environnement montre souvent de façon manifeste qu'il n'est pas à court d'idées novatrices.

> Sébastien est étendu sur le dos. Il gigote beaucoup, ses jambes s'agitent dans les airs. Il voit tout à coup ses petits pieds se promener devant son visage et, soudainement, il veut goûter à ses orteils. Voilà un problème qui se pose. Il cherche des solutions. Il tente de contracter ses muscles abdominaux pour rapprocher ses pieds de sa bouche. Ce n'est pas très concluant. Il gigote encore plus dans l'espoir que ces mouvements plus rapides amèneront un orteil dans sa bouche. Rien n'y fait. Il essaie alors d'agripper un pied avec ses mains. Il réussit. Cette stratégie semble efficace. Il rapproche tranquillement ses orteils en tirant sur son pied. Il ouvre la bouche et hop! il goûte à la victoire... Personne n'a dit à Sébastien comment faire, il n'a pas vu un autre bébé faire la même chose. C'est donc seul qu'il a pensé et « créé » le mouvement qui convenait à ses besoins.

> Annie rampe dans la pouponnière. Elle aperçoit un petit bâton de bois dans le genre « baguette de tambour ». Elle le saisit et le frappe sur le bord de la table. Elle perçoit alors un son très intéressant qui la fait sourire. Elle se déplace ensuite en emportant son bâton et le cogne contre le seau de plastique renversé. Elle sourit à nouveau car elle vient « d'inventer » un nouveau bruit. Puis, elle frappe sa baguette contre la structure métallique d'une chaise. C'est le début d'une symphonie... La petite ne craint pas d'innover.

Le bébé curieux aura souvent l'occasion de manifester son potentiel créatif, et sa créativité lui sera très précieuse pour explorer son environ-

---

18. Clifford T. MORGAN. *Introduction à la psychologie*, Montréal, McGraw-Hill, 1976.

nement. La créativité est une faculté qui se développe comme la mémoire ou la concentration. Elle peut être stimulée de diverses façons. D'abord, il est souhaitable d'encourager les petits succès quotidiens des jeunes enfants : réussir à se tourner du dos au ventre ou à s'asseoir seul, sans appui, mérite d'être souligné. Le bébé qui est encouragé et non félicité exagérément dans ses efforts développe un sentiment de confiance en lui essentiel pour développer son potentiel créatif. En effet, un enfant qui n'a pas confiance en lui n'ose pas s'exprimer de façon créative; il a peur d'être jugé par les autres et se censure lui-même. Il faut aussi que l'enfant sente qu'on lui fait confiance pour développer sa confiance en lui. Faire confiance au bébé signifie, par exemple, le laisser manger seul lorsqu'il en manifeste le désir, le laisser s'affirmer face à des amis, le laisser explorer dans la maison ou dans la garderie.

Les enfants créatifs sont des enfants qui ont de plus beaucoup de contacts avec des enfants de leur âge. Les psychologues ont en effet observé que les enfants ayant un frère ou une sœur d'un âge rapproché manifestaient souvent un esprit créatif. À la pouponnière, les échanges entre les enfants de même groupe d'âge ne peuvent donc que favoriser le développement du potentiel créatif.

De plus, l'éducatrice soucieuse de valoriser la créativité chez le bébé veillera à devenir elle-même un modèle. Elle pourra, par exemple, montrer aux enfants comment elle aime jouer d'un instrument de musique de son choix ou encore présenter aux enfants des dessins, des sculptures ou d'autres objets qu'elle a réalisé tout en manifestant son sentiment de fierté personnelle à l'égard de quelque chose qu'elle apprécie. Improviser des histoires est aussi une preuve de créativité. Les bébés deviennent alors témoins d'une démonstration de créativité et réalisent, plus ou moins consciemment, que c'est possible de faire soi-même des choses nouvelles et intéressantes.

Enfin, la spontanéité dans l'expression de ses émotions et de ses pensées revêt une dimension essentielle à l'épanouissement d'un esprit créatif. Le bébé a besoin de percevoir que les adultes lui ouvrent non seulement leurs bras, mais aussi leur cœur et leur pensée. Alors, il se sentira en confiance pour s'exprimer à son tour avec spontanéité.

5.6. Le jeu et les apprentissages

« L'adulte qui joue s'écarte de la réalité : l'enfant qui joue s'avance vers de nouvelles étapes de maîtrise. Je propose la théorie que le jeu de l'enfant est la forme infantile de la capacité humaine d'expérimenter en créant des

situations modèles et de maîtriser la réalité en expérimentant et en
prévoyant[19]. » Cette citation d'Erikson explique bien à quel point le jeu est
essentiel au développement intellectuel de l'enfant. Il nous dit que, par le
jeu, l'enfant apprend à vivre, qu'il expérimente des situations fictives et
se prépare à ce que l'avenir lui réserve. L'idée que jouer est une perte de
temps est un point de vue d'adulte ignorant les bienfaits du jeu sur le
développement intellectuel de l'enfant (figure 5.7). Si l'adulte qui joue
s'écarte de la réalité, l'enfant qui joue, lui, se familiarise avec elle surtout
quand il est le maître de son jeu.

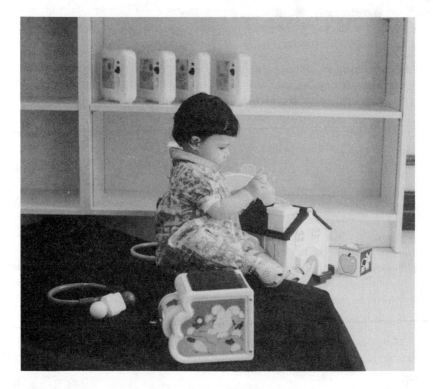

FIGURE 5.7
L'enfant se familiarise avec la réalité au moyen du jeu.

C'est d'ailleurs, en observant ses propres enfants en situation de jeu
que Piaget a élaboré sa théorie du développement cognitif. Le jeu libre met
en vedette l'enfant dans toute sa spontanéité et son naturel; celui-ci mani-

---

19. Erik H. ERIKSON. *Enfance et Société*, Paris, Delachaux et Niestlé, 1976, p. 149.

feste alors, par chacun de ses comportements, des indices sur son développement personnel. En effet, les activités ludiques se modifient en fonction des compétences motrices, cognitives et socio-affectives de l'enfant puisque pendant le jeu son corps, sa tête et son cœur sont sollicités (figure 5.8).

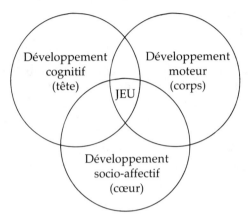

FIGURE 5.8
Durant le jeu, le corps, la tête et le cœur de l'enfant sont sollicités.

Le jeu libre remplit plusieurs fonctions essentielles dans la vie du tout-petit. Il représente d'abord une source intarissable d'apprentissage. Premièrement, le jeu permet à l'enfant de se développer physiquement en mettant à l'épreuve son potentiel psychomoteur : agiter un hochet, tourner une manivelle, mettre des cubes dans un cylindre, tirer un objet qui roule, en pousser un autre, ainsi de suite, représentent de merveilleuses occasions de développer la psychomotricité. Le poupon commence à jouer avec son corps. Ses premiers jeux favoris font appel à ses cinq sens et à ses muscles. Il s'amuse à regarder et à écouter tout ce qui l'entoure. Dès qu'il commence à émettre des gazouillements, ses proches réalisent qu'il joue à créer des sons. Puis, il cherche à saisir ce qui l'intéresse : d'abord, ses pieds, ensuite un objet. Saisir un hochet : quelle partie de plaisir! Mais surtout quelle source d'apprentissage de coordination œil-main!

Les activités ludiques stimulent de plus le développement des structures cognitives. Lorsque l'enfant joue à la cachette, il doit apprendre à se mettre à la place de celui qui cherche, et à s'imaginer lui-même à l'abri des regards. L'enfant apprend à se « décentrer » et fait donc preuve d'un apprentissage cognitif. De la même façon, tous les jeux au cours desquels les enfant « font semblant » sont liés au développement d'une pensée symbolique. Les jeux d'imitation exigent une bonne dose d'observation et d'adaptation de ses propres gestes.

Dès que l'enfant est à l'âge de la parole, on peut s'amuser avec lui à donner un nom à chaque objet que l'on voit dans les livres d'images ou ailleurs. On l'a vu, le développement du langage est très lié à celui de l'intelligence. D'autres jeux lui apprennent à résoudre des problèmes : entrer des formes variées dans un cylindre, pousser sur un bouton pour faire sonner une clochette. Il est évident que de tels jeux encouragent le développement de l'intelligence.

Pour les plus petits, la manipulation des objets avec la bouche ou les mains est une source de stimulations cognitives : toucher à de nouveaux tissus, découvrir avec la bouche la rondeur de la tête du canard et le bout plus pointu de sa queue permettent à l'enfant d'élargir sa connaissance du monde (figure 5.9). Découvrir que son pied droit et son pied gauche sont semblables, c'est le début de la prise de conscience de la latéralité. Entendre le bruit du bâton contre le matelas, contre le mur, contre l'étagère : c'est réaliser qu'il y a des objets mous, creux durs… Des jeux corporels aux jeux plus spécifiquement cognitifs, le tout-petit poursuit son apprentissage du monde.

FIGURE 5.9
L'enfant découvre une source de stimulations cognitives en portant les objets à sa bouche.

Enfin, le jeu favorise les contacts sociaux. Il n'y a qu'à passer une journée dans une pouponnière pour réaliser à quel point les bébés jouent très fréquemment ensemble. Ils aiment sauter ensemble, toucher les mêmes objets, s'échanger des jouets et même jouer des tours! Ils recherchent la compagnie des amis, ce qui les pousse à devoir s'affirmer, à se faire comprendre auprès des autres, à exprimer leur joie, leur colère, etc. Bref, à développer leurs habiletés sociales. Voici, par exemple, comment Léo joue avec son éducatrice.

L'éducatrice de Léo lui met son chapeau pour le protéger du soleil. Il l'enlève rapidement. Elle lui dit donc tendrement : « Léo, il faut mettre ton chapeau pour ne pas attraper un coup de soleil! » et le lui remet sur la tête. Le garçonnet le saisit à nouveau vivement, l'enlève et éclate de rire. L'éducatrice qui comprend ses intentions fait semblant de le gronder et le lui remet. Les deux peuvent s'amuser ainsi pendant quelques minutes à enlever et à remettre le chapeau. Léo n'a même pas un an et sait déjà ce qui fait rire son éducatrice (figure 5.10).

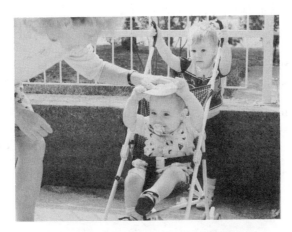

FIGURE 5.10
L'enfant aime faire des pitreries.

De tels jeux font découvrir à l'enfant ce que sont les autres, ce qu'ils pensent, ressentent et comment ils réagissent.

À la pouponnière, les apprentissages les plus importants se font par le jeu. Le sourire et le bien-être d'un poupon deviennent les témoignages les plus précieux que les apprentissages essentiels se réalisent. Outre sa fonction développementale, le jeu a une fonction thérapeutique. L'enfant qui a un trop plein d'énergie et qui se met à batifoler dans une pataugeoire en imitant le petit canard, évacue une certaine tension physique. Ce débordement d'énergie est ainsi sainement dépensé dans l'activité ludique. De même, le jeune enfant qui vient de se faire réprimander et qui, quelques minutes plus tard, tape et chicane sa poupée en lui criant :« Non! Non! », évacue une tension émotionnelle gênante. Le jeu devient un exutoire permettant de rétablir son équilibre affectif.

Le jeu devient enfin un moment exceptionnel d'apprentissage pour l'éducatrice qui veut observer l'enfant pour mieux le connaître. Elle pourra observer ses réactions devant un problème, découvrir son potentiel créatif lorsqu'il utilise les objets de jeu à sa façon, percevoir la patience de l'enfant, son besoin d'être encouragé ou son désir de faire « tout tout seul », se rendre compte de ses intérêts, de ses préférences. Ces observations lui permettront d'offrir à l'enfant les objets qui le soutiennent dans son développement (pour en savoir plus sur le jeu et sur les objets de jeu adaptés, voir le chapitre 6).

• Résumé •

Les besoins intellectuels du poupon sont grands. Nous avons vu que le processus de maturation des organes sensoriels ainsi que le processus de myélinisation des cellules nerveuses se continuent après la naissance et influencent les apprentissages intellectuels de l'enfant, que sa perception du monde ne peut ressembler à celle de l'adulte, mais qu'elle évolue très rapidement.

Pour répondre adéquatement aux besoins intellectuels du bébé, l'éducatrice doit connaître les étapes de la période sensorimotrice du développement cognitif. Elle doit également être en mesure d'observer l'évolution des compétences langagières de l'enfant afin d'intervenir judicieusement pour stimuler son apprentissage. Puisque le langage est le véhicule de la pensée, on ne saurait trop insister sur l'importance de soutenir le développement du langage à la pouponnière. L'éducatrice doit, de plus, adopter des comportements visant à aider le tout-petit à mettre en place les éléments constitutifs de son jugement moral et savoir que la créativité ne peut que contribuer à enrichir son développement intellectuel. Elle doit adopter l'idée que les activités ludiques représentent pour l'enfant la meilleure école pour l'apprentissage de la vie et ne jamais oublier que l'enfant est à la fois maître et élève dans le monde de ses découvertes, et qu'elle est là pour lui offrir un environnement à la grandeur de ses besoins intellectuels et non pour lui dicter une marche à suivre.

Bibliographie

BEE, Helen L. et Sandra K. MITCHELL. *Le développement humain*, Montréal, Éditions du Renouveau Pédagogique inc., 1986.

CLOUTIER, Richard et André RENAUD. *Psychologie de l'enfant*, Boucherville, Gaëtan Morin Éditeur, 1990.

DESPINS, Jean-Paul. *Le cerveau et la musique,* Mayenne, Christian Bourgeois Éditeur, 1986.

ERIKSON, Erik H. *Enfance et Société*, Paris, Delachaux et Niestlé, 1976.

FALARDEAU, Isabelle et Richard CLOUTIER. *Programme d'intégration éducative famille-garderie*, Collection Diffusion, vol. 2, Office des services de garde à l'enfance, gouvernement du Québec, 1986.

FLAVELL, John H. *Cognitive Development*, 2e éd., Englewood Cliffs, New Jersey, Prentice Hall, 1985.

GONZALEZ-MENA, J. et D. WIDMEYER-EYER. *Infancy and Caregiving*, Mountain View, California, Mayfield Publishing Company, 1980.

LAMB, Michael E. et Marc H. BORNSTEIN. *Development in Infancy : An Introduction*, 2e éd., New York, Random House Inc., 1987.

MAURER, Daphne et Charles MAURER. *The World of the Newborn*, New York, Basic Books Inc., 1988.

MORGAN, Clifford, T. *Introduction à la psychologie*, Montréal, McGraw-Hill, 1976.

PIAGET, Jean. *La construction du réel chez l'enfant*, Paris, Delachaux et Niestlé, 1950.

PIAGET, Jean. *La naissance de l'intelligence chez l'enfant*, Paris, Delachaux et Niestlé, 1959.

PIAGET, Jean. *Le langage et la pensée chez l'enfant*, Paris, Delachaux et Niestlé, 1966.

RESTAK, Richard. *Le cerveau de l'enfant*, Paris, Éd. Robert Lafont, 1988.

CHAPITRE 6

L'aménagement de l'espace
et le choix des objets de jeu

Céline Poulin

L'organisation de l'espace de la pouponnière et le choix du matériel posent un défi de taille à l'éducatrice en raison de l'espace souvent restreint et de la variabilité des besoins des tout-petits selon leur stade de développement. Dans ce chapitre, nous proposons des aménagements adaptés aux besoins des bébés réalisables dans un local conforme aux exigences minimales de l'OSGE : nous décrirons également des objets de jeu appropriés. L'importance accordée aux moments privilégiés avec l'éducatrice influence nos choix ainsi que le respect des dix principes d'intervention que nous avons décrits au chapitre 2.

Nous traiterons d'abord de la stimulation auprès des bébés, de ce qu'est une stimulation satisfaisante, puis nous verrons comment l'organisation des lieux est un préalable à l'harmonie de la vie en pouponnière. Nous présenterons des possibilités d'utilisation de l'espace intérieur et extérieur, et nous indiquerons ensuite des pistes pouvant faciliter le choix du matériel et des objets de jeu adaptés aux divers stades évolutifs des bébés.

6.1. La stimulation

La stimulation peut être synonyme d'encouragement ou d'accélération et peut donc être conçue de deux façons bien différentes. Ce que l'on entend par stimulation a évidemment des conséquences importantes sur les méthodes éducatives utilisées. En pouponnière, le point de vue adopté influera sur la façon d'intervenir auprès des bébés, sur les activités et les objets de jeu proposés ainsi que sur l'aménagement des lieux. À notre avis, une stimulation saine consiste à encourager le bébé à franchir les étapes de son développement à son rythme, et non à accélérer son développement en exigeant qu'il se surpasse constamment.

Certes, il n'est pas toujours facile de trouver le degré de stimulation approprié à l'enfant; en effet, la frontière est mince entre une bonne stimulation et une stimulation trop forte, et chaque enfant a des besoins différents qui varient de jour en jour et même d'heure en heure. L'important est sans doute d'éviter les extrêmes et de s'assurer que l'enfant trouve autour de lui l'espace, les objets et les contacts humains nécessaires à son développement harmonieux. Un enfant suffisamment stimulé est un enfant épanoui et autonome.

6.1.1. Les concepts de surstimulation et de sous-stimulation

*Nous éduquons les enfants de façon à les rendre
affamés de nouveautés.*

Magda GERBER

La plupart des gens conviennent qu'il est bon de stimuler un enfant. Cependant, plusieurs pensent que plus on stimule un bébé tôt, plus son développement s'accélérera. Cette vogue pour la stimulation précoce vient du fait que les enfants intelligents sont généralement précoces : on se dit que si les enfants intelligents sont précoces, accélérer le développement de tous les enfants stimulera leur intelligence. Ce n'est malheureusement pas ce qui se produit dans la plupart des cas.

Une autre raison qui pousse les adultes à surstimuler les bébés est que l'on pense souvent qu'en encourageant le développement précoce, on rend les bébés compétitifs, la compétition étant perçue comme un gage de réussite sociale. Cependant, l'élément le plus déterminant pour l'avenir des enfants est beaucoup plus leur autonomie que leur compétitivité[1]. Qui plus est, les bébés surstimulés sont souvent apathiques ou énervés et agressifs, sans compter qu'ils risquent de devenir dépressifs. En outre, plus on stimule directement un enfant en lui faisant suivre, par exemple, une classe de gymnastique élaborée pour bébés, plus on le rend dépendant des adultes pour ses activités. De plus, un bébé surstimulé trouvera ses seules valorisations dans la performance.

À l'autre extrême, il y a la sous-stimulation ou les stimulations non significatives. Un bébé laissé à lui-même dans un espace de vie qui n'est pas approprié, sans la chaleur que procurent des soins physiques attentionnés et qui ne peut établir des relations affectives stables, régresse et peut même arrêter son développement. Les enfants de certains orphelinats ont des comportements de ce type. Certains souffrent d'hospitalisme, c'est-à-dire d'une forme de non-évolution affective. De plus, divers troubles psychosomatiques peuvent affecter ces enfants. Ceux-ci ressentiront des malaises ou tomberont malades chaque fois qu'ils seront mis en situation de stress. Quand les enfants sont affectés par une sous-stimulation moins prononcée, ils peuvent manger moins que les autres, dormir beaucoup. Sans envahir les bébés de stimulations, il demeure donc essentiel qu'ils

---

1. C. TOURETTE-TURGIS, M.-J. GEORGIN, B. OUARRAK et A.-M. MULLER,. « Psychopédagogie de l'enfant », *Cahiers de puériculture*, vol. 8, Paris, Éditions Masson, 1986, p. 41.

reçoivent certaines stimulations. Il est important qu'ils se retrouvent dans un milieu propice à leur développement puisque si certaines acquisitions ne sont pas faites lors des périodes sensibles[2] du développement nerveux, elles risquent d'être retardées ou mal maîtrisées.

6.1.2. La stimulation satisfaisante

> *Un enfant a infiniment plus à gagner à faire pendant trois jours une expérience qu'il fait lui-même, plutôt que de passer un quart d'heure à voir un adulte lui montrer.*
>
> Jean PIAGET

La stimulation satisfaisante se situe entre la surstimulation et la sous-stimulation. On peut la définir comme un encouragement, une invitation faite au bébé aux moments opportuns. Comme chaque bébé réagit au monde à sa façon et que son monde doit s'élargir graduellement, une stimulation satisfaisante sera caractérisée par la souplesse et la créativité. Il s'agira d'abord d'observer consciencieusement les bébés pour voir s'ils sont surstimulés, pour déterminer l'étape de développement qu'ils traversent, puis de leur offrir un environnement qui les stimule. L'aménagement de l'espace et les objets de jeu qui permettent d'explorer, de résoudre des problèmes et de relever juste assez de défis pour trouver l'énergie de grandir, sont essentiels à une stimulation satisfaisante. Le rôle principal de l'éducatrice consiste donc à structurer l'espace pour que l'enfant puisse y trouver les stimulations appropriées et inventer ses propres jeux, et non à structurer les jeux des enfants.

On attachera donc une importance particulière aux interventions indirectes pour soutenir le bébé dans son développement, c'est-à-dire « tout ce qui, dans l'environnement de l'enfant, déclenche son intérêt et sert de support à ses expériences. Il s'agit de proposer aux enfants un espace, un mobilier, un matériel adaptés à leurs besoins du moment, à leurs centres d'intérêts, à leurs compétences, permettant des expériences structurantes, en toute liberté, sans laisser de place aux dangers objectifs et en s'efforçant d'éviter les échecs répétitifs qui sont démobilisateurs[3] ».

---

2. *Ibid.*, p. 39.
3. *Ibid.*, p. 40.

Quand ils sont ainsi maîtres de leurs jeux, les enfants sentent qu'explorer est bien et qu'ils peuvent prendre des risques et des initiatives (figure 6.1). Bien sûr, l'éducatrice reste vigilante pour prévenir les coups et blessures, mais ceux-ci devraient être rares si l'aménagement correspond aux besoins des enfants.

FIGURE 6.1
L'enfant doit disposer de suffisamment d'espace pour pouvoir manipuler les objets à l'aise.

Certaines interventions directes s'avèrent aussi enrichissantes, comme celles qui consistent à nommer les émotions du bébé, les objets, les bruits, les mouvements qu'il découvre ou lui parler pour l'aider à résoudre ses problèmes. Par contre, les consignes, les encouragements et les blâmes doivent être maintenus au minimum quand le bébé joue. Les échanges verbaux avec les enfants doivent surtout avoir lieu pendant les routines. Ils deviennent alors chaleureux, intimes et source d'innombrables stimulations pour le bébé puisqu'il peut alors s'initier à dialoguer, comprendre les émotions qui l'assaillent, expliquer ses sensations, apprendre à s'exprimer, à approfondir sa relation avec quelqu'un, élargir son vocabulaire, etc.

Voici des exemples d'interventions indirecte, semi-directe et directe qui stimulent l'enfant de façon appropriée.

Martin, 13 mois, lance tous les jouets de la salle et y trouve un plaisir immense. Il risque cependant de blesser les autres enfants et interrompt les jeux de tous.

Intervention indirecte
L'éducatrice réunit dans un coin plusieurs objets pouvant être lancés. Elle ajoute des barrières physiques (deux étagères) et place des récipients de différentes grandeurs et un filet à ballon panier à la hauteur de Martin. Cet aménagement permettra à l'enfant de continuer son jeu en toute sécurité et sans nuire aux activités des autres enfants.

Intervention semi-directe
L'éducatrice joue avec les jouets afin de montrer la bonne façon d'utiliser les objets. Elle suscite ainsi l'intérêt de Martin par de nouvelles expériences et celui-ci sera porté à imiter l'éducatrice.

Intervention directe
L'éducatrice commente ce que Martin fait et lui propose d'aller dans le coin où se trouve les récipients et le filet à ballon quand il veut lancer des objets partout. Elle se déplace et arrête les gestes de Martin s'ils mettent en danger la sécurité des autres enfants.

Une intervention indirecte se fait uniquement par le réaménagement de l'espace ou du matériel : souvent, cette seule intervention suffira à éliminer un problème et à assurer au bébé la possibilité d'explorer. Une intervention semi-directe présente au bébé un modèle qu'il peut imiter. Tandis qu'une intervention directe est caractérisée par des explications et des gestes : l'éducatrice arrête le jeu afin de prévenir les actions dangereuses.

6.2. Un environnement propice au développement de l'enfant

Notre rôle : aménager au jour le jour, un espace qui corresponde aux diverses réalités des enfants et des adultes appelés à y vivre.
Jean EPSTEIN

En pouponnière, les lieux devraient être au service des bébés et des éducatrices. Malheureusement, la réalité oblige souvent les intervenantes et les enfants à s'accommoder d'espaces qui conviennent plus ou moins. Quand l'aménagement ne convient pas, l'enfant doit faire face à plusieurs interdits et souvent il ne peut être stimulé de façon satisfaisante.

Dans cette partie du chapitre, nous nous attarderons donc à décrire les exigences auxquelles doit répondre l'aménagement de l'espace. Nous nous arrêterons plus particulièrement aux besoins moteurs des enfants et aux différentes façons de modeler les lieux en fonction de ces besoins. Nous verrons enfin comment utiliser judicieusement l'espace extérieur.

6.2.1. Les caractéristiques d'un espace approprié

On peut facilement concevoir que l'enfant ait une perception bien différente de l'espace et qu'il puisse se sentir bien petit dans l'espace des « grands ». Ensuite, le bébé ne voit souvent qu'une partie de la pièce où il se trouve étant donné sa taille, sa mobilité réduite et la faible acuité de sa vue. De plus, l'enfant a besoin d'explorer l'espace qui l'entoure : il est très curieux. Enfin, comme sa notion du temps est peu développé, certains repères spatiaux l'aideront à reconnaître les différents moments de la journée lui apportant ainsi sécurité et bien-être.

Même s'il entretient des rapports différents avec les lieux qu'il habite, l'enfant est très sensible à l'atmosphère des lieux, il a besoin de s'y sentir à l'aise pour s'épanouir. Le rôle de l'adulte consiste donc à se mettre dans la peau de l'enfant pour lui offrir des lieux à sa mesure, qui satisfassent ses besoins de sécurité, lui permettent de bouger à l'aise, d'explorer selon ses désirs pour se développer harmonieusement. Plus l'espace sera adapté aux enfants, plus l'ambiance de la pouponnière sera sereine.

L'organisation de l'espace de la pouponnière peut être pensée en fonction des six critères suivants[4] :

1) retrouver des lieux et des objets mous et d'autres plus durs (dur et mou à la fois);
2) permettre au bébé de se retrouver seul ou entouré selon ce qu'il désire (intimité, contacts extérieurs);
3) prévoir assez d'espace pour que le bébé bouge selon ses capacités (petite mobilité, grande mobilité);
4) fournir au bébé des espaces ouverts;
5) offrir au bébé une stimulation satisfaisante;
6) aménager des défis adaptés aux capacités motrices du bébé.

---

4. Myriam DAVID et Geneviève APPEL. *Loczy ou le maternage insolite*, Paris, Éditions Scarabée, 1973, p. 59. Janet GONZALEZ-MENA et Dianne WIDMEYER-EYER. *Infants, Toddlers and Caregivers*, Californie, Mayfield Publishing Company, 1989, pp. 172-173.

1. Retrouver des lieux et des objets mous et d'autres plus durs

Il n'y a pas très longtemps que les garderies existent au Québec et leur aménagement est largement inspiré de celui des crèches européennes qui existent depuis beaucoup plus longtemps. À leurs débuts, ces crèches ont eu à lutter contre de terribles maladies et pour cette raison, leur aménagement répond à des normes d'hygiène très strictes : tapis, coussins, toutous, tout ce qui ramasse facilement la poussière et, avec elle, les microbes est interdit.

L'Office des services de garde du Québec a donc adopté des normes inspirées de ces expériences[5] même si, en fait, la situation dans les garderies est aujourd'hui bien différente. Sans renoncer à des mesures d'hygiène physique, nous croyons qu'il faut aussi prendre en considération l'« hygiène psychologique » de l'enfant.

Comme celui-ci a psychologiquement besoin de se blottir, de se retrouver entouré (figure 6.2), des objets et des endroits mous et doux comme les coussins lavables, les traversins, les carpettes amovibles, les toutous, les sièges sacs de fèves devraient faire partie du matériel de la pouponnière, tout comme un gros beigne en tissu de un mètre de diamètre sur 12 centimètres de haut au centre duquel on peut placer le bébé, afin de lui assurer confort et protection. Divers tissus et matériaux doux et mous permettront à l'enfant de se familiariser avec une foule de sensations agréables en plus de combler son besoin de douceur et de sécurité.

FIGURE 6.2
L'enfant aime se retrouver entouré.

---

5. Pour prendre connaissance de ces normes, voir l'ouvrage de Monique PROULX et Monique RICHARD. *Des enfants gardés en santé*, Office des services de garde à l'enfance, Montréal, Les Publications du Québec, 1985, p. 36.

Les surfaces dures devraient être faites à partir de matériaux variés. Les diverses sensations éprouvées au contact des planchers, des tables à langer, des meubles ou des murs permettront à l'enfant de distinguer les endroits. On peut aussi mettre à la disposition de l'enfant divers matériaux qu'il pourra explorer. C'est le but de la pente texturée utilisée dans une garderie californienne (figure 6.3)[6], elle va permettre au bébé de toucher diverses surfaces plus dures. Les coins plus durs peuvent donc devenir des lieux de découverte. Ils sont aussi nécessaires que les coins mous; ils poussent le bébé à être prudent et à mieux jauger l'espace.

FIGURE 6.3
Pente texturée favorisant l'exploration

2. Permettre au bébé de se retrouver seul ou entouré selon ce qu'il désire

Il est important que l'enfant puisse se retrouver seul ou entouré selon ses désirs. Les adultes voient souvent dans l'intimité une sorte de privilège qu'on peut ou non offrir à l'enfant, alors qu'il s'agit d'un droit fondamental qui aide l'enfant à mieux forger son identité.

---

6. Kareen Miller. *Things to Do with Toddlers and Twos*, Marshfield, Mass., Telshare Publishing Co. Inc., 1984, p. 54.

Pour répondre à cette nécessité, l'éducatrice peut placer plusieurs grandes boîtes de carton dans lesquelles les enfants pourront s'isoler, elle pourra remplacer les portes d'un dessous de comptoir par un rideau afin que les bébés puissent y entrer et s'y cacher en toute sécurité. De petits nids, des ouvertures, des demi-étages bas et accessibles aux enfants, un gros beigne de tissu (figure 6.4) permettront aux tout-petits d'observer ou de se reposer dans un espace semi-privé et douillet.

FIGURE 6.4
Le gros beigne de tissu permet au bébé de voir ce qui se passe autour de lui tout en étant protégé et à l'aise.

Afin de favoriser l'intimité, les éducatrices éviteront aussi les couleurs trop contrastées de même que les lumières trop fortes. On aura intérêt à couvrir les néons des plafonds, car les petits bébés ont tendance à les fixer quand ils sont sur le dos. Des ciels de lit pourront être installés (figure 6.5), et enfin le bruit devra être maintenu au niveau le plus bas possible : des rideaux, des plafonds suspendus en tissu ininflammable ou en mousse de polystyrène aideront à assourdir la pièce[7].

---

7. C. TRUCHON-GAGNON, R. HÉTU et P. MORISSET. « Causes, manifestations et solutions aux problèmes de bruit en garderie », *Actes du Colloque sur la qualité des services de garde*, Montréal, 1986, p. 158.

FIGURE 6.5
Le ciel de lit, tout en abaissant la hauteur du plafond, sécurise le tout-petit.

L'intimité donne au bébé assez d'énergie pour souhaiter voir des gens. Des ouvertures vitrées aux bas des portes vont alors lui permettre de voir ses parents partir graduellement plutôt que disparaître. Des fenêtres basses, bien isolées du froid, vont aussi permettre aux bébés d'observer la vie du quartier, les voitures, etc. L'ouverture sur la cour des plus vieux est également source de stimulation pour les bébés.

Avant quatre mois, le bébé qui vit en collectivité a un besoin de stimulations plutôt limité, il faut le laisser choisir ce sur quoi il sera concentré. Habituellement, les visages connus lui suffisent. Après quatre mois, il est ouvert aux contacts extérieurs et il a la capacité de repérer ce qui l'intéresse. Il faut donc le laisser aller à son rythme et lui permettre de choisir entre des moments d'intimité ou d'ouverture au monde extérieur.

3. Prévoir assez d'espace pour que le bébé bouge selon ses capacités

Dix bébés avec des capacités motrices différentes ne peuvent être mis ensemble, car ceux qui se déplacent déjà peuvent par mégarde marcher sur les doigts des petits qui eux n'en sont pas encore là. L'espace doit être limité, entouré ou structuré en coins afin d'éviter tout conflit et afin de favoriser un sentiment de sécurité.

De façon générale, il est essentiel d'adapter l'environnement de l'enfant au fur et à mesure qu'il grandit. Ainsi, un petit espace douillet sera prévu pour les bébés qui ne se déplacent pas encore et par la suite, ils devront avoir accès à un espace plus grand : le poupon sera satisfait dans un endroit où il peut faire de petits mouvements alors que le « trottineur » aura besoin d'espace pour s'exercer. Cette exigence nécessitera l'organisation de coins différents adaptés aux besoins des bébés qui varient non seulement en fonction de leurs capacités motrices mais aussi des moments de la journée. On peut, par exemple, aménager un coin central entouré de petits centres d'activités. Cette organisation va amener les bébés plus âgés à moins errer et à avoir des interactions plus positives entre eux car chacun aura alors son territoire, et elle permettra aux plus jeunes d'être protégés des plus vieux, tout en assurant à chacun un espace adapté.

Clôtures, cloisons, séparations, pourquoi?

Notre œil d'adulte a tendance à voir toute clôture ou séparation comme une prison. Or, le bébé n'a aucune notion de ce genre. Ses besoins les plus importants sont d'être en sécurité, de pouvoir prévoir ce qui va lui arriver. Les clôtures, cloisons, séparateurs vont lui permettre d'associer les lieux à ses activités et il pourra ainsi, grâce à ces repères visuels, tactiles ou même sonores, mieux prévoir ce qui se passera dans sa journée. C'est un peu comme si le bébé développait des cartes géographiques et cognitives comme le font les oiseaux ou les écureuils. Plus l'espace comporte de divisions claires, plus l'harmonie et le calme règnent. Au contraire, plus l'espace est grand, plus les bébés risquent de se sentir perdus avec comme résultat des comportements agressifs ou de dépendance excessive à l'éducatrice.

De longs traversins peuvent être utilisés pour délimiter l'espace des bébés qui ne se tournent pas; un paravent, une barrière, une piscine gonflable, du plexiglass – quoique déstructurant pour le bébé à cause de sa transparence –, des grands parcs, des étagères basses et stables sont autant d'éléments qui peuvent permettre de structurer l'espace. Par exemple, à la Maison Verte, à Paris, une simple ligne rouge délimite le territoire des objets qui roulent; c'est une des seules règles que les bébés doivent suivre. Les séparations doivent être faites d'objets ne dépassant pas un mètre de haut afin que l'éducatrice puisse voir l'ensemble des bébés. Même si l'espace est souvent restreint dans nos garderies, une seule barrière peut parfois faire la différence. Voici un exemple de clôture très utile qui a un effet certain sur l'atmosphère de la pouponnière.

Une grande salle, accueillant des enfants de six mois à trois ans, avait été séparée en deux par une barrière de bois d'environ 70 cm de haut qui permettait aux enfants de voir l'ensemble de la pièce, sans pour autant pouvoir escalader la « muraille » avec un quelconque objet jugé dangereux (tricycle, chariot, etc.). Les deux parties de cet espace étaient rendues communicantes par une cabane centrale, meublée de coussins et sans toiture. La maison mesurait approximativement 1,20 m de haut et était percée de deux portes basses ouvrant sur chaque moitié de la pièce. Ainsi, il avait été possible d'aménager d'un côté un espace plus violent, avec vélos, toboggans, plans inclinés, etc. et de l'autre, un univers douillet, calme, permettant des explorations plus sensorielles. La cabane servait de lieu de transition, de « sas de décompression ». Du fait de ce dispositif, il était stupéfiant de constater à quel point, chaque jour et même parfois d'une heure à l'autre, les besoins des enfants changeaient, quel que soit leur âge. Et cela sans risque, donc sans inquiétude pour les adultes[8].

4. Fournir au bébé des espaces ouverts

Un espace ouvert, telle une étagère basse où sont placés divers objets permet au bébé de choisir lui-même ce qu'il veut; ce genre d'espace est à privilégier. Outre les étagères, on peut penser à des tableaux placés à la hauteur des bébés où divers articles seraient accrochés, ou encore à des bandes Velcro. Les lieux ouverts permettent au bébé de satisfaire pleinement ses besoins d'exploration. Néanmoins, des lieux fermés doivent également être prévus, soit des armoires pour ranger le surplus de jouets et le matériel qui demande de la surveillance. Ces lieux sont par contre moins nombreux et doivent absolument être accompagnés de lieux ouverts.

5. Offrir au bébé une stimulation satisfaisante

L'espace doit être juste un peu plus grand que ce que le bébé est capable de parcourir seul compte tenu de ses possibilités locomotrices du moment. Par exemple, les bébés qui ne se tournent pas seront placés dans un grand parc, ils s'y sentiront entourés, protégés et jouiront d'assez d'espace pour bouger à l'aise et préparer la prochaine étape de leur développement, soit se tourner seul. Souvent, l'adulte place le bébé qui rampe dans un parc afin d'assurer sa tranquillité d'esprit à lui. Ce bébé qui a besoin d'un espace plus grand est malheureusement placé dans un endroit trop petit et sous-stimulant. L'espace doit également permettre à l'enfant d'explorer selon ses besoins; on doit y retrouver le matériel et les objets adaptés à l'étape de développement qu'il est en train de traverser.

8. Jean Epstein. *Le jeu enjeu*, Paris, Éditions Armand Colin, Bourrelier, 1985, p. 30.

Inspiré de Paule Fillion

FIGURE 6.6
Un enfant dans un espace qui n'a pas grandi avec lui.

6. Aménager des défis adaptés aux capacités motrices du bébé

L'espace devra également comporter des défis adaptés aux capacités motrices du bébé et à ses désirs d'exploration tout en assurant sa sécurité. On pourra ainsi retrouver des installations posant des défis à la mesure des plus jeunes et des installations plus exigeantes où ces derniers ne devraient pas s'aventurer. L'enfant apprend ainsi à maîtriser graduellement des situations plus périlleuses. Par exemple, l'espace peut comporter une table de 8 cm de haut et une glissoire à faible dénivellation pour les enfants qui rampent. Ces objets seront sans risque et éviteront à l'adulte d'intervenir pour aider les enfants ou leur interdire d'y monter. Par contre, dans un coin réservé aux plus vieux, on trouvera des défis plus exigeants. (Pour en savoir plus long sur les besoins des enfants aux différentes étapes de leur développement, voir la section 2.2.)

En partant du postulat que chaque bébé est capable de décider s'il est assez compétent pour aller dans un coin qui lui pose plus de difficultés, l'architecte Jerry Ferguson[9] a conçu un terrain de jeu qui répond exactement à cette sixième exigence. Ce terrain de jeu se trouve à Pacific Oaks College, Pasadena en Californie; il peut aussi servir de modèle pour organiser l'espace de la pouponnière. Jerry Ferguson affirme cependant que ce postulat est vrai pour les bébés qui ont appris à prendre en main leur bien-être, et qui ont l'habitude de prendre les décisions qui les concernent.

> Les tout-petits bébés sont placés dans un endroit où la stimulation est satisfaisante pour eux : dans l'herbe. Plus loin, un tas de sable est aménagé. Entre le sable et l'herbe, il y a une petite barrière de bois juste assez haute (10 cm) pour empêcher les bébés qui ne sont pas prêts à se déplacer dans le sable de passer. Ces derniers doivent d'abord être capable de traverser cet obstacle s'ils veulent avoir accès au sable. On a remarqué qu'ils peuvent observer et manipuler un peu le sable à partir de l'herbe jusqu'à une semaine avant de se décider à y aller. Quand ils sont prêts, ils traversent et le sable devient alors pour eux un endroit sûr. Un tunnel relie le tas de sable à un endroit plus dur. Le tunnel, même s'il est ouvert, demeure assez apeurant pour constituer une autre barrière que seuls les bébés maîtrisant le début de la marche ou ceux qui rampent depuis un certain temps oseront explorer.
>
> Quand les bébés décident d'y aller, c'est qu'ils sont prêts à de plus grands défis. Ils accèdent alors à un terrain pour ceux qui rampent et ceux qui commencent à marcher. Ici, c'est le stress optimal (juste assez) : quelques marches, une petite glissoire. Plus loin, on trouve un autre aménagement avec des structures à grimper et des pneus pour les « trottineurs ». On remarque que même si les enfants peuvent retourner à des endroits moins complexes, ils le font rarement si ce n'est que pour des visites occasionnelles. Ils choisissent presque toujours l'environnement qui a le plus à leur offrir en fonction de l'étape qu'ils franchissent[10].

6.2.2. Des lieux adaptés aux capacités motrices des bébés

Les bébés franchissent diverses étapes de développement moteur. Ils sont donc confortables sur le dos puis ils arrivent à se tourner seuls sur le ventre. Peu après, la plupart commencent à se tirer puis à ramper. Ensuite, ils passent à la position assise, puis vont se hisser, marcher latéralement pour finalement marcher et courir. Il faudra aménager des espaces adaptés aux

---

9. La coordonnatrice d'une crèche française, Anna Pinelli, soutient également cette thèse posant que le bébé est capable de choisir ce qui est sûr pour lui.

10. Janet GONZALEZ-MENA et Dianne WIDMEYER-EYER. *Infancy and Caregiving*, Californie, Mayfield Publishing Company, 1980, pp. 72-73.

différentes compétences motrices des bébés. Voici donc une description des besoins des enfants en fait de motricité selon l'étape de développement pouvant soutenir de façon satisfaisante leur évolution.

Idéalement, les enfants devraient être regroupés selon leurs capacités motrices et chaque groupe moteur se retrouver dans un local aménagé pour lui. Or, c'est rarement le cas au Québec en raison du manque d'espaces disponibles. La solution réside donc dans l'aménagement du local en divers coins permettant à chaque enfant d'explorer en liberté[11] et en sécurité. (Pour en savoir plus long sur les divers éléments à surveiller pour faire en sorte que l'aménagement du local assure la sécurité des enfants, voir l'annexe 3.)

Premier groupe moteur : les bébés qui ne se tournent pas seuls du dos sur le ventre

Pendant ses périodes de veille, le nourrisson sera placé sur le dos sur un matelas de 3 cm d'épaisseur et assez rigide afin qu'il ne s'y enfonce pas et qu'il ne se blesse pas si jamais, à force de bouger les pieds, il se déplaçait et en tombait. Ce matelas pourra être placé dans un coin et protégé par de gros boudins ou une clôture. Il peut aussi être posé sur une mezzanine protégée (figure 6.7). Une telle installation permettra au bébé de voir ce qui se passe autour de lui et, surtout, le visage de l'éducatrice, et par la même occasion, permettra de ménager le dos des travailleuses.

FIGURE 6.7
Mezzanine pour les bébés qui ne rampent pas

---

11. Anna TARDOS. « Qu'est-ce que l'autonomie dès le 1er âge », *L'enfant*, no 48, Dossier sur les enfants actifs et autonomes, nos 3-4, Bruxelles, 1984.

L'idée d'un grand parc est aussi à considérer pour ce groupe d'âge. Il faut assurer au bébé juste assez d'espace pour qu'il puisse voir les autres bébés sans les gêner ou être gêné par eux. On place en couronne autour de sa tête les objets de jeux qui lui procurent une stimulation satisfaisante (figure 6.8); les objets ne sont jamais placés sur son corps ou dans ses mains; on dispose des coussins au bord du matelas et si des fenêtres sont attenantes à ce coin, c'est un atout. La sécurité maximale est toujours nécessaire pour ce groupe. Il faut souligner aussi que les moments passés sur le matelas doivent être très courts, car ces bébés ont de grands besoins de sommeil à satisfaire.

FIGURE 6.8
Le bébé peut choisir ses objets.

Deuxième groupe moteur : les bébés qui se tournent seuls du dos sur le ventre et roulent

Les enfants de ce groupe peuvent atteindre les autres bébés grâce à des débuts de déplacements. Ils pourront donc être placés au sol sur un matelas de gymnastique et on leur proposera quelques petits défis : une petite dénivellation qui va leur permettre de se hisser sur leurs avant-bras, de se soulever et de rouler. Quelques grands matelas pourront aussi être empilés afin de constituer de larges marches qui pourront leur servir à exercer leurs habiletés et constituer une protection contre les plus vieux. Un coin douillet doit également être accessible à ce groupe d'âge (figure 6.9).

FIGURE 6.9
De faibles dénivellations et un coin douillet vont satisfaire les besoins des enfants du deuxième groupe moteur.

On peut ajouter une table aux coins arrondis de 10 cm de haut qui va stimuler le bébé à essayer de grimper. C'est l'âge où un aquarium, installé de façon à assurer la sécurité des enfants, et une vue sur l'extérieur vont être appréciés; le grand parc peut encore être utile également. Si on a une mezzanine pour le premier groupe, ce groupe peut occuper le dessous; ces bébés ne sont pas encore trop bruyants, ils ne risquent donc pas de déranger les nourrissons placés au-dessus d'eux. Ces enfants doivent toujours être protégés des plus grands.

Troisième groupe moteur : les enfants qui se déplacent aisément à quatre pattes

Pour ce groupe, l'espace doit être plus grand et offrir diverses possibilités en matière de découvertes. À la petite table, on peut annexer une glissoire (figure 6.10). Des matelas de diverses grandeurs peuvent aussi poser de bons défis (figure 6.11). Des chaises tables pourront servir de premier appui seulement si le bébé est prêt. On trouvera des marches antidérapantes larges et les objets seront bien répartis. Le bateau en bois ou en plastique moulé commence à intéresser les enfants, mais pose encore certaines difficultés (figure 6.12). Si un objet peut susciter une chute sans gravité, il sera installé sur un matelas. Toute glissoire doit être munie d'une rampe pour permettre au bébé de se tenir. En règle générale, il faut éviter tout matériel qui demande de la surveillance.

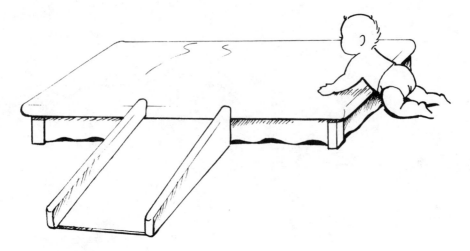

FIGURE 6.10
Petite table basse avec glissoire

FIGURE 6.11
Des matelas de diverses grandeurs posent des défis intéressants.

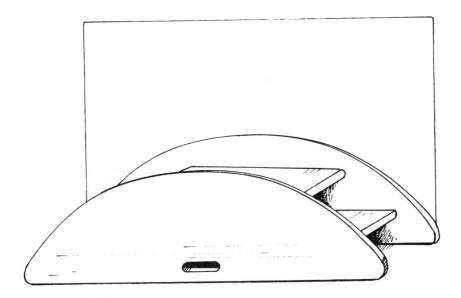

FIGURE 6.12
Bateau en bois inversé

Quatrième groupe moteur : les enfants qui se hissent
et qui commencent à marcher

Les déplacements des enfants de ce groupe sont caractérisés par les déplacements latéraux. Des porte-serviettes ronds ou des barres d'exercice pour danseurs peuvent être vissés au mur à la hauteur du bassin de ces bébés afin de servir de barre d'appui pour les aider à se déplacer. Des étagères basses, des sièges stables pour grimper, des cubes de bois lourds sont autant d'éléments dont les enfants de ce groupe vont raffoler. Des marches avec rampe, des pentes légères vont les amener à devenir plus compétents; quelques petits blocs moteurs peuvent être à envisager, tel celui de la figure 6.13. L'endroit où se trouvent ces blocs doit être difficilement accessibles pour ceux qui ne marchent pas afin d'assurer leur sécurité.

FIGURE 6.13
Bloc moteur pour enfants qui commencent à marcher (Belgique, CEMEA)

Cinquième groupe moteur : les enfants qui marchent

Pour les enfants de ce dernier groupe, l'exploration motrice est aussi importante que pour ceux du groupe précédent, ils vont toutefois manifester de l'intérêt pour des exercices plus difficiles demandant une habileté plus grande. Divers défis moteurs tels des portiques de diverses hauteurs qui demandent à l'enfant de se pencher pour passer seront installés en plus de tables et de petites maisonnettes. Les tunnels leur font encore peur à moins qu'ils soient courts avec des fenêtres ou transparents. Les coins douillets sont toujours à privilégier. S'il y a un couloir dans la garderie, on peut y aménager une aire pour les jouets roulants tels les camions, les véhicules à enfourcher, les landaus de poupées, etc. Ces jouets devront être utilisés quand l'éducatrice est tout à fait disponible, car ils requièrent de la surveillance.

Un local dont les dimensions répondent aux normes de l'OSGE peut être aménagé selon le plan présenté à la figure 6.14 pour permettre aux enfants des cinq groupes moteurs décrits jusqu'ici de se développer côte à côte dans l'harmonie.

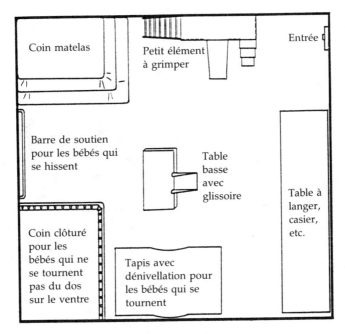

Coin matelas

Petit élément
à grimper

Entrée

Barre de soutien
pour les bébés qui
se hissent

Table
basse
avec
glissoire

Table à
langer,
casier,
etc.

Coin clôturé
pour les
bébés qui ne
se tournent
pas du dos
sur le ventre

Tapis avec
dénivellation pour
les bébés qui se
tournent

FIGURE 6.14
Plan de local avec coins aménagés selon les âges moteurs

Sixième groupe moteur : les enfants qui marchent et qui courent

Les enfants de ce groupe, âgés de 18 à 30 mois, devraient avoir leur propre local, car ce sont ceux qui ont le plus besoin d'espace pour bouger, grimper, courir et sauter. Ces enfants vivent de fortes périodes d'affirmation et ne sont pas encore prêts à partager : ils veulent d'abord posséder! Pour un enfant de cet âge, avoir à vivre avec 15 autres enfants dans un même local est neurologiquement et psychologiquement impensable à moins que le local ne soit très grand et bien divisé. Il serait donc préférable de jumeler deux groupes d'enfants de quatre ans et de cinq ans plutôt que deux groupes d'enfants âgés de 18 à 30 mois comme on le fait trop souvent dans nos services de garde.

Le local de ces enfants devrait être aménagé de façon à rendre possible les jeux parallèles en limitant les conflits de possession. Différents jeux pourront, par exemple, être installés dans des cerceaux posés sur le sol. Il pourra y avoir trois cerceaux de plus que le nombre d'enfants, ainsi chacun pourra avoir son jeu et s'ils désirent changer de jeu, ils ne pourront choisir qu'un jeu qui se trouve dans un cerceau inoccupé[12]. À table aussi, la place de chacun pourra être clairement délimitée; la table à cloisons creuses est très pratique avec ce groupe d'enfants (figure 6.15).

Figure 6.15
Table à cloisons creuses

L'éducatrice veillera aussi à ce qu'il y ait plusieurs jouets identiques. Idéalement, il devrait y avoir autant de jouets identiques qu'il y a d'enfants. Les jouets devront être variés et rangés dans des espaces ouverts qui permettent à l'enfant de choisir. Ils seront aussi placés de façon à encourager le jeu symbolique. Elle pourra, par exemple, placer tous les jouets reliés à une activité (cuisine, travail de menuiserie, coiffure, etc.) dans un panier et remplir ainsi plusieurs petits paniers. L'espace devra être aménagé de façon à ce que certains jeux d'extérieur puissent être proposés à l'intérieur à l'occasion (bicyclette, balançoires, etc.).

On aura avantage à installer des demi-clôtures, des paravents ou à tracer des lignes sur le plancher pour délimiter divers coins d'activités. Les séparations vont permettre aux enfants de se voir sans se nuire, de posséder sans perdre.

---

12. Aline HACHÉ. *Les interventions et l'animation d'un groupe d'enfants entre 0 et 3 ans*, Montréal, Cégep de St-Jérome, 1988.

6.2.3. L'utilisation de l'espace extérieur

L'espace extérieur est en général peu utilisé en pouponnière parce que sortir dehors avec un groupe de bébés demande beaucoup d'organisation, surtout si la porte de sortie n'est pas adjacente. Bon nombre de pédiatres et de parents trouvent cependant essentiel que les bébés prennent de l'air et ce, à tous les jours. Dans un livre intitulé *Des enfants gardés en santé*[13], les auteures recommandent la prévision d'un système qui permette même de coucher les bébés dehors quand la température n'est pas trop basse (voir à ce sujet le chapitre 3). Plusieurs éducatrices considèrent également qu'il est bon que les bébés prennent l'air souvent. Elles ont alors à trouver diverses solutions pour maintenir cette habitude. Certaines garderies engagent une personne pour transporter les bébés entre le local et l'extérieur. D'autres garderies s'ingénient à habiller et transporter plusieurs bébés à la fois dans des poussettes à plusieurs places. Tout cela est loin d'être simple, et la sécurité des enfants peut être précaire en cas d'évacuation rapide. Donc, si l'on veut faire prendre de l'air au bébé en respectant son rythme biologique et ses besoins, il faut penser à un accès direct de la pouponnière vers l'extérieur. Idéalement, une grande terrasse, une véranda devrait prolonger l'espace de la pouponnière (figure 6.16). On devrait y avoir accès par des portes-fenêtres ou une porte vitrée permettant la circulation facile et la surveillance constante des bébés. Cette terrasse devrait être très sûre afin que les bébés puissent y être laissés quelques instants sans surveillance sans qu'ils ne soient exposés à aucun danger objectif (voir à ce sujet l'exemple de la crèche de Boulogne au chapitre 2). De plus, un système de paravents et d'auvents devrait protéger les bébés du soleil, du vent, des intempéries et de l'excitation des autres groupes.

Sur cette terrasse, on suggère de placer une table à langer et les installations sanitaires nécessaires dont l'eau courante. De plus, avoir un espace de rangement pour les objets de jeu ou pour les poussettes peut être très pratique. L'éducatrice qui sait d'avance l'heure du retour des parents peut ainsi endormir le bébé dans sa poussette à l'extérieur en l'avertissant qu'il se réveillera chez lui. Cela facilite la transition de départ pour le parent.

Cette terrasse devrait aussi être aménagée à partir des principes énoncés au sujet de l'espace intérieur, c'est-à-dire que l'on devrait y retrouver, par exemple, un grand parc pour les bébés qui ne se déplacent pas (1,20 m

---

13. Pour prendre connaissance de ces normes, voir l'ouvrage de Monique Proulx et Monique Richard. *Des enfants gardés en santé, op. cit.*, p. 36.

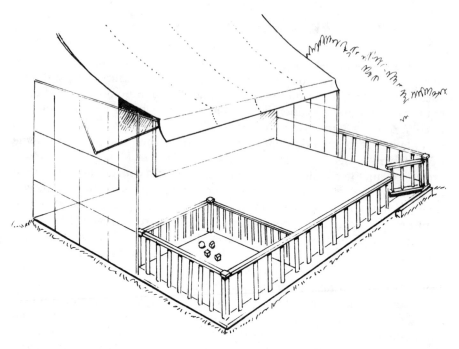

FIGURE 6.16
Une terrasse aménagée pour les bébés

sur 1,20 m), un espace non rugueux (tapis caoutchouté) pour ceux qui rampent, des objets de jeu rangés dans des espaces ouverts afin que chaque bébé soit dans un espace qui lui convienne (un mètre carré par enfant).

Les enfants du sixième groupe moteur devraient avoir accès à une petite cour[14] où ils pourraient explorer à leur guise et développer leur motricité. Le sol de cette cour devrait être en pente douce et gazonné. On devrait y retrouver un tas de sable. Un amoncellement de sable permet plus d'explorations qu'un simple carré de sable plat sans compter que les pentes ou petites collines aident l'enfant à développer un meilleur contrôle de son équilibre. Un petit escalier de deux, trois ou quatre marches de 24 cm de large, de 14 à 18 cm de haut ou, pour les plus grands, de six à sept marches de 15 à 18 cm de haut sur 32 cm de large peut être également apprécié. On pourra aussi y ajouter les éléments suivants :

---

14. Janet GONZALEZ-MENA et Dianne WIDMEYER-EYER. *Infants, Toddlers and Caregivers, op. cit.,* pp. 170-171.

- pataugeoire permanente (figure 6.17),
- gros tube de pneu (pas trop gonflé),
- corde à Tarzan,
- gros madrier,
- petites échelles,
- glissoire où l'on peut glisser la tête la première,
- bottes de foin (gare aux allergies),
- caisse pour le transport du lait.

Cette petite cour attenante à la terrasse va permettre aux 18-30 mois de dépenser leur énergie débordante qui rend souvent leur vie difficile à l'intérieur. Ce groupe d'âge a particulièrement besoin de son propre espace extérieur. Il faudra veiller à ce que leur cour soit séparée de celle des plus vieux qui sont souvent dangereux pour ces « trottineurs » encore hésitants.

FIGURE 6.17
Pataugeoire permanente

6.3. Des objets de jeu adaptés
au développement de l'enfant

*Chaque enfant est porteur dès sa naissance
d'intelligences prioritaires qui lui sont propres
et doit impérativement trouver des aliments
adaptés au bon développement de celles-ci.*
Jean EPSTEIN

On désigne par objet de jeu tout ce que le bébé prend plaisir à manipuler. Il peut s'agir de son propre corps, comme de chaudrons ou d'une couverture qu'il trouve douce. Ce concept renvoie donc à une réalité plus vaste que celui de jouet, qui désigne la plupart du temps uniquement les objets commerciaux dont la seule utilité est le jeu.

Le choix des objets de jeu demande du discernement. Certains objets s'avèrent une mine d'or pour le bébé de six mois et laissent indifférent son aîné de quelques mois. D'autres sont dangereux pour ceux qui rampent, mais représentent un défi à la mesure de ceux qui marchent et grimpent. Enfin, certains jouets offerts sur le marché ne procurent aucune stimulation alors que d'autres, souvent d'apparence plus anodine (les balles, par exemple), sont une source d'inspiration intarissable pour les bébés de tous les âges.

Lors du choix des objets de jeu, certains critères liés d'abord au développement du bébé sont à considérer. Ainsi, on optera plutôt pour des objets qui encouragent le jeu libre et l'autonomie chez l'enfant. Devant l'énorme quantité d'objets offerts à l'enfant, il semble que les objets de jeu passifs soient ceux qui procurent la meilleure stimulation lorsque adaptés à l'étape de développement vécue par l'enfant. Nous nous y attarderons donc dans les prochaines lignes et nous verrons comment les choisir.

Notre but dans cette section n'est pas d'établir de façon rigide ce qui est bien et ce qui est mal et d'imposer des choix. Il s'agit plutôt d'offrir à la future éducatrice des suggestions qui alimenteront sa créativité afin qu'après avoir observé les bébés, elle sache discerner les objets propices à leur développement et écarter ceux qui ne leur procurent aucune stimulation ou trop peu. Il ne faut pas oublier non plus que les objets de jeu ne sont qu'un élément secondaire pour le bébé, que c'est sa relation avec l'adulte qui est prépondérante ainsi que le rôle de celle-ci lors des jeux. Pour cette raison, nous proposons à la fin de cette partie un code pouvant aider l'éducatrice à soutenir le jeu libre de l'enfant.

6.3.1. Le programme d'activités en pouponnière : le jeu libre

Les enfants tout jeunes sont faciles à contenter. Pourvu qu'ils aient de l'espace pour bouger et des choses à examiner et à manipuler, ils sont heureux. Leur premier objet de jeu sera leur corps : ils l'exploreront, le goûteront, feront des essais dans l'espace et ce, du matin au soir. Puis, d'autres objets seront minutieusement manipulés. Un pyjama peut devenir, par exemple, une source d'explorations diverses et passionnantes.

Le matériel qu'on leur offre doit piquer la curiosité et permettre des explorations intéressantes. Il doit être le déclencheur d'activités imaginées par l'enfant. Quand il est le maître d'œuvre du jeu, ses explorations sont sans limite. On n'a qu'à regarder un enfant qui joue librement pour voir comme il s'active (figure 6.18).

FIGURE 6.18
Le bébé crée ses jeux.

Un bambin de un an découvre les petites autos. Il peut jouer avec ce matériel toute la journée. Il les compare, les touche, les met dans des récipients, les fait glisser, invente des routes; il saisit diverses sensations, il compare le plastique, le métal; il les frotte, les frappe; il les aligne, les met en tas; il les échange avec d'autres, invente divers systèmes de transport, colle son oreille sur le plancher pour écouter le bruit qu'elles font quand elles roulent. En jouant ainsi, il retient une quantité de notions qu'un adulte n'aurait pas songé à lui apprendre et la forme des autos, leurs façons de se déplacer, leurs caractéristiques sont apprises pour toujours, car la passion est à l'origine de son apprentissage.

Un enfant qui joue librement dans sa petite enfance est curieux, il développe de l'intérêt pour ce qui l'entoure et apprend à avoir de l'emprise sur les objets, le milieu. Il met ainsi en place les éléments qui sont à la base d'une attitude optimiste face à la vie; il développe sa confiance en lui et acquiert de l'autonomie. Si l'adulte veut contrôler le jeu de l'enfant pour supposément lui assurer de futures réussites à l'école, c'est qu'il ne comprend pas l'importance d'être passionné pour apprendre. Ainsi, les livres de pédagogie où l'on voit un adulte montrant au bébé comment jouer devront être utilisés avec parcimonie en pouponnière, car ils vont à l'encontre du principe du jeu libre.

Le rôle de l'éducatrice qui veut encourager le jeu libre s'apparente à celui d'un metteur en scène. C'est à elle que revient le rôle de placer les bons objets au bon moment et au bon endroit, d'offrir au bébé l'occasion d'être en relation individuelle avec les objets car, est-il bon de le rappeler, les jeunes enfants s'amusent mieux seuls qu'en groupe même s'ils apprécient la présence des autres. Après avoir disposé le matériel près de lui, elle observe avec intérêt et trouve simplement plaisir à partager ses idées inattendues. Elle peut placer des tissus en cercle, aligner des balles, placer des couvercles en équilibre sur une pente, disposer des petits animaux sur le plancher, mettre des personnages dans un seau, etc., et refaire de telles mises en place plusieurs fois par jour en les modifiant selon les intérêts de l'enfant. Elle n'organise pas non plus d'activités dirigées, ou très rarement, et n'interrompt pas les activités des enfants.

Afin d'encourager les bébés à développer leur autonomie en choisissant eux-mêmes leurs jeux, les objets seront placés dans des espaces de rangement accessibles aux enfants tels des étagères basses, des paniers posés sur des tablettes basses, des grands bacs, etc. Il va sans dire que les objets seront rangés de façon à ce que les bébés puissent les saisir sans se blesser (figure 6.19).

FIGURE 6.19
Un rangement accessible aux bébés

Le rangement systématique des jouets est important. Il permet à l'enfant de se construire des repères mentaux qui l'aident à s'orienter dans la pouponnière pour retrouver les objets qui l'intéressent. Les jouets placés en tas pêle-mêle rendent les bébés confus et nuisent au jeu. Un autre aspect du rôle de l'éducatrice qui veut soutenir le jeu libre sera donc de replacer les choses à leur place plusieurs fois par jour. À cet égard il est bon d'afficher un plan de la disposition des jouets pour les remplaçantes.

Il est préférable aussi que les enfants ne soient pas envahis par une trop grande quantité d'objets de jeu. Quand il y en a trop, ils ne savent plus où donner de la tête. Il vaut mieux avoir peu de jouets et les changer régulièrement en avertissant les bébés. Dans chaque pouponnière, il devrait d'ailleurs y avoir une armoire fermée pour remiser le surplus de matériel. Ce cagibi sera essentiel pour ranger les jouets qui n'intéressent pas les bébés pendant certaines périodes de leur développement et pourra permettre une rotation des objets de jeu, la nouveauté aidant à raviver l'intérêt des enfants.

Avec les enfants de 18 à 30 mois, l'éducatrice doit rendre possibles les jeux parallèles. L'enfant aime être près des autres sans nécessairement échanger avec eux, comme le ferait un enfant plus âgé. Il joue encore seul la plupart du temps, mais s'inspire de plus en plus de certaines façons de jouer des autres enfants et une communication subtile s'établit entre les enfants. Combien de fois remarque-t-on dans un groupe de cet âge un enfant qui tape sur la table et qui est imité en l'espace de quelques secondes par deux ou trois enfants. Jouer ainsi à côté d'un autre ou en s'inspirant des autres est le premier pas vers la camaraderie. Le jeu parallèle favorise l'apparition des premiers gestes altruistes ou de coopération entre les enfants (de façon rapide, certes), comme je te passe un jouet mais je le reprends aussitôt. Ces gestes méritent d'être soulignés par l'éducatrice plus souvent que les inévitables querelles qu'entraîne le besoin de posséder.

Les jeux symboliques apparaissent après avoir expérimenté les jeux parallèles. Par les jeux symboliques, l'enfant reproduit à sa façon des activités de son vécu; ces jeux vont l'aider à vivre les premières confrontations occasionnées par toute vie sociale. En jouant à la poupée, par exemple, il va recréer des situations de partage, de séparation et apprivoiser ses difficultés sociales. En effet, en revivant certaines difficultés de vie par le jeu, l'enfant apprend à mieux les contrôler.

Il faut donc prévoir le jeu symbolique pour ce groupe d'âge en aménageant le coin des oursons, des poupées, de la cuisine, du magasin, des déguisements. Il faut faire évoluer ces coins en y mettant juste assez de matériel pour que les enfants y jouent avec plaisir et prévoir des petits ensembles d'objets pour chaque enfant afin d'éviter les conflits. Par exemple, un petit sac d'épicerie est prévu pour chacun. Chaque poupée est placée avec une couche, un biberon, une brosse, une camisole. Les toutous ont chacun un moyen de transport, etc.

L'adulte doit respecter la confidentialité de certains jeux symboliques. Elle ne s'y introduit que si elle est invitée ou après avoir demandé la permission. Elle peut accepter la tasse de café offerte et dire : « Ah! ça sent bon, c'est chaud. » Elle raffine alors la compréhension du monde de l'enfant. Mais jamais elle ne dictera la scène à l'enfant, ce n'est pas elle qui écrit le scénario, c'est l'enfant. En observant les jeux symboliques, l'adulte va découvrir de fascinants aspects de la vie intérieure du « trottineur ».

Outre la mise en place des objets adaptés aux enfants, le principal rôle de l'éducatrice consistera à aider les enfants à surmonter leurs problèmes dans la mesure du possible tout en évitant de tout régler à leur place, et à intervenir lors de conflits.

Elle devient graduellement la conscience morale du bébé en lui permettant de découvrir à l'intérieur de certaines limites. Par exemple, l'envie de frapper peut être autorisée sur un certain matériel comme un *punching bag* ou des bâtons en éponge, mais pas partout et sur n'importe quoi. Au lieu d'interdire, l'éducatrice va essayer de rendre possible les explorations en inculquant la notion de pertinence auprès des 18-30 mois, en particulier.

Faire ranger les bébés

Pour les bébés et même pour les enfants, le rangement, tel que vu par les adultes, est un non sens : « Le parent applique des systèmes de rangement aberrants, auxquels il s'accroche avec une obstination maniaque. Par exemple, il a coutume de concentrer tous les objets d'une même catégorie en un même lieu. Il est assuré ainsi, où il se trouve, de ne jamais avoir sous la main tout ce dont il a besoin[15]. » Il faut se défaire de notre façon de ranger d'adulte et faire sienne la perspective de l'enfant. Rendre les choses accessibles au bébé, associer le plus d'éléments de jeu comme il le fait quand il range lui-même (par exemple, le hochet et le chaudron).

Si l'on veut inviter le bébé à ranger à notre façon, il faut lui donner des moyens ou des repères, sans toutefois exiger que nos règles soient suivies à la lettre par les bébés. On peut, par exemple, avoir des bacs transparents pour petits objets ou coller une image sur la case où l'on veut les ranger, avoir de gros contenants avec une anse pour transporter les

---

15. Jeanne VAN DER BROUCK. *Manuel à l'usage des enfants qui ont des parents difficiles*, Montréal, Éditions France-Amérique, 1979, p. 107.

personnages, ramasser les gros blocs Lego avec un porte-ordures; un sac de couchage fait aussi une poche de rangement rigolote. Tout système de rangement de garde-robe peut aussi être utilisé selon les besoins du milieu. Ainsi, les porte-chaussures en plastique transparents peuvent servir à loger toutous et personnages, les petites étagères qui s'empilent à regrouper balles et ballons. Ces articles ont l'avantage d'être légers, souples et polyvalents.

L'éducatrice peut aussi solliciter la collaboration des bébés en associant certaines fonctions ou en animant certaines scènes : « Les poupées vont maintenant aller dormir, les animaux vont aller manger », etc. Elle peut de plus aider les bébés avec des repères sonores comme des chansons qui incitent à mettre certaines choses à leur place. Le rangement doit être perçu comme une activité plaisante par le bébé.

6.3.2. Des objets de jeu passifs

Un objet de jeu passif est celui qui ne fait rien sans le bébé, qui rend donc le bébé actif. La balle est un bel exemple d'objet de jeu passif : elle ne sera en action que si le bébé la manipule. Sa grande polyvalence va suggérer une multitude d'explorations dont le bébé devient le maître d'œuvre. La télévision est, par contre, un bel exemple d'objet actif qui fait tout pour le bébé; celui qui regarde la télévision ne peut intervenir, son activité se résume à être passif. Il subit le bruit et les mouvements sans exercer aucun pouvoir sur le déroulement des événements retransmis.

Le meilleur objet de jeu sera celui qui, après observation, permet au bébé d'être compétent et concentré. Il faut se rappeler que le bébé sait ce dont il a besoin et que ses préférences sont le meilleur paramètre pour choisir les jeux. Par exemple, on a souvent remarqué que le bébé joue plus avec le papier d'emballage d'un cadeau qu'avec le jouet lui-même. On devrait donc en déduire que l'enfant aime manipuler du papier et lui en offrir. Le meilleur objet de jeu est aussi celui qui aide l'enfant à développer son autonomie et qui lui permet d'explorer selon ses désirs en pratiquant ses habiletés naissantes.

Certains jouets sont peu adaptés aux besoins des bébés. On en trouve qui rendent le bébé incompétent, comme le petit canard sur lequel l'enfant s'assoit et qui avance grâce aux poussées que l'enfant se donne avec ses pieds; ce jeu est mal équilibré. D'autres sont proposés aux mauvais groupes d'âge : les gros hochets, par exemple, sont recommandés pour les 0-3 mois, alors qu'ils peuvent tomber sur leur visage et les faire pleurer. D'autres encore correspondent à une vision d'adulte de l'enfance et font trop de choses à la place du bébé; c'est la cas des mobiles à fonctions multiples. Certains autres enfin offrent un spectre de sensations limité, c'est-à-dire des possibilités d'exploration restreintes, si on les compare aux objets qu'on trouve dans une maison ou à tout ce que l'enfant peut trouver quand il joue à l'extérieur. C'est donc plutôt en offrant des objets de jeu passifs qu'on va amener le bébé à choisir, à se concentrer, à être actif et autonome. Le bébé trouvera mille et une fonctions à un objet passif, et l'éducatrice l'observera et s'ingéniera à favoriser son développement.

Il est important de choisir les objets de jeu en fonction des étapes du développement vécues par les enfants du groupe. Ainsi, un groupe de 10 bébés dont la majorité se situe entre 9 et 12 mois n'aura pas les mêmes besoins de jeux que les 3-6 mois. Au Québec, le système ESAR[16], inspiré de l'approche théorique de Jean Piaget, a été mis sur pied à partir des grandes étapes du développement et des principales caractéristiques du jeu. Cette méthode d'analyse du matériel ludique regroupe les jouets en fonction de différents domaines de la psychologie et les organise en facettes, en classes et en catégories complémentaires. Le nom même du système est constitué des premières lettres de chacune des catégories de la première facette : jeux d'exercices (E); jeux symboliques (S); jeux d'assemblage (A); jeux de règles simples et jeux de règles complexes. Depuis dix ans, plus de 2500 fiches informatisées ont été rédigées par la Centrale des bibliothèques et les Services documentaires Multimédia; l'ensemble de ces analyses constitue une banque d'information susceptible de guider les parents et les éducatrices dans le choix des jeux et des jouets offerts en magasin.

Avant de choisir les objets de jeu, il faudra toujours s'assurer qu'ils sont sûrs puisqu'on les achète aussi en dehors des circuits réglementés des jouets dans les quincailleries, les rayons d'articles ménagers ou sportifs. Voici donc quelques critères à respecter[17] :

- l'objet est simple, non toxique;
- il est solide et lavable;
- il ne comporte pas de parties détachables ou de coins pointus;
- tout ce qui peut causer l'étouffement est évité (ballounes, tissus en nylon ou en soie, longues cordes, etc.);
- il faut éviter les objets avec du liquide d'où de petits objets peuvent s'échapper;

---

16. Denise GARON. *La classification des jeux et jouets : le système ESAR*, Québec, Documentor, 1985.
17. Rachel GUÉNETTE. *Des enfants gardés en sécurité*, Montréal, Office des services de garde et le Cégep de Saint-Jérome, 1988.

- il faut également éviter tout objet en bois ou tout objet un peu lourd qui peut se transformer en missile s'il est lancé;
- il faut finalement éviter tout meuble lourd pouvant tomber sur l'enfant.

6.3.3. Un code pour aider l'adulte qui veut encourager le jeu libre

Ce code peut servir à se perfectionner en tant qu'accompagnante du jeu libre. Certains automatismes d'intervention sont parfois difficiles à changer surtout quand on est habitué à diriger le jeu du bébé ou à jouer à la place du bébé. Un tel code permet de se former par étape et de s'auto-évaluer. On peut l'afficher dans le local et s'en servir fréquemment pour faire des mises au point dans l'équipe.

Les interventions de l'adulte	Exemples
L'adulte donne au bébé le pouvoir de sélectionner lui-même son objet de jeu, le but de son jeu, qu'il invente au fur et à mesure.	L'adulte a déposé des balles près du bébé qui décide de les faire rouler. L'adulte n'incitera pas le bébé à lancer la balle; il veillera simplement à ce que l'enfant joue en sécurité.
L'adulte laisse le bébé se concentrer et l'observe.	L'adulte remarque qu'un enfant manipule un objet avec beaucoup d'attention : il ne lui parle pas ou ne vient pas lui proposer une façon de jouer, au contraire, il s'assure que l'enfant n'est pas dérangé.
L'adulte joue avec le bébé seulement si celui-ci le choisit comme partenaire. Dans ce cas, il laisse l'initiative du jeu au tout-petit.	Un bébé apporte des gros bouchons à l'adulte, les reprend, les redonne. L'éducatrice continue ce jeu d'échange en commentant ce qui se passe. Elle ne se met pas à les faire tourner, par exemple.
L'adulte est attentif aux difficultés de l'enfant.	Un bébé veut faire passer un couvercle entre deux barreaux mais n'arrive pas à tourner son poignet afin que l'objet puisse passer. L'éducatrice le fait à côté de lui.
L'adulte apporte l'aide optimale au jeu du bébé (ni trop, ni pas assez).	Si le bébé a fait plusieurs essais pour placer un morceau de casse-tête et est frustré parce qu'il n'y arrive pas, l'adulte l'aide en lui donnant quelques indices, mais ne fait pas le casse-tête à sa place.

L'adulte laisse les bébés utiliser les objets de façon inhabituelle. Elle ne corrige pas une façon de jouer à moins que la sécurité du bébé ne soit en jeu.

Un enfant met un chapeau dans ses pieds. L'adulte laisse l'enfant explorer toutes les positions du chapeau plutôt que de dire : « Non, ce chapeau va sur la tête. »

L'adulte commente avec chaleur ce que le bébé fait. Il ne félicite ni ne blâme la façon de jouer des bébés.

Il évite de dire : « Tu es bon », quand un bébé réussit quelque chose, mais dit plutôt : « Tu as réussi à enfiler deux perles de plastique. »

Les objets de jeu

Les objets de jeu sont disposés de telle sorte que le bébé soit en sécurité et capable de se concentrer.

Les jouets lourds sont placés près du sol afin qu'ils ne puissent tomber sur les enfants et les blesser. Les objets présentent des défis adaptés aux enfants : on n'offre pas de hochet aux bébés de moins de trois mois.

Les objets de jeu sont disposés de façon à ce que le bébé soit capable de se concentrer.

La pouponnière est divisée en différents coins, l'éducatrice refait la mise en place des objets plusieurs fois par jour. Les tas de jouets pêle-mêle nuisent à la concentration.

L'adulte a le souci de permettre au bébé de maîtriser son environnement avant de le complexifier.

La pouponnière est divisée en différents coins pouvant répondre aux besoins variés des divers groupes moteurs.

Le matériel est varié et offre divers degrés d'exploration : du plus simple au plus complexe.

L'adulte place les jouets près des bébés mais non dans leurs mains ou sur eux.

Les objets sont placés en cercle ou en ligne, ce qui laisse la possibilité au bébé de les distinguer et de choisir. Jamais de tas d'objets.

Le rangement

L'adulte range le matériel de jeu usuel à la hauteur des enfants.

On peut se servir d'étagères, de paniers, de bandes Velcro, de poches (blocs), etc.

L'adulte se soucie de l'ordre et de l'emplacement des jouets.

L'adulte range toujours au même endroit les objets de jeu. Il refait souvent la mise en place. Si la façon de placer les choses est modifiée, c'est en présence des enfants et en les faisant participer au réaménagement.

L'horaire

L'adulte structure l'horaire de façon à ce que le bébé ait assez de temps pour jouer et qu'il puisse choisir la durée de ses explorations.

Les périodes de jeu sont prévues pendant les moments où le bébé est le plus susceptible d'être en forme, comme après avoir dormi ou mangé.

Les postures, l'habillement

L'adulte assure au bébé une liberté de mouvement.

L'habillement est pensé pour faciliter les déplacements. Un bébé qui rampe sera embêté par une robe. Un bébé qui commence à marcher va apprécier des chaussettes antidérapantes. Quand le bébé joue, on le place par terre sur un grand matelas ferme. On évite de toujours le laisser dans son petit siège. On l'installe dans une posture qu'il peut prendre lui-même afin qu'il puisse en changer, s'il le désire.

Consignes particulières pour les 18-30 mois

L'éducatrice offre des choix.

« Veux-tu une banane ou une pomme? » « Veux-tu t'asseoir près de la porte ou près de la fenêtre? » « Tu mets ton toutou dans son panier ou sur une chaise? » Ces questions ont moins de chance d'amener une réponse négative.

Elle fait participer l'enfant aux routines.

Elle propose à l'enfant de mettre la table, de choisir son verre, de laver un comptoir.

Toute routine est plus facile à vivre quand une chanson ou une comptine l'accompagne.

L'éducatrice invente des chansons pour l'habillage, le déshabillage, le nettoyage, le rangement, le dodo, etc.

L'adulte utilise des trucs qui facilitent le rangement.

Elle utilise des porte-poussières pour ranger des légos, colle des images ou photos aux endroits de rangement, transforme l'action de ranger en jeu : le camion va ramasser les gros cubes.

L'adulte consulte l'enfant quant aux jeux ou activités. Son avis est souvent sollicité.

Au moment de commencer une période de jeu, l'éducatrice offre aux enfants diverses possibilités et les laisse choisir.

L'adulte commence des jeux ou des activités sans inviter systématiquement les enfants.

À voir l'adulte avoir du plaisir, ils seront attirés. Il faut accepter que tous ne participent pas aux activités proposées.

L'adulte peut encourager les jeux en petits groupes plutôt que des jeux avec tout le groupe. Si les enfants jouent seuls, elle peut garantir le territoire de chacun.

Elle dira: « Ici, c'est la maison d'Éric, là, ta maison. »

L'adulte peut favoriser les échanges de jouets entre enfants avant le partage.

Elle dira : « Amène-lui un autre jouet pour remplacer celui que tu veux! »

L'adulte évite certains jeux trop individualistes comme ceux où chaque enfant doit jouer à son tour.

L'adulte évite les frustrations en vérifiant souvent l'état des jeux. Une pièce manquante et c'est le drame.

De temps en temps, l'éducatrice peut inviter les plus grands.

L'adulte peut attirer l'attention des enfants en présentant les choses sous forme de surprise. Un simple objet caché va les intriguer.

Le matin, elle cache sa collation dans un sac et leur demande de deviner.

6.4. Des idées d'objets de jeu adaptés aux bébés

Puisque les objets de jeu doivent être adaptés à l'étape de développement que vit l'enfant, c'est donc à partir de l'observation du stade de développement de l'enfant que sera effectué le choix des objets de jeu et non en fonction de son âge, comme on le fait trop souvent.

Au cours de ses trois premières années de vie, l'enfant évolue à un rythme vertigineux, d'un mois à l'autre, il change et ses besoins aussi. On peut partager les enfants en deux grands groupes : les 0-18 mois et les 18-30 mois. De 0-18 mois, l'enfant acquiert graduellement des habiletés motrices de plus en plus fines qui lui permettent d'avoir une emprise de plus en plus réelle sur son environnement. Aussi, faut-il que les défis augmentent à mesure qu'il grandit et devient plus habile. L'enfant de 18-30 mois a besoin de défis plus grands et ses jeux se complexifient : les jeux parallèles, les jeux symboliques et les « expériences scientifiques » caractérisent cette période.

Pour arriver à combler les besoins de tous, l'éducatrice devra observer attentivement chaque enfant et elle accordera la priorité aux objets de jeu passifs. C'est dans cette optique qu'ont été dressées les listes d'objets et d'idées d'animation qui suivent.

6.4.1. Les objets de jeu pour les 0-18 mois

L'éducatrice en pouponnière doit s'appliquer à découvrir ce qu'aiment faire les bébés pour ensuite trouver en elle la créativité et la souplesse nécessaires pour fournir aux tout-petits des objets qui satisferont leur désir naturel d'explorer. Elle trouvera dans la section suivante un tableau où sont regroupées des suggestions d'objets de jeu.

Ce tableau en deux sections présente des idées, des pistes et non des recettes toutes faites. En ce sens, il revient à l'éducatrice de choisir les objets de jeu qui incitent le bébé à relever des défis à sa taille, à s'affirmer, à être actif. Il faut toujours observer le bébé pour enlever un objet, en ajouter un ou modifier une animation si le jeu ne lui plaît pas ou si on le sent mal à l'aise. Le bébé doit toujours pouvoir choisir et être en sécurité.

Tout nouveau matériel sera d'abord présenté au bébé et il ne faut jamais introduire trop de matériel à la fois. Finalement, même si les idées que l'on retrouve dans ce tableau sont associées à certains groupes d'âges, elles peuvent souvent être utilisées avec différents groupes, c'est-à-dire que tout peut être permutable. Ce tableau n'est qu'un déclencheur et rien n'y est figé ni complet; c'est le bébé qui va nous conduire à ses intérêts.

Les idées de jeu sont classées en fonction des différentes étapes du développement moteur telles que précisées à la section 6.2.2. À ces caractéristiques motrices s'ajoutent des descriptions indicatives du développement du bébé.

Chaque section est divisée de telle sorte que l'éducatrice puisse d'abord choisir des objets de jeu de base, puis des objets de jeu facultatifs demandant plus d'animation et de surveillance. Les objets de jeu de base sont en général suffisants pour offrir une stimulation satisfaisante au bébé à chaque étape de son développement. Il est important de les retrouver en pouponnière. Même si elle a sous la main une belle variété d'objets de base, il est possible que l'éducatrice souhaite explorer plus à fond certaines capacités des bébés ou éviter que son travail ne devienne routinier. Elle pourra alors offrir aux bébés des objets de jeu qui demandent une certaine supervision pour assurer la sécurité et prévenir ou ramasser les dégâts pouvant résulter de la manipulation des objets.

Tableau 6.1
Objets de jeu de base et objets de jeu nécessitant une surveillance

---

Le bébé placé sur le dos ne se tourne pas seul sur le ventre.   Ce bébé commence à maîtriser les mouvements de ses bras et de ses jambes. Il cherche à atteindre certains objets en les regardant. Il devient capable d'en tenir un. Mais la majorité de ses explorations se font autour de ses mains, de ses pieds et de son visage. Il roucoule et gazouille. Il peut reconnaître son éducatrice et certaines voix, il sourit. Il observe certains phénomènes tels les feuilles des arbres secouées par le vent.

OBJETS DE JEU DE BASE

Foulards de coton imprimé de 50 cm^2	Bouée de plastique gonflée
Ballon de plage à demi-gonflé	Gros beigne en tissu rembourré
Balles à trous de 10 cm	Cristal à facettes suspendu à une fenêtre (pas accessible)

OBJETS DE JEU OU IDÉES
D'ANIMATION NÉCESSITANT
DE LA SURVEILLANCE

Mobile	S'il n'est pas accessible, le faire bouger.
Mobile que le bébé peut atteindre avec ses mains ou ses pieds (ballon suspendu)	Suspendre le mobile un peu à gauche ou à droite du visage du bébé. L'enlever quand l'adulte ne peut surveiller.
Acétates de couleur ou papier cellophane de couleur	Installer devant une fenêtre.
Aquarium	Laisser le bébé regarder les poissons. Veiller à ce que l'aquarium soit placé dans un endroit sûr.
Enregistrement du babillage de l'enfant ou des chansons de la maison	Les chansons l'apaisent.
Ruban	Attacher un morceau de ruban aux doigts ou aux orteils du bébé. S'il dérange le bébé, l'enlever (attention qu'il ne le détache pas seul et s'étouffe avec).
Papier-calque	En couchant le bébé sur le papier, le bruit l'amène à bouger. Il est préférable de le coucher dans la position qu'il maîtrise. S'il ne semble pas apprécier, arrêter.

Tableau 6.1 (suite)
Objets de jeu de base et objets de jeu nécessitant une surveillance

Premiers jeux de coucou avec les mains	Laisser du temps au bébé pour réagir.
Chansons	Chanter des berceuses que l'enfant connaît. Reprendre les chansons de la maison.
Danse avec le bébé	Éviter de le brasser (le tenir de façon à ce qu'il se sente en sécurité.
Présence d'un autre bébé	Placer le bébé de sorte qu'il puisse observer un autre bébé. Prévoir assez d'espace pour ne pas qu'ils se nuisent ou se blessent.

Le bébé se tourne seul du dos sur le ventre et essaie de ramper. Le bébé contrôle sa tête, roule du dos sur le ventre et du ventre sur le dos. Il peut se déplacer en tirant ou poussant son corps. Il change les objets d'une main à l'autre et commence à attraper les choses avec le pouce et l'index. Il cherche également les objets qu'il échappe et est intrigué par ce qui tombe. Il sourit aux adultes et aux enfants. Il connaît certaines parties de son corps. Il reconnaît son nom et commence à vouloir se nourrir seul. Il peut commencer à avoir la peur des étrangers. Il aime les jeux de coucou et imite les tons et les intonations. Tout le matériel à formes diverses le fascine. Il essaie de tout saisir : boucles d'oreilles, cheveux, plantes. Il est très alerte, brasse, cogne. Tout est dirigé vers la bouche.

OBJETS DE JEU DE BASE

Bouteilles de boissons gazeuses, d'eau minérale ou de savon à vaisselle en plastique vides et lavées.	Couvercles de pots de bébé (métal léger ou plastique)
	Passoire de cuisine en plastique
Balles de toutes grandeurs et textures (sauf celles en éponge)	Vieux bigoudis à trous en plastique (gros rouleaux roses)
Petits paniers de plastique souple et léger	Grosse corde de 12 cm avec des nœuds
	Volants de badminton, enlever le bout coloré

OBJETS DE JEU OU IDÉES D'ANIMATION NÉCESSITANT DE LA SURVEILLANCE

Petits plats en aluminium léger (équipement de camping)	L'enfant va être attiré par la brillance. Éviter les pièces détachables.

Tableau 6.1 (suite)
Objets de jeu de base et objets de jeu nécessitant une surveillance

Équipement de saut pour les « *cheer leaders* »	Bien surveiller, car il va essayer d'arracher des bouts de papier.
Hochets	Pas trop lourds et seulement s'il est capable de les lâcher.
Sacs d'odeurs (petits sacs de tissu remplis de riz accompagnés d'élément odorant)	Vérifier souvent les coutures. Jeter après un certain temps.
Éponges de couleur (se lancent facilement)	Si le bébé a des dents, il risque de les déchirer (à enlever à ce moment).
Bulles de savon	Éviter d'en faire une trop grande quantité, car cela peut être dangereux pour les yeux.
Coussin T-shirt	Rembourrer un T-shirt et coudre toutes les extrémités. Ce coussin permet à l'enfant de s'y blottir.
T-shirt avec bandes velcro où divers objets sont collés	Enfiler ce T-shirt au bébé s'il en a envie. Peut se faire aussi sur un tissu attaché au mur. Attention aux petits objets.
Trois mitaines rembourrées et cousues ensemble	Cela va lui permettre d'attraper, de se chatouiller.
Balles de tennis et boîte en plastique	Veiller à ce qu'il n'y ait aucun rebord en métal. L'enfant va prendre plaisir à mettre dedans.
Bouteilles de ketchup vides avec odeurs (cannelle, lavande, clou de girofle, etc.)	Bien coller le bouchon et vérifier souvent. Voir à ce qu'il n'y ait pas de colle hors du bouchon. L'enfant explore ainsi les odeurs par le trou.
Bouteilles de boissons gazeuses vides et du riz ou des pâtes alimentaires crues; bouchon scellé	
Blocs avec fonds de boîtes de lait en carton	À imbriquer l'un dans l'autre. Jeter dès qu'ils présentent des signes d'usure.
Blocs de carton avec poignées en tissu; chaque côté est recouvert d'un tissu rond	Toujours utiliser une colle non toxique.
Objets placés à l'envers	L'enfant sera intrigué.

TABLEAU **6.1** (suite)
Objets de jeu de base et objets de jeu nécessitant une surveillance

Souffle chaud et froid lors des changements de couche	L'éducatrice varie son souffle en expliquant au bébé (avec la bouche grande ouverte, le souffle est chaud, avec la bouche comme pour siffler, le souffle est froid).
Marionnette avec une mitaine pour le four	S'il manifeste de la crainte, arrêter.
Retailles de tissus	Assez grands pour ne pas être avalés. Pas trop longs pour ne pas comporter de risques d'étouffement (de la grandeur d'une débarbouillette).

L'enfant s'assoit. Ce bébé est moins actif qu'avant, il a pris du poids et est un peu au ralenti. Il peut se concentrer pendant de longs moments. Il observe les choses sous tous les angles et aime transférer les objets d'une main à l'autre. Il ressent certaines peurs et reconnaît les routines. Il aime essayer de grimper une marche ou deux à quatre pattes. Il développe une forme de mémoire et nous imite. Il est intéressé à frapper et à utiliser différemment ses deux mains. Il commence à associer des gestes avec les mots.

OBJETS DE JEU DE BASE

Poches de sable	Hochets
Entonnoirs souples	Bols de cuisine en plastique à emboîter
Glissoire à faible dénivellation (20 cm)	Boîtes à souliers avec couvercles
Escalier en matelas de différentes grandeurs	Tuyaux transparents
Tapis de comptoir de cuisine avec trous (plastique) ou tapis de bain à ventouses	Mitaines pour le four (avec visage d'animal)

OBJETS DE JEU OU IDÉES D'ANIMATION NÉCESSITANT DE LA SURVEILLANCE

Légumes et fruits en plastique
Imiter le bruit des animaux et leurs
mouvements

TABLEAU 6.1 (suite)
Objets de jeu de base et objets de jeu nécessitant une surveillance

Mettre des objets dans un verre de plastique et cacher ce verre dans un bas	Ce jeu est une variante du jeu de coucou. Ne pas choisir un bas trop long parce que l'enfant aura de la difficulté à trouver le verre.
Téléphone	Un des premiers jeux symboliques.
Faire rouler une balle entre les jambes du bébé quand il est assis	Le faire avec un enfant qui s'assoit de lui-même. Deux bébés peuvent faire ce jeu ensemble.
Petits sacs en tissu avec grelot à l'intérieur et panier (jeu de poche)	Donner un panier stable afin que l'enfant puisse y lancer les poches sans qu'il tombe.
Caisses à lait	L'enfant aime les pousser et s'y hisser sur le ventre.
Boîte de pansements à ouverture sur le haut	Il aime faire semblant d'avoir mal. Lui permettre de manipuler les diachylons avec surveillance.
Foulards	Surveiller pour éviter tout problème.
Poupées en plastique ou en tissu avec cheveux et/ou yeux qui ouvrent	
Boîtes de mouchoirs de papier vides munies d'une grosse corde de 10 cm pour transporter les toutous (un train est ainsi formé)	Attention aux cordes avec les plus petits.

Le bébé rampe. Il manipule avec le pouce et l'index et lance ce qu'il ne veut pas. Il est attaché à son éducatrice, est sensible aux autres et il aime rire. Il possède une meilleure mémoire et une plus grande concentration. Il aime prendre des choses d'un contenant et les y remettre et aime connaître les conséquences de ses actes. Il comprend certaines demandes et dit quelques mots comme papa et maman. Il connaît un développement moteur vigoureux. Il reconnaît les routines et change les choses de place. Il a besoin d'indépendance, mais il est encore passablement craintif.

OBJETS DE JEU DE BASE

Quilles de plastique	Napperons de plastique avec des dessins
Autos en plastique tout d'une pièce	
	Petite table basse (20 cm)

Tableau 6.1 (suite)
Objets de jeu de base et objets de jeu nécessitant une surveillance

Téléphone en plastique
(poignée maintenue avec des bandes
Velcro plutôt qu'avec une corde pour
éviter l'étouffement)
Ballon de football en plastique léger

Miroir

Circuit à faire sur les genoux avec diverses textures (tapis de caoutchouc, de fibres rudes, douces, etc.)

OBJETS DE JEU OU IDÉES D'ANIMATION NÉCESSITANT DE LA SURVEILLANCE

Pointer et nommer diverses parties de son corps et de votre corps

Construire sa première maison avec une boîte de carton démontée refaite en triangle et collée sur le sol
Jeux de coucou avec des objets semicachés

Si l'enfant s'assoit seul, installer de grands élastiques à sa chaise haute avec des objets au bout. Il part ainsi à la pêche.

Cartes de Noël et rubans (choux)

Remplir une boîte de vieux journaux, bien coller le tout : c'est la première marche d'un escalier

Faire des trous sur une boîte d'œufs vide et coller diverses textures au fond des alvéoles

Imiter les mouvements
Valises légères avec des objets à l'intérieur

Livre à textures diverses

Ajouter toujours des fenêtres. Éviter les longs tunnels : ils font peur et des conflits peuvent survenir à l'intérieur et l'éducatrice ne pourra pas intervenir.

Avec surveillance. Cette activité permet de faire patienter l'enfant avant les repas.

Éviter les cartes avec des brillants, ils sont dangereux pour les yeux du bébé.

Deux boîtes peuvent être utilisées pour ajouter une difficulté. Attention aux agrafes des boîtes de carton. Choisir des boîtes aux dimensions suivantes : 12 cm de haut sur 50 cm de large sur 1 m de long.

Jeter dès qu'ils présentent des signes d'usure.

Le suivre sur le sol, cela va le faire rire.

L'enfant sera fasciné par les sensations.

TABLEAU 6.1 (suite)
Objets de jeu de base et objets de jeu nécessitant une surveillance

Quelques déguisements tels chapeaux ou foulards, sacoches	Laisser le bébé les utiliser à sa guise.
Faire décoller de la tapisserie	Attention qu'il n'en porte pas des morceaux à sa bouche.
Bac rempli de riz teint avec un colorant alimentaire	La couleur aide à distinguer le riz de celui que l'on mange. Grande surveillance. Petit groupe de deux ou trois bébés en dehors de la présence des autres si possible.
Morceaux de ruban à masquer à demi collés sur le plancher.	Enlever après un certain temps.

Le bébé se hisse. Le bébé se hisse souvent. Il aime se nourrir seul. Il imite de plus en plus; il saisit certaines fonctions imitatives des jouets. Il commence à comprendre certaines consignes et va les tester.

OBJETS DE JEU DE BASE

Perles qui s'emboîtent (larges, en plastique)	Cônes de plastique empilables ou cônes de fil vides
Tapis de bain avec ventouses	Bas anti-dérapants
Barres parallèles	Petits animaux et personnages en plastique
Caisses à lait	
Vieux bouts de boyaux d'arrosage	Maison, garage
	Pentes

OBJETS DE JEU OU IDÉES D'ANIMATION NÉCESSITANT DE LA SURVEILLANCE

Mettre dans l'environnement ce qui va permettre au bébé de se hisser et de se déplacer latéralement (barre d'exercices pour danseurs, ou anneau à serviettes	
Marionnettes assez grosses	Éviter les petites marionnettes qui sont difficiles à enfiler ou celles avec des têtes trop lourdes.

Tableau **6.1** (suite)
Objets de jeu de base et objets de jeu nécessitant une surveillance

Mini lampe de poche	Surveiller les piles.
Chansons	
Jeu dans le panneau de plexiglass monté sur bois.	Avec le souffle ou avec un pinceau trempé dans l'eau.
Petit service à vaisselle en plastique	
Marionnette dessinée sur la main	
Gant texturé	L'adulte porte un gant sur lequel sont collés ou cousus des objets et tissus de diverses textures.

Le bébé marche.   Entre 12 et 18 mois, le bébé peut se tenir debout et tout à coup se mettre à marcher. Il aime monter et descendre à quatre pattes de petits escaliers. Il utilise ses deux mains à deux actions différentes. Il démontre de l'intérêt à se déshabiller seul. Il aime enlever ses souliers. Il est très émotif et appréhende les nouveaux endroits. Il démontre son affection et ses préférences sont marquées. Il peut acquiescer à certaines demandes mais peut se montrer moins docile surtout en ce qui a trait aux habitudes de dodo et de repas. Il résoud des problèmes simples en utilisant des manipulations répétitives. Il imite les gens et comprend plusieurs mots. Il aime transporter des choses, faire du bruit et veut tout essayer. Vers 15 mois, il ressentira l'urgence de grimper. Il va aimer danser, se pavaner devant un miroir. Il peut vers 16 mois commencer à faire des colères. Il a besoin des autres bébés.

OBJETS DE JEU DE BASE

Cerceaux sur le sol	Brosses de tout genre
Portiques de diverses hauteurs	Maison en tissu
Chaises à pousser	Moules à muffins
Panier de magasinage, de plage	*Punching bag*
Paniers avec anse, supports à boissons gazeuses avec poignées, sacs à main	Grand panier à linge
	Poupées en plastique
	Manche à balai

OBJETS DE JEU OU IDÉES D'ANIMATION NÉCESSITANT DE LA SURVEILLANCE

Petites autos avec une pente	Il aime peigner les poupées ou l'éducatrice.
Gros peigne	

TABLEAU **6.1** (suite)
Objets de jeu de base et objets de jeu nécessitant une surveillance

Ballon de plage suspendu à la hauteur des bras sur une corde transversale Traîner les bébés couchés sur une couverture	
Installer des draps sur une corde à linge de sorte qu'ils touchent au plancher Sacs de couchage à remplir de jouets ou à vider	Modification du jeu de coucou. Utiliser des crochets solides et varier la texture et la couleur des draps. Éviter de faire peur aux bébés.
Plumeau Petit balai, petite vadrouille et ramasse-poussières	Donner la chance de participer aux routines : mettre la table, balayer, frotter, etc.
Tableau magnétique ou gros objets magnétiques à coller sur le réfrigérateur Cerfs-volants Moulins à vent sur tige Se cacher complètement Rouler le long des pentes Premiers casse-tête Kaleidoscopes	Veiller à ce que les aimants ne s'enlèvent pas.
Tampons de ouate à coller sur du « Mac-Tac » ou du papier de verre Tous les jeux avec des visages à émotions diverses	Surveiller, car il y a risque d'étouffement. Éviter tout projet avec de la colle.
Valises, boîte à lunch, sac à main	
Maquillage devant le miroir	Lui laisser faire son maquillage lui-même.
Premiers jeux d'imprimerie Dessiner avec le doigt des formes dans son dos Dessiner dehors avec de gros pinceaux	

6.4.2. Des objets de jeu et d'animation pour les 18-30 mois

Les 18-30 mois marchent en général vite et efficacement, c'est pourquoi nous utilisons le terme de « trottineur » pour les désigner. Ces enfants apprennent beaucoup et changent tous les jours; tout est possible et amusant pour eux. L'acquisition du vocabulaire, leur maîtrise de plus en plus grande de leur corps leur facilite l'exploration. Répéter une action fait partie de leur façon d'apprendre. Sur le plan affectif, ils deviennent ceux qui veulent des choses plutôt que ceux qui en reçoivent comme les 0-18 mois. Ils sont donc plus possessifs et veulent s'affirmer et obtenir plus d'indépendance.

C'est l'âge des jeux parallèles, puis des jeux symboliques. Ce que les trottineurs essaient de comprendre le plus à travers leurs jeux, c'est la vie en général. Ils sont fascinés par les innombrables mécaniques du quotidien. Ils font leurs premières armes de chimistes, de physiciens et de biologistes. Ils adorent mélanger les choses, ils sont fascinés comme Newton par la gravité : toutes les choses qui tombent, qui se soulèvent deviennent la cible d'une sérieuse investigation. Les leviers les fascinent, de même que tout ce qui s'ouvre, se ferme, se verrouille… La vie les intrigue et pas un insecte, une fleur, un caillou ne va échapper à leur œil inquisiteur.

Nous avons vu précédemment que les envies des bébés sont de réels besoins qu'il importe de combler pour soutenir leur évolution. C'est à partir des divers besoins reliés aux découvertes sensorielles et à l'exploration des bébés entre 18 et 30 mois que nous avons élaboré une liste d'objets de jeu et de façons d'animer les enfants de ce groupe. Certaines suggestions vont susciter des activités spontanées chez les trottineurs, d'autres vont nécessiter l'intervention de l'éducatrice. Nous tenons compte dans nos choix de l'envie de bouger, de sentir, de voir, de goûter, de toucher, d'écouter de ces enfants. Puis, nous explorons ce qui peut amener les trottineurs à découvrir les relations de causes à effet (le fonctionnement des choses), à satisfaire leur envie de laisser leur marque ou de jouer dans l'eau, dans le sable[18].

L'envie de bouger

Le trottineur a besoin de bouger en utilisant tout son corps. Il développe ainsi ses muscles, son schéma corporel, sa latéralisation, etc., et établit la base de tous les apprentissages futurs[19]. Voici une liste de jeux et d'activités pouvant combler ce besoin, qui peuvent se dérouler à l'intérieur comme à l'extérieur.

- Balles
- Dôme géodésique
- Tunnels

---

18. Kareen MILLER. *Things to Do with Toddlers and Twos, op. cit.*
19. Francine LAUZON. *L'éducation psychomotrice : source d'autonomie et de dynamisme*, Québec, Presses de l'Université du Québec, 1990, pp. 114-115.

- Montagnes de mousse de polystyrène
- Bancs d'équilibre
- Échelles
- Corde à Tarzan et des matelas
- Gros rouleau en bois recouvert de peluche accroché à une structure; l'enfant s'y roule sur le ventre
- Filet à papillons
- Deux adultes tiennent un papier ou une serviette, les enfants y foncent comme des taureaux
- Gros éléments de construction
- Jeu d'échelle géant
- Tête sur bâton (tête de fou du roi, de renard, de lapin, de cheval, etc.)
- Cabanes en carton (en tissu, en coussin, inspirées de divers pays)
- Tapis d'eau (matelas pneumatique rempli d'eau)
- Véhicules que l'enfant enfourche et fait avancer avec ses pieds
- Tricycle ou autre véhicule à pédales
- Pneu suspendu
- Grand matelas à ressort pour sauter
- Planche à équilibre sur le sol
- Corde à hauteur des bras levés pour se suspendre
- Planche à bascule
- Râteaux et tondeuses jouets
- Tirer le bébé dans une petite baignoire de plastique ou une couverture
- Construire de gros blocs en remplissant des sacs bruns de journaux
- Jouer à courir après quelqu'un
- Suivre des traces au sol (traces de chat, d'ours, de singe, d'oiseaux)
- Parcours à obstacle (jeu imaginaire : traverser une forêt enchantée)
- Labyrinthe (murs de quatre pieds avec des ouvertures)

L'envie de sentir

Les odeurs sont un puissant véhicule émotif. Tous se rappellent d'une odeur de l'enfance et du sentiment qui l'accompagne. Les cultiver aide l'enfant à se sentir bien à la garderie.

- Pochettes à odeurs
- Sortie à l'extérieur où l'on essaie de trouver des odeurs
- Couper des branches odorantes telles celles du sapin, du cèdre, de l'eucalyptus, du lilas, des pissenlits, etc.
- Faire pousser des plantes odorantes
- Faire pousser des herbes aromatiques
- Déposer quelques gouttes d'huile essentielle sur certains objets non offerts à la manipulation

L'envie d'écouter

L'enfant discrimine bien tous les sons connus. Lui faire prendre conscience de cette force et de l'apaisement lié à l'écoute des choses, des sons, des personnes est une excellente façon de l'aider à prendre conscience de son environnement et à avoir de l'emprise sur lui.

- Faire des enregistrements de bruits de rivières, de la mer, etc.
- Enregistrer chaque parent qui chante une berceuse, une comptine, une chanson et les faire entendre aux enfants
- Avoir une collection de cloches de diverses grosseurs ou tonalités
- Faire un labyrinthe sonore
- Avoir une collection de klaxons de bicyclettes
- Écouter de la musique classique ou étrangère
- Avoir un tableau démonstrateur de sonnettes d'entrée
- Faire une marche pendant laquelle on cherche à reconnaître les sons
- Écouter des bruits d'animaux en regardant leur image dans un livre
- Écouter un disque de chants d'oiseaux
- Écouter le bruit du vent, de la neige qui fond, des mouches, des feuilles, etc.
- Enregistrer des bruits familiers pour ensuite les faire entendre aux enfants

L'envie de toucher

L'enfant aime toucher et se faire toucher. Le toucher est un sens très développé chez lui. Aménager des coins douillets à la garderie lui permettra de combler ses besoins de chaleur. L'éducatrice pourra aussi veiller à ce qu'il se familiarise avec différentes textures.

- Dominos tactiles
- Rampe texturée (petite pente composée de différentes carpettes)
- Pâte à modeler
- Petites marionnettes à placer sur les doigts
- Échantillons de tapis de différentes textures
- Autocollants
- Papier adhésif
- Pierres chaudes et froides
- Faire un jardin, creuser un grand trou
- Déchirer divers papiers ou de la laitue
- Pétrir de la pâte à pain
- Coquillages de diverses formes
- Large pièce de papier contact collée au mur face adhésive à l'extérieur; les enfants y collent et décollent ce qu'ils veulent

- Bandes de Velcro pour accrocher marionnettes, toutous, etc.
- Matelas pneumatique rempli d'eau
- Massages
- Drapeaux ou fanions
- Grands rubans attachés à un bâton
- Jouer dans le sable, dans l'herbe, dans la neige, dans l'eau et... dans la boue!

L'envie de voir

L'enfant s'arrête à la fourmi, au morceau de vitre, au petit caillou alors que l'adulte perçoit, lui, l'ensemble du paysage. Pouvoir observer de petites choses et s'en émerveiller est très important pour le développement futur de la personnalité de l'enfant. Pour l'adulte, réapprendre à remarquer les petites choses est un gage de sérénité.

- Mettre du papier cellophane de couleur aux fenêtres
- Faire porter des lunettes de soleil
- Observer une fourmilière
- Mettre un rideau coulissant devant un miroir afin que l'enfant joue à la cachette avec son propre reflet
- Avoir un miroir à trois dimensions
- Aménager un coin lecture isolé
- Demander aux enfants de suivre une ligne au sol, des traces de chat, etc.
- Fixer une grande plaque de plexiglass au mur ou au plancher avec diverses illustrations dessous
- Créer des personnages variés en carton épais de la grandeur des enfants
- Jouer à la pêche aimantée
- Faire voler un cerf-volant
- Dessiner des visages sur les doigts, les orteils, les couches
- Faire un zootrope (jeu de carton qui tourne où l'enfant regarde les images par des fentes, ancêtre de la bande dessinée)
- Jouer avec des petites lampes de poche (surveiller les piles)
- Avoir des miroirs individuels incassables
- Avoir un miroir grossissant
- Avoir une loupe (sur trépied)
- Faire des bulles de savon avec tout ce qui a un trou

Explorer les relations causales

L'enfant s'interroge sur tout. La permanence de l'objet est acquise mais bien des concepts sont encore à acquérir comme les notions de poids, de vitesse et toutes les conséquences des manipulations. Les jeux doivent permettre à l'enfant de développer toutes ces connaissances.

- Tôle à biscuits avec objets magnétiques
- Tableau troué avec crochets sécuritaires pour suspendre divers objets
- Ballon de plage suspendu à la hauteur des mains levées des enfants
- Longs tubes de carton fixés aux rampes ou aux murs pour y faire descendre des objets
- Poulie installée au plafond qui permet de faire monter des choses attachées à une corde (grande surveillance)
- Seau suspendu au plafond à l'aide d'une corde et placée à la hauteur des enfants (grande surveillance)
- Vieux appareils de radio (piles scellées)
- Avions de papier
- Timbres à coller
- Loquets aimantés
- Jeu traditionnel de pêche avec canne à pêche et poissons munis de petits crochets
- Huile, eau et colorant dans une bouteille de plastique transparent
- Bulles de savon

Explorer le fonctionnement des choses

Pour faire les choses seul, il faut comprendre leur fonctionnement. Plus l'enfant manipule, plus il se pose des questions, plus il vérifie ses hypothèses : c'est le début de la démarche scientifique. Il faut donc lui proposer des jeux qui lui permettront de comprendre le monde.

- Linge étendu avec des épingles à linge en bois sans ressort
- Vieux tourne-disque avec disques
- Sacs de couchage pour transporter les jouets ou se cacher
- Poubelle à couvercle articulé, avec un visage dessiné dessus pour inciter les enfarts à s'en servir
- Seau à anse suspendu à l'aide d'une corde au-dessus d'un plat à vaisselle pour transvider
- Diverses serrures
- Cannes à pêche avec moulinet simple (sans hameçons)
- Des valises de dimensions variées avec diverses fermetures
- Divers tiroirs à ouvrir
- Corde à Tarzan suspendue au-dessus d'un matelas
- Vieux réveille-matin que l'on fait sonner

Laisser sa marque

Laisser sa trace : le rêve de tout être humain. L'enfant adore cela et il faut lui rendre la chose possible sans toutefois transformer la garderie en champ de bataille.

- Chaque enfant aura son panier pour le bricolage avec crayons de cire, colle en bâton, restes de carton, etc.
- Faire de la peinture aux doigts avec de la peinture non toxique ou de la crème à raser s'ils ont passé le stade de tout porter à leur bouche; placer la peinture et la feuille de chacun dans un plateau afin de bien délimiter les territoires
- Peindre dans les vitres ou les miroirs
- Vider de la peinture aux doigts dans des bouteilles de désodorisant à bille vides et remettre la bille. Voilà un pinceau spécial!
- Laisser en permanence sur une table basse un grand papier et des crayons reliés à la table
- Peindre avec de l'eau et de gros pinceaux
- Craies et tableau (plus facile que de dessiner sur papier pour les deux ans) et on peut prendre les craies avec soi dehors!
- Tableau magique pour dessiner
- Imprimer avec de la craie les surfaces à relief

Éviter tous les projets avec de la colle, de la peinture à l'eau, de l'imprimerie, des brillants et du découpage; ils sont soit trop difficiles ou dangereux.

Jouer avec l'eau et le sable

Le jeu dans l'eau et dans le sable rejoint les rites primitifs de l'être humain. Il s'agit de matériaux mouvants passifs où l'enfant devient actif, modelant, transvidant, transformant et vivant avec tout l'héritage de l'Humain. Au contact de ces matières, tous ses sens sont en éveil, il peut aussi vérifier le fonctionnement des choses et observer des réactions de cause à effet.

- Avoir divers objets pour jouer dans l'eau : passe-thé, bouteille de ketchup de restaurant, compte-gouttes, tubes clairs, entonnoirs, jeux qui flottent, objets qui coulent, bouteilles de pilules vides, éponges, pailles, bouts d'arrosoir
- Transvider dans de tout petits contenants
- Avoir une collection d'éponges
- Laver des roches

- Jeu d'eau dans un bac à glace : eau de diverses couleurs dans diverses cases. Ajouter les compte-gouttes et faire des mélanges de gouttes de couleur sur papier absorbant
- Laver des poupées
- Laver de la vaisselle
- Laver du vrai linge
- Laver une vraie voiture
- Jouer avec des lanceurs à eau
- Piétiner dans une piscine avec fond en mousse où l'eau est absorbée et gicle sous la pression des pieds
- Jouer avec de l'eau chaude (moyennement chaude), de l'eau froide, de la glace, de la neige, etc.
- Remplir des arrosoirs à cols de différents grosseurs
- Verser de l'eau à l'aide d'entonnoirs de toutes grandeurs, de tuyaux transparents, etc.

• Résumé •

Nos diverses connaissances concernant le développement moteur du bébé ont orienté nos choix en ce qui concerne l'aménagement de la pouponnière et le choix des objets de jeu et du matériel. Notre but est donc d'aider l'éducatrice à créer des espaces correspondants aux besoins et aux capacités des bébés, à choisir des objets de jeu adaptés aux différentes étapes du développement moteur de l'enfant.

La future éducatrice y aura trouvé des pistes de réflexion visant à développer son sens de l'observation et à alimenter sa créativité afin d'offrir aux enfants un environnement qui les stimule de façon satisfaisante, les aide à conquérir leur autonomie. Elle aura pu constater que c'est souvent dans les petits détails de la vie quotidienne que l'on trouve les meilleures stimulations, les objets de jeu les mieux adaptés.

Nous avons insisté sur le fait que les objets à offrir et l'aménagement de l'espace doivent se transformer au rythme de l'évolution des bébés et que c'est d'abord dans ses relations privilégiées avec l'adulte pendant les soins que l'enfant trouve sa plus importante stimulation.

Il est certain que des contraintes reliées aux ressources financières et à l'espace empêchent bon nombre de garderies d'accéder à la situation idéale quant à l'aménagement de la pouponnière et ce, d'autant plus que la réglementation de l'OSGE est minimale. Toutefois, le danger est de se scléroser devant des défis qui semblent impossibles à relever. Pour évoluer, il importe avant tout de s'analyser pour modifier ses attitudes et aménager la pouponnière en tenant compte de ses limites et, bien sûr, des objectifs de la garderie. Il n'est pas important (et cela est même impossible) d'atteindre le niveau d'excellence partout. Par contre, il est essentiel de se concentrer sur ses faiblesses pour les transformer graduellement en forces et ainsi s'améliorer.

C'est dans cette optique que nous vous présentons à la fin du chapitre (annexe 4) une échelle dont le but est d'évaluer la qualité du milieu offert aux tout-petits. Les idées émises dans le tableau ont été étudiées en détail tout au long de ce chapitre et les points d'évaluation sont en fait les points vus dans le chapitre. Ils sont placés selon leur ordre d'apparition dans le texte. Le principe de cette échelle est simple : elle est graduée de 0 à 7, 0 représentant le seuil d'un milieu inadéquat et 7, un excellent millieu. Chaque seuil comprend les éléments qui précèdent à partir du seuil minimal. Cette démarche de mesure est inspirée de celle de Thelma Harms *et al.*[20]. Encore une fois, le but de cette grille est d'amorcer des réflexions sur ce qui pourrait être amélioré, analyser et s'adapter étant des attitudes fondamentales en éducation.

Bibliographie

BARCLAY, L. *et al.* « The Baby's World », *Zero to Three*, vol. X, n° 2, décembre 1989.

DAVID, Myriam et Geneviève APPEL. *Lóczy ou le maternage insolite*, Paris, Éditions Scarabée, 1973.

EPSTEIN, Jean. *Le jeu enjeu*, Bourrelier, Paris, Éditions Armand Colin, 1985.

GARON, Denise. *La classification des jeux et jouets : le système ESAR*, Québec, Documentor, 1985.

GONZALEZ-MENA, Janet et Dianne WIDMEYER-EYER. *Infants, Toddlers and Caregivers*, Californie, Mayfield Publishing Company, 1989.

GUÉNETTE, Rachel. *Des enfants gardés en sécurité*, Montréal, Office des services de garde à l'enfance et le Cégep de Saint-Jérome, 1988.

HACHÉ, Aline. *Les interventions et l'animation d'un groupe d'enfants entre 0 et 3 ans*, Montréal, Cégep de Saint-Jérome, 1988.

---

20. Thelma HARMS, Debby CRYER et Richard CLIFFORD. *Infant/Toddler Environment Rating Scale*, New York, Teachers College Press, 1990.

HARMS, Thelma, Debby CRYER et Richard CLIFFORD. *Infant / Toddler Environment Rating Scale*, New York, Teachers College Press, 1990.

LAUZON, Francine. *L'éducation psychomotrice : source d'autonomie et de dynamisme*, Québec, Presses de l'Université du Québec, 1990.

MILLER, Kareen. *Things to Do with Toddlers and Twos*, Marshfield, Mass., Telshare Publishing Co. Inc., 1984.

PINELLI, Anna. *Des bébés en motricité libre*, Montréal, Regroupement des garderies de la Montérégie, 1991.

PROULX, Monique et Monique RICHARD. *Des enfants gardés en santé*, Montréal, Office des services de garde à l'enfance, Les Publications du Québec, 1985.

TARDOS, Anna. « Qu'est-ce que l'autonomie dès le 1er âge », *L'enfant*, n° 48, Dossier sur les enfants actifs et autonomes nos 3-4, Bruxelles, 1984.

TOURETTE-TURGIS, C., M.-J. GEORGIN, B. OUARRAK et A.-M. MULLER. « Psychopédagogie de l'enfant », *Cahiers de puériculture*, vol. 8, Paris, Éditions Masson, 1986.

TRUCHON-GAGNON, C., R. HÉTU et P. MORISSET. « Causes, manifestations et solutions aux problèmes de bruit en garderie », *Actes du Colloque sur la qualité des services de garde*, Montréal, 1986.

VAN DER BROUCK, Jeanne. *Manuel à l'usage des enfants qui ont des parents difficiles*, Montréal, Éditions France-Amérique, 1979.

Annexe 3

Grille sur la sécurité et l'hygiène des enfants en service de garde

Règles d'aménagement des lieux

LOCAL
* Propre
* Plancher antidérapant, carpettes amovibles mais fixées au plancher
* Surface réglementaire
* Aucune réparation majeure à faire
* Deux sorties indiquées par un signal lumineux « sortie ».
* Température de la pièce : 20 °C ou 70 °F; humidité approximative 40 °C;
  les planchers ne doivent pas être froids et il ne doit pas y avoir de courant d'air
* Avertisseur de fumée et extincteur de feu
* Calorifères, prises de courant, tuyaux, etc., doivent être recouverts
* Ameublement qui permet une vue d'ensemble
* Mobilier sûr, stable et bien adapté à la taille des enfants
* Étagères stables et fixées au sol
* Tiroirs gardés fermés et munis d'une fermeture de sécurité
* Peinture des murs, de l'équipement, etc., intacte
* Décor paisible
* Qualité environnementale appropriée (peu de bruit, bonne aération, local éclairé, etc.)
* Deux lavabos
* Table à langer près d'un lavabo (lavable et à une hauteur ergonomique).

PORTES
* Mécanisme pour ralentir la fermeture de la porte
* Espace sur les côtés et en dessous des portes afin d'éviter d'écraser doigts
  et orteils ou bandes protectrices
* Si vitrées, utilisation de vitres incassables
* Portes de sortie avec signal lumineux « sortie »

FENÊTRES
* Pas d'étagère proche d'une fenêtre qui s'ouvre
* Matériel incassable seulement
* Ouverture limitée à six pouces par un loquet de sécurité
* Grillage protecteur
* Ouverture en haut afin d'éviter les courants d'air
* Facile d'entretien

RIDEAUX
- Loin des sources de chaleur
- Cordons hors de la portée des enfants

TOILETTES
- Lavabo, toilette, fontaine adaptés, marches stables et antidérapantes
- Savon liquide seulement
- Papier de toilette
- Verres de carton jetables
- Essuie-tout (ou serviettes de papier) jetables
- Chaque enfant a sa propre brosse à dents bien identifiée et un étui individuel (permet le séchage); les brosses à dents sont rangées de façon à ce qu'elles ne se touchent pas; pâte dentifrice en pompe
- Température de l'eau chaude : maximum 50 °C (moins de 115 °F)
- Produits pour désinfecter sous clé

VESTIAIRE
- Installation à la hauteur des enfants
- Circulation possible
- Cases individuelles pour les objets personnels, fixés au mur
- Plancher antidérapant
- Espace pour suspendre et sécher les vêtements
- Protection contre les courants d'air et les changements de température
- Tables et chaises pour habiller les enfants plus jeunes
- Crochets à bouts ronds ou bouts de métal, etc.
- Pas de clous qui sortent des cases
- Vadrouille pour essuyer l'eau

ESCALIER
- Rampe d'escalier basse et solide
- Barrière de sécurité en haut et en bas
- Marches antidérapantes
- Contremarche fermée
- Barreaux de la rampe rapprochés
- Cage d'escalier fermée en haut, garde-fou

RÈGLES DE CONDUITE
- Petits objets (boutons, perles, pièces de monnaie, etc.) hors de portée
- Instruments ou objets coupants, pointus ou brisés placés hors de portée des enfants
- Sacs à main rangés (contenu à risques)
- Les enfants ne circulent pas avec une longue écharpe, une corde ou un long bijou, autour du cou

- Il est interdit de se déplacer avec des objets pointus, des objets dans la bouche ou en mangeant
- La marche est encouragée dans les déplacements plutôt que la course
- Les enfants portent des souliers à semelles antidérapantes et non des chaussettes ordinaires
- Les souliers sont bien attachés
- Les jeux violents sont à éviter
- Le port d'équipement protecteur pour la pratique de certains sports (casque) est encouragé
- Les jouets sont choisis en fonction de l'âge des enfants et de leurs capacités

MATÉRIEL
- Contenants incassables, pas de verre ou de vaisselle en porcelaine ou en vitre
- Animaux en cage ou aquarium
- Plantes non toxiques seulement
- Mouchoirs de papier
- Poubelle avec couvercle et pédale
- Cordons des appareils électriques enroulés lorsque rangés
- Contenant fermé pour déposer les couches souillées
- Miroir incassable
- Literie, débarbouillettes et serviettes en quantité suffisante

MATÉRIEL D'ART PLASTIQUE
- Argile naturelle (celle en poudre contient du silica)
- Peinture sans plomb
- Marqueur à l'eau au lieu des permanents contenant des toxines
- Papier mâché maison (l'instantané contient de l'amiante)

SOUS CLÉ
- Produits dangereux (inflammable, toxique, poison, explosif, corrosif) dans leur contenant d'origine afin d'éviter de les confondre
- Trousse de premiers soins
- Médicaments
- Sacs de plastique

AFFICHAGE
- Plan et procédures d'évacuation bien en vue
- Numéros de téléphone d'urgence
- Liste des allergies des enfants
- Les notes et affiches doivent être bien fixées (sans punaise)

Annexe 4

Échelle de mesure de la qualité de l'environnement, du matériel et des attitudes des éducatrices

Thèmes d'observation	Inadéquat	Minimal	Bon	Excellent
	0	1 2	3 4	5 6 7

LA STIMULATION SATISFAISANTE

	Inadéquat	Minimal	Bon	Excellent
	On parle peu aux bébés et les soins laissent à désirer.	Les soins sont assurés mais le climat relationnel est pauvre (on donne des soins à la chaîne, sans temps individuel avec les bébés).	Chaque bébé est assuré de soins individuels de qualité. L'environnement est cependant plus ou moins adapté aux bébés.	Après observation des bébés, l'environnement offre juste assez de stimulation pour maintenir les bébés alertes et créatifs. L'aménagement est souple et modifié selon l'évolution des bébés.

L'AMÉNAGEMENT DE L'ESPACE

Dur/mou
Intimité/contacts extérieurs

	Inadéquat	Minimal	Bon	Excellent
	Les poupons sont sur le plancher ou gardés dans des chaises inclinées. Aucun coin douillet. Plusieurs adultes circulent dans la pouponnière pour se rendre ailleurs.	Il y a un matelas sur le sol au milieu de la place; le bébé ne peut se blottir dans un coin. Aucune fenêtre n'est accessible aux enfants.	Il y a des espaces doux pour se blottir (coussins, matelas, etc.). On retrouve aussi de petits recoins où le bébé peut se retrouver.	Le bébé peut choisir d'interagir avec l'extérieur (fenêtres basses, vitres aux portes). Le plafond, les murs et le plancher assurent une stimulation satisfaisante. Un coin est pensé pour que le parent et l'enfant puissent être seuls ensemble.

Annexe 4 (suite)

Échelle de mesure de la qualité de l'environnement, du matériel et des attitudes des éducatrices

Thèmes d'observation	Inadéquat		Minimal		Bon		Excellent	
	0	1	2	3	4	5	6	7
Espaces ouverts et fermés Rangement	Aucun matériel n'est à la portée des bébés. Tout est rangé dans des armoires fermées ou à la hauteur des adultes.		Il y a un espace pour ranger le matériel non utilisé. Des jouets sont sur le sol à la portée des bébés.		Des étagères stables basses à deux tablettes structurent l'espace et permettent aux bébés de faire des choix.		Le rangement est clairement indiqué et les éducatrices refont souvent la mise en place. Les objets lourds sont placés en bas, les légers en haut. Les objets sont placés selon les associations que le bébé fait, p. ex. : des balles dans les seaux, des poupées avec les vêtements, etc.	

Espace qui grandit avec le bébé	Il n'y a aucune structuration de l'espace. Les poupons sont laissés parmi les autres bébés plus actifs.	Il y a une séparation dans le local et les poupons occupent le plus petit espace, mais sans aménagement ou matériel adapté.	Chaque groupe moteur a un coin pensé pour lui et délimité par des obstacles difficiles à franchir pour les enfants du groupe moteur précédent.	Dans chacun de ces espaces, il y a des défis moteurs adaptés aux capacités motrices des bébés. L'éducatrice place les soins après les bébés dans le coin correspondant à leur intérêt ou leur capacité.
Espaces de soins sûrs et hygiéniques	Les soins sont donnés indifféremment au même endroit où se déroulent les jeux des bébés. Les coins pour le changement de couche et pour l'alimentation ne sont pas distincts.	Les espaces repas et changement de couches ont des commodités sanitaires individuelles.	Les espaces repas et changement de couches sont séparés des espaces de jeu afin de permettre une relation privilégiée avec le bébé.	Les soins sont donnés individuellement dans ces espaces et toute l'organisation privilégie les espaces attenants : les tables à langer sont proches des espaces pour dormir ou de l'entrée pour faciliter la transition avec les parents.

Annexe 4 (suite)

Échelle de mesure de la qualité de l'environnement, du matériel et des attitudes des éducatrices

Thèmes d'observation	Inadéquat		Minimal			Bon		Excellent		
	0	1	2	3	4	5	6	7		
Espace pour l'éducatrice	Aucun bureau ou coin où l'éducatrice peut remplir des rapports d'observation.		Un bout de comptoir est aménagé pour livres, paperasse et annotations.		Une table à la hauteur des éducatrices est mise à leur disposition.		En plus d'un espace pour écrire, l'éducatrice peut profiter avec les enfants d'un espace détente à sa hauteur (sofa, causeuse ou hamac, etc.). Le décor est personnalisé (miroir, plantes, photos).			
Espace extérieur	Les éducatrices doivent traverser plusieurs couloirs, étages ou pièces pour arriver à l'extérieur.		Accès à l'extérieur assez facile, p. ex. : un couloir à traverser.		Accès direct à une galerie ou à une terrasse à l'usage de la pouponnière.		Accès direct à une large terrasse à auvents, organisée pour les siestes à l'extérieur (coin calme) et communication avec des cours extérieures graduées selon les âges moteurs des bébés.			

LE JEU

Interventions des adultes auprès des 0-18 mois	Les jeux sont choisis et animés par les adultes. On exige que les bébés suivent des consignes sous forme d'activité dirigée! On donne des objets dans les mains des bébés et on décide pour eux combien de temps ils vont jouer.	Le jeu est laissé à la discrétion des bébés. Cependant, aucun matériel n'est pensé en fonction des intérêts observés chez le bébé.	Les éducatrices structurent l'environnement de jeu. Elles mettent à la disposition des bébés du matériel passif qui rendent les bébés actifs.	Les éducatrices suivent le code présenté à la section 6.3.3. Par exemple, l'éducatrice suit l'initative de jeu des bébés, se rend disponible aux découvertes, observe, modifie l'environnement.
Les objets de jeu pour le 0-18 mois	Les objets de jeu provoquent des frustrations chez les bébés. Il y a trop d'objets de jeu pêle-mêle qui ne les intéressent pas. Certains présentent même un danger pour leur sécurité.	Les objets de jeu attirent les bébés pendant quelques temps mais n'encouragent pas la concentration. Cependant, les objets ne représentent aucun risque pour eux.	Une variété d'objets de jeu répond aux diverses envies des bébés.	Des objets de jeu sont choisis selon les diverses étapes de développement du bébé. L'éducatrice en refait la mise en place souvent.

Annexe 4 (suite)

Échelle de mesure de la qualité de l'environnement, du matériel et des attitudes des éducatrices

Thèmes d'observation	Inadéquat		Minimal		Bon		Excellent	
	0	1	2	3	4	5	6	7
Interventions de l'éducatrice auprès des 18-30 mois	Beaucoup d'activités dirigées, d'attente de tour de rôle. Peu de matériel semblable.		L'éducatrice propose au moins deux jeux de jeux en même temps pour que le trottineur exerce une certaine autonomie.		L'éducatrice organise le local en coins : bric à brac, poupées, cuisine, etc. Elle prépare des ensembles de matériel pour chaque enfant et favorise les échanges plus que le partage.		L'éducatrice devient un médiateur affectif. Elle observe les jeux parallèles et favorise les jeux symboliques. Elle fournit un encadrement souple et à choix multiples.	
Les objets de jeu pour les 18-30 mois	Même matériel que chez les trois à cinq ans, placé en tas.		Jeux choisis selon les envies des enfants. Non placés ou non accessibles aux enfants.		Jeux choisis et placés en divers coins. Plusieurs petits territoires souples. L'enfant peut choisir.		Objets de jeu et matériel permettant d'explorer, de répéter, d'utiliser les cinq sens, de bouger, de comprendre le fonctionnement des choses et les relations de cause à effet, de laisser sa marque, de jouer avec l'eau, le sable, etc.	

Analyse des résultats de l'échelle d'évaluation

	Stimulation satisfaisante	Dur/mou Intimité	Espaces ouverts et rangement	Espace qui grandit	Espaces de soins	Espace de l'éducatrice	Espace extérieur	Interventions par rapport au jeu	Objets de jeu pour les 0-18 mois	Interventions avec les 18-30 mois	Le matériel pour les 18-30 mois
7											
Excellent 6											
5											
Bon 4											
3											
Minimal 2											
1											
Inadéquat 0											

CHAPITRE 7

Les besoins spéciaux

Jocelyne Martin

Dans nos pouponnières, la majorité des enfants sont en excellente santé et se développent normalement, à leur rythme. Cependant, il y a parmi eux des enfants qui souffrent d'une déficience physiologique et des enfants négligés ou abusés qui auront besoin d'une aide spéciale pour s'épanouir comme les autres. Parce qu'elle a un contact quotidien avec les enfants et qu'elle connaît bien les étapes du développement de l'enfant, l'éducatrice se trouve dans une situation privilégiée pour déceler les difficultés, les prévenir et intervenir auprès des enfants ayant des besoins particuliers afin d'améliorer leur qualité de vie.

Le but de ce chapitre est de lui offrir des pistes de réflexion et des outils qui, bien qu'incomplets, sauront l'aider à bien accomplir ces tâches. Il lui procurera cependant une information élémentaire qui devra être approfondie et complétée. Nous verrons en quoi consiste le travail de prévention et de dépistage, comment se manifestent les différents problèmes et quels sont les recours de l'éducatrice. Enfin, nous nous attarderons au soutien dont elle jouit à notre époque alors que l'on commence à reconnaître l'importance de son rôle en ce qui a trait au bien-être et à la santé des enfants.

7.1. Le travail de prévention et de dépistage

Traditionnellement, c'est le médecin de famille que l'on consultait lorsqu'on s'inquiétait, avec ou sans raison, au sujet du développement d'un bébé. Celui-ci voyait de toute façon l'enfant régulièrement, entre autres pour les immunisations. S'il avait des doutes au sujet de la santé d'un bébé ou des soins qu'il recevait, il l'examinait de plus près ou il effectuait un suivi plus étroit. L'enfant était parfois soumis à un examen approfondi et, au besoin, le médecin le référait à un spécialiste. C'était le médecin de famille qui était le mieux placé pour informer les parents, les conseiller et dépister les problèmes de santé. Aujourd'hui, les choses ont bien changé.

Les rapports des parents avec les médecins sont différents. Il n'existe plus de relation étroite médecin-famille-enfant. Les familles ont plus souvent recours aux salles d'urgence et, comme elles déménagent fréquemment, l'enfant est habituellement vu par différentes personnes dans différents contextes. Il y a donc peu de suivi par les professionnels de la santé et, le seul fait de rencontrer différents spécialistes dans des endroits qui changent peut même occasionner des comportements inhabituels chez l'enfant.

Les enfants qui fréquentent la pouponnière et leurs parents ont de nos jours un contact plus régulier avec l'éducatrice qu'avec le médecin. Bien souvent, ils s'ouvrent facilement à l'éducatrice car elle est plus disponible et s'avère moins menaçante pour eux que les spécialistes. Ils lui demandent des conseils et recherchent auprès d'elle un certain support. Celle-ci se trouve donc dans la situation idéale pour assurer à l'enfant un certain suivi pouvant très bien compenser celui du médecin de famille.

Le rôle du personnel en pouponnière est ainsi en train d'évoluer. L'éducatrice est appelée à faire de la prévention et du dépistage, tâches qui dépassent de beaucoup la simple garde des enfants. Ces responsabilités plus grandes exigent d'abord d'elle d'être en mesure d'apporter à l'enfant les soins essentiels à sa santé et à sa sécurité. De plus, elle se doit de bien connaître le développement de l'enfant afin de lui offrir une stimulation appropriée et de repérer facilement les retards de développement ou les anomalies physiologiques ou comportementales pouvant être symptomatiques d'une maladie, d'une déficience ou d'une situation familiale malsaine.

Le travail de prévention et de dépistage exige aussi plus de disponibilité quand il s'agit, par exemple, d'observer de plus près un enfant qui semble éprouver des difficultés ou d'établir des contacts plus étroits avec ses parents afin d'offrir un suivi plus complet. Il demande un investissement personnel plus grand quand il s'agit, par exemple, d'annoncer à des parents que leur enfant ne semble pas entendre très bien et qu'ils devraient consulter un spécialiste, puis de les conseiller et de les encourager. Il peut aussi être éprouvant pour une éducatrice de s'apercevoir qu'un de ses bébés est maltraité, puis de dénoncer ses parents à la Direction de la protection de la jeunesse (DPJ).

Étant donné que l'approche préventive est très exigeante, il est essentiel que l'éducatrice jouisse d'un certain support de la part de ses coéquipières ou de sa coordonnatrice. Cependant, il faut dire que celle qui s'engage aujourd'hui dans cette nouvelle voie risque de rencontrer de la résistance dans son milieu de travail, car elle bouleversera des habitudes de travail. En effet, il se fait peu de travail préventif et de dépistage dans nos pouponnières à l'heure actuelle.

Pourtant, il s'avère crucial que dans un avenir rapproché, le personnel des pouponnières intègre ces nouvelles tâches à ses habitudes de travail, car les enfants sont de plus en plus nombreux à fréquenter la garderie et y sont admis de plus en plus jeunes. La pouponnière devient ainsi l'endroit idéal pour offrir un suivi aux enfants. Ce suivi, qui se fait peu actuellement, est important car on reconnaît maintenant que les trois premières années de vie exercent une influence très grande sur la vie ultérieure de l'individu; c'est aussi pendant cette période qu'une aide optimale peut être apportée à l'enfant qui a une déficience étant donné la grande capacité de réparation de l'organisme à cet âge.

Voyons donc de plus près en quoi consiste la prévention à la pouponnière et ce que représente le travail de dépistage, deux choses bien distinctes mais complémentaires.

7.1.1. La prévention

La prévention est une approche axée sur l'élimination des troubles potentiels chez l'enfant[1]. Elle peut se définir comme un ensemble de mesures qui vise à empêcher une chose négative de se produire ou de se développer davantage. Elle peut prendre la forme d'une lutte contre l'aggravation d'une maladie, sa propagation, etc. Elle peut aussi se faire de façon permanente, c'est-à-dire en offrant d'abord aux enfants un service éducatif de qualité et en encourageant les échanges avec les parents.

Offrir un service éducatif de qualité

Un principe de base de la prévention est d'offrir un service éducatif de qualité orienté vers le bien-être des enfants. L'attitude positive de l'éducatrice envers les enfants et un environnement physique adapté contribuent, en effet, à préserver leur santé physique et mentale.

En mettant en pratique une philosophie basée sur le respect du rythme de chacun, l'éducatrice fait de la prévention car elle réduit les risques de problèmes. En répondant de façon respectueuse à tous les besoins physiologiques des enfants, elle devient un tendre réconfort pour ceux qui ont besoin, plus qu'à tout autre moment de leur vie, de stabilité affective et de soins attentifs[2]. Cette attitude constitue un apport indéniable et très précieux pour le maintien de l'équilibre des tout-petits et permet d'éviter une foule de problèmes, du plus anodin au plus grave.

La pouponnière doit aussi être un lieu plaisant et adapté, car les bébés sont les premiers à bénéficier d'un environnement de qualité[3]. Il revient à l'éducatrice de créer une ambiance favorable où le bien-être et la confiance règnent et de faire en sorte que la pouponnière soit un lieu chaleureux où l'enfant se sent chez lui. Elle veillera aussi à ce que le local soit propre,

---

1. « Early Intervention as Preventive Intervention » de Carole C. UPSHUR dans *Handbook of Early Childhood Intervention*, de Samuel J. MEISELS et Jack P. SHONKOFF, USA, Cambridge University Press, 1990, pp. 633 à 650.
2. Se référer au chapitre 3 pour des pistes de réflexion concernant la façon de répondre de façon satisfaisante aux besoins physiologiques des enfants.
3. Se référer au chapitre 6 pour en savoir plus sur l'aménagement d'un environnement adapté aux besoins d'un groupe d'enfants.

bien chauffé, aéré et sûr. Elle saura proposer à l'enfant des objets de jeu et des défis adaptés à ses besoins afin qu'il puisse exercer ses aptitudes en toute quiétude.

Apporter du support aux parents

Une deuxième façon de faire de la prévention consiste à tenir compte des valeurs véhiculées dans les familles des enfants et à aider les parents puisqu'ils jouent un rôle de première importance dans l'épanouissement de leur enfant en demeurant toujours le premier point de repère des enfants, leur sécurité affective. La famille représente, en effet, l'environnement qui donne les éléments nécessaires à l'équilibre et à la croissance de l'individu. Dans cette perspective, la pratique préventive ne touche pas uniquement le travail à la pouponnière, mais elle peut s'étendre au milieu familial s'il ne semble pas répondre tout à fait aux besoins de l'enfant, si les parents ont des problèmes avec leur enfant, etc.

L'éducatrice pose des gestes préventifs en soutenant les parents face à la responsabilité de l'éducation de leur enfant et en donnant des conseils au besoin. Occasionnellement, ce support devient stratégique pour la prévention de problèmes chez l'enfant.

Bien sûr, plusieurs parents ont de la facilité à remplir leur fonction d'éducateurs. Ils connaissent bien les étapes du développement de l'enfant et les changements à venir, et leurs attentes sont réalistes. Ils sont moins portés à avoir des sentiments d'hostilité, à devenir impatients, arbitraires ou sévères avec leur enfant, car ils comprennent ses motivations. Avec ces parents, des encouragements suffisent pour favoriser la croissance harmonieuse de l'enfant.

La plupart des parents sont cependant souvent tiraillés par les renseignements contradictoires qu'ils reçoivent. Ils peuvent même douter de leurs compétences. L'éducatrice pourra aider ces derniers à voir clair en leur faisant profiter de ses connaissances sur les enfants, en les encourageant, en leur faisant part de ses observations.

Enfin, il est regrettable de constater à quel point certains parents suivent de mauvais exemples d'éducation parentale et que leurs exigences et leurs attentes non réalistes sont potentiellement pathogènes. Ces parents ont besoin d'être informés sur le développement de l'enfant pour éclaircir la perception qu'ils en ont; il convient alors de leur décrire les étapes d'évolution de chaque enfant. L'éducatrice peut aussi aider ces parents à prendre conscience des problèmes que leur attitude engendre chez l'enfant. Il faut leur rappeler enfin que chaque bébé a une manière personnelle de s'exprimer et que tous les bébés progressent de façon différente et inégale.

Une façon très efficace de leur faire prendre conscience des étapes du développement de l'enfant est d'observer et d'interpréter le comportement de leur enfant en leur présence. L'observation de l'enfant avec les parents favorise une interprétation plus exacte des possibilités de l'enfant. En plaçant le bébé dans une situation favorable lui permettant de démontrer ses capacités, on offre aux parents l'opportunité d'être témoins de ses compétences. On peut alors en profiter pour discuter avec eux des étapes développementales atteintes par l'enfant et celles à venir.

Cette façon de partager et de prendre conscience du stade évolutif de l'enfant avec les parents a aussi l'avantage d'éliminer l'aspect menaçant du savoir de l'éducatrice et de créer un lien entre la famille et l'éducatrice. Cette méthode peut également offrir un support précieux aux parents qui souffrent simplement d'insécurité ou qui sont inquiets. Le nouveau parent, par exemple, aime sentir que son bébé a besoin de lui et qu'il sera capable de répondre à ses demandes. Pendant l'observation du bébé, l'éducatrice pourra mettre en valeur ce qu'il fait de bien pour offrir une stimulation satisfaisante à son enfant et l'inciter à prendre davantage conscience de son rôle dans le développement de son enfant. Elle le placera dans une situation qui lui permettra de remettre en question certaines attitudes et lui donnera des moyens concrets pour les améliorer[4].

7.1.2. Le dépistage

Le dépistage consiste essentiellement en une vigilance permettant de repérer les enfants maltraités et de déceler certaines anomalies physiologiques qui sont souvent peu apparentes, mais qui peuvent être graves et affecter les apprentissages ou le développement si elles ne sont pas détectées dès le début. Il est important que le dépistage soit fait le plus tôt possible et que cela conduise à une intervention adaptée et efficace.

Nous verrons donc ici, d'une part, en quoi consiste les différentes étapes du processus de dépistage, quels sont les instruments d'observation à adopter et l'attitude à privilégier lors de l'analyse des données recueillies et, d'autre part, comment intervenir auprès des parents et de l'enfant en difficulté afin que celui-ci reçoive toute l'aide appropriée[5]. Nous verrons enfin quelles sont les conditions de travail qui peuvent aider l'éducatrice

---

4. Voir à ce sujet *Le bébé est une personne* de Martine BERNARD, Paris, Éditions Balland, 1985, 269 p.
5. *Enfants ayant des besoins spéciaux dans les garderies; un guide d'intégration*, Santé et Bien-être social Canada, 1978, p. 11.

à s'acquitter de cette tâche. Cette partie porte davantage sur le dépistage de problèmes physiologiques. Pour en savoir plus long sur la démarche à suivre pour aider un enfant maltraité, la lectrice pourra se référer à la section 7.2.1.

Un dépistage précoce

Des résultats de recherches éminentes démontrent que les chances d'amélioration et même de guérison sont plus grandes lorsqu'un trouble a pu être décelé et traité dès les premières années de vie, alors que l'organisme est encore en développement et présente une plus grande aptitude à changer[6]. Une des conséquences directes de la vitesse de croissance et d'évolution de l'organisme chez l'enfant est en effet sa capacité de réparation, de cicatrisation et de compensation. C'est pourquoi il faut apprendre à déceler les premiers signes d'une déficience, qu'elle soit sensorielle, motrice ou mentale, ou encore un cas d'enfant maltraité.

La relative lenteur à dépister demeure à l'heure actuelle une lacune importante. Un des obstacles au dépistage précoce est le fait que l'on connaît mal les bébés. En effet, les recherches portant sur les jeunes enfants n'en sont qu'à leurs balbutiements; on commence peu à peu à les connaître bien que de façon parcellaire.

Une autre contrainte provient du fait que plusieurs éprouvent une réticence à admettre qu'un bébé présente une incapacité, même si les problèmes que l'adulte espère seulement transitoires ne le sont malheureusement pas toujours. Il semble aussi que certaines éducatrices aient peur de blesser les parents et préfèrent éviter les réactions négatives en n'informant pas les parents quand elles relèvent un problème. De leur côté, les parents se sentent presque toujours coupables quand leur enfant présente une déficience et préfèrent cacher le problème plutôt que d'en faire part[7].

Plusieurs ont donc la tendance irresponsable de laisser porter en espérant que le temps arrangera les choses. Malheureusement, les problèmes risquent alors de s'amplifier plutôt que de se résorber. Les besoins de l'enfant devraient donc être reconnus le plus tôt possible et une aide devrait être apportée si nécessaire.

---

6. Richard I. FEINBLOOM. *L'Encyclopédie de la santé de l'enfant*, Montréal, Les Éditions de l'Homme, 1979, p. 494.
7. R.I. FEINBLOOM. *Op. cit.*, p. 322.

Le travail d'observation

Les éducatrices en pouponnière sont toutes quotidiennement amenées à observer[8]; elles le font de différentes façons et pour des raisons diverses. L'observation leur permet d'analyser le comportement de l'enfant dans son rapport avec lui-même, avec les autres et avec son environnement. Comme elles connaissent les différentes étapes du développement de l'enfant et les changements de comportements des enfants en général, l'observation approfondie leur permet aussi de repérer des problèmes chez certains enfants.

Elles ont la chance de comparer les enfants entre eux dans un milieu de vie qui leur est familier; certains détails peuvent donc capter leur attention alors qu'ils passent habituellement inaperçus pour d'autres. Elles doivent, en fait, observer les enfants en permanence.

Compte tenu du contexte et de la présence continue des bébés, l'éducatrice fait le plus souvent de l'observation participante, c'est-à-dire qu'elle observe les enfants tout en étant présente à part entière auprès d'eux. Cependant il peut être nécessaire de faire de l'observation en retrait quand on croit qu'un enfant souffre d'un trouble spécifique. L'éducatrice a recours alors à l'observation en retrait dans le but de rechercher des indices ou une information qui manquent et qui requièrent toute son attention. Plus loin dans ce même chapitre, des idées d'examen de la vue et de l'ouïe qui se déroulent mieux lorsque l'enfant est retiré du groupe seront donc proposées.

De façon générale, le processus d'observation en vue de déceler les difficultés d'ordre physiologique se fait en trois étapes. La première consiste à parfaire sa connaissance de l'enfant. L'éducatrice se fixe alors des objectifs spécifiques et choisit les instruments d'observation en fonction de ces objectifs[9,10,11].

---

8. Voir les *Actes du colloque sur la qualité de vie dans les services de garde*, « L'observation, un outil de travail privilégié pour l'éducateur-trice », résumé par C. GARIÉPY, pp. 50 à 54.

9. Deux grilles d'observation adaptées aux poupons sont déjà présentées au chapitre 2 de ce livre.

10. Pour une grille adaptée aux bébés voir J. A. CABALLERO et D. W. WHORDLEY. *Infant Toddler Assessment Handbook : A Reader's Guide for the Humanics National Child Assessment From Ages 0-3*, USA, Humanics Limited, 1981.

11. La grille « Portage » est une autre évaluation du comportement moteur, social, du langage, et de l'autonomie de l'enfant de 0 à 6 ans. Elle est disponible à l'Institut canadien pour la déficience mentale, Kingsmen Building, 4700 Keete Street, Downsview (Ontario) W3J 1P3.

Dans une seconde étape, l'éducatrice accumule les données jusqu'à ce qu'elle considère qu'elle peut comprendre l'enfant de façon satisfaisante. Elle effectue un relevé des réussites et des retards de l'enfant qui sera le plus exhaustif possible. Elle y décrit la manière d'être de l'enfant, son stade de développement et ses différents comportements. Ce relevé constitue ce qu'on appelle l'étude complète d'un cas particulier. La troisième étape du processus consiste à évaluer les données recueillies afin de suggérer une intervention aux parents.

7.1.3. L'analyse des données

L'information recueillie par l'éducatrice à partir de ses propres observations, de celles des parents de l'enfant et de tout autre personne en contact avec lui, se doit d'être analysée périodiquement en se conformant à l'éthique professionelle.

L'analyse régulière est nécessaire pour prendre les bonnes décisions. En effet, reconnaître à l'occasion quelques indices chez un enfant ne signifie pas nécessairement que cet enfant a un problème. Par contre, la présence fréquente ou permanente de certains signes doit motiver le recours à un spécialiste. L'analyse régulière des comportements de l'enfant permet d'en noter la fréquence.

La qualité des notes prises par l'éducatrice pendant son travail d'observation jouera un rôle important quand il s'agira d'analyser les données recueillies. Une observation a beaucoup plus de valeur lorsque l'éducatrice note les comportements comme elle les a vus plutôt qu'en les interprétant. Ainsi, il ne faudrait pas écrire qu'un enfant est hyperactif, il faudrait plutôt décrire tout ce qu'il fait qui nous laisse croire qu'il est hyperactif. La fréquence d'un comportement, le moment où il apparaît ainsi que tous les aspects qui s'y rapportent devraient aussi être indiqués. Les descriptions des comportements devraient être effectuées avec le plus d'objectivité possible pour que quiconque puisse les reconnaître. Alors seulement, les informations pourront être utiles à l'éducatrice et au spécialiste.

L'éducatrice devra effectuer une synthèse nuancée des observations qu'elle aura recueillies. Un modèle de synthèse est proposé au tableau 7.1 dont l'éducatrice pourra s'inspirer pour élaborer un instrument de synthèse qui lui convienne.

Une attitude consciente, éclairée et respectueuse de l'enfant et de ses besoins est largement tributaire de l'habileté de l'éducatrice à analyser ses observations de façon conséquente. Son analyse doit englober toutes les

T<small>ABLEAU</small> 7.1
Modèle de synthèse des données d'une analyse

Description de la situation	Intervention suggérée
L'enfant progresse normalement sur tous les plans. Son développement et ses comportements coïncident avec son groupe d'âge.	Informer les parents. Aucune attention particulière n'est requise.
L'enfant éprouve certaines difficultés qui semblent toutefois passagères. Il est probablement en réaction à une situation précise et récente (adaptation à la pouponnière, changement dans sa vie familiale, maladie). Il est probable que ces problèmes disparaîtront avec le temps.	Discuter avec les parents des circonstances particulières qui occasionnent ces comportements ou ces problèmes. Trouver ensemble des manières concrètes pour aider cet enfant à passer à travers cette étape difficile.
L'enfant a des comportements non adaptés ou des problèmes qui entravent son développement. Il ne semble pas progresser normalement (difficulté à accomplir une activité de manière considérée normale pour un enfant de son âge, peur excessive des étrangers, etc.).	Discuter avec les parents des problèmes de l'enfant dans l'espoir de les convaincre qu'il a besoin d'une aide supplémentaire. Donner les détails de ses préoccupations au sujet de cet enfant. Formuler des questions spécifiques concernant l'enfant et qui devront être considérées par le consultant. Il doit être référé à un spécialiste pour une évaluation et recevoir d'autres recommandations plus précises.

données qu'elle a réunies dans une perspective large. Sa capacité de décoder ce qu'elle voit en fonction de ses connaissances du développement de l'enfant s'améliorera avec l'expérience. Cela devient même une sorte d'automatisme, mais nécessite une interrogation constante sur la signification des comportements observés.

Les jugements hâtifs et les recommandations prématurées sont des conduites professionnelles à éviter. De même, il ne faut pas apposer une étiquette au bébé, ni poser un diagnostic plutôt que de référer les parents à un spécialiste. Tous les enfants peuvent, à une étape ou à une autre de leur développement, connaître des difficultés et plusieurs sont ainsi classés

« anormaux » trop vite. Il y a des désavantages énormes à cela, car en général la société ne voit ensuite que les incapacités de ces enfants et cela leur nuit.

Une erreur régulièrement commise est de centrer toute son attention uniquement sur l'enfant. On l'observe, on l'analyse, on le teste et, finalement, on l'étiquette. On peut de cette façon laisser de côté une foule de variables qui modifieraient complètement l'appréciation si elles étaient prises en considération. Il faut entre autres évaluer l'environnement physique et psychologique de l'enfant[12], accumuler une grande quantité d'informations à divers moments de la journée, dans diverses situations, tenir compte de ces divers facteurs qui influencent les comportements avant de conclure. Il faut aussi favoriser une attitude positive à l'égard des possibilités de l'enfant qui connaît des difficultés, ne pas le « condamner » trop vite.

Le rôle de l'éducatrice est d'accumuler des faits qui serviront à appuyer une recommandation et de suggérer aux parents que l'enfant soit vu par un spécialiste afin qu'un vrai diagnostic soit posé. Il lui est fortement déconseillé de poser un diagnostic, car elle peut se tromper. L'éducatrice ne possède en effet ni la formation, ni la juridiction pour émettre un diagnostic. Son rôle consiste à recommander l'examen de l'enfant par un spécialiste, puis à laisser les parents prendre la décision finale.

Les instruments de dépistage

L'instrument d'observation que l'on choisit pour faire du dépistage doit être conçu pour déceler une difficulté d'ordre physiologique chez un enfant. Il doit aussi convenir à l'éducatrice, à sa personnalité et au temps dont elle dispose. Il existe plusieurs instruments, mais le rapport anecdotique et la grille d'observation correspondent en général aux besoins des éducatrices en pouponnière. Comme ils présentent tous les deux des avantages et des inconvénients, l'éducatrice les utilise souvent conjointement.

Il faut être prudent lorsqu'on utilise certains de ces instruments, car la plupart présentent une description incomplète de l'enfant. Ils ne tiennent pas compte, par exemple, des facteurs de réceptivité et de motivation, des manifestations non verbales, bref de l'ensemble des attitudes et des comportements de l'enfant qui peuvent varier selon le contexte : la fatigue,

---

12. Voir « Assessing Environments », pp. 97 à 114, dans *Assessing Infants and Preschoolers with Handicaps,* de Donald B. BAILY Jr. et Mark WOLERY, USA, Merrill Publishing Company, 1989.

l'humeur, l'organisation, etc. Pour cette raison, un instrument, si raffiné soit-il, doit toujours être complété par un autre et utilisé avec beaucoup d'éthique professionnelle. De plus, il est conseillé d'examiner tout instrument avec une collègue avant de s'en servir.

Le rapport anecdotique

Le rapport anecdotique consiste à faire la description par écrit d'un comportement précis qui attire notre attention parce qu'il sort de l'ordinaire et que l'on a de la difficulté à l'expliquer. Un rapport très bien documenté mentionne des signes peu apparents qui, lors de l'analyse, pourront révéler un trouble chez l'enfant.

L'avantage du rapport anecdotique est qu'il laisse place à la spontanéité et aux intuitions du moment. Par contre, certains facteurs comme la disposition personnelle de l'observatrice au moment de la rédaction peuvent affecter la justesse des observations. De plus, l'analyse qu'il présente d'un comportement est très personnelle et pourrait donc être très différente si elle avait été rédigée par une autre observatrice. En outre, l'éducatrice écrit le rapport pour elle et trop souvent elle se contente d'utiliser des mots qui résument un comportement au lieu d'utiliser des termes précis le décrivant de façon détaillée. On retrouve, par exemple, des mentions comme : l'enfant est bien, triste, attentif, etc. Alors qu'il faudrait plutôt décrire comment l'enfant agit quand il semble bien, triste, attentif, etc. Ces seuls mots contiennent déjà un jugement de valeur, une interprétation et l'éducatrice elle-même manquera de références pour reconstituer les faits réels plus tard quand elle aura oublié les gestes posés par l'enfant.

Un troisième désavantage de ce type de rapport provient de ce que l'éducatrice se concentre sur un champ limité et note ce qui d'après elle semble lié au comportement qui attire son attention. Le rapport présente donc une vision incomplète de l'enfant et souvent, plusieurs éléments passent inaperçus aux yeux de l'éducatrice.

Enfin, le rapport anecdotique peut être utile et significatif dans la mesure où l'éducatrice note des comportements semblables dans plusieurs situations. C'est donc après avoir accumulé les rapports qu'elle pourra analyser les comportements pour distinguer ceux qui sont constants de ceux qui sont liés à certaines circonstances. Cela signifie que l'étude doit se faire pendant une période assez longue avant d'être concluante.

Les résultats des rapports n'étant ni neutres, ni suffisants en eux-mêmes, ils demandent habituellement à être examinés sous un autre angle. C'est pourquoi l'utilisation d'une grille vient souvent les compléter.

La grille d'observation

La grille d'observation constitue un bon complément au rapport anecdotique. Il s'agit de l'instrument le plus utilisé dans nos services de garde pour suivre l'évolution de l'enfant. Elle consiste en une liste de comportements spécifiques placés dans un ordre préétabli, qui constitue une progression par étapes. L'observatrice n'a qu'à indiquer (le plus souvent par un crochet) la nouvelle acquisition de l'enfant; elle note également si un enfant ne progresse pas normalement. Cet instrument touche divers aspects généraux du développement de l'enfant.

Il est difficile de trouver une grille adaptée aux enfants de moins de trois ans. Cependant, il est toujours possible d'utiliser des parties de grille ou d'adapter les grilles disponibles afin qu'elles rendent compte des particularités de ce groupe d'âge. Plusieurs garderies ont élaboré des grilles adaptées aux poupons et permettent sans doute à d'autres de les consulter ou de s'y référer.

Cet instrument présente l'avantage de requérir peu de temps, ce qui permet à l'éducatrice de vaquer en même temps aux autres tâches inhérentes à ses fonctions. De plus, la grille est facile à utiliser et elle demande une connaissance moins approfondie du stade de développement de l'enfant que le rapport anecdotique.

Malgré ses avantages, l'utilisation de la grille comporte certains inconvénients dont il faut tenir compte, surtout lorsqu'il s'agit du seul instrument utilisé pour évaluer les capacités d'un enfant. Le premier désavantage de la grille est de classer les enfants par moyenne d'âge. Il faut se méfier des grilles dont les regroupements par âge sont trop précis ou représentent des périodes de temps trop courtes puisqu'il existe des écarts appréciables entre les enfants. Entre autres, des facteurs socioculturels influencent les moyennes. De plus, quand on tient compte de la moyenne, on tend à oublier le caractère unique de chaque enfant alors qu'il est reconnu que les enfants progressent et se développent en réalité à des rythmes très différents et inégaux.

Le deuxième inconvénient de la grille est qu'il s'agit d'une technique d'évaluation basée sur des schèmes développementaux typiques. L'enfant qui fait des choses avant ou après son temps serait peut être considéré comme un enfant ayant un besoin spécial si l'on se fiait trop à certaines grilles. Il faut être prudent et garder en tête que chaque enfant poursuit son itinéraire personnel.

Ainsi, un enfant qui est incapable de rester assis sans appui, mais qui rampe déjà sans se cogner n'a pas de problème de développement même s'il en serait autrement selon la grille. Un autre qui grimpe sans avoir jamais marché à quatre pattes poursuit aussi un cheminement sain. En outre, l'enfant met souvent tous ses efforts sur un aspect de son développement et néglige les autres. Par exemple, un enfant qui apprend à marcher va peut être avoir tendance à ralentir son apprentissage du langage pendant un certain temps. Une étape de son développement peut alors être retardée sans qu'il présente pour autant un problème de développement global.

Il est toujours plus significatif d'observer la qualité de ce que fait l'enfant, plutôt que l'ordre dans lequel il fait ses apprentissages et de considérer les moyennes d'âge avec souplesse. Encore une fois, la vigilance demeure essentielle quand il s'agit d'évaluer un enfant.

L'aide aux parents

Dès que l'éducatrice dépiste un problème chez un bébé de son groupe, elle doit rencontrer les parents pour les en avertir. Son intervention a pour but de les convaincre de vérifier ses craintes le plus tôt possible auprès d'un spécialiste qui pourra émettre un diagnostic juste. Les parents qui sont réellement conscients de la difficulté de leur enfant sont mieux placés pour remédier à la situation. C'est pourquoi il est important de leur dire les choses telles qu'elles sont.

Il est évident que les parents qui font confiance à l'éducatrice seront mieux disposés à accepter ses idées et ses conseils. Elle doit donc faire preuve de tact, de sympathie et de disponibilité à leur égard. De plus, elle doit s'assurer qu'ils comprennent bien les indices qui l'ont incitée à conclure que leur enfant a un problème. Il faut les encourager à poser des questions et à exprimer leurs inquiétudes et leurs sentiments face à cette nouvelle qui peut les bouleverser.

Il est préférable que les parents soient tous les deux présents lorsqu'elle expose ses appréhensions. De cette façon, ils pourront mieux se soutenir et se consoler. Lorsque seulement un des parents est mis au courant, il a habituellement de la difficulté à convaincre l'autre du besoin de consulter, car il n'est pas nécessairement capable de se souvenir de tout ni de répondre aux questions de son conjoint. Une tension supplémentaire risque alors de se créer. Bien sûr, dans le cas d'une famille monoparentale, la situation est différente et c'est à l'éducatrice d'évaluer chaque cas séparément.

Les parents auront souvent besoin qu'on les aide ensuite à déterminer les étapes à suivre pour aider leur enfant. L'éducatrice peut alors proposer une démarche en les orientant et en les référant aux bons endroits. Elle sert en quelque sorte d'intermédiaire entre les parents et les ressources médicales. Elle peut même accompagner les parents et l'enfant lors de la première visite chez le spécialiste. Cela suppose qu'elle connaît les différentes ressources existant dans son milieu, plus spécialement les services pédiatriques.

Quand une déficience semble assez grave, il faut orienter les parents vers les cliniques spécialisées en pédiatrie qui réunissent une équipe formée de spécialistes en plusieurs disciplines. Ces services font appel à l'expertise de divers professionnels de la santé pour faire une étude en profondeur. L'objectif de cette approche est d'arriver à établir le plus précisément possible les forces et les faiblesses de l'enfant et ce, dans tous les domaines de son développement. Ces cliniques sont généralement situées dans les grands centres médicaux ou intégrés à des programmes gouvernementaux. Les principaux hôpitaux pour enfants du Québec offrent de tels services.

Le Centre hospitalier de l'Université Laval (CHUL)
2705, boul. Laurier
Sainte-Foy (Québec)
G1V 4G9
(418) 656-8256

Le Centre hospitalier universitaire de Sherbrooke
3001, 12e Avenue Nord
Fleurimont (Québec)
J1H 5N4
(819) 563-5555

Hôpital Sainte-Justine
3175, chemin Côte Sainte-Catherine
Montréal (Québec)
H3T 1C5
(514) 731-4931

Hôpital général de Montréal pour enfants
2300, rue Tupper
Montréal (Québec)
H3H 1P3
(514) 937-8511

Les parents réagissent de façon différente devant un diagnostic qui révèle que leur enfant souffre d'un quelconque problème de santé. Certains font face à cette réalité avec sérénité. Par contre, la plupart réagissent différemment, ils deviennent très émotifs et ressentent une vive déception : le rêve d'un enfant idéal et parfait éclate sous le choc de cette réalité nouvelle. Ils ont donc besoin de parler de ce qui arrive à leur enfant avec une personne qui le côtoie régulièrement comme l'éducatrice, dont l'écoute sera alors très appréciée. Une attitude réceptive, démontrant un intérêt pour ce qui leur arrive est en effet une bonne façon de leur venir en aide. La famille trouvera du réconfort dans ces manifestations de sollicitude. Les parents auront souvent besoin d'être rassurés en ce qui concerne la situation et l'avenir de leur enfant. L'éducatrice qui prête une oreille attentive à leur problème peut faire appel à ce qu'il y a de positif chez l'enfant sans pour autant diminuer le caractère sérieux du problème. En plus d'une grande disponibilité, ce soutien aux parents demande beaucoup de tact et de franchise.

Lorsque le diagnostic posé est grave, il faut s'attendre à des réactions fortes. Le choc à l'annonce, le refus d'accepter le diagnostic, l'anxiété et parfois même l'hostilité sont des réactions auxquelles l'éducatrice peut avoir à faire face. Des sentiments de tristesse et de désespoir peuvent également venir s'ajouter à la déception, au sentiment de culpabilité et à l'angoisse. Une anxiété accrue se manifeste entre autres par la nervosité, la fuite dans le travail, des troubles de sommeil, etc. Les parents se sentent impuissants et leur estime de soi est parfois atteinte. De plus, ils ont l'impression d'être incompétents. Comprendre les émotions des parents, leurs réactions et les étapes qu'ils traversent avant de finalement accepter le fait que leur enfant a un besoin spécial, peut aider l'éducatrice à mieux accepter leurs réactions et à travailler avec leurs forces.

Cependant, si la disponibilité et la compréhension peuvent aider les parents, il existe souvent des aspects du problème qui ne peuvent être résolus de cette façon. Lorsque les parents ont besoin de plus de soutien, l'attitude indiquée est de les renseigner sur les différentes ressources auxquelles ils peuvent avoir recours.

La plupart des parents manifestent d'une façon ou d'une autre leur besoin d'être aidés. Ces demandes d'assistance sont par contre rarement exprimées clairement, d'où l'importance de reconnaître l'isolement dans lequel ils se retrouvent confinés. Souvent, la peur d'être jugés les paralyse et les empêche de recourir eux-mêmes au soutien dont ils auraient besoin. Parfois, ils ne savent tout simplement pas où s'adresser, par manque d'information. Un réseau d'aide offrant une gamme étendue de soutien existe pourtant et parfois leur est indispensable. L'éducatrice qui les côtoie presque quotidiennement peut, elle, les inciter à chercher de l'aide et les guider.

Idéalement, chaque parent devrait d'abord retrouver dans son environnement immédiat un réseau constitué d'amis et de membres de sa famille auxquels il pourrait se confier. À cause de leur vécu commun et de leur intimité avec le parent, ces gens sont bien placés pour offrir du soutien. De plus, même si les amis et les autres membres de la famille les aident, il est souhaitable que les parents entrent en relation avec d'autres parents qui sont dans la même situation qu'eux. Ainsi, ils peuvent partager leurs inquiétudes avec des personnes qui sont passées par les mêmes étapes et qui vivent le même type de difficultés. Il existe de nombreux groupes de soutien et des associations qui réunissent des personnes vivant une situation similaire. Les discussions collectives permettent entre autres de mettre les efforts en commun et d'entreprendre certaines actions. Dans ces associations, on organise des loisirs et on offre des services d'entraide et de gardiennage. Ce genre de ressources permet aussi la circulation d'informations, de conseils et de soutien.

Il arrive enfin que les parents se sentent dépassés par les tensions et les frustrations qu'occasionne la déficience de leur enfant. Certains prennent conscience qu'ils vivent la situation plus difficilement que prévu et qu'ils ont besoin d'une aide professionnelle. L'éducatrice peut alors les orienter vers un psychologue familier avec ce genre de problème. Elle peut, par exemple, les référer aux centres locaux de services communautaires (CLSC) pour obtenir des renseignements sur les ressources disponibles à cet égard dans leur région.

On saisit tout de suite que le rôle de l'éducatrice dépasse largement celui de gardienne d'enfants quand il s'agit pour elle de soutenir les parents qui apprennent que leur enfant n'est pas comme les autres. Dans de telles situations, ses responsabilités sont grandes et il est impératif qu'elle puisse profiter d'un bon soutien dans son milieu de travail afin de réussir dans sa tâche.

L'aide à l'enfant

Lorsqu'un problème sérieux est diagnostiqué, le spécialiste va élaborer un plan d'action curative et en informer les parents. Sa stratégie tiendra compte des personnes qui s'occupent de l'enfant, notamment de l'éducatrice, mais surtout d'un ensemble de facteurs concernant la santé de l'enfant lui-même. Chaque cas est unique; la gravité, la cause et les répercussions du problème influeront sur les décisions du spécialiste.

Le professionnel sollicitera la coopération des parents afin de s'assurer que ses conseils seront suivis aussitôt. Le plan d'action doit d'ailleurs être centré sur la famille, car le rôle de celle-ci est essentiel; aucune action ne peut être entreprise sans sa collaboration active. Comme les parents sont les premiers responsables de l'enfant, ils doivent être directement engagés dans toutes les décisions qui le concernent et c'est de concert avec eux que les objectifs et orientations du plan d'action peuvent être établis et atteints.

L'enfant souffrant d'une déficience assez grave a besoin d'une aide supplémentaire immédiate afin de profiter au maximum de ses années de maturation neurophysiologique (développement du cerveau et du corps) et d'éviter qu'il n'en subisse les effets secondaires. Dans certains cas, il sera recommandé qu'il continue de fréquenter la pouponnière comme avant, dans d'autres cas il devra participer à un programme d'intervention précoce[13]. Il s'agira d'offrir à l'enfant un programme structuré et systématique, conçu pour l'aider à surmonter les obstacles. Ces programmes se déroulent souvent à temps partiel et permettent à l'enfant de fréquenter sa pouponnière le reste du temps.

La vie de l'enfant sera probablement désorganisée s'il a besoin d'être suivi de près. Les visites fréquentes chez le médecin brisent en effet le rythme normal de sa vie et celui de sa famille. En plus d'être désagréables, ces expériences chez le spécialiste sont parfois traumatisantes, ce qui lui procure une source de stress supplémentaire. Pour cette raison, il est habituellement recommandé que l'enfant conserve le milieu de vie auquel il est habitué et qu'il continue de fréquenter la pouponnière. Cette continuité lui permettra de conserver ses références en ce qui a trait aux personnes, à l'horaire et aux lieux. Respecter cette régularité est indispensable pour sa santé mentale et peut faire la différence entre le succès ou l'échec d'un traitement.

De plus, une des préoccupations des éducatrices étant d'être à l'écoute de chaque enfant pour favoriser son bien-être, le bébé ayant des besoins spéciaux recevra à la pouponnière des soins attentifs et y trouvera un milieu propice à la création de liens affectifs solides et aux apprentissages sociaux et intellectuels. La vie en garderie favorise sa croissance et son autonomie et lui fournit l'occasion d'explorer ses ressources personnelles dans un milieu qui lui est connu. Il demeurera de plus aux côtés de compagnons de son âge dans un environnement adapté.

---

13. La revue *Apprentissage et socialisation*, vol. 6, n° 1, mars 1983, consacre un numéro spécial intitulé « Prévention et Intervention Précoce ». On y discute des quelques services offerts au Québec.

Après confirmation d'une déficience, l'Office des services de garde[14] offre aide et subvention aux services de garde qui intègrent les enfants ayant des besoins spéciaux. Il va sans dire, cependant, que ce ne sont pas toutes les pouponnières qui sont en mesure de répondre aux besoins particuliers de ces enfants. Par contre, une aide monétaire supplémentaire peut exceptionnellement être accordée à certains enfants afin qu'ils puissent avoir recours à des services d'intervention précoce qui leur permettront de réaliser pleinement leurs possibilités.

L'enfant qui présente un trouble a parfois besoin d'un soutien différent ou d'une aide supplémentaire pour atteindre les stades développementaux usuels. Rappelons que l'intervention à but correctif peut se faire à n'importe quelle étape du développement, mais que le plus tôt est toujours le mieux pour ce qui est des chances de réussite.

Quand un enfant participe à un programme d'intervention précoce, il est impératif que les parents soient en contact régulier avec le personnel qui travaille avec leur enfant afin qu'ils puissent participer activement aux activités. Les parents voient ainsi les succès et les progrès de l'enfant, ce qui leur permet d'avoir une vision plus complète de la situation; tous bénéficieront de leur attitude positive et encourageante.

Les conditions de travail favorisant le dépistage

Le travail de dépistage peut paraître exigeant et même impossible à réaliser lorsqu'on est responsable d'un groupe de bébés puisque, en plus de faire de l'observation, il faut rédiger des dossiers et transmettre de l'information aux parents. Il sera pourtant réalisable si les éducatrices jouissent de conditions de travail appropriées, c'est-à-dire si le temps nécessaire à l'accomplissement de ces tâches est mis à leur disposition. Si elles manquent de temps pour rédiger leurs observations ou pour échanger avec les parents, elles risquent de ne pas pouvoir compléter le travail de dépistage ou intervenir correctement.

De plus, le processus de dépistage sera facilité si l'éducatrice est responsable d'un nombre limité d'enfants, car elle a alors de meilleures chances de connaître les particularités de chacun. Pour cette raison, il est souhaitable que même lorsqu'elles travaillent en équipe, chaque éducatrice soit responsable d'une partie du groupe et non que les deux ou trois coéquipières se partagent la responsabilité de tous les enfants.

---

14. Voir « Le dossier pour l'intégration d'un enfant handicapé en service de garde » pour d'autres détails.

Enfin, il est fortement conseillé aux éducatrices qui en ont la possibilité de travailler en collaboration lors du processus d'observation. Le travail en collaboration permet une réflexion plus approfondie et un enrichissement mutuel par l'apport de points de vue différents. De plus, il procure le soutien nécessaire pour mener à bien cette tâche difficile. Ce travail peut être fait avec une autre éducatrice ou avec une personne ressource pouvant fournir une aide particulière. Une bonne communication entre les membres de l'équipe favorise également une observation plus objective.

7.2. Les manifestations des besoins spéciaux et les différents recours

On a vu combien il est important que le personnel en pouponnière repère les bébés qui ont des besoins spéciaux. Dans cette deuxième partie, nous verrons les indices permettant de reconnaître les séquelles et les difficultés socio-affectives entraînées par de mauvais traitements et de déceler des déficiences physiologiques[15], c'est-à-dire certains handicaps et certains troubles sensoriels. Nous verrons quelles sont les causes de ces divers problèmes. Enfin, tout au long de ce chapitre, des pistes de réflexions et des mesures concrètes seront présentées afin de guider l'éducatrice qui veut intervenir auprès de ces enfants et de leurs parents.

7.2.1. L'enfant maltraité

Un enfant est maltraité lorsque son développement physique, mental et affectif et dans certains cas sa vie sont menacés par des comportements ou des attitudes néfastes des adultes qui en ont la responsabilité. On conclut qu'un enfant est maltraité quand il est victime de négligence matérielle ou affective, d'abus physiques ou d'abus sexuels.

On ne peut rester neutre devant un enfant maltraité, on doit le protéger et dénoncer la personne responsable de négligence ou d'abus à son égard parce que les conséquences de mauvais traitements sont toujours graves, même s'il n'y a pas de blessures. Quand l'enfant subit des traumatismes répétés, il vit dans un état d'angoisse permanent qui entrave habituellement de façon sérieuse son développement psychologique. De

---

15. *Warning Signals : Basic Criteria for Tracking At-Risk Infants and Toddlers*, de James BLACKMAN, publié par le National Center for Clinical Infant Programs, 1986, présente plusieurs indices qui permettent de repérer un bébé « à risque ».

plus, l'enfant maltraité ne comprend pas pourquoi on le frappe, on l'agresse, on ne répond pas à ses besoins. À la souffrance physique et psychologique s'ajoute une carence affective.

Une telle expérience peut ébranler l'identité de l'enfant, engendrer un manque de confiance en son entourage, des tendances dépressives, de la difficulté à développer des contacts intimes. Cela aura un impact sur son habileté à développer des contacts humains satisfaisants.

L'éducatrice qui a un enfant maltraité dans son groupe aura à minimiser et éventuellement à éliminer sa douleur tant physique qu'émotionnelle. Il est important qu'elle explique au bébé tout ce qui lui arrive. Celui-ci a besoin qu'on lui parle, qu'on lui dise ce qui se passe pour comprendre et traverser les moments douloureux avec un peu de réconfort. L'éducatrice peut lui dire des choses comme : « On va s'occuper de toi. Je sais que tu as eu mal, mais on va s'arranger pour que ça ne se produise plus. » Elle contribuera ainsi à diminuer les effets néfastes des mauvais traitements sur le développement de l'enfant.

Quand on conclut qu'un enfant est maltraité, il faut le protéger et tout doit être fait pour qu'il soit aidé dans les plus brefs délais puisque les dommages résultant de mauvais traitements s'aggravent si une situation devient chronique. Chacun réagit selon ses principes, ses valeurs et sa formation professionnelle, mais une chose est certaine, la loi oblige à rapporter à la Direction de la protection de la jeunesse (DPJ) tout soupçon concernant la qualité de vie d'un enfant. On retrouve dans toutes les régions du Québec un bureau de la DPJ dont le rôle consiste à protéger les enfants et à donner de l'information sur tout ce qui touche leur protection. La DPJ assure en priorité la sécurité des enfants et met tout en œuvre pour aider les parents à exercer leur responsabilité parentale de façon plus appropriée[16]. La loi assure la confidentialité à toute personne qui signale un cas d'enfant négligé ou abusé.

On peut aussi avertir l'adulte suspect qu'on connaît la situation, qu'on sait ce qui se passe avec l'enfant et bien préciser que ce qui nous intéresse, c'est le bien-être de l'enfant. On risque cependant qu'un parent soupçonné décide alors de retirer son bébé de la pouponnière pour le faire garder ailleurs et il deviendra ensuite difficile, voire impossible d'aider l'enfant. Il faut donc agir de la sorte lorsqu'on entretient de bonnes relations avec l'adulte et dans certaines circonstances où la santé de l'enfant n'est pas menacée.

---

16. Voir « Signaler c'est déjà protéger » pour trouver des adresses et des numéros de téléphone. Livret produit par le Comité de la protection de la jeunesse, ministère de l'Éducation du Québec, 1988.

La négligence

Un enfant négligé est un enfant qui ne reçoit pas les soins de base et ne bénéficie pas de la surveillance nécessaire à sa santé et à sa sécurité. Il y a négligence lorsque la famille ne procure pas les conditions matérielles et affectives jugées essentielles au développement physique, intellectuel et émotif de l'individu, lorsque des privations de toutes sortes menacent la santé et le développement de l'enfant et parfois sa vie. La négligence se distingue des abus physiques et sexuels par son caractère global et chronique.

On dispose de peu de données pour évaluer l'ampleur de ce phénomène au Québec. Des observations assez récentes ont toutefois révélé qu'environ 15 % des enfants de moins de 2 ans qui sont hospitalisés souffrent d'un sérieux retard de croissance dû au fait qu'ils sont mal nourris ou mal soignés par leurs parents[17].

On peut parler de négligence matérielle lorsqu'un enfant est privé des conditions d'existence essentielles pour vivre et se développer. Cette forme de négligence se manifeste par des carences dans plusieurs domaines. L'enfant peut souffrir de malnutrition. Il peut vivre dans des conditions lamentables : habitation inadéquate, mal chauffée, insalubre, lit ne lui permettant pas un sommeil récupérateur ou surveillance insuffisante. L'hygiène corporelle de l'enfant peut laisser à désirer : il sera souvent sale, sa couche ne sera pas changée régulièrement, ses fesses seront mal lavées (l'érythème fessier et les irritations seront les conséquences d'un manque d'hygiène). Ses vêtements seront inadaptés (trop chauds ou trop légers, trop petits ou trop grands, malpropres, insuffisants), de même que ses chaussures, etc.

L'état de santé de l'enfant sera chancelant, car habituellement il ne bénéficiera pas de suivi médical ni de traitements. Bref, il lui manquera l'essentiel pour combler ses besoins physiologiques primaires.

Rares sont les parents qui négligent volontairement leurs enfants. Certaines familles cependant se trouvent dans des situations où toutes les conditions sont réunies pour que les enfants manquent de quelque chose. Ainsi, la majorité des enfants dont les besoins matériels de base ne sont pas comblés se retrouvent donc dans les familles les plus pauvres.

---

17. Voir l'article de Dominique DEMERS « Les enfants battus », dans *L'Actualité* d'octobre 1987.

Tu vis beaucoup de stress en ce moment car tu viens tout juste de te séparer. Tu as décidé de déménager en ville avec tes deux enfants, pensant y trouver un emploi facilement. Ce n'est pas le cas. Le père de tes enfants ne t'aide pas financièrement, car il vient d'être congédié. Tu dois donc vivre avec très peu d'argent. Tu as loué un logement sous le seuil de la décence, en attendant. Loin de ta famille et de tes amis, tu te retrouves sans support. Tu as de la difficulté à joindre les deux bouts : la vie coûte cher. Les enfants grandissent et vont bientôt avoir besoin de nouveaux vêtements. De plus, ils mangent davantage maintenant et le plus vieux apporte un dîner à l'école. Te voilà donc en train de négliger malgré toi tes deux enfants et toi-même.

Dans ce contexte, l'aide à l'enfant doit passer par une aide directe à la famille. Il existe des mesures qui peuvent aider de façon concrète les parents qui se trouvent dans une situation pouvant entraîner la négligence matérielle. Ces mesures consistent à encourager l'entraide entre les parents qui fréquentent la pouponnière en encourageant les échanges de gardiennage, de vêtements, de conseils (babillard). On peut également offrir de la nourriture de qualité à la pouponnière et laisser le bébé dormir plus longtemps quand il semble en avoir besoin. Il est aussi possible d'orienter ces parents vers les CLSC et les différents organismes qui peuvent les aider de façon concrète : Parents anonymes, le Centre québécois de ressources en petite enfance, Les Relevailles, Entraide-parents, la Fédération des unions de famille, etc. Quand la famille a recours à ces types de ressources, l'aide à l'enfant est déjà amorcée.

Quand l'aide qu'on propose aux parents est refusée ou que les choses ne changent pas assez vite et que l'enfant ne reçoit pas la surveillance et les soins de base que requièrent sa santé et sa sécurité, il faut alors entreprendre des démarches afin d'assurer sa protection. Dans une telle situation, il est légalement et moralement nécessaire d'avertir la DPJ en appuyant notre déclaration sur des observations précises.

Contrairement à la négligence matérielle, la négligence affective existe dans tous les milieux sociaux. Elle est aussi néfaste pour le développement de l'enfant, mais elle est plus difficile à déceler, car l'enfant qui en souffre est souvent bien habillé, bien nourri, etc. Il y a négligence affective lorsque les parents ne donnent pas à l'enfant le support émotionnel dont il a besoin, c'est-à-dire qu'ils s'adressent toujours à lui en criant, l'oublient, évitent de le caresser, de l'encourager, de l'embrasser, etc.

La négligence affective survient aussi lorsque les parents ne manifestent pas leur affection de façon stable, que leur attitude à l'égard de leur enfant manque de continuité ou encore quand l'enfant est victime du rejet de ses parents. On parle aussi de négligence affective quand un parent a des attentes exagérées qui ne correspondent pas aux capacités de son enfant. Dans ce cas, les parents ne sont habituellement pas conscients des besoins réels de leur bébé, connaissent mal le développement moteur, intellectuel ou affectif.

Il existe de plus des adultes qui ont l'espoir de trouver chez leur enfant quelque chose qui comblerait entièrement un certain vide personnel. Ces parent ne sont pas non plus enclins à favoriser une saine quête d'autonomie chez leur enfant. Au contraire, ils seront portés à percevoir les manifestations d'indépendance comme des marques d'ingratitude. Par exemple, lorsque l'enfant fera ses premiers pas, ils auront l'impression qu'il veut leur échapper. Une telle attitude freine l'épanouissement de l'enfant.

Les résultats des carences affectives sont très dévastateurs : l'enfant qui manque d'affection ou qui est mal aimé risque de devenir anxieux et inquiet. Si la situation perdure, son développement risque d'être profondément perturbé.

L'environnement social joue un rôle dans le rapport du parent avec son enfant, et certaines conditions de vie précaires favorisent la négligence affective. Par exemple, le stress vécu par les parents au travail aura un impact direct sur leur manière d'être avec leur enfant[18]. Voici un exemple de situation qui peut favoriser la négligence affective.

Ça fait un bout de temps que tu travailles au même endroit sans avoir d'avancement ni d'augmentation de salaire. Pourtant, tu travailles fort, tu n'es jamais malade et tu es vraiment dévouée à la compagnie. Par contre, le dernier arrivé a déjà obtenu des avantages sociaux et des privilèges que tu attends depuis longtemps. Cela vient s'ajouter au harcèlement constant du patron, au travail épuisant et monotone. Tout n'est que frustrations. L'image que tu as de toi-même est médiocre. Tu te sens impuissante, sauf à la maison où tu as un peu de pouvoir… et tu déprécies ton enfant tout le temps.

Les parents qui vivent ce genre de situation doivent tout d'abord se convaincre que leurs propres problèmes personnels sont à la source du climat familial malsain qui nuit à l'enfant. Ils doivent prendre conscience que leurs difficultés avec leur enfant peuvent provenir d'une expérience

---

18. Rapportée dans la revue *Santé mentale au Canada*, de mars 1991, l'étude « Stress chez les parents d'enfants d'âge préscolaire qui présentent ou non des retards de développement ».

malheureuse, de leur propre éducation ou tout probablement de leur enfance. Ils ont besoin d'aide. L'éducatrice doit avoir envers eux une attitude d'ouverture et être compréhensive afin de les amener à se confier et à demander de l'aide quand la situation semble chronique et que l'enfant manifeste des problèmes de comportement. Il est recommandé de signaler cette situation à la DPJ.

Les abus physiques

On parle d'abus physique lorsque des sévices corporels pouvant compromettre la croissance, le développement et même menacer la vie de l'enfant lui sont infligés volontairement par un adulte. Contrairement à la négligence, les abus physiques entraînent des blessures corporelles évidentes.

La violence physique se manifeste souvent pendant les périodes difficiles du développement du bébé, quand l'enfant est dans sa phase d'affirmation ou pendant la période d'apprentissage à la propreté. Elle apparaît aussi quand le parent vit une situation difficile, lors de la dépression *post-partum*, par exemple.

Certains bébés risquent plus que d'autres de subir cette forme d'abus. Ainsi, il a été établi que l'enfant facilement distrait, hyperactif, fébrile et qui a de la difficulté à se concentrer est une source de stress accru pour ses parents, tout comme le bébé prématuré, malade, handicapé ou qui a des coliques et qui exige plus de soins et d'attention. Cependant, il y a des adultes qui profitent exagérément des côtés plus difficiles de leur enfant pour excuser leur comportement violent. Même si une situation est difficile, il y a toujours moyen de régler les choses sans recourir à la violence.

Plusieurs raisons sont susceptibles d'entraîner des mauvais traitements, mais il faut se dire que ce n'est jamais la faute du bébé. L'enfant dont on ne comble pas tous les besoins et spécialement celui qui a faim va pleurer davantage et ses pleurs vont être aigus et agaçants, et peuvent même devenir intolérables. Cette réaction agresse les parents et le climat du foyer peut s'alourdir. Dans certaines familles en difficulté, ces pleurs entraîneront une réaction violente et mettront le bébé en danger alors que dans d'autres familles, on saura calmer l'enfant. Les traits de caractère des bébés sont d'ailleurs liés aux difficultés qu'éprouvent leurs parents avec eux. Souvent quand un bébé est plus capricieux, plus braillard, plus dépendant et qu'il ne fait pas encore ses nuits, c'est que ses parents manifestent eux-mêmes une certaine insécurité.

Quand il y a des abus physiques, il faut aussi considérer l'existence de causes sociales. La violence survient plus facilement lorsque les parents ont eux-mêmes déjà été victimes de violence dans leur enfance, quand le couple vit une période difficile, quand le revenu familial est insuffisant, etc. Voici un exemple de situation qui peut entraîner des comportements violents.

> Tu es toujours stressée en ce moment. Ça va mal avec ton « chum », à ton travail et même à la garderie où va ta fille de dix-huit mois. La coordonnatrice te dit qu'il y a des parents qui se plaignent car elle mord et tire les cheveux des autres enfants. L'autre jour tu l'as mordue comme ton père te l'avait fait une fois. Tu es fatiguée. On dirait que rien ne marche avec elle. L'autre soir tu étais épuisée et on aurait dit que la petite était plus chialeuse que d'habitude. À un moment donné, tu l'as frappée et comme par miracle, elle a arrêté de t'agacer.

Les abus physiques envers un bébé ne doivent jamais être tolérés et ce d'autant plus que souvent les sévices infligés sont épouvantables et même mortels[19]. Il faut donc être attentif et faire une déclaration à la DPJ, au besoin.

Les abus sexuels

La violence sexuelle peut prendre différentes formes : la pornographie, le harcèlement, le viol, la pédophilie, etc. Les abus sexuels de bébés deviennent plus courants dans notre société et il faut protéger les enfants qui en sont victimes[20].

Diverses raisons peuvent pousser un adulte à abuser sexuellement d'un enfant. Il se peut que l'adulte ait souffert d'un manque d'affection et éprouve un plaisir démesuré à prodiguer certains soins au bébé. La personne ne se distancie alors pas suffisamment dans ses contacts physiques avec l'enfant et son amour risque alors de revêtir un caractère proprement sexuel. Une deuxième explication veut que l'enfant soit traité par l'adulte comme un objet sexuel, car il est le fruit d'une relation sexuelle.

L'abuseur a habituellement une vie sexuelle anormale. Il faut donc être attentif aux comportements de l'adulte soupçonné. Les éléments sui-

---

19. Voir la brochure *S.V.P. ne secouez pas votre bébé*, publiée par l'Hôpital Général pour enfants de Toronto.
20. Au colloque sur la qualité de vie dans les services de garde en 1986, Monique RICHARD a présenté un atelier intitulé : « Les abus en garderie : est-ce possible? » (Voir les *Actes*, pp. 138 à 141). Elle y décrit l'importance d'exercer une vigilance sur nos collègues de travail qui peuvent poser des gestes abusifs.

vants peuvent constituer des signes de troubles de la personnalité pouvant donner lieu à des abus sexuels : rigidité, solitude, manque de confiance en soi, domination, etc. Le tableau 7.2 présente un résumé des indices d'abus sexuels et de mauvais traitements infligés à l'enfant.

L'observation de l'une ou de l'ensemble des caractéristiques mentionnées devrait susciter des doutes sérieux dans l'esprit de l'éducatrice quant à la qualité des rapports de l'enfant avec ses parents ou avec tout autre adulte soupçonné. Toutefois, il faut être prudent et ne pas porter de jugements trop hâtifs.

TABLEAU 7.2
Indices signalant des mauvais traitements

Négligence matérielle

- Mauvaise nutrition (signes de malnutrition : poids et taille en dessous de la moyenne et carences protéiniques et/ou vitaminiques);
- Sommeil insuffisant;
- Surveillance inadéquate à la maison (le bébé est laissé seul ou avec un autre enfant incapable de le garder);
- Manque constant d'hygiène (corps et cheveux malpropres, démangeaisons);
- Vêtements sales, mal entretenus, inadéquats pour la saison, de grandeur inappropriée;
- Soins de santé insuffisants (manque de suivi médical, absence de traitement requis par l'état de santé de l'enfant).

Négligence affective

- Méconnaissance des besoins réels de l'enfant
- Méconnaissance du développement normal de l'enfant
- Attentes irréalistes (correspondant peu aux capacités de l'enfant)
- Manque de contacts sociaux avec l'enfant
- Peu de contacts visuels
- Aucun signe d'affection (sourire, baiser, caresse)
- Encouragements rares
- Ton de voix inapproprié (criage)
- Langage inadapté (trop vite, phrases longues, vocabulaire incompréhensible pour l'enfant)
- Verbalisation négative exagérée (seulement des « non », « fais pas ça », « touche pas »)

TABLEAU 7.2 (suite)
Indices signalant des mauvais traitements

Abus physiques

- Sévices corporels : marques de coups, enflures, ecchymoses, lésions
- Brûlures
- Hémorragie
- Blessures (atypiques, à répétition ou à des endroits inhabituels)
- Fractures
- Cicatrices de blessures antérieures

Abus sexuels

- Démangeaisons, enflure, douleur dans la région génitale
- Difficulté à s'asseoir, à marcher
- Contusion, saignement, lacération des organes génitaux externes, de la région vaginale et/ou anale
- Taches dans la couche ou les sous-vêtements (sang, perforation de l'hymen, pertes vaginales)
- Infection urinaire, vaginale à répétition
- Maladies transmises sexuellement
- Maux de gorge constants dont l'origine est méconnue
- Corps étrangers dans les orifices urétraux, vaginaux, rectaux

Le dossier de l'enfant maltraité

Quand on a l'impression qu'un enfant est maltraité, il faut monter un dossier dans lequel on retrouvera la description détaillée des faits qui nous laissent supposer qu'il est victime de mauvais traitements. Ce dossier doit permettre à la DPJ d'effectuer une enquête plus approfondie.

Afin d'avoir au moins les preuves de ses présomptions, l'éducatrice fera la description de chaque fait douteux au moment où elle le constate. Cette description sera faite à l'aide d'un formulaire où elle notera d'abord le nom de l'enfant, la date, l'heure et le lieu de sa triste découverte (figure 7.1)[21]. Elle fera ensuite la description du fait en inscrivant ce qu'elle observe avec le plus de détails possible et en évitant les jugements de valeur.

L'enfant souffrant d'abus physiques porte des marques qui peuvent aussi être photographiées pour fournir une preuve tangible. Pour cette

---

21. « L'enfance maltraitée et mon rôle à jouer en garderie », de Hélène CHARLAND et Lucie RONDEAU, compte rendu de la rencontre pédagogique du Regroupement des garderies du Montréal métropolitain, 1985, p. 4.

raison, un appareil-photo peut faire partie du matériel de base de chaque service de garde (le Polaroïd est recommandé parce qu'il donne des résultats immédiats, ce qui permet d'être tout de suite certain que la photo est utilisable). La photo vient appuyer une déclaration, surtout si aucun médecin n'a constaté la ou les blessures. Il faut bien indiquer sur chaque photo le nom de l'enfant et la date à laquelle elle a été prise.

À la description écrite d'un fait, on doit ajouter la version des parents ou de l'adulte qui accompagne l'enfant. Pour la connaître, on peut poser des questions ouvertes du genre : « Avez-vous remarqué la marque ici, il me semble que c'est nouveau? » Certains adultes justifient une situation anormale en formulant des prétextes. Par exemple, si l'enfant a des blessures à répétition, ils diront qu'il semble plus sujet aux accidents depuis un certain temps. Par contre, si à la garderie sa coordination est normale, l'éducatrice conclura que leur explication peut être fausse. De même, si un parent lui dit qu'un enfant est tombé dans un escalier mais que toutes ses blessures se situent sur le corps et qu'il n'en a aucune sur la tête, elle pourra se méfier de ses dires.

Un adulte responsable de négligence ou d'abus peut aussi fournir une réponse évasive ou carrément refuser de parler du problème de l'enfant. Ce refus doit être noté, car il peut justement être un indice significatif. Une éducatrice qui a un doute peut aussi tenter d'échanger avec les deux parents lorsqu'ils ne sont pas ensemble afin d'entendre les deux versions pour voir s'il y a des différences ou des contradictions.

L'éducatrice décrit ensuite ses préoccupations dans la partie commentaires. Lorsque la version des parents lui semble improbable, c'est à cet endroit qu'elle le mentionne. Elle inscrit ensuite si le cas a déjà été déclaré à la DPJ et les détails concernant la déclaration si elle a été effectuée. Elle note entre autres le nom de la personne qui a reçu le signalement à la DPJ et si la déclaration est retenue (jugée fondée ou non). Pour qu'un cas soit pris en considération par la DPJ, l'enfant doit avoir subi des mauvais traitements par suite d'excès (infligés de manière non accidentelle) ou être victime de négligence. Il est enfin important de signer le formulaire et d'y joindre la signature d'un témoin, qui sera habituellement la coordonnatrice ou la responsable de la pouponnière.

La rédaction du dossier se fera bien sûr dans la discrétion, car il ne faut pas que les adultes soupçonnés se doutent que l'éducatrice se prépare à signaler leur enfant à la DPJ. Il va sans dire que celle-ci aura besoin du support des autres éducatrices et de sa coordonnatrice pendant tout le temps nécessaire pour rassembler les faits pouvant amener la DPJ à intervenir.

```
Nom de l'enfant : _____

Date : _____

Heure : _____

Lieu : _____

Photographie jointe ou non (nombre de photos) : _____

Description du cas : _____

_____

_____

Version des parents : _____

_____

_____

Commentaires : _____

_____

_____

Déclaration à la DPJ : _____

_____

_____

Signature de l'éducatrice : _____

Signature d'un témoin : _____
```

FIGURE 7.1
Modèle de formulaire suggéré pour la surveillance d'un enfant qui semble maltraité[22]

7.2.2. L'enfant qui souffre d'une déficience physiologique

Il existe une grande diversité de déficiences physiologiques. Elles peuvent être organiques ou motrices. Si certaines sont légères et peuvent être corrigées, d'autres demeurent incurables. Des anomalies sont héréditaires, d'autres sont liées à la grossesse ou à des complications survenues lors de

---

22. Notons que ce même formulaire peut être utile lorsqu'on soupçonne qu'un éducateur ou une éducatrice a des comportements abusifs (physiques ou sexuels). Les membres de l'équipe peuvent réagir à cette situation en accumulant des faits comme ils le feraient pour les parents.

l'accouchement. Certains troubles sont susceptibles d'être décelés dès la naissance ou même avant, alors que d'autres ne se manifesteront que plus tard. Certains enfin seront causés par une maladie telle la méningite ou par une blessure à la tête. Malgré cette diversité, une constante se dégage : s'ils ne sont pas dépistés, ces problèmes entraînent toujours à la longue d'autres problèmes. C'est pourquoi l'éducatrice doit pouvoir reconnaître les signes d'anomalies et faire examiner sans tarder l'enfant chez qui ils se manifestent.

Les déficiences organiques et motrices

Certains problèmes physiologiques, aujourd'hui si faciles à repérer, sont décelés pendant la grossesse, grâce à l'amniocentèse ou à l'échographie, ou tout de suite après la naissance[23]. C'est le cas de la malformation, de l'absence d'une partie du corps et de certaines formes de paralysie. D'autres troubles sont aussi faciles à reconnaître parce qu'ils se manifestent sous forme de crises aiguës, pensons aux crises d'épilepsie ou d'asthme. On peut également soupçonner certaines anomalies lorsqu'un enfant éprouve une grande difficulté à exécuter un mouvement. Par exemple, un enfant qui a une luxation de la hanche boitera quand il va commencer à marcher. Cependant, la plupart des troubles physiologiques ne sont pas aussi facilement observables et, par conséquent, l'éducatrice doit faire preuve de vigilance pour les déceler.

Certains de ces problèmes affectent les systèmes organiques vitaux comme la respiration, la circulation sanguine ou le métabolisme. En plus de diminuer la résistance physique et de ralentir la croissance de l'enfant, ces troubles l'empêchent de participer pleinement aux activités considérées normales.

D'autres troubles affectent davantage la motricité. Ils peuvent limiter l'enfant dans ses mouvements ou le rendre incapable de faire certaines actions[24]. Quand un enfant a un problème de motricité, diverses composantes de son développement risquent d'être atteintes[25].

---

23. Alexandre MINKOWSKI décrit dans *Pour un nouveau-né sans risque*, éd. du Seuil, Paris, 1983, les nouvelles techniques de surveillance prénatale et bien d'autres.
24. Madeleine BAILLARGEON. *Entrez dans la ronde... l'intégration des enfants handicapés dans les services de garde*, Québec, Direction générale des publications gouvernementales, coll. Ressources et Petite Enfance, 1986.
25. Voir *L'éducation psychomotrice* de Francine LAUZON publié aux Presses de l'Université du Québec, 1990, pour une description plus complète des composantes; de la motricité *globale*; dissociation, coordination, équilibre et contrôle du tonus musculaire de la motricité *fine*; dextérité manuelle et coordination oculo-manuelle.

Comme le développement progressif de la motricité globale et fine entraîne l'acquisition d'habiletés qui couvrent l'ensemble du développement moteur, il est possible que l'enfant ayant des problèmes d'ordre physiologique développe des difficultés sur le plan cognitif. Ainsi, il est certain que s'il a de la difficulté à exécuter ses mouvements, s'ils sont douloureux ou ralentis, sa capacité d'attention risque d'être réduite et ses envies d'explorer et de pratiquer de nouveaux mouvements moins grandes. Ces attitudes auront pour conséquence que ses occasions d'apprendre seront moins nombreuses et qu'il apprendra moins de choses qu'un autre, d'où un ralentissement du développement de son intelligence.

Certains problèmes peuvent aussi affecter le développement des habiletés sociales et la vie affective de l'enfant. Ainsi, un enfant atteint de paralysie dans la région de la bouche pourra éprouver des difficultés à apprendre à parler et ses problèmes de langage pourront devenir source de frustrations et compliquer ses relations avec son entourage.

De la même façon, le bébé qui désire faire des choses mais qui se trouve limité dans ses mouvements en raison d'une déficience connaîtra de vives déceptions s'il ne peut se déplacer vers les autres à volonté ou s'il est incapable de participer aux jeux, et sa vie sociale en sera aussi perturbée. De tels problèmes nuisent donc au développement socio-affectif de l'enfant, d'abord parce qu'ils représentent des obstacles dans le processus d'acquisition de l'autonomie et ensuite, parce qu'ils empêchent l'enfant d'avoir les contacts qu'il souhaite avec les autres et avec son milieu alors que c'est grâce à ces interactions qu'il peut se développer harmonieusement.

La connaissance des différentes étapes du développement moteur permet de repérer le bébé manifestant un problème physiologique quelconque puisque tous les enfants poursuivent un cheminement identique[26]. Lorsqu'un enfant nous semble s'écarter de façon notable du parcours normal, il faut tout de suite l'observer de plus près. L'utilisation d'une grille nous sera fort utile[27]. Ensuite, certains symptômes associés à des problèmes spécifiques pourront être relevés.

---

26. Les auteures conviennent avec Anna Pinelli que l'enfant évolue mieux quand on le laisse bouger en toute liberté.
27. Donald B. BAILEY et Mark WOLERY (*op. cit.*) font un résumé de 14 examens différents utilisés dans l'évaluation des capacités motrices dès la naissance. Il est conseillé de consulter des ouvrages spécifiques au besoin afin d'avoir une compréhension plus complète.

TABLEAU 7.3
Troubles chez l'enfant

- Fatigabilité
    - fatigue inexpliquée
    - perte d'énergie
    - somnolence fréquente
    - faiblesse généralisée
    - apathie
    - essoufflement

- Paralysie
    - partielle (mouvements modérément limités)
    - totale (incapacité absolue d'effectuer des mouvements et perte de sensibilité)

- État de santé instable
    - maladies évolutives
    - régression ou rémission

- Manque de coordination
    - désordre des mouvements
    - mouvements involontaires
    - mouvements mal coordonnés
    - mouvements différents de ceux que la personne tente de faire

- Problèmes de mouvements
    - difficiles
    - lents
    - saccadés
    - involontaires

- Perte d'équilibre
    - incapacité de maintenir une position
    - difficulté à se déplacer sans tomber

Les enfants chez qui se manifestent un ou plusieurs de ces symptômes connaissent tous un ralentissement de leur développement moteur ou une évolution atypique qui peut être temporaire ou se préciser à long terme.

Lorsqu'un problème est diagnostiqué, il faut réagir vite. La plupart des enfants qui présentent des problèmes physiologiques auront besoin d'être vus par des spécialistes. Ils auront peut-être besoin d'une opération chirurgicale, d'un appareil orthopédique ou de participer à un programme de réadaptation. De telles mesures visent à minimiser les séquelles, à amé-

TABLEAU 7.4
Signes physiologiques révélateurs d'un trouble

- Tête
    - grosseur anormale (plus petite ou plus grosse)
    - développement rapide de la tête
    - anomalie au cou
    - manque de contrôle des mouvements du visage

- Colonne vertébrale
    - malformation
    - courbure en forme de « S »
    - une épaule plus haute que l'autre
    - un omoplate ressorti
    - un bras plus long que l'autre

- Articulations
    - raides
    - endolories
    - inflammées

- Muscles
    - anormalement développés
    - tonus musculaire exagéré (membres rigides, crispés, tendus)
    - tonus musculaire faible (membres flasques)
    - douleur
    - raidissement
    - dégénérescence
    - contractions

liorer les capacités physiques et à prévenir les mauvaises habitudes. Leur rôle consiste également à diminuer les retards dans les autres domaines du développement. Il est certain que leurs chances de succès seront plus grandes si ces mesures sont prises très tôt dans la vie de l'enfant.

Les déficiences sensorielles

Parmi les problèmes reliés à une déficience organique, il y a ceux qui touchent les sens. Les problèmes sensoriels peuvent entraîner des dommages et peut-être des retards de développement; les plus courants sont ceux qui affectent la vue et l'ouïe. On ne peut pas toujours éliminer ou guérir une déficience sensorielle, mais dans plusieurs cas l'aide médicale peut en réduire les conséquences fâcheuses surtout lorsqu'elles sont dépistées de façon précoce.

Les troubles de vision

L'enfant ayant un trouble de vision est plus ou moins gravement privé d'un sens important pour la connaissance du monde qui l'entoure. Il sera sans doute plus sujet à avoir des difficultés sociales et motrices (fines et globales).

La vue permet d'entrer en relation avec les autres et avec l'environnement. Le regard est un des premiers points d'ancrage de nos interactions. C'est avec les yeux que le bébé établit ses premiers contacts avec les personnes qui sont dans son champ visuel, et l'enfant normal recherche activement le regard des autres. Celui qui souffre d'une déficience visuelle éprouvera donc des difficultés sur le plan social parce qu'il lui sera difficile d'entrer en contact avec son entourage.

La vue joue un rôle de plus en plus important à mesure que se développe la motricité fine. L'enfant a en effet besoin de bien voir pour développer sa préhension. Parmi les facultés qui servent à guider ses gestes, la vue occupe de toute façon un rôle majeur, car c'est l'œil qui dirige la main en fonction de la tâche à accomplir. Par exemple, il faut être capable de bien voir pour ramasser un petit objet.

La motricité globale de cet enfant sera aussi quelque peu ralentie. Parce qu'il craindra de se frapper ou de trébucher sur des objets qu'il verra mal, il se déplacera moins et avec plus de précaution. On peut prévoir qu'il aura besoin de motivation pour le faire, c'est-à-dire qu'il se déplacera plus volontiers s'il voit une personne ou un objet à atteindre ou encore s'il entend quelque chose. Sa vision réduite l'empêchera de plus d'apprendre certains mouvements par imitation des autres comme le font les enfants dont la vue est normale[28].

Le fait de mal percevoir ce qui l'entoure nuira aussi au développement cognitif de l'enfant. D'abord, l'apprentissage par imitation est important pour le développement de l'intelligence du très jeune enfant, car c'est de cette façon qu'il apprend à comprendre le monde qui l'entoure, les comportements, etc. De plus, cet enfant cherchera moins à comprendre les choses qu'il ne voit pas. Enfin, un problème de vision nuit à la formation d'images mentales claires des choses. Étant donné ces difficultés, la confiance et l'autonomie de l'enfant seront probablement aussi affectées par sa déficience visuelle.

---

28. On trouvera une bonne description du développement visuel chez le nouveau-né au chapitre 6 intitulé « Bright Sights », pp. 107 à 133 dans Daphne MAURER et Charles MAURER. *The World of the Newborn*, USA, Basic Books, 1988.

Il existe de nombreuses déficiences visuelles : l'acuité visuelle d'un enfant peut être réduite, son champ de vision peut demeurer moins grand que la moyenne, certains souffrent de cécité ou ne perçoivent pas les formes, les mouvements ou la luminosité. Cependant, la vue est le seul de ses cinq sens qui commence à fonctionner après la naissance et c'est également celui qui requiert le plus de temps avant d'atteindre sa pleine maturation structurelle et fonctionnelle. En d'autres mots, il faut un certain temps avant que l'enfant voit bien. Toutefois, certains troubles visuels courants chez les enfants tels le strabisme (loucher) et la faiblesse de l'acuité visuelle sont mineurs et temporaires et ne devraient pas susciter d'inquiétude.

Presque tous les poupons semblent loucher pendant les premiers mois de leur vie. Cela est dû au fait que les muscles qui coordonnent les mouvements des yeux n'ont pas encore développé le réflexe de converger vers un même point. Le bébé naissant voit donc très souvent double et sa vision stéréoscopique est imparfaite, c'est-à-dire qu'il perçoit difficilement l'espace en trois dimensions puisque la perception de profondeur est reliée à la qualité de la coordination des muscles de ses yeux. On pourrait dire qu'il voit les tableaux de la vie comme sur des cartes postales.

À partir de 6 mois, cependant, un bébé devrait avoir appris à maîtriser la binocularité (faculté de regarder avec les deux yeux sans loucher). Il devrait avoir les yeux bien droits, car un œil qui louche ne permet pas une bonne vision. À partir de cet âge, l'enfant qui souffre de strabisme devrait être vu par un spécialiste. Il est à noter que le strabisme se guérit plus facilement si l'enfant est traité jeune.

Un autre indice d'immaturité du système visuel du bébé réside dans sa faible acuité visuelle. Un adulte possédant une vision normale voit avec précision un objet placé à 20 pieds de lui. C'est ce qu'on appelle une vision 20/20. Par contre, le nouveau-né possède une vision 20/600, c'est-à-dire qu'il perçoit un objet placé à 20 pieds avec aussi peu de précision que si un adulte regardait cet objet à 600 pieds de lui. Ce n'est pas la perception de la grosseur de l'objet qui varie, mais la précision du contour et des formes de l'objet.

Si on place un hochet à 15 ou 20 centimètres des yeux d'un nouveau-né, il pourra probablement le voir avec assez de précision. Cependant, en dehors de cette zone, le jouet risque de devenir un peu flou. Si un poupon de 3 mois ne regarde pas l'objet qu'on lui présente à 50 centimètres de lui, c'est donc sans doute parce qu'il est incapable de le percevoir facilement. Vers l'âge de 4 mois, le bébé a toutefois une vision 20/150. Celle-ci s'améliore rapidement, mais ce n'est pourtant qu'à l'âge de 6 ou 7 ans que l'enfant pourra jouir d'une vision presque normale.

De plus, le bébé doit apprendre à ajuster sa vision en fonction de la distance des choses qu'il regarde, il doit apprendre à « mettre au foyer ». En effet, pendant les premiers mois de sa vie, il n'arrive pas à ajuster sa vue. C'est un peu comme s'il regardait avec des lunettes d'approche et que quelqu'un s'amusait à changer la mise au foyer : il perçoit d'abord les objets de façon floue, ensuite avec précision, puis les objets redeviennent flous.

TABLEAU 7.5
Indices de déficience visuelle

- Apparence des yeux
    - rougeurs
    - déviation persistante
    - yeux qui coulent
    - peu sensibles ou extrêmement sensibles à la lumière
    - yeux qui bougent, continuellement en mouvement
    - yeux qui louchent

- Comportement visuel
    - cligne souvent des yeux
    - n'a pas le réflexe de clignoter
    - plisse les yeux
    - fronce les sourcils
    - se frotte les yeux

- Comportement pour mieux voir
    - porte les objets près de ses yeux
    - s'avance ou s'éloigne de ce qu'il observe
    - ferme un œil quand il regarde
    - tourne la tête toujours du même côté pour regarder

- Comportement moteur
    - mauvaise coordination œil-main
    - mouvements des mains maladroits
    - mauvaise coordination du corps
    - trébuche sur un objet

- Démarche atypique
    - se déplace avec précaution
    - marche plus lentement que la normale
    - marche avec les bras tendus devant lui
    - recherche des sensations visuelles (bouge rapidement les mains devant le visage, presse fortement ses yeux avec ses doigts)

C'est une erreur de croire qu'il faut attendre que l'enfant puisse reconnaître les symboles pour tester sa vision[29] puisque la rééducation et certains traitements ne sont efficaces uniquement en bas âge. Plus tôt on dépiste un problème de vision, meilleures sont les chances de réussite des traitements. Il faut donc aviser les parents et les amener à consulter rapidement lorsqu'on pressent qu'il y a quelque chose d'anormal.

Il existe un examen très sûr pour vérifier l'acuité visuelle de l'enfant dès l'âge de 4 ou 5 mois. Il suffit tout simplement de placer un petit objet devant lui et de vérifier s'il peut le prendre sans hésiter en regardant d'un seul œil. Pour ce faire, il s'agit de couvrir un œil et de faire deux fois l'exercice afin de tester les deux yeux. Un deuxième examen peut aussi être fait pour voir si un enfant est capable de suivre un objet des yeux. Prenez son jouet favori et déplacez-le lentement devant lui. Voici certains indices révélateurs d'une déficience visuelle et qui devraient amener à consulter un spécialiste.

Les troubles d'audition

L'ouïe permet à l'enfant d'entendre les sons qui l'entourent et c'est aussi grâce à cette faculté qu'il apprend à parler. Un trouble auditif non traité peut avoir des conséquences graves sur le développement cognitif et socio-affectif de l'enfant, en particulier s'il apparaît en bas âge puisque le développement de l'intelligence et de la vie socio-affective est étroitement lié au langage et que c'est pendant les trois premières années de sa vie que l'enfant acquiert les bases du langage. Le langage permet de conceptualiser, de s'exprimer et d'échanger avec les autres; l'incapacité d'apprendre à parler entraîne inévitablement des retards sur d'autres plans. Un enfant qui parle déjà quand une légère diminution de son audition se présente aura cependant moins de difficulté à poursuivre son développement, car sa connaissance du langage lui permettra de deviner ce qu'il n'entend pas et de communiquer avec son entourage.

On devine également que l'enfant ayant des difficultés d'audition sera perturbé dans ses relations avec son entourage parce qu'il n'entendra pas bien les sons et les bruits qui l'entourent. Ainsi, il ne réagira pas aux consignes de l'éducatrice, aux propos d'un ami ou à un bruit familier, et il aura par conséquent de la difficulté à faire partie du groupe.

Les difficultés auditives sont soit héréditaires, soit causées par une maladie contractée par la mère pendant la grossesse (la plus redoutable est

---

29. La revue *L'enfant*, 1987, a publié un dossier spécial intitulé « À vue d'œil ». Dans ce numéro, on parle de causes, d'examen et de traitements des troubles visuels et de la spécificité des lunettes pour tout-petits.

la rubéole), ou par des circonstances difficiles entourant la naissance. Elles peuvent survenir par suite de maladies infantiles comme la méningite et l'encéphalite, ou après l'utilisation de certains médicaments en doses massives[30].

L'ouïe peut enfin se détériorer à la suite de certaines complications comme les otites, ces infections de l'oreille provoquées par une infection respiratoire. L'otite est fréquente chez le bébé, car les trompes d'Eustache qui relient l'oreille à la gorge sont relativement courtes; quand une otite persiste plus de quelques jours, l'enfant doit être traité. Des infections d'oreilles fréquentes peuvent entraîner une perte d'audition. On reconnaît une otite lorsque l'enfant présente un ou plusieurs des symptômes suivants :

- mal d'oreille,
- démangeaison dans l'oreille,
- liquide (pus) qui s'écoule de l'oreille,
- fièvre,
- diarrhée.

Il existe des indices qui permettent de déceler rapidement une diminution de l'audition chez un bébé, quels que soient la cause et le degré de surdité. D'abord, l'enfant qui souffre de problèmes auditifs graves ne réagit qu'aux bruits très forts, et parfois il ne réagit pas du tout à ces bruits. Celui dont le problème est léger réagira aux sons suffisamment forts pour stimuler son oreille et non à ceux qui sont trop faibles pour qu'il les perçoive.

D'autres aspects du comportement de l'enfant indiquent aussi des difficultés à entendre. Par exemple, si un enfant prête attention à ce qu'on lui dit seulement quand il nous voit, s'il n'a aucune réaction lorsqu'on l'appelle par son nom ou encore s'il ne semble pas réagir lorsque la sonnerie de la porte ou celle du téléphone se font entendre.

Enfin, l'enfant qui a des problèmes d'audition parlera moins et moins bien que les enfants de son âge. Son retard de langage dépendra de la gravité de son problème auditif et du moment où il en a été atteint. Si vers un an, un enfant est incapable de prononcer des mots simples comme maman, papa, lait et d'indiquer qu'il en comprend d'autres, il faudrait s'interroger et vérifier comment il réagit aux sons environnants. Il a probablement besoin d'être examiné par un spécialiste.

On peut effectuer un examen d'audition dès la naissance. Il s'agit d'observer la réaction du bébé lorsqu'une autre personne placée hors de

---

30. Une excellente référence à ce sujet est la revue *L'enfant*, dossier « L'oreille grande ouverte », 1987, qui est consacré à l'audition. Les premiers articles surtout décrivent le dépistage des déficits auditifs congénitaux ou acquis dans la petite enfance.

son champ de vision fait un bruit soudain. Si l'enfant en mouvement cesse tout à coup de bouger ou si l'enfant tranquille se met tout de suite à chercher d'où vient le son, c'est qu'il l'a entendu. Si on a un doute, il vaudrait mieux que l'enfant subisse des examens plus élaborés[31,32]. Si un examen nous permet de reconnaître certains des indices mentionnés précédemment, il serait nécessaire que les parents consultent un des professionnels suivants :

Oto-rhino-laryngologiste (ORL) : Médecin spécialiste des problèmes de l'oreille, du nez et de la gorge. Ce spécialiste est en mesure de déceler la maladie causant la surdité et peut procéder au traitement de celle-ci ou conseiller toute aide jugée utile selon le cas.

Audiologiste : Ce spécialiste évalue la qualité de l'audition en précisant le type et le degré de surdité et contribue ainsi au diagnostic de la maladie. Il peut recommander l'aide technique appropriée.

Orthophoniste : Ce spécialiste évalue les problèmes d'élocution et aide l'enfant à les corriger pour faciliter sa communication avec son entourage.

Un bébé peut avoir de la difficulté à entendre d'une oreille ou des deux oreilles. Les types et les degrés de surdité varient selon les parties de l'oreille ou du cerveau qui sont mal formées, obstruées ou détruites. Il est rare par ailleurs qu'un enfant perde complètement l'ouïe. Une diminution très grave de 70 décibels ou plus est plutôt exceptionnelle également; habituellement, l'enfant perd entre 20 et 25 décibels. Il est toutefois toujours important de dépister une baisse d'audition le plus tôt possible, qu'elle soit légère ou grave.

Comme les pertes auditives sont la plupart du temps dues à des déficiences de conduction, une intervention médicale apporte généralement une solution au problème. Parfois, il sera conseillé de recourir à l'utilisation d'un appareil auditif afin de permettre à l'enfant d'entrer en contact avec l'univers sonore ambiant et ainsi minimiser les conséquences fâcheuses de ces problèmes chez l'enfant en pleine croissance[33]. Les effets

---

31. Pour d'autres informations sur les examens consulter le livre *Promotion de la santé auditive, chez l'enfant à naître et le jeune enfant : Proposition de mise en place d'un programme en 21 activités*, Centre hospitalier universitaire de Sherbrooke, 1986.
32. À l'Université McGill, le Département d'audiologie offre un service de dépistage pour enfant avec problèmes auditifs (évaluation gratuite de l'audition). Téléphone : (514) 392-4358. Adresse : Beatty Hall, 266 avenue des Pins Ouest, Montréal.
33. On peut rejoindre l'Association québécoise des enfants avec problèmes auditifs (AQEPA) au (514) 842-8706. L'association est située au 3700, rue Berri, bureau 486, Montréal, H2L 4G9. Cette association existe dans toutes les régions du Québec.

négatifs des problèmes auditifs sur le développement général sont habituellement temporaires et s'estompent par la suite. Cependant, toute baisse d'audition devrait être détectée le plus tôt possible afin d'en minimiser les effets.

7.3. Le soutien à l'éducatrice

Lorsque l'éducatrice s'aperçoit qu'un enfant aurait besoin d'être observé de plus près parce qu'il semble avoir une difficulté, elle doit faire de son mieux pour intervenir. Habituellement, elle fera d'abord appel aux autres éducatrices. Comme chaque cas est unique compte tenu de la spécificité de chaque enfant, de sa famille et des caractéristiques propres à chaque pouponnière, devant cette complexité, il arrive que le personnel en service de garde se sente pris au dépourvu. Il ne faut toutefois pas se résigner devant une anomalie, car nos connaissances actuelles nous permettent de venir en aide à la majorité des enfants ayant des besoins spéciaux.

Actuellement, cependant, les ressources de l'éducatrice sont limitées et il n'est pas toujours facile, parfois même impossible, de répondre aux besoins de ces enfants à la pouponnière. Beaucoup de travail reste à faire. Il serait d'abord fondamental que l'état québécois investisse dans les garderies et se rende compte du rôle important qu'elles peuvent jouer en ce qui a trait à la santé des enfants. La meilleure prévention réside en effet dans l'existence de politiques sociales appropriées, continues et globales pour soutenir l'approche préventive.

Le soutien indispensable, l'éducatrice devrait aussi le trouver dans son milieu auprès de personnes ressources compétentes, disponibles et préoccupées par le bien-être des enfants. Il faudrait de plus que sa formation lui permette de développer davantage ses compétences dans le domaine de la prévention, du dépistage et de l'intervention auprès des enfants ayant des besoins spéciaux.

Puisse donc les quelques idées qui suivent inspirer tous les intervenants et faire en sorte que la situation s'améliore. Il faut être conscient que l'absence de soutien approprié peut compromettre le développement normal d'un enfant et cela est très grave.

7.3.1. La formation

À l'heure actuelle, chaque éducatrice arrive avec son vécu, ses expériences de travail antérieures et sa formation particulière. Chaque garderie sélectionne et évalue son personnel à partir de critères qui lui sont spécifiques. Les possibilités de se perfectionner en milieu de travail varient d'une garderie à l'autre. On constate de grandes différences d'un service de garde à un autre. Pourtant, une certaine uniformisation serait souhaitable surtout en ce qui a trait à la formation des éducatrices. Il nous apparaît essentiel de former des éducatrices compétentes et motivées à aider les enfants ayant des besoins spéciaux.

L'éducatrice devrait d'abord posséder les connaissances concernant l'ordre habituel des acquisitions et des changements dans le développement des bébés, car ce savoir permet de reconnaître rapidement les anomalies. Si actuellement les étudiantes en techniques d'éducation en services de garde sont sensibilisées à la problématique des enfants ayant des besoins spéciaux par le biais de cours sur les différentes catégories de déficiences, pour le moment, il n'y a aucun cours axé spécifiquement sur ce que représentent concrètement les interventions auprès de ces enfants et de leurs parents.

Le programme devrait pourtant comprendre des cours approfondis sur la prévention, le dépistage et l'intégration des enfants souffrant d'une déficience, car une éducatrice bien avisée sera davantage en mesure de détecter un problème et d'y faire face. Pour ce faire, il est nécessaire que les enseignantes en TESG soient sensibilisées elles aussi à toute cette problématique. Des guides d'instruments pédagogiques, des documents de sensibilisation et d'information devraient leur être fournis afin de mieux préparer les futures éducatrices qui auront à travailler auprès de cette clientèle. Les initiatives de perfectionnement devraient de plus être largement encouragées et les appuis nécessaires mis à la disposition des éducatrices sur le marché du travail[34]. Il semble que l'éducatrice qui est déjà dans le milieu et qui a acquis une certaine expérience pourra d'ailleurs mieux apprécier ce type de formation que l'éducatrice qui n'a jamais eu à faire face à de tels problèmes. Malheureusement, les salaires peu élevés et l'absence de fonds pour autoriser le perfectionnement demeurent des obstacles de taille à la formation spécialisée des éducatrices qui travaillent dans nos services de garde.

Une fois reconnu le besoin de ressourcement, d'information et de formation continue du personnel, différentes formules peuvent être envisagées pour soutenir les éducatrices. On peut penser, entre autres, à la participation à des événements comme les congrès, les colloques, les jour-

---

34. Comme le projet de cours de perfectionnement de Lina LEBLANC et Richard LEMAY : « Formation du personnel des services de garde à l'intégration des enfants handicapés » pour l'OSGE 1986.

nées thématiques, les rencontres régionales ou à des formations pratiques.
Les échanges avec d'autres éducatrices aident également à poursuivre la
réflexion et à améliorer nos interventions.

7.3.2. Le réseau des ressources

Plusieurs services de garde déplorent le manque de collaboration des organismes de santé. La participation des départements de santé communautaire (DSC) et des centres locaux de services communautaires (CLSC) varie
considérablement d'un endroit à l'autre, rares sont toutefois les éducatrices
qui peuvent bénéficier d'un soutien professionnel[35]. En dépit des progrès
dans le domaine de la santé infantile, le soutien aux services de santé
demeure incomplet, insatisfaisant et morcelé. Il existe un projet pilote mis
sur pied par l'Alliance des garderies 03 à Sainte-Foy, près de Québec[36],
mais ce projet demeure exceptionnel.

Le soutien professionnel aux éducatrices pourrait prendre la forme
d'un réseau de ressources. Étant donné que l'aide à apporter aux enfants
est différente selon chaque cas, il serait nécessaire de créer une équipe
pouvant répondre aux besoins variés et spécifiques des enfants en milieu
de garde. Cette équipe devrait être bien organisée et pouvoir déléguer des
personnes ressources spécialisées dans les déficiences physiologiques ou
en travail social qui se déplaceraient sur demande et dont le rôle serait
établi en fonction des exigences requises par la situation. Cette personne
serait en mesure d'aider l'éducatrice à voir rapidement ce qui ne va pas et
pourrait le conseiller judicieusement.

Il faudrait également favoriser les rapports entre les différents intervenants afin qu'ils agissent de façon complémentaire et puissent assurer
une meilleure prise en charge des problèmes relevés. Une approche efficace
suppose la collaboration. Lorsque plusieurs intervenants s'occupent séparément du même enfant, une fragmentation peut se produire, notamment
quand chacun se fie sur l'autre pour accomplir certaines tâches. Un tel
service devrait aussi permettre que tous les intervenants fonctionnent en
harmonie et se complètent. Les ressources étant limitées, il serait préférable
de les concentrer afin qu'elles deviennent plus efficaces.

---

35. Voir dans les *Actes du colloque sur la qualité de vie dans les services de garde*, 1986, l'article
« Le rôle des organismes de santé par rapport aux services de garde », pp. 148 à 156.
36. Voir « Portraits : Le soutien professionnel pour les garderies » de Sylvie BRADETTE dans
Le monde des zéro – 5 ans, vol. I, n° 1, mars 1990.

Le réseau pourrait aussi offrir de la documentation (livres, vidéos, brochures, etc.). Son rôle serait de tenir le personnel au courant des nouvelles théories et découvertes, du matériel existant pour aider à l'intégration des handicapés, etc. Au besoin, des références à d'autres centres de documentation[37], à des spécialistes ou à des associations pourraient être suggérées aux éducatrices. Une dernière fonction de ce service serait d'offrir des formations afin d'aider les éducatrices à faire face à certains besoins et afin d'améliorer les structures existantes. L'éducatrice qui recevrait ce type d'aide améliorerait ses connaissances et ses habilités et se sentirait soutenue dans son travail.

Il se peut que les parents deviennent très dépendants de l'éducatrice qui les aide. Cette attitude demande un grand engagement personnel et surtout beaucoup de disponibilité émotionnelle, car l'éducatrice est souvent autonome et seule pour faire face à la situation. Puisque chaque situation est différente, il est impossible pour elle de bien s'y préparer et il est possible qu'elle-même puisse avoir besoin de se confier, d'éclaircir ses idées.

Devant ces démarches de prévention, de dépistage, d'aide à la famille et de recherche de ressources, elle peut éprouver des sentiments de découragement et de frustration et, bien sûr, des inquiétudes quant à sa compétence. Il s'agit alors de lui procurer une aide personnelle pour lui permettre de passer à travers une situation difficile et retrouver son équilibre. La coordonnatrice peut dans une certaine mesure procurer cette aide, mais parfois l'éducatrice pourra avoir besoin de faire une démarche personnelle plus approfondie en consultant un psychologue. Il est essentiel que le service offre une aide en ce domaine ou permette des échanges, et qu'un réseau d'entraide pour les éducatrices soit mis sur pied afin d'offrir un soutien à l'enfant et à sa famille.

• Résumé •

L'adoption d'une approche préventive et le travail de dépistage à la pouponnière s'avèrent de plus en plus essentiels à notre époque où les enfants sont nombreux à fréquenter les services de garde. La présence quotidienne de l'éducatrice auprès des enfants lui permet de bien les connaître, ce qui facilite le travail de dépistage.

---

37. Entre autres, l'Hôpital Sainte-Justine à Montréal offre un service d'audio-vidéothèque que le public peut consulter.

Cette nouvelle facette du travail de l'éducatrice exige de bien connaître le développement de l'enfant et ses besoins. La meilleure des préventions pourra se faire en offrant d'abord un service de qualité, c'est-à-dire respectueux, sûr et confortable pour les enfants, et en apportant du soutien aux parents par le biais d'échanges fréquents, chaleureux et parfois éducatifs.

Le travail de dépistage pourra se faire grâce à l'observation attentive et éclairée des enfants. Il sera rendu possible et efficace si l'éducatrice jouit de conditions de travail appropriées et si elle utilise les instruments d'observation avec jugement et éthique. Le dépistage précoce d'un problème peut éviter que celui-ci n'ait des conséquences fâcheuses sur le développement de l'enfant en pleine croissance. Pour qu'il soit rendu possible, il faut que l'éducatrice connaisse les diverses manifestations de différents problèmes pouvant affecter l'enfant.

Le rôle de l'éducatrice qui s'engage dans cette nouvelle voie consiste à avertir les parents quand elle croit que leur enfant souffre d'une déficience ou à signaler à la Direction de la protection de la jeunesse le cas d'un enfant maltraité. La sécurité et le bien-être de l'enfant exige d'elle qu'elle voie la vérité en face et qu'elle en parle.

Tout le processus de dépistage peut être éprouvant pour une éducatrice qui aura besoin d'un soutien qu'elle trouvera de plus en plus, nous l'espérons, auprès de ses collègues, du gouvernement et du milieu de la santé. Il faut aussi espérer que sa formation lui fournisse les outils nécessaires à l'accomplissement de cette tâche ainsi qu'à l'intégration des tout-petits ayant des besoins spéciaux.

Bibliographie

BRAZELTON, T. Berry. *Votre bébé est unique au monde*, Paris, Albin Michel, 1971.

CRATTY, J. Bryant. *Perceptual and Motor Development in Infants and Children*, Englewood Cliffs, N. J., Prentice-Hall, 1979.

GOUPIL, Georgette. *Observer en classe*, Québec, Éd. Behaviora, 1985.

GOUVERNEMENT DU CANADA. *Enfants ayant des besoins spéciaux dans les garderies, un guide d'intégration*, ministère de la Santé nationale et du Bien-être social, 1978.

KOUPERNIK, C. et R. DAILLY. *Développement neuro-psychique du nourrisson*, Paris, Presses universitaires de France, 1976.

LAMARCHE, Constance. *L'enfant inattendu; comment accueillir un enfant handicapé et favoriser son intégration à la vie familiale et communautaire*, Montréal, Éd. Boréal Express, 1987.

LAVIGNE, Nicole et Normand DUCHARME. *Guide pédagogique*, gouvernement du Québec, 1983.

LAVIGNE, Nicole et Normand DUCHARME. *Les handicaps physiques*, gouvernement du Québec, 1983.

LAVIGNE, Nicole et Normand DUCHARME. *Éducation préscolaire*, gouvernement du Québec, 1983.

LEWIS, David. « Les enfants s'expriment avant même de savoir parler », *Le langage secret de votre enfant*, Paris, Éd. Pierre Belford, 1980.

MEISELS, Samuel J. et Jack SHONKOFF. *Handbook of Early Childhood Intervention*, New York, Cambridge University Press, 1990.

MINDE, Klaus et Regina MINDE. *Infant Psychiatry, An Introductory Textbook*, Californie, Sage Publications, 1986.

OFFICE DES PERSONNES HANDICAPÉES DU QUÉBEC. *À part... égale. L'intégration des personnes handicapées : un défi pour tous*, ministère des Communications, Direction générale des publications du Québec, 1984.

SPITZ, A. René. *De la naissance à la parole*, Paris, Presses universitaires de France, 1973.

Conclusion

L'éducatrice qui travaille en pouponnière a la responsabilité de connaître les besoins des jeunes enfants et les interventions appropriées et d'offrir aux bébés un environnement social et physique de qualité. Ces différents aspects ont été abondamment traités tout au long du livre et pour conclure, nous nous arrêterons maintenant au thème de l'éthique professionnelle en pouponnière.

En effet, l'éducatrice en pouponnière doit se conformer à une éthique professionnelle puisqu'elle intervient auprès d'enfants qui ne peuvent parler et qui sont, par conséquent, très vulnérables. Elle est moralement responsable du respect de leur droit à recevoir des services de garde de qualité et pour réussir dans sa tâche, ses comportements doivent être régis par des valeurs saines partagées par les autres intervenantes en pouponnière. Ces valeurs doivent aussi, bien sûr, être en accord avec les attentes des parents et de la société où elle travaille.

Qu'est-ce que l'éthique professionnelle?

La plupart des professions possèdent leurs propres règles de conduite générales basées sur des principes moraux partagés par les membres de la profession. L'ensemble de ces règles réfère à ce qu'on appelle l'éthique professionnelle. Certaines professions ont même élaboré un code d'éthique qui permet aux hommes et aux femmes qui pratiquent ces professions de savoir quel comportement adopter quand ils font face à tel ou tel problème moral. Le code d'éthique a l'avantage de tracer une ligne de conduite claire à laquelle les professionnels ont l'obligation morale de se conformer.

Il n'existe actuellement pas de code d'éthique officiel auquel pourraient se rallier toutes les intervenantes en pouponnière. Chaque éducatrice adapte ses interventions d'après les valeurs qu'elle privilégie. Par contre, certaines garderies ont adopté un guide pédagogique préconisant les valeurs de base sur lesquelles devraient s'appuyer toutes les intervenantes de leur milieu de garde. Certains regroupements[1] ont cependant réfléchi sur le sujet et ont proposé différentes formules. Ainsi, la National Association for the Education of Young Children (NAEYC)[2], une association américaine œuvrant dans le domaine de l'éducation des jeunes enfants, publiait en 1989 un code d'éthique qui devait, selon les membres de ce regroupement, être adopté entre autres par toutes les éducatrices en pouponnière et en garderie. Les valeurs fondamentales sur lesquelles s'appuie le code de la NAEYC sont les suivantes :

• Considérer l'enfance comme une période unique et valable dans le cycle de la vie humaine.
• Baser notre travail auprès des enfants sur la connaissance du développement de l'enfant.
• Considérer et resserrer les liens étroits entre l'enfant et ses parents.
• Reconnaître que l'on comprend mieux les enfants en les situant dans le contexte d'une famille, d'une culture et d'une société donnée.
• Respecter la dignité, la valeur et le caractère unique de chaque personne que l'on côtoie, qu'il s'agisse de l'enfant, d'un membre de sa famille ou d'un collègue.
• Aider les enfants et les adultes à réaliser leurs pleines potentialités dans un contexte de relations fondées sur la confiance, le respect et une attention positive.

Le code d'éthique de la NAEYC comprend plusieurs sections où l'on retrouve l'énumération de certains idéaux et principes à suivre. En voici un extrait.

---

1. Le Regroupement des garderies de la Montérégie a également publié une première ébauche d'un code d'éthique en novembre 1991. Un comité travaille à la finalisation de ce code d'éthique encore incomplet.
2. FEENEY, S. et K. KIPNIS. « Code of Ethics Conduct Statement and Commitment », *Young Children*, vol. 45, n° 1, Washington, novembre 1989, pp. 24-29.

Section du code d'éthique de la NAEYC relative aux relations avec les enfants[3]

L'enfance est une période unique et importante dans le cycle de la vie. Notre toute première responsabilité consiste à fournir un environnement sécuritaire, sain, enrichissant et plein d'affection aux enfants. Nous nous engageons à promouvoir le développement des enfants en privilégiant les différences individuelles, en les aidant à apprendre à vivre et à travailler en coopération les uns avec les autres et en valorisant la fierté.

Idéaux

- Être familier avec ce qui constitue la base des connaissances en éducation des enfants d'âge préscolaire et se tenir au courant des derniers développements sur le sujet en suivant des cours et en travaillant de façon régulière.
- Baser ses interventions sur ses connaissances dans le domaine du développement de l'enfant, des disciplines connexes et sur sa connaissance des particularités de chaque enfant.
- Reconnaître et respecter le caractère unique et le potentiel de chaque enfant.
- Tenir compte de la vulnérabilité particulière de chaque enfant.
- Créer et maintenir un environnement sain et sécuritaire qui favorise le développement social, affectif, intellectuel et physique, qui respecte la dignité de chaque enfant et encourage sa participation.
- Respecter le droit des enfants qui ont des besoins spéciaux de participer

aux programmes réguliers de l'enfant au préscolaire, en tenant compte de leur habileté.

Principes

- En tout premier lieu, nous ne devons pas faire de mal aux enfants. Nous ne devons pas adopter des attitudes et des comportements qui sont irrespectueux, dégradants, dangereux ou intimidants envers les enfants, ou leur causer du tort sur les plans psychologique et physique. **Ce principe a préséance sur tous les autres du code.**
- Nous ne devons pas adopter d'attitudes discriminatoires en accordant des privilèges à certains enfants et en en ignorant d'autres, en excluant des enfants de programmes et d'activités à cause de leur race, de leur religion, de leur sexe, de leur nationalité, de leur statut, de leur comportement ou des croyances de leurs parents. (Ce principe ne s'applique pas aux programmes issus d'un mandat légal de fournir des services à une catégorie particulière d'enfants.)
- Nous devons consulter toute personne ayant une connaissance pertinente de l'enfant avant de prendre des décisions à son sujet (cela comprend le personnel et les parents).
- Lorsque l'enfant ne semble toujours pas tirer profit d'un programme, même après que tous les efforts appropriés aient été faits auprès de lui et de sa famille pour qu'il s'adapte, nous communiquerons nos préoccu-

---

3. Traduit et adapté de S. FEENEY et K. KIPNIS. *Op. cit.*, pp. 24-29.

pations à la famille d'une manière positive et lui offrirons du soutien pour trouver un environnement qui conviendra mieux à l'enfant.

- Nous chercherons à bien connaître les symptômes de mauvais traitements pouvant être infligés aux enfants de même que les signes d'abandon et nous nous enquerrons des procédures à suivre pour aider ces enfants.
- Lorsque nous sommes en présence d'un enfant qui a subi de mauvais traitements ou qui est victime d'abandon, nous devons rapporter cette constatation à l'agence appropriée[4] dans notre communauté et faire le suivi pour s'assurer que des mesures appropriées soient prises. Lorsque cela est possible, on informera les parents qu'une telle démarche a été entreprise.

- Lorsqu'une autre personne nous informe qu'elle soupçonne qu'un enfant subit de mauvais traitements ou qu'il est abandonné mais que nous manquons de preuves, nous devons aider cette personne à prendre les mesures nécessaires pour protéger l'enfant.
- Lorsqu'une agence de protection de l'enfant échoue dans sa tentative de fournir une protection adéquate à l'enfant victime de mauvais traitements ou d'abandon, nous reconnaissons avoir la responsabilité éthique collective de chercher à améliorer ces services.

---

4. Au Québec, on le référera à la Direction de la protection de la jeunesse (voir le chapitre 7).

Voici un autre exemple de code d'éthique qui s'apparente cette fois davantage à une forme de contrat.

Code d'éthique des étudiantes du collège de Sainte-Foy

Nous, étudiantes finissantes en Techniques d'éducation en services de garde, déclarons que nous chercherons dans notre profession à :

1. Respecter la dignité et le rythme de chaque bébé.
2. Considérer et parler au bébé comme à une personne.
3. Respecter les étapes de développement.
4. Respecter et appuyer les parents et leurs valeurs.
5. Défendre les droits du bébé partout.
6. Communiquer positivement avec nos collègues.
7. Alimenter notre motivation et renouveler notre bagage de connaissances.
8. Nous remettre en question.

En foi de quoi et en toute connaissance de cause, nous signons cette déclaration, en ce dernier jour de notre formation théorique.

_____

Signature

Qu'est-ce qu'un problème éthique ?

L'éducatrice en pouponnière peut se retrouver au cœur de réels problèmes éthiques occasionnés par sa propre conduite, par celle des autres intervenantes ou par les demandes et les attitudes des parents. Plusieurs de ces problèmes ont été ici relevés et classés. En voici quelques-uns[5] :

1) Se conduire contrairement aux règles de sa profession : une éducatrice laisse un groupe d'enfants seul pour aller au dépanneur ou pour fumer une cigarette. L'éducatrice qui se comporte de la sorte a souvent une formation insuffisante pour travailler en pouponnière ou elle manque de professionnalisme puisqu'elle fait preuve de négligence envers ses devoirs ou ses obligations.

2) Violer les règlements élaborés par l'Office des services de garde à l'enfance : l'éducatrice s'occupe d'un nombre trop élevé d'enfants ou garde des enfants dans des lieux non conformes.

---

5. Tiré de S. FEENEY et L. SYSKO. « Professional Ethics in Early Childhood Education : Survey Results », _Young Children_, novembre 1986, pp. 15-20.

3) Transmettre des informations personnelles sur les enfants ou leurs familles sans en respecter le caractère confidentiel. Un tel comportement constitue un outrage aux droits des individus.

4) Mal équilibrer les besoins du groupe et les besoins individuels : certains enfants réclament des soins spéciaux qui privent le groupe d'une attention suffisante. On est alors en droit de se demander si l'on peut brimer tout un groupe d'enfants pour les besoins d'un seul.

5) Être confrontée à une requête nuisible pour l'enfant : des parents exigent, par exemple, que l'éducatrice réveille leur bébé de six mois après une demi-heure de sieste l'après-midi. Les parents et le personnel de la garderie ne s'entendent pas toujours sur certaines interventions auprès des enfants. L'éducatrice doit cependant refuser une requête qui nuit au développement de l'enfant.

6) Avoir dans son groupe un enfant abusé ou négligé par ses parents. Le doute et la dénonciation de mauvais traitements subis par un enfant placent l'éducatrice dans une situation très difficile : elle est responsable du bien-être de l'enfant et doit agir pour que ces mauvais traitements cessent le plus tôt possible, mais elle redoute souvent qu'une dénonciation à la Direction de la protection de la jeunesse fasse en sorte que l'enfant soit retiré de la pouponnière et que l'on ne puisse plus l'aider.

7) Négocier avec le divorce et la séparation parentale : parfois, les parents divorcés ou séparés cherchent à obtenir de l'information sur leur ex-conjoint auprès de l'éducatrice, et tentent ainsi de l'impliquer dans leur discorde. Il arrive aussi régulièrement que des intervenantes doivent témoigner à la cour lors d'un divorce sur la garde des enfants, tout comme sont appelés à le faire, à l'occasion, les grands-parents.

Comment distinguer un problème éthique d'un problème pédagogique?

Un problème éthique est très différent d'un problème pédagogique : le premier met en jeu le bien-être de l'enfant et le second remet en question une pratique éducative. Pour bien distinguer un problème éthique d'un problème pédagogique, il faut se poser la question suivante face à un problème : « Ce que je vois, est-ce dommageable pour le bébé ou est-ce simplement une pratique éducative plus ou moins idéale? »

Les parents de Véronique, un poupon de six mois, demandent à l'éducatrice de la réveiller systématiquement après une demi-heure de sieste l'après-midi. Voilà un exemple de problème éthique, car si l'éducatrice accepte cette requête, le bien-être de l'enfant est en danger. En effet, l'importance du sommeil pour la croissance du poupon n'est plus à démontrer. Une éducatrice qui a bonne formation refusera une telle demande en s'appuyant sur les règles d'éthique de sa profession qui consiste à œuvrer pour le bien-être des enfants. Elle devra alors discuter avec les parents afin de leur expliquer les raisons pour lesquelles elle ne veut pas réveiller Véronique.

Voici un exemple de problème pédagogique. Hans a deux ans et aime beaucoup regarder l'émission télévisée *Passe-Partout*. Ses parents demandent à l'éducatrice que leur fils regarde son émission favorite à la garderie. Le fait de refuser ou d'accepter la requête des parents de Hans ne cause pas de dommage irréparable à l'enfant ou à ses parents. Il relève de prises de position pédagogiques. Les choix d'activités de la garderie reposent habituellement sur une bonne connaissance des besoins des enfants en fonction de leur âge. On peut donc deviner que l'éducatrice refusera la requête des parents parce que cette activité n'apporte pas une stimulation satisfaisante à l'enfant de cet âge, mais non parce qu'elle pose un problème d'éthique. L'éducatrice devra alors expliquer aux parents l'importance d'adapter le programme d'activités aux groupes d'âge pour que l'enfant en retire davantage.

Quelles sont les procédures à suivre quand on fait face à des problèmes éthiques?

Tous les problèmes éthiques plongent l'éducatrice dans une situation très dérangeante. Seule, elle peut difficilement résoudre un tel problème. Il faut donc qu'elle sollicite l'opinion d'autres personnes pour confirmer ou infirmer ses doutes.

Voici comment une éducatrice pourrait se conduire quand elle fait face à une requête qui lui semble en conflit avec son éthique professionnelle. Elle doit d'abord recevoir la demande du parent en s'abstenant de prendre toute décision hâtive pour plaire aux parents. Ensuite, elle peut convoquer une rencontre d'information où chacun explique son point de vue. Elle se prépare alors à la réunion en observant attentivement l'enfant et en relevant toutes les conséquences que pourrait avoir cette requête sur le développement de l'enfant. Elle peut aussi se préparer à rapporter au parent tous les comportements de l'enfant. À cette réunion, il faut éviter qu'une décision définitive soit prise, car il faut que la négociation soit toujours possible avec le parent. En négociant, l'éducatrice peut dire clairement son avis, mais permettre des solutions mitoyennes ou des essais à réévaluer dans une réunion ultérieure où elle pourra transmettre les effets de la requête à l'essai. Si une éducatrice ne peut absolument pas accéder à la demande du parent, car cela mettrait en jeu la santé de l'enfant, il faut qu'elle en précise les raisons. Si, par contre, l'analyse de la situation montre qu'on est aux prises avec une pratique éducative plus ou moins idéale plutôt qu'avec un réel problème éthique, il faut alors dans la mesure du possible laisser le parent maître de la situation tout en discutant avec lui, car il a la responsabilité de l'enfant. On peut, bien sûr, refuser une requête qui remet en question les pratiques pédagogiques quand elle a trop de conséquences sur le fonctionnement même du milieu de garde.

Quel que soit le problème éthique auquel l'éducatrice doit faire face, elle doit aller chercher conseil auprès de ses collègues, de la coordonnatrice de la pouponnière ou auprès de tout autre professionnel ayant des connaissances appropriées pour la conseiller judicieusement, comme une travailleuse sociale, une psychologue ou une infirmière. Souvent, avec l'expérience, elle en arrive à exercer son jugement avec plus de facilité sans tomber évidemment dans les préjugés. Même alors, elle aura toujours avantage à consulter une personne de confiance pour résoudre un problème éthique tant les conséquences peuvent être lourdes pour l'enfant à protéger.

Tous les bébés qui fréquentent ou non une pouponnière ont des droits à faire respecter. Comme il est pratiquement impossible pour les jeunes enfants de se défendre, chaque intervenante a le devoir de travailler à faire respecter leurs droits puisqu'elle est responsable de leur bien-être. C'est pourquoi, lorsqu'une éducatrice est témoin d'un événement qui leur est dommageable, elle doit le dénoncer en leur nom : elle devient alors leur porte-parole. Elle contribue ainsi à améliorer la qualité de la vie des jeunes enfants, ces adultes de demain.

Bibliographie

FEENEY, S. et K. KIPNIS. « Code of Ethics Conduct Statement and Commitment » *Young Children*, vol. 45, n° 1, Washington, novembre 1989, p. 24-29.

FEENEY, S. « Ethics Case Studies : The divorced Parents », *Young Children*, Washington, mars 1988, p. 48-51.

FEENEY, S. et L. SYSKO, L. « Professional Ethics in Early Childhood Education : Survey Results », *Young Children*, Washington, novembre 1986, p. 15-20.

KIPNIS, K. « How To Discuss Professional Ethics », *Young Children*, vol. 42, n° 4, Washington, mai 1987, p. 26-30.

REGROUPEMENT DES GARDERIES DE LA MONTÉRÉGIE. *Un code d'éthique pour les éducatrices*, St-Lambert, novembre 1991.

Index

Achevé   Imprimerie
d'imprimer Gagné Ltée
au Canada Louiseville